中央"十三五"规划《建议》重大专题研究

本书编写组◎编

中国市场出版社
China Market Press

·北京·

图书在版编目（CIP）数据

中央"十三五"规划《建议》重大专题研究：全 4 册/
《中央"十三五"规划〈建议〉重大专题研究》编写组编.
—北京：中国市场出版社，2016.11
ISBN 978-7-5092-1507-4

Ⅰ．①中… Ⅱ．①中… Ⅲ．①国民经济计划-五年计
划-研究-中国-2016-2020 Ⅳ．①F123.3

中国版本图书馆 CIP 数据核字（2016）第 179054 号

中央"十三五"规划《建议》重大专题研究
ZHONGYANG "SHISANWU" GUIHUA《JIANYI》 ZHONGDA ZHUANTI YANJIU

编　　者	本书编写组	
责任编辑	辛慧蓉（xhr1224@aliyun.com）	
出版发行	中国市场出版社 China Market Press	
社　　址	北京市西城区月坛北小街 2 号院 3 号楼（100837）	
电　　话	编 辑 部（010）68033692　读者服务部（010）68022950	
	发 行 部（010）68021338　68033577　68020340	
	总 编 室（010）68020336　盗版举报（010）68020336	
经　　销	新华书店	
印　　刷	河北鑫宏源印刷包装有限责任公司	
规　　格	185 mm×240 mm　16 开本	
印　　张	103.5 插页 4	字　　数　2 353 千字
版　　次	2016 年 11 月第 1 版	印　　次　2016 年 11 月第 1 次印刷
书　　号	ISBN 978-7-5092-1507-4	
定　　价	398.00 元（全 4 册）	

编　委　会

　　《中央"十三五"规划〈建议〉重大专题研究》，是为党的十八届五中全会制定《中共中央关于制定国民经济和社会发展第十三个五年规划的建议》布置的重大研究专题成果汇编。本书对深刻领会中央"十三五"规划《建议》精神，从而推进实施"十三五"规划，具有重要参考价值。

　　专题研究针对"十三五"时期我国经济社会发展外部环境，我国经济社会发展的主要趋势和重大思路，全面建成小康社会的目标及所存在"短板"问题与对策，消费、投资、出口等需求结构分析，产业结构调整，交通基础设施建设，财政金融发展和有效支持实体经济的政策，创新驱动发展战略，城镇化，农业和农村发展，区域协调发展，京津冀协同发展，长江经济带发展，能源革命，提高资源利用效率，加强污染防治，加强生态保护和修复，应对全球气候变化、发展低碳经济，扩大对外开放，人口战略和应对老龄化，提高居民收入和调整国民收入分配，扩大就业、构建和谐劳动关系和完善社保体系，发展教育、培训和人才队伍建设，医疗卫生事业发展，文化和体育发展研究等涉及国民经济和社会发展中的重大课题进行了比较系统的研究，涵盖了经济、社会发展和生态文明的主要方面。研究过程中，各部门高度重视，集中了高水平的研究人才，提出了对《建议》有参考价值的意见，反映出较好的水平，不仅体现在思想性上、战略性上，而且具有一定的可操作性。

为充分发挥这些研究成果的作用，有必要将这些重大专题研究成果汇编成册，供广大研究人员和实际工作者研究、参考。希望通过这样的努力，能够切实为"十三五"时期和今后更长一个时期我国经济社会发展战略研究发挥积极的作用。

编　者
2016 年 5 月

认真落实习近平总书记重要批示，努力做好 "十三五" 规划《建议》前期重大课题研究工作

——在"十三五"规划《建议》前期重大课题部署会议上的讲话（节选）

（2015 年 1 月 6 日）

中央财经领导小组办公室主任 刘鹤

今天会议的任务是，认真贯彻落实习近平总书记和中央其他领导同志的重要指示，启动"十三五"规划《建议》前期重大课题研究工作，为中央研究起草《建议》做好必要准备。

一、充分认识开展重大课题研究的重要意义

经过多年探索，我国经济社会发展中长期规划的研究和编制工作已经形成规范程序，主要是：中央提出规划《建议》，国务院根据规划《建议》研究制定规划《纲要》，全国人民代表大会审议批准。在规划《建议》研究的整个过程中，前期重大课题研究的意义十分重大。课题研究的深度、广度、质量对规划《建议》将产生重要影响，在判断发展趋势、明确前进方向和奋斗目标、提出重大政策措施、形成广泛社会共识等方面都发挥着非常重要的作用。"十一五"前，中长期规划称为五年计划，从"十一五"开始称为五年规划。"八五"计划本质是一个调整规划，总结了改革开放和现代化建设的经验，强调要坚定不移地继续改革开放，贯彻执行国民经济持续、稳定、协调发展的方针。"九五"计划提出推动"两个根本性转变"，即计划经济体制向社会主义市场经济体制转变，经济增长方式从粗放型向集约型转变。"十五"计划提出，坚持把发展作为主题，把结构调整作为主线，把改革开放和科技进步作为动力，把提高人民生活水平作为根本出发点，实现经济和社会协调发展。"十一五"规划提出，以科学发展观统领经济社会发展全局，立足科学发展，着力自主创新，完善体制机制，促进社会和谐，全面提高我国的综合国力、国际竞争力和抗风险能力，强调要提高资源利用效率，确定了单位国内生产总值能源消耗比"十五"期末降低

20%左右的目标，还提出建设资源节约型社会、环境友好型社会。"十二五"规划是在国际金融危机背景下制定的，提出以科学发展为主题，以加快转变经济发展方式为主线，强调要扩大内需，保持经济持续健康发展，为此，必须深化改革。

与历次规划相比，某种意义上"十三五"规划可能是最重要的，也是最富挑战性的。最重要的是，要如期实现我国现代化建设第一个百年目标，全面建成小康社会。以前其他规划都提出了不同发展阶段的要求，而这次规划是要实现以往规划提出对人民庄严承诺和我们自己要求的总汇合，即全面建成小康社会目标。这是一个很高的要求，具有极大挑战性，必须完成，没有退路。最富挑战性的是，从国际看，国际金融危机后世界政治经济复杂变化，充满不确定性；从国内看，经济社会发展也处于深度调整转型中，习近平总书记最近全面论述了我国经济发展新常态，提出认识新常态、适应新常态、引领新常态，是当前和今后一个时期我国经济发展的大逻辑。这对我们的工作提出了新要求。新常态给我们带来了新机遇，也使我们面临很多新挑战。"十三五"规划制定得好、实施有效，我们可以顺利完成第一个百年目标，并为实现第二个百年目标，进而实现中华民族伟大复兴的中国梦打下坚实基础；规划做得不好，或者规划做得好而实施得不好，很可能陷入中等收入陷阱，将使我国现代化事业发展面临风险。从这个角度看，制定科学、合理、有效和具有很强前瞻性、导向性、针对性的规划《建议》，一个重要条件是搞好前期重大课题研究。方向正确，路才能走好。想到了、想对了、想深了，就可能走对走好；想不到、想错了，就可能出现一些我们不愿看到和意想不到的后果。总之，这次课题研究质量的高低，是影响"十三五"规划成功与否的重要基础和前提条件，我们一定要按照中央的要求，扎扎实实、精益求精地做好。

二、重大课题研究的主要内容

这次《建议》前期重大研究课题共 31 个，包括"十三五"时期国内外发展环境和条件，"十三五"时期我国经济社会发展的基本思路、主要目标、重点任务和重大工程，对2030 年目标展望，以及提高党领导经济社会发展能力和水平等。具体的研究课题和要求是：

1."十三五"时期我国经济社会发展外部环境。研究"十三五"时期世界整体政治环境；世界经济周期变动状况和增长格局，是否存在延续危机后调整和进入正常增长两个阶段；技术变革前景、经济全球化特征和国际资本流动状况等。

2."十三五"时期我国经济社会发展的主要趋势和重大思路。重点描述新常态下我国经济社会发展的大趋势，提出规划思路的大逻辑。"十二五"规划的逻辑是，应对外部环境发生的变化，主要通过改革来扩大国内需求。"十三五"时期的重大变化是什么，应采取怎样的思路？

3. "十三五"时期全面建成小康社会的目标及 2030 年目标展望。通过定性与定量相结合的办法，分析预测全面小康社会各类指标，包括总量、结构和人均指标进展情况，展望 2030 年这些指标的情况。

4. "十三五"时期实现全面建成小康社会目标存在的"短板"问题及对策。重点分析减贫脱贫、农村人居环境和教育、医疗、生态环境等群众反映强烈问题的进展情况，经济总量和人均增长等目标随发展阶段变化出现的新问题，可采取的直接对策。

5. "十三五"时期消费、投资、出口等需求结构分析。既要分析三大需求的总量变化趋势，也要分析不同需求结构性的变化特点，如不同消费群体的消费特征，投资结构和出口中的商品、地区、类别等结构情况。

6. "十三五"时期农业和农村发展的重大任务和主要措施。研究农业和农村发展各自的内在特点，同时也注重两者间的相互联系。

7. "十三五"时期产业结构调整的方向和政策。重点分析产业结构、产业组织形态和企业行为等变化特征，特别是新技术变革所催生的新业态前景。

8. "十三五"时期实施创新驱动发展战略的方向和重点。提出创新驱动发展战略的实施方向和确保中央战略有效落地的制度安排等措施，目前大的方向中央已经确定，关键是如何"从天落地"。

9. "十三五"时期信息化发展的方向和政策。研究判断信息化发展的宏观趋势，提出适合国情和趋利避害的政策措施。

10. "十三五"时期推进能源革命的主要措施和政策。结合当前世界能源形势出现的新情况新变化，尤其是分析在本轮油价变化后的一系列新趋势，提出实施中央财经领导小组会议确定的我国能源安全战略的具体目标和政策措施。

11. "十三五"时期交通基础设施建设的主要任务。重点研究交通基础设施补"短板"、促进交通基础设施互联互通和网络化、提高交通体系效率等方面的任务和措施。

12. "十三五"时期促进区域协调发展的方向和主要举措。在继续实施区域发展总体战略的同时，研究完善全国统一市场的政策措施。

13. "十三五"时期积极稳妥推进城镇化的主要任务。在继续研究促进农业转移人口市民化有效措施的同时，加强对促进特大城市健康发展、大中小城市合理分工布局等问题的研究。

14. "十三五"时期推进京津冀协同发展的主要任务。重点研究落实好中央已确定思路的具体措施。

15. "十三五"时期推进长江经济带发展的主要任务。重点研究落实好已出台促进长江经济带发展意见的政策措施。

16. "十三五"时期推进"一带一路"战略实施的主要任务。重点研究落实好中央已批准"一带一路"规划的政策措施。

17. "十三五"时期提高资源利用效率的主要任务。重点研究提高土地、水、能源、矿产等资源利用效率的目标和政策措施。不同部门可各有侧重。

18. "十三五"时期加强污染防治的主要任务。重点研究如何建立有效的制度安排和加大政策力度，确保"十三五"时期在污染防治方面取得明显进展。不同部门可各有侧重。

19. "十三五"时期加强生态保护和修复的主要任务。从生态环境对我们发展所具有的底线和天花板作用更加突出、生态文明建设在我国现代化"五位一体"总体布局中重要性不断上升的情况出发，提出可操作的目标、有效的制度安排和措施。

20. "十三五"时期应对全球气候变化、发展低碳经济的主要任务。研究如何落实好既定思路的政策措施。

21. "十三五"时期财政金融发展和有效支持实体经济的政策。该题目与部署的其他许多课题如加强基础设施建设、区域发展等密切相关，结合其他重大课题，重点研究金融深化和投融资体制改革等相关政策措施。

22. "十三五"时期扩大就业、构建和谐劳动关系和完善社会保障体系的方向和主要政策。分析判断就业总量及结构变化形势，研究提出就业目标和政策，研究进一步完善社会保障体系顶层设计、处理好保底线和财力可持续性关系等的措施。

23. "十三五"时期提高居民收入和调整国民收入分配格局的方向和重点政策。定量测算整个国民收入分配格局，从公平、效率和可持续性等出发，把提高居民收入比重和提高劳动生产率等因素结合起来，提出相应政策。

24. "十三五"时期发展教育、培训和人才队伍建设的重点任务。人力资本、人才队伍是实现创新驱动发展的关键，重点研究提出针对现有短板问题、能够有效提高人才质量的落地性措施。

25. "十三五"时期文化和体育发展研究。结合广大人民群众关心的问题，按照问题导向，提出有针对性的政策措施。

26. "十三五"时期医疗卫生事业发展研究。从已有改革和现实问题出发，从理顺基本思路和明确大政方针方面加强研究。

27. "十三五"时期人口战略和应对人口老龄化的政策。世界和我国老龄化问题突出，人口形势和老龄化问题对中华民族生存发展将产生重大影响。重点分析新出现的苗头性趋势性问题，及时提出超前性的应对措施。

28. "十三五"时期社会心理和舆论引导研究。当前和"十三五"时期对全面建成小康社会、发挥市场决定性作用、经济建设为中心等许多问题需要加强舆论引导，形成客观、正确、平和的社会看法。突出问题导向，重视社会心理多变性、舆论热点突发性等特点，提出能够有助于把握好方向、尺度和技巧的政策措施。

29. "十三五"时期扩大对外开放的战略举措。坚持改革开放不动摇等基本方针政策，有针对性地回答现有的一些"不同声音"，并做好具体政策研究。

30. "十三五"时期密切内地与港澳台经济互动发展的重点任务。

31. "十三五"时期全面提高党领导经济社会发展能力和水平研究。

根据中央要求，确定课题的主要考虑：一是研究具有全局性、战略性、宏观性的问题，而不是技术性问题；二是问题之间具有关联性，大家在研究各自课题时，可以参考其他题目；三是问题组合起来，可以成为规划《建议》的整体框架，具有系统性。中央财经领导小组已经研究决策的重大问题、中央全面深化改革领导小组已经部署和即将部署的重大改革问题、国家发展改革委已经组织开展的前期研究课题，为避免重复，不再列入。

三、几点要求

一是"三个体现""两个结合"。在认真学习领会党的十八大和十八届三中、四中全会精神，深入学习贯彻习近平总书记系列重要讲话精神基础上，体现以习近平同志为总书记的新一届中央领导的执政理念和治国方略，体现国情、世情发生的新变化，体现人民群众的新期待新要求。定量分析与定性描述相结合，有准确的定性描述，在可能的情况下有定量分析，有数量指标；政策连续性与创新性相结合，按照稳中求进的原则，政策建议既要从现实出发，考虑现有政策执行的连续性，又要勇于突破问题，大胆提出创新性举措。

二要调查研究。深入了解实际情况，重在了解人民群众要求，了解现实政策的缺陷和不足，了解下一步改革的方向。

三要开好必要的专家座谈会。广泛听取各方面意见，集思广益，如果条件允许，建议各课题单位要注意吸收有特长的专家参加研究，甚至请专家作为重要执笔人。

四要了解国际惯例和最佳实践。力求在符合国情的基础上积极吸收和有效借鉴国际经验。

专题二十一　人口战略和应对老龄化

专题二十二　提高居民收入和调整国民收入分配

◀◀◀ 国家发展和改革委员会

◀◀◀ 财政部

◀◀◀ 人力资源和社会保障部

◀◀◀ 国务院发展研究中心

专题二十三　扩大就业、构建和谐劳动关系和完善社保体系

◀◀◀ 国家发展和改革委员会

◀◀◀ 财政部

◀◀◀ 人力资源和社会保障部

◀◀ **中国社会科学院**

◀◀ **中国社会科学院美国研究所**
中国社会科学院世界社保研究中心

专题二十四　发展教育、培训和人才队伍建设

◀◀ **中共中央组织部**

◀◀ **国家发展和改革委员会**

◀◀ **教育部**

◀◀ **人力资源和社会保障部**

◀◀ **国家行政学院**

专题二十五　医疗卫生事业发展

专题二十六　文化和体育发展研究

专题二十七　社会心理和舆论引导

专题二十八　党领导经济社会发展能力和水平

ZHONGYANG
"SHISANWU"
GUIHUA 《JIANYI》 ZHONGDA
ZHUANTI YANJIU

专题二十一　人口战略和应对
　　　　　　老龄化

国家发展和改革委员会

"十三五"时期人口战略和应对人口老龄化政策研究

从"十三五"时期到 2025 年是我国经济发展进入新常态后的第一个十年，也是人口发展将出现许多重要转折性变化的时期，保障国家人口安全并统筹协调好人口与经济社会发展之间关系的任务艰巨而繁重。面对新情况新挑战，我们必须超前谋划，把握住人口政策调整的机遇期和回旋空间，延续并利用人口总量势能和结构红利，着力构建人口与发展新均衡，为经济社会持续健康发展提供坚实基础和持久动力。

一、现行政策条件下今后十年人口发展的主要特征

我国推行改革开放和计划生育政策以来，人口过快增长势头得到有效控制，人口再生产类型实现历史性转变。进入 21 世纪后，受人口自身规律和经济社会发展诸多因素影响，人口发展发生了深刻变化。2014 年全国启动实施单独两孩政策，如现行生育政策和生育模式不变，根据测算，"十三五"时期及至 2025 年人口发展将呈现以下主要特征或趋势。

（一）人口低速惯性增长，规模趋于峰值

2016—2025 年将是我国人口保持惯性增长的最后一个十年。2014 年单独两孩政策实施后，当年共有 101.2 万对单独夫妇提出再生育申请并通过审批，年度出生人口为 1 687 万人，同比增加 47 万人，总人口达到 136 782 万人。即便实施了单独两孩政策，但因 20～29 岁生育旺盛期育龄妇女数量连续减少、"多子多福"的传统观念发生变化等因素综合影响，

人口增速将持续趋缓。预计 2020 年全国总人口为 14.06 亿人，2025 年达到 14.21 亿人，在 2026 年左右达到峰值（约 14.22 亿人），之后转为持续的负增长（见表 1）。据联合国预测，至 2028 年印度将超过我国成为世界人口最多的国家，届时我国占世界总人口比重将从目前的 18.8％降至 17.5％以下。从全国不同区域看，人口增速差异明显，东部一些地方已经负增长，而新疆、西藏等地区仍保持较高自然增长。

表 1

主要年份我国总人口、出生率和出生人口情况及预测

年份	总人口（万人）	人口出生率（‰）	出生人口（万人）	年均净增人口（万人）	备注
1954	60 266	37.97	—	—	一普
1964	70 499	39.34	—	1 023	二普
1982	101 654	22.28	1 469	1 731	三普
1990	114 333	21.06	1 629	1 585	四普
2000	126 743	14.03	1 771	1 241	五普
2010	134 091	11.90	1 596	735	六普
2014	136 782	12.37	1 687	673	
2020	140 649	11.97	1 680	645	
2025	142 133	9.22	1 310	297	
2030	141 770	8.17	1 160	−73	
2040	138 268	8.65	1 198	−350	
2050	132 149	8.26	1 095	−612	

（二）老年人口迎来增长高峰，高龄少子化进一步显现

在 21 世纪前半段，我国 60 岁及以上老年人口比例都将持续上升。"十三五"时期老年人口年均增长约 670 万人，2020 年总量将突破 2.5 亿人，占总人口比例达到 18.04％。由于 20 世纪 60 年代第二次生育高峰出生人口相继进入老年，2021—2025 年老年人口将出现增长高峰，年均增加 1 050 万人，2025 年将突破 3 亿人，占总人口比例达到 21.54％。同时，高龄少子化进一步显现。2020 年和 2025 年 80 岁及以上高龄老年人口规模预计分别达到 3 065 万人和 3 567 万人，占 60 岁及以上老年人口的比重分别为 12.1％和 11.7％；2017 年 60 岁及以上老年人口比重将历史上首次超过 0～14 岁的少儿人口，2025 年少儿人口占总人口比重降至 17％以下，老少人口规模相差超过 6 500 万人（见图 1）。此外，部分区域内户籍人口和常住人口老龄化程度存在较大差异，农村人口老龄化程度高于城市的城乡倒置情

况可能更为突出。

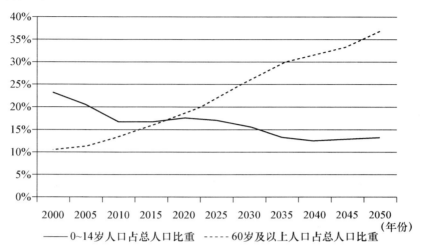

——0~14岁人口占总人口比重　- - - - -60岁及以上人口占总人口比重

图1　2000—2050年我国老年人口和少儿人口比重变化趋势图

（三）劳动年龄人口波动下降，人口抚养负担逐步加重

我国劳动年龄人口（15～59岁）自2011年达到峰值（9.41亿人）后，进入了波动下降通道，2016—2025年间将从9亿级向8亿级过渡，且内部结构逐步老化。预计2020年为9.07亿人，2023年前后跌破9亿人，2025年降至8.74亿人。2014年劳动年龄人口中位数为37.9岁，2020年和2025年将分别提高到39.1岁和39.6岁。同时，较低人口抚养负担形成的人口红利逐渐减弱，2020年和2025年总抚养比[1]将分别提高至43.48％和46.31％，较最低时[2]分别上升了9.28和12.11个百分点，但仍处于20世纪90年代以来的人口红利期（见图2）。

（四）人口城镇化持续发展，人口流向趋于多元化

农业转移人口和其他常住人口在城镇落户将逐步加快，预计2020年和2025年常住人口城镇化率将分别达到60％和65％左右。随着户籍制度改革不断深化以及"一带一路"、

---

　　[1]　总抚养比也称总负担系数，指人口总体中非劳动年龄人口与劳动年龄人口数之比。国际上一般把人口抚养比小于50％的时期称为"人口机会窗口（demographic window）"，又称"人口红利期"。
　　[2]　2010年我国人口总抚养比降至34.2％，为改革开放以来的最低水平。

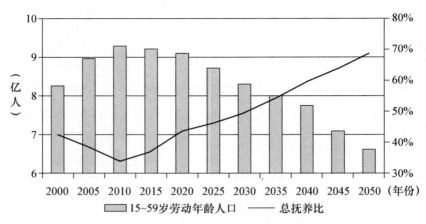

图2 2000—2050 年我国劳动年龄人口和总抚养比变化趋势

京津冀协同发展、长江经济带等重大战略启动实施，北京、上海等特大型城市人口规模将趋于稳定，人口向中西部城市群和京津冀、长三角等区域中小城市集聚的势头逐渐增强。流动人口规模增速将逐步放缓[1]，"候鸟式"迁徙逐步转向选择定居。

除以上主要特征外，人口领域的其他变化也需要关注，包括：人口综合素质将稳步提高，但与发达国家相比仍有不小差距；家庭小型化，预计"十三五"时期户均规模降至 3 人以下，选择"丁克"、独居、非婚同居的人口比例会继续提高；出生人口性别比尚难恢复到合理区间（103～107），估计 2020 年仍在 110～113 范围内；社会弱势群体的发展差距仍然存在。

总体看，今后十年我国人口规模、结构、分布之间的关系将处于深刻变动之中，保持人口发展内部均衡的压力不断加大。如果不加干预，生育水平难以维持在更替水平上下的适度区间内，我国人口就会向偏低出生率、较高死亡率、人口负增长加速转变，进而导致家庭风险持续扩大、老年人口抚养负担持续提升、年轻劳动力供给不足持续恶化和社会活力持续下降，对未来人口和经济社会安全都会构成潜在风险。考虑到人口转变的长期性，及时进行有效干预，才可能缓解人口转变带来的长期不利影响，促进人口均衡发展。

二、人口转变对经济社会发展的影响

人口是影响经济社会发展的关键因素，保持我国经济社会持续健康发展与人口数量、

---

[1] 2014 年，我国流动人口规模达 2.53 亿人。2010—2014 年流动人口总规模年均增长约 800 万人，较 2005—2010 年间年均增长 1 400 万的速度已经明显放缓。

素质、结构、分布密切相关。今后十年，人口转变对经济社会发展的影响，主要表现在以下几个方面。

（一）人口总量势能和结构红利仍是推动经济增长的有利因素

人口是经济发展的不竭动力，既为经济增长提供劳动力要素支撑，也是最终需求的创造者。我国经济保持长期较快增长并达到总量规模世界第二，与拥有庞大的人口总量势能和有利的人口结构红利紧密关联。

从人口总量势能看，今后十年我国人口惯性增长，这将为扩大内需提供重要支撑。特别是在我国经济进入新常态情况下，维持适度人口增长速度，有利于在近期形成若干消费热点领域，激活新增人口家庭的潜在消费需求，并随着收入水平提高刺激扩大中长期投资，也能够为经济结构优化和动力转换留出更多的调整时间。更长时期内则要防范人口总量达到峰值后"陡崖式"下降，因人口总量势能快速衰减而冲击经济增长。

从人口结构看，今后十年我国人口抚养比仍将处于50%以下的"红利期"，即使考虑调整生育政策和老龄化加速的影响，总体抚养负担仍然较轻，人口年龄结构可以继续保持"比较优势"。虽然劳动力供给开始减少会加大经济潜在增长率下行压力，人口老化加重抚养负担并影响提高劳动生产率，但有关研究认为，对潜在经济增长率的可能负面影响也不会超过每年0.2个百分点。若能够及时调整生育政策，增加未来新增年轻劳动力规模，同时有效提升人力资本水平和加强科技创新，我国人口结构的"比较优势"有望保持更长时间。

当然，还要着眼于更长时期将保持"人口红利"与促进就业统筹起来。应考虑到经济新常态下经济降速、技术进步、劳动力成本提升等对劳动人口就业的不利影响，防止出现宏观层面失业风险显性化。还要减少因选择性用工而人为造成劳动力需求不足这一假象的出现。

（二）人口与资源环境承载力始终处于紧平衡状态

人口科学决策还要统筹考虑当前我国资源环境承载力接近上限的现实约束。首先，从粮食供给看，目前我国每年因人口数量增长就要增加粮食需求上百亿斤，加上居民食物消费结构变化和农业人口进入城镇，增加的粮食需求还将更多；到2020年我国粮食需求预计将达到1.4万亿斤左右，较2014年全国粮食总产量多约1 860亿斤。因此，粮食安全形势不容盲目乐观。其次，从碳排放和能源消费看，国际研究认为，历史上人口增加会消耗更多的能源，产生更多的碳排放。2013年我国化石燃料的二氧化碳排放量为92.7亿吨，随着人口增加和经济社会发展，二氧化碳排放量还将在一定时期内继续增长。同时，2014 年我国能源消费总量达到 42.6 亿吨标准煤，已经超过《能源发展"十二五"规划》关于 2015年能源消费总量 40 亿吨标准煤的目标，人口与能源消费的平衡关系进一步绷紧。最后，从水资源消费看，到 2020 年，全国用水总量控制规模为 6 700 亿立方米，较目前年度实际用水总量还需增加约 500 亿立方米，人口与水资源短缺矛盾将进一步加剧。

我国人口与资源环境这种紧平衡关系决定了坚持计划生育基本国策的长期性。要深刻认识到，如果两者之间关系继续趋紧，则我国人口总量势能进一步增长和生育政策调整的空间会被挤压殆尽，最终将难以实现可持续发展。也要认识到，我国人口与资源环境的紧平衡关系还与粗放的生产消费方式密切相关，粮食、能源和水资源消耗的存量调整空间依然很大，资源利用效率提高潜力巨大；如若我们立足于科技创新和加快改变生产消费方式使矛盾得以有效缓解，就能为生育政策调整和经济持续发展赢得回旋空间。

（三）人口素质不高仍是提升国家竞争力的瓶颈

人力资本赶超是许多后发国家赶超发达国家所采取的成功策略，与提高人口素质密切相关，人力资本投资对缓解人口老龄化也有预防作用。21 世纪以来，得益于全民健康素质和教育文化水平的持续改善，我国人力资本存量积累速度加快，对国家竞争力的贡献不断提高。根据《全球竞争力指数排行榜（2014—2015 年）》，中国在全球竞争力的排行为第 28 位。即便如此，仍与发达国家相比存在明显差距。国家竞争力差距很大程度上反映着教育竞争力、劳动者素质、创新能力等多方面的差距，目前中国教育体制竞争力排名 50 位左右，2020 年主要劳动年龄人口受教育年限如达到规划目标 11.2 年也不及 OECD（经济合作与发展组织）成员国 20 世纪末劳动力受教育年限的平均水平（11.7 年），每万劳动力中研发人员数仅是发达国家的 1/4 左右。这种人力资本状况显然尚无法适应进一步提升国家竞争力的需要，无法适应我国经济转型升级的迫切要求，同样也不利于缓解人口老龄化的压力。

（四）人口转变对公共服务供给带来更多现实挑战

主要反映在人口波动和需求变化对公共服务资源配置及财力保障两方面。从三个主要领域看：一是社会保障的压力持续加大。2012 年和 2013 年，我国养老保险基金收入较上年分别增长了 18.6% 和 14%，但支出增长了 22.9% 和 20%。如果养老保障体制机制不变，加之人口老龄化程度加深，养老保险收支矛盾将会进一步加剧，到一定程度后甚至可能出现收不抵支的局面。伴随保障待遇水平逐步提高，基本医疗保险也可能面临同样的风险。二是对各级教育公共资源配置形成波动影响。以 3～5 岁学前教育人口为例，"十三五"时期将增加 1 000 万人左右，到 2025 年则下降 800 万人；6～11 岁小学教育人口，"十三五"时期增加 180 万人，到 2025 年则将陡增 1 300 多万人。"十三五"期间放开全面两孩政策，则十年间学前和小学学龄人口波动将更为剧烈（图 3）。三是养老服务设施严重不足。目前每千名老人拥有养老服务床位 26 张，与 2020 年达到 40 张的目标还有较大差距，"十三五"时期至少需要新增床位 660 万张。加上高龄化、失能老人增加、老龄服务需求上升等因素，服务短缺的问题将日益突出。如再考虑到人口分布情况，公共服务不同领域的这些问题在不同区域的程度有很大差异，一些地方会出现"区域挤压"现象，如京津沪等特大城市及其他城市群中心城市公共服务供给压力远大于其他地区，传统依靠家庭养老的广大农村地区面临日益加剧的社会养老负担。

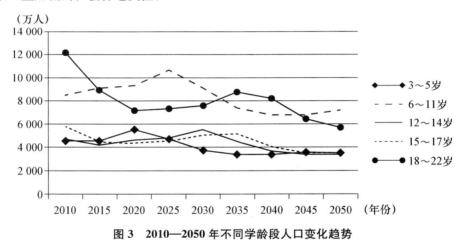

图 3　2010—2050 年不同学龄段人口变化趋势

（五）人口分布与相关国家重大战略实施的不匹配因素仍然较多

农村人口转移规模和区域间人口迁徙活跃程度，直接受农业与非农业部门边际生产率差距和区域间不同公共服务水平等因素主导，其综合作用的结果可能对国家一系列重大战略实施产生复杂影响。一是产业集聚与人口集聚不同步、公共服务资源配置与常住人口不衔接等问题，仍将是今后十年影响新型城镇化发展的重大问题，但程度随户籍制度改革深化而逐步减轻。二是北京、天津人口疏解难将成为京津冀协同发展的重大障碍，即使劳动力密集型产业有效外迁至河北，但由于河北与北京、天津在人才发展环境、公共服务水平等方面差距明显，在较长时间内恐难形成有效的人口虹吸作用。三是"一带一路"核心区缺乏一批有吸引力的中心城市，对优质人才吸引力不足，势必影响该战略的顺利推进。

（六）人口转变对社会生态影响日益深刻

人口性别比失衡、家庭小型化和空巢化、独生子女增多等人口趋势性变化，都会形成破坏社会生态的诱导因素。出生人口性别比长期偏高，造成婚育年龄人口性别比失衡，会对婚姻家庭关系乃至社会治安带来冲击。家庭小型化和空巢老人增多，影响留守老人、妇女、儿童的社会交往交流，精神慰藉不足成为无法忽视的社会问题。独生子女家庭大量存在弱化了家庭和社会的抗风险能力，独生子女群体还可能在合作意识、团队精神和社会责任感等方面存在欠缺。

分析表明，人口转变与经济社会发展的相互关系具有阶段性、系统性、复杂性的特点，近期与远期、局部与全局、积极与消极影响长期共存并相互转化。从历史的长焦距考量，人口与发展相辅相成，不同文明、不同国家的兴衰起落都受到人口转变因素的深刻影响。在承载力范围内，保持我国稳定的人口规模和更具优势的人口结构，是传承中华文明和承载大国实力的重要基础，也是激发社会活力、创造力和国家竞争力的重要前提。今后一个时期我国人口数量对可持续发展形成的较大压力不会减弱，人口素质不高依然是提升国家竞争力的瓶颈，人口结构性失衡对经济社会发展的不利影响日益加剧，人口分布不合理不利于城乡区域协调发展，人口形态变化不断带来新挑战。因此，谋划人口战略、促进人口长期均衡发展，应当立足国情、放眼世界、瞻前顾后、超前决策。"十三五"时期要稳妥有序调整完善生育政策，延续并利用好人口总量势能和结构红利，处理好人口与资源环境、财力保障之间的紧平衡关系，引导人口合理布局，以更好地发挥人口对经济社会发展的基础性和支撑性作用。

三、"十三五"时期及今后十年人口发展战略思路

（一）总体思路

全面贯彻党的十八大和十八届三中、四中全会精神，以邓小平理论、"三个代表"重要思想和科学发展观为指导，从我国基本国情出发，主动适应经济发展新常态，统筹把握国家发展要求与群众根本利益，统筹把握人口发展与资源环境、公共财政之间的紧平衡关系，坚定不移地推行计划生育基本国策，稳妥扎实有序调整完善生育政策，稳定适度生育水平，合理调控人口规模，积极应对人口老龄化，努力提高人口素质，引导人口有序流动，着力增强承载弹性，促进人口与经济发展良性互动、与社会建设和谐共进、与资源环境动态协

调，实现人口与经济社会长期均衡发展。

坚持人口与发展综合决策。要强化人口的基础地位，切实将人口问题放在经济社会发展全局中思考和谋划，把握好人口与经济社会发展的阶段性特点，处理好人口发展内外部均衡关系，发挥好人口总量势能和结构红利，做好人口发展规划与国民经济和社会发展规划的衔接，构建有利于促进人口长期均衡发展的政策体系。

坚持稳定适度生育水平。要尊重人口规律，顺应经济社会发展要求，做好超前谋划，将生育水平调控到维持更替水平的合理区间，确保不出现大的波动，确保调整完善政策实施过程风险可控，保障国家人口安全。

坚持优先投资于人的发展。要落实以人为本，将促进人的全面发展放在更加突出的位置，超常规积累人力资本，切实提高出生人口素质、国民健康素质和科学文化素质，促进劳动力供给总量和结构与经济社会发展要求相适应，推动实现人口红利向人才红利转变。

坚持体制机制创新。要主动适应新形势新要求，转变计划生育服务管理理念，加快完善人口宏观决策机制，健全人口预报预警制度，提高人口管理效能和质量。激发市场活力，鼓励社会参与，充分调动社会力量在保障弱势群体权益、应对人口老龄化和人力资本投资等方面的积极性，大力创新统筹解决人口问题的方法和途径。

（二）主要目标

以"十三五"期间启动实施全面两孩政策为前提，按照人口发展规律及不同政策情景下的人口预测，建议提出以下目标：

1. 关于人口规模

在人口出生率不出现剧烈波动的前提下，启动实施全面两孩政策。按照高、中、低三种预测方案，2020 和 2025 年，全国总人口最低和最高分别为 14.07 亿人、14.25 亿人和 14.30 亿人、14.55 亿人。建议 2020 年全国总人口控制在 14.30 亿人以内，年均增长率控制在 7.5‰左右；到 2025 年，总人口预期为 14.5 亿人左右。

2. 关于人口素质

到 2020 年，人口出生缺陷发生率明显降低，5 岁以下儿童死亡率下降到 13‰，孕产妇死亡率降低到 20/10 万，平均预期寿命提高到 77 岁左右[1]。逐步实现免费高中阶段教育，主要劳动年龄人口平均受教育年限超过 11.2 年，新增劳动力平均受教育年限达到 13.5 年。

3. 关于人口结构

性别结构继续改善，出生人口性别比下降至 112 左右[2]。适应人口老龄化形势要求，2020 年和 2025 年全国 60 岁及以上老年人口达到 2.54 亿人和 3.06 亿人，占总人口比重为 18％和 21％左右；2020 年，社会养老床位数达到每千名老年人 35～40 张，养老服务业增加值在服务业中的比重显著提升，养老服务从业人员达到 1 000 万人以上。

4. 关于人口分布

2020 年，常住人口城镇化率达到 60％以上，实现 1 亿左右农业转移人口和其他常住人口在城镇落户；到 2025 年达到 65％左右。严格控制特大型城市人口规模；增强"一带一路"核心区人口吸纳能力，推进京津冀、长江经济带中心城市产业与人口同步疏解；增强中西部城市群集聚人口能力。

四、相关政策建议

（一）稳妥有序实施全面两孩政策

为在"十三五"及今后更长时期维持适度人口数量和劳动力规模，缓解人口老龄化影响，建议依据人口与经济社会发展形势对生育政策进行"微调"和"预调"，避免贻误时机造成总人口的过早、过快下降和出生人口规模的持续降低，保障人口安全，降低家庭风险。通过综合比选论证，我们认为若 2014 年、2015 年两年我国年人口出生率均未超过 14‰，或年度出生人口均未超过 1 900 万人，则 2016 年启动实施全面两孩是较为可行的方案（见图 4）。各地可基于对本地区人口形势、计划生育工作基础及政策实施风险的全面评估，分别制定全面两孩政策实施方案并择机实行。

与单独两孩政策相比，2016 年启动实施全面两孩政策后，"十三五"时期年度出生人口

---

[1]　卫生部. 2012 年《"健康中国 2020"战略研究报告》。
[2]　《国家人口发展"十二五"规划》规划到"十二五"末降至 115 以下。

增加预期最高在 400 万人以内（中方案情况下，下同），发生大面积出生人口堆积情况的可能性较小；2020 年末总人口约 14.2 亿人，"十三五"时期累计增加不超过 1 400 万人，可控制在国务院批准的《人口发展"十一五"和 2020 年规划》2020 年 14.5 亿总人口目标内；到 2050 年 15～59 岁劳动年龄人口将增加 4 000 万人以上，老年人口抚养比下降约 2.7 个百分点，优化人口结构的长期政策效果较为明显（见表 2）。为有利于政策实施，建议抓紧形成调整方案和工作预案，明确实施全面两孩的总体思路、前提条件、方法步骤和风险应对措施，同步开展相关法律法规修订工作，力争在对 2014—2015 年人口发展形势有较为清晰判断和把握情况下，2016 年完成全部实施准备工作，适时启动全面两孩政策。

表 2

不同政策情景下 2015—2050 年总人口规模预测						单位：亿人
年份	政策不变	2016 年调整	2017 年调整	2018 年调整	2019 年调整	2020 年调整
2014	13.68	—	—	—	—	—
2020	14.06	14.20	14.17	14.14	14.11	14.08
2025	14.21	14.47	14.45	14.44	14.42	14.39
2030	14.18	14.51	14.50	14.50	14.49	14.48
2040	13.83	14.31	14.30	14.29	14.28	14.27
2050	13.21	13.97	13.95	13.94	13.91	13.89
不同方案下的峰值人口及年份						
峰值人口	14.22	14.52	14.51	14.50	14.49	14.48
峰值年份	2026 年	2029 年	2029 年	2029 年	2029 年	2030 年

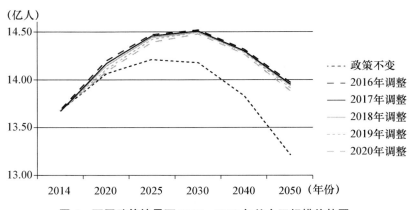

图 4　不同政策情景下 2015—2050 年总人口规模趋势图

（二）建立健全应对人口老龄化政策体系

在立法层面，要尽快明确政府、社会、家庭和个人四方在应对人口老龄化方面的责任和义务，确立政府在提供基本保障和基本服务方面的主导地位，大力发挥社会、家庭和个人的积极作用。**在规划层面，**编制养老服务设施建设规划并充分做好与城市发展规划、土地利用规划等的衔接，落实并逐步提高养老服务设施人均用地标准。**在社保层面，**加快推进基本养老、基本医疗保险制度全覆盖，稳步提高相关社会保障水平，缩小城乡、区域、群体之间的社会保障待遇差距；加快建立覆盖老年人、残疾人等群体的长期护理保障制度。**在政策层面，**加快实施健康与养老服务工程，全面开放养老服务市场，通过特许经营、购买服务、股权合作等方式与各类市场主体共同增强养老服务和产品供给，创新运用 BOT、BOO、BOOT [1]等 PPP 模式建设运营各类养老服务项目。支持开展老年人住房反向抵押养老保险试点；加快建立老年人收入情况、失能状况和养老服务等评估机制，推进养老服务资源合理配置，为强化基本养老服务供给提供急需的信息支持。

（三）综合应对劳动年龄人口下降

一是努力打通并拓宽人口红利向人才红利转变的通道。要适应产业结构转型升级趋势，增强劳动者素质。加快完善国民教育体系，普及高中阶段教育，加快高等学校创新型人才培养，促进职业教育与劳动力市场开放衔接。二是着力提高社会劳动参与率。加强大龄劳动力在职培训，增强就业竞争力，延长就业时间，避免其过早退出就业市场。支持主动失业人口及具备条件的老年人口以灵活方式回归就业市场。加强职业健康服务，实施强制性职业健康检查制度，大幅提高劳动年龄人口的健康水平。三是加快制定渐进式调整延迟退休年龄的办法，逐步完善职工退休年龄政策。四是注重开发老年人力资源，支持老年人以适当方式参与经济发展和社会公益活动，为离退休专业技术人员发挥作用创造条件。

（四）促进人口与经济合理布局

一是在推进新型城镇化、实施"一带一路"、京津冀协同发展和长江经济带三大战略进

---

[1] BOT 指"建设—运营—移交"模式；BOO 指"建设—拥有—运营"模式；BOOT 指"建设—拥有—运营—移交"模式。

程中，统筹技术扩散、产业扩散、公共服务扩散、就业扩散同步进行，引导人口由特大城市主城区向周边和其他城镇疏散，由东部沿海地区向中西部城市群转移，由限制和禁止开发区域向优化和重点开发区域集聚。二是着力促进基本公共服务均等化。深化户籍制度改革，落实基本公共服务覆盖常住人口，切实消除阻滞农业转移人口市民化的体制机制障碍。以服务半径、服务人口为基本依据，制定实施城乡统一的基本公共服务设施配置和建设标准，保障公共服务资源在城乡、区域之间均衡配置。鼓励和倡导长三角、珠三角和京津冀等地区率先实现区域内基本公共服务一体化。三是切实将人口作为中央和省级财政安排转移支付的重要因素。建立财政转移支付及建设用地供给同农业转移人口市民化挂钩机制，对吸纳人口流入并保障公共服务的地区要适当补助，对基于生态保护鼓励人口外迁的地区要适当补偿。探索建立区域、城市间的人口转移补偿政策。

（五）建立健全人口与发展决策机制

一是建立国家人口发展宏观决策工作机制。以现有人口计划审批机制为基础，建立年度人口发展形势会商制度，监测评估人口变动情况及趋势影响，推动人口及相关信息共用共享，提出重大人口发展政策建议。在社会稳定风险评估框架内，试点增加人口风险评估内容和建立重点评价清单，科学预测和分析人口因素对重大决策、重大改革和重大工程建设的影响，形成应对策略和预案。二是建立人口预报预警机制。借鉴国际经验，尽快开展全国层面的人口总量、结构、布局和变动情况预报，力争在"十三五"期间发布第一次国家人口预测报告。支持各地开展分地区人口发展预测，共同为生产力布局和合理规划配置各类公共服务资源提供决策支持。三是探索建立支持家庭发展的政策措施。加快完善税收优惠政策，减轻抚养未成年子女和赡养老人家庭的所得税负担，增强家庭发展能力。鼓励地方因地制宜开展对计划生育家庭、空巢家庭、流动家庭、留守家庭的关怀服务项目。提高计划生育服务管理水平，强化出生人口性别比综合治理，落实出生缺陷三级预防措施，促进儿童早期发展。

中国社会科学院

"十三五"时期中国人口发展战略及应对人口老龄化对策

　　"十三五"是全面建成小康社会、实现中华民族伟大复兴中国梦的关键时期。人口是影响中国经济社会发展的"常变量"，其长期趋势尤其是人口老龄化趋势，不仅会影响到"十三五"时期各项经济社会发展目标的实现，更关系到全面建成小康社会和中华民族伟大复兴中国梦的实现。本文主要探讨"十三五"时期我国的人口发展形势、面临的挑战以及应对人口老龄化的战略对策。

一、人口发展形势及预测

（一）"十二五"人口发展基本形势

　　"十二五"时期人口发展的基本形势是：人口增长保持低速，人口老龄化程度不断加深，人口流动持续扩大，并继续呈现向城镇地区聚集趋势。

1. 人口自然增长率处于历史低位，出生人口规模缓慢回升

　　"十二五"头三年，中国人口继续保持低速增长。截至 2013 年年底，中国总人口达到了 13.61 亿人，较 2010 年增加了约 2 000 万人，年均增长约 660 万人。"十二五"时期人口自然增长率延续了"十一五"末期以来处于历史低位的趋势，保持在 5‰以下（见图 1）。

　　中国人口转变主要受出生率变化影响，但这一特征在"十二五"时期有所变化：人口

死亡率在下降到最低水平后的攀升对人口自然增长率变化趋势的影响逐渐增强。中国人口出生率在 2010 年达到 11.90‰的低位后开始缓慢上升，到 2013 年达到了 12.08‰，然而，人口自然增长率却仅从 2010 年的 4.79‰上升至 2013 年的 4.92‰，上升幅度小于人口出生率变化幅度，其原因主要是同期人口死亡率延续了 2003 年以来的上升趋势，从 2010 年到 2013 年上升了 0.05‰，抵消了人口出生率上升对自然增长率的作用（见图 1）。

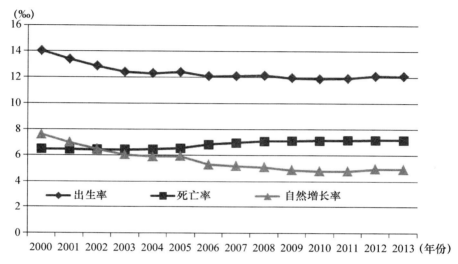

图 1　2000 年以来中国人口变动情况

资料来源：《中国统计年鉴 2014》。

"十二五"时期的出生人口规模缓慢回升，出生人口规模重新回到了 1 600 万人以上，并表现出逐渐上升之势。21 世纪以来，中国出生人口规模在 2003 年首次低于 1 600 万人，此后虽然在 2005 年和 2008 年两次回到 1 600 万人以上，但第二年就又回落到 1 600 万人以下，2011 年再次回到 1 600 万人以上后，并没有再出现回落，而是保持缓慢上升，到 2013 年达到了 1 640 万人（见图 2）。

2. 人口老龄化程度不断提高，总抚养比开始上升

人口老龄化程度不断提高是"十二五"时期人口年龄结构变化的主要特征。进入"十二五"时期以来，中国人口发展出现了少儿人口比例和劳动年龄人口比例双降、老龄人口比例上升的局面。0~14 岁少儿人口比例延续了前期下降趋势，从 2010 年的 16.6％下降至 2013 年的 16.4％，但下降速度有所放缓；15~64 岁劳动年龄人口比例在 2010 年达到 74.5％的高峰基础上开始下降，2013 年下降至 73.9％；65 岁及以上老年人口比例则从 2010

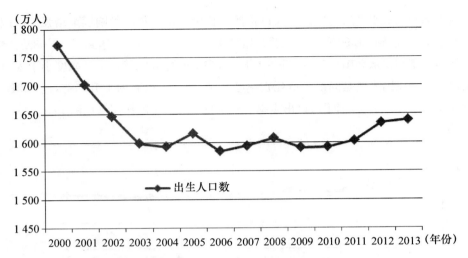

图2　2000年以来中国出生人口规模的变化

资料来源：根据《中国统计年鉴2014》各年人口数和出生率数据计算。

年的8.9％上升至2013年的9.7％（见图3）。根据中国人口发展趋势，少儿人口比例将趋于稳定，劳动年龄人口比例则将继续下降，老年人口比例则将持续上升，到"十二五"时期末，预计将达到10.5％左右。

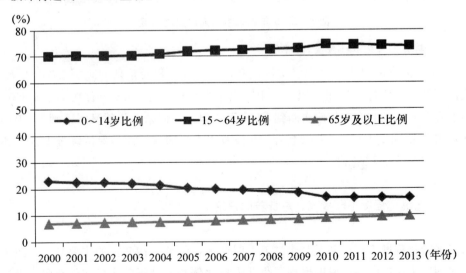

图3　中国人口年龄结构变化趋势（2000—2013年）

资料来源：《中国统计年鉴2014》。

与各年龄段人口比例变化相联系，"十二五"期间中国人口总抚养比（65岁及以上人口/15～64 岁人口）出现了上升，即劳动年龄人口的相对负担开始加重。进入"十二五"时期以来，由于少儿抚养比趋于稳定，老年抚养比不断上升，总抚养比开始从 2010 年的历史低位开始攀升。2011—2013 年，少儿抚养比稳定在 22.1％～22.2％，老年抚养比则从 12.3％上升到 13.1％，总抚养比也随之从 34.4％上升至 35.3％（见图 4）。

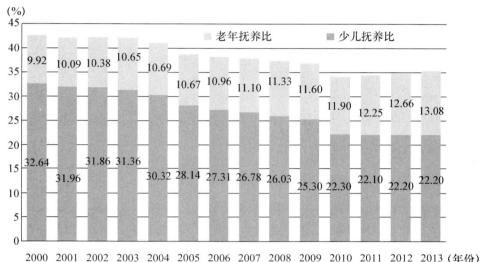

图 4　中国人口抚养比变化情况（2000—2013 年）

资料来源：《中国统计年鉴 2014》。

3. 流动人口规模继续扩大，城镇化率不断提高

"十二五"期间，中国人口流动规模继续扩大。根据第六次人口普查数据，2010 年普查时人户分离人口[1]达到 2.61 亿人，其中流动人口[2]为 2.21 亿人。进入"十二五"时期以来，人户分离人口和流动人口均继续上升（见图 5），到 2013 年人户分离人口达到了 2.89 亿人，年均增加约 930 万人；流动人口达到了 2.45 亿人，年均增加约 800 万人。如果按照"十二五"前三年平均增长规模推算，到"十二五"期末，人户分离人口将超过 3 亿人，流动人口将超过 2.6 亿人。

---

　　[1]　人户分离人口是指居住地和户口登记地不在同一乡镇街道的人口。
　　[2]　流动人口是指人户分离人口中不包括市辖区内人户分离的人口。市辖区内人户分离的人口是指一个直辖市或地级市所辖区内和区与区之间，居住地和户口登记地不在同一乡镇街道的人口。

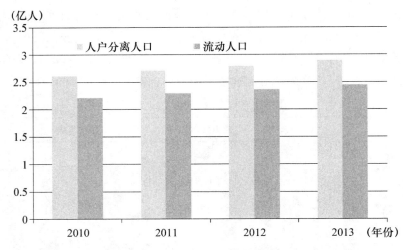

图 5　中国人户分离人口和流动人口情况（2010—2013 年）

资料来源：《中国统计年鉴 2014》。

　　农民工是中国人口流动的主体。根据国家统计局的监测结果，2013 年外出农民工[1]达到了 1.66 亿人，其中举家外出农民工数量达到了 3 525 万人（见表 1）。进入"十二五"时期以后，外出农民工规模虽然仍保持扩张态势，但增速明显减缓。2010 年，外出农民工增速达到了 5.52%，随后逐年下降，到 2013 年仅为 1.68%；与此同时，举家外出农民工的增速却从 2010 年的 3.54% 上升至 2013 年的 4.44%，举家外出农民工占全部外出农民工的比例从 2010 年的 20.03% 上升至 2013 年的 21.22%，农民工举家外出的趋势逐渐加强。

表 1

农民工外出情况（2008—2013 年）						单位：万人
指标	2008 年	2009 年	2010 年	2011 年	2012 年	2013 年
外出农民工	14 041	14 533	15 335	15 863	16 336	16 610
其中：住户中外出农民工	11 182	11 567	12 264	12 584	12 961	13 085
举家外出农民工	2 859	2 966	3 071	3 279	3 375	3 525

资料来源：国家统计局《2013 年全国农民工监测调查报告》。

　　从外出农民工的流向看，东部地区仍然是农民工主要的流入地。2013 年，7 739 万人跨省流动，8 871 万人省内流动，分别占外出农民工的 46.6% 和 53.4%。东部地区外出农民工以省内流动为主，中西部地区外出农民工以跨省流动为主。东部地区跨省流出农民工 882

---

　　[1]　外出农民工指在户籍所在乡镇地域外从业的农民工。农民工指户籍仍在农村，在本地从事非农产业或外出从业 6 个月及以上的劳动者。

万人，72.6％仍在东部地区省际流动；中部地区跨省流出农民工4 017万人，89.9％流向东部地区；西部地区跨省流出农民工2 840万人，82.7％流向东部地区。在跨省流动农民工中，流向东部地区6 602万人，占85.3％；流向中西部地区1 068万人，占13.8％。[1]

　　由于大规模人口流动，特别是农民工从农村向城镇的流动，"十二五"时期城镇人口比例（城镇化率）快速提高。自2000年以来，中国城镇化率几乎成直线上升趋势，"十二五"时期依然延续了这一趋势，年均提高约1.3个百分点，到2013年已经达到53.73％（见图6）。中国人口城镇化水平的快速提高与人口流动密切相关。根据统计局监测结果，外出农民工几乎100％流向城镇，人口流动实际上是人口城镇化过程。2013年，跨省流动的外出农民工流入城镇的比例是99.1％，省内流动的外出农民工流入城镇的比例是100％，其中跨省流动农民工主要流入大中城市，省内流动农民工主要流入小城镇。[2]

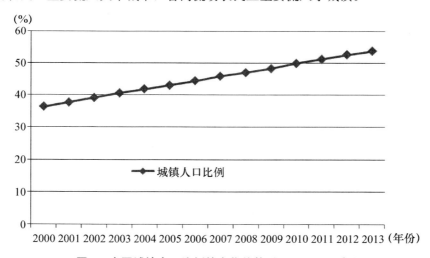

图6　中国城镇人口比例的变化趋势（2000—2013年）

资料来源：《中国统计年鉴2014》。

（二）对当前实际生育水平的判断

　　对当前我国人口问题之所以仍然存在较大争论，其重要原因就在于对实际生育水平到底是多高缺乏统一认识。综合已有研究，我们判断我国实际生育水平在2014年应该在1.5左右，"单独二孩"政策的实施固然有可能使2015年生育水平出现小幅攀升，但总体影响并不大。

---

[1] 引自国家统计局《2013年全国农民工监测调查报告》。
[2] 同上。

中国人口增长保持低速增长的根本原因在于人口转变已经进入低生育水平状态。自 20 世纪 90 年代初总和生育率低于更替水平以来，中国的生育水平持续稳定下降。2010 年第六次人口普查数据显示，总和生育率仅为 1.18。虽然这一数字有可能低估中国实际的生育水平，但中国真实生育水平已经很低则是一个学术界公认的判断。根据第六次全国人口普查数据的回溯式模拟测算表明，1996—2003 年总和生育率为 1.4 左右；最近几年略有回升，大概也只有 1.5 左右的水平[1]。根据国家统计局的人口变动抽样调查，2013 年总和生育率也仅为 1.22，参考 2010 年普查生育水平和上述研究估计的生育水平之间的偏离程度，简单推算可知，中国 2013 年总和生育率应该不会超过 1.55，接近国际上公认的超低生育水平状态。进一步，我们以人口预测方法，根据 2011—2013 年的人口数、出生人口数和生育模式可以推算出，2011—2013 年总和生育率为 1.47～1.48。

2014 年，放开实施"单独二孩"生育政策后，普遍预期人口出生率、出生人数和总和生育率都有显著回升，但是实际情况却是申请"单独二孩"数量明显低于预期，回升幅度十分有限。根据国家统计局公布的相关数据，2014 年出生人口 1 687 万人，人口出生率为 12.37‰，死亡人口 977 万人，人口死亡率为 7.16‰，人口自然增长率为 5.21‰[2]。同样，根据人口预测方法进行模拟，可以推算出 2014 年的总和生育率约为 1.50。由于 2014 年 3 月以后怀孕的妇女预计将陆续在 2015 年开始生育，而各地区"单独二孩"政策基本上是在 3 月份以后逐渐放开的，因此 2015 年"单独"生育二孩的夫妇将会多于 2014 年。总体上，2015 年的出生人口数、出生率和总和生育率会虽然会在 2014 年的基础上有所回升，但根据现在的情况推测，预计完成生育的数量有可能仍然会低于预期，总和生育率估计不会超过 1.55 的水平，生育率将持续保持在接近超低生育水平状态。

（三）人口变动趋势预测

中国人口未来的发展趋势主要是：总人口将在 2026 年左右达到高峰后开始下降，劳动年龄人口及比例双双下降，老年人口及比例双双上升。

1. 人口总量将在 2026 年左右到达高峰

按照前面对当前实际生育水平的判断，我们预测了中国人口的长期变动趋势。按照预

[1] 郭志刚. 六普结果表明以往人口估计和预测严重失误 [J]. 中国人口科学，2011 (6)：2-13.
[2] 龙露. 2014 年 GDP 数据出炉：首破 60 万亿，大陆总人口达 13.67 亿 [N/OL]. 北京晚报，（2015-01-20）[2015-02-20]. http://www.takefoto.cn/viewnews-288385.html.

测[1]，中国总人口将继续保持上升趋势，并在 2026 年左右到达高峰后下降。2015 年，中国人口将达到 13.75 亿人左右，2020 年将有望突破 14 亿人（见表 2）。到 2026 年后，总人口达到峰值水平，大约为 14.13 亿人，随后总人口规模将不断下降，2030 年为 14.09 亿人，2040 年降为 13.41 亿人，2050 年下降为 13.00 亿人。

表 2

中国总人口变化趋势　　　　　　　　　　　　　　　　　　　　　　　　单位：亿人

年份	总人口	年份	总人口
2015	13.75	2025	14.13
2016	13.82	2026	14.13
2017	13.88	2027	14.13
2018	13.94	2028	14.12
2019	13.98	2029	14.11
2020	14.03	2030	14.09
2021	14.06	2035	13.95
2022	14.09	2040	13.73
2023	14.11	2045	13.41
2024	14.12	2050	13.00

资料来源：预测结果。

2. 劳动年龄人口比例持续下降，老龄化程度不断提高

15～59 岁劳动年龄人口及其占比在整个预测期内保持下降趋势。如表 3 和图 7 所示，2015 年约为 9.25 亿人，2023 年开始降至 9 亿人以下，2035 年降至 8 亿人以下，2047 年降至 7 亿人以下，到 2050 年约为 6.51 亿人。占总人口的比例 2015 年约为 67.26%，2029 年降至 60% 以下，2050 年约为 50.05%。

老年人口规模和占比持续增长。如表 3 和图 7 所示，60 岁及以上人口从 2015 年的 2.22 亿人左右一直增长至 2050 年的 4.92 亿人，占总人口的比例也从 16.16% 升高至 37.88%；65 岁及以上老年人口则从 2015 年的 1.45 亿人增长至 2050 年的 3.75 亿人，占总人口的比例则从 10.52% 增长至 28.81%。

0～14 岁少儿人口将在 2020 年以后开始下降。如表 3 和图 7 所示，2020 年以前，少儿人口将保持上升趋势，到 2020 年达到 2.35 亿人后开始下降，2030 年将下降至 2 亿人左右，

---

[1]　预测期限及方法：本预测期限为 2010—2050 年，采用中国人口与发展研究中心开发的 PADIS-INT 人口预测软件进行预测。生育水平从 2015 年开始上升至 1.55 并保持不变，人口预期寿命非线性增长至 2050 年男性 78.77 岁，女性 83.67 岁。死亡模式采用联合国远东模型生命表。城乡迁移 2020 年以前为每年 1 000 万人，此后每十年减少 200 万人。

2050 年将进一步下降至 1.57 亿人左右。占总人口的比例则在 2019 年达到 16.76% 开始下降，2029 年下降至 15% 以下，2035 年以后下降至 13% 以下，到 2050 年为 12.07%。

表3

中国人口年龄结构的变化趋势

年份	0～14 岁人口		15～59 岁人口		60 岁及以上人口		65 岁及以上人口	
	总量（亿）	占比（%）	总量（亿）	占比（%）	总量（亿）	占比（%）	总量（亿）	占比（%）
2015	2.28	16.57	9.25	67.26	2.22	16.16	1.45	10.52
2016	2.30	16.64	9.23	66.77	2.29	16.59	1.52	10.99
2017	2.32	16.71	9.20	66.31	2.36	16.99	1.60	11.49
2018	2.33	16.75	9.18	65.88	2.42	17.37	1.68	12.05
2019	2.34	16.76	9.15	65.44	2.49	17.79	1.76	12.57
2020	2.35	16.73	9.12	64.99	2.56	18.28	1.83	13.07
2025	2.25	15.94	8.79	62.19	3.09	21.87	2.12	15.00
2030	2.03	14.40	8.34	59.20	3.72	26.39	2.58	18.29
2035	1.80	12.90	7.95	56.98	4.20	30.12	3.12	22.38
2040	1.68	12.26	7.64	55.63	4.41	32.11	3.52	25.62
2045	1.63	12.14	7.21	53.74	4.58	34.12	3.65	27.18
2050	1.57	12.07	6.51	50.05	4.92	37.88	3.75	28.81

资料来源：预测结果。

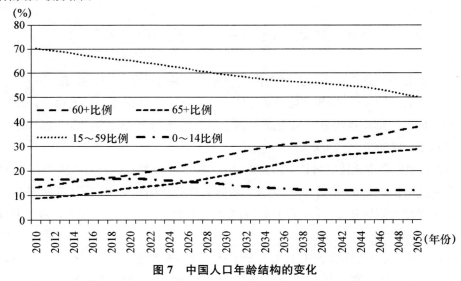

图7　中国人口年龄结构的变化

资料来源：预测结果。

3. 中国人口老龄化程度的国际比较

从国际视野来看，中国人口老龄化明显属于"未富先老"，即人口老龄化程度超前于经济发展水平。直观来看，中国人口老龄化水平高于经济发展水平相当的一些国家和地区。利用联合国发布的 2010 年人类发展指数中的各国家和地区人均国民收入（GNI）指标代表各自的经济发展水平，并以《联合国人口展望（2012）》公布的各国和地区 2010 年人口年龄结构数据计算出各自的老龄人口比重，可以直观地观察出中国人口老龄化与经济发展水平的不一致性。2010 年，在两类数据均可收集的 161 个国家和地区中，中国人均国民收入排名（自高到低）第 81 位，而 60 岁及以上老年人口比例则排名（自高到低）高居第 55 位，65 岁及以上老年人口比例的排名居 56 位。在比中国人均国民收入高的 80 个国家（地区）中，有 30 个国家（地区）的 60 岁及以上人口比例低于中国，而在人均国民收入低于中国的 80 个国家（地区）中，仅有 4 个国家（地区）的 60 岁及以上人口比例高于中国[1]。

我国人口老龄化推进速度非常快。1990 年时我国 65 岁及以上人口比例为 5.6%，世界人口的平均水平约为 6.2%，但是到 2000 年我国 65 岁及以上人口的比例与世界平均水平已经大体相当，均为接近 7%，说明这段时间中国人口老龄化速度明显快于世界平均水平，10 年时间就填平了约 0.6 个百分点的差距[2]。到 2010 年，中国 65 岁及以上人口比例为 8.87%，已经高于世界 65 岁及以上人口比例。根据《联合国人口展望（2012）》的相关人口预测（中方案）数据以及本研究关于中国人口老龄化发展趋势的预测，未来中国人口老龄化速度仍将明显快于世界平均水平。世界 65 岁及以上人口比例需要 40 年左右的时间从 7% 上升至 14%，而中国可能只需要 23 年左右的时间。而 65 岁及以上人口比例从 14% 到 21%，世界人口需要 50 年左右的时间，而中国人口则只需 11 年左右的时间。即便与联合国关于世界人口预测的低方案相比，中国 65 岁及以上人口比例从 7% 上升至 14%、从 14% 上升至 21% 的时间也分别要短 12～13 年。

（四）人口变动与经济发展之间的关联

世界各国的发展历程表明，生育水平、人口年龄结构变化等人口因素与经济增长之间表现出非常强的关联性：经济发展会降低生育水平，同时，生育率下降引起的人口年龄结构变化又会影响经济增长，而保持适度的生育水平有利于经济增长。

1. 经济发展水平与生育率呈负向关系

世界各国的发展历史表明：随着社会经济发展，生育率随之下降。根据联合国《世界

---

　　[1]　林宝. 人口老龄化与城镇基本养老保险制度的可持续性 ［M］. 北京：中国社会科学出版社，2014.

　　[2]　世界人口相关数据见：World Population Prospects：the 2012 Revision, United Nations, http：//esa. un. org/unpd/wpp/unpp/panel _ indicators. htm .

人口展望》数据，图 3 展示了以发达程度分的世界不同地区的总和生育率（TFR）变动趋势，随着社会发展，所有地区的生育水平均在下降，1950—2000 年发达国家（地区）的 TFR 由 2.83 下降到 1.66，较不发达国家（地区）的 TFR 由 6.02 下降到 2.41，就连最不发达国家（地区）的 TFR 也由 6.55 下降到 4.53；同时，越是发达地区的生育水平越低，越是最不发达地区的生育水平越高（见图 8）。不同国家（地区）的人均 GDP 和总和生育率的关系也反映了这一点：随着人均 GDP 不断提高，总和生育率呈下降趋势（图 9）。

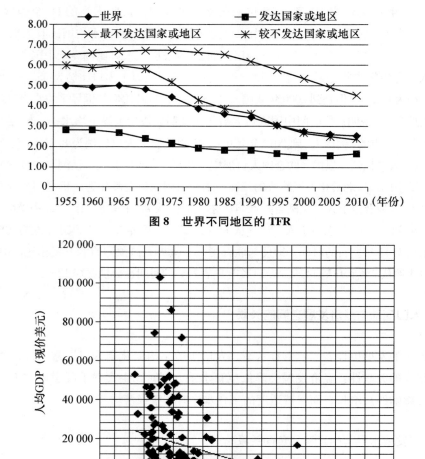

图 8　世界不同地区的 TFR

图 9　人均 GDP 与 TFR 的关系

　　注：散点图数据来自 187 个国家或地区，其中人均 GDP 数据来自世界银行数据库；TFR 数据来自联合国《世界人口前景》数据库。

在人类发展的不同历史阶段，生育率与经济增长的关系也不同。在农业社会，生育水平高，由于人口的几何级增长，人均收入算术级增长，因此，人类社会陷入马尔萨斯陷阱长期不能突破。1800 年左右开始了工业革命，人口变量与其他经济变量之间的相互关系开始发生变化，人均收入的增加不仅不会再像工业革命以前那样会刺激人口增加，到 20 世纪末反而出现经济发达国家生育率下降的普遍趋势（Habakkuk and Postan, 1965）[1]。在工业化进程中，经济增长与生育率的反向关系可以从社会和家庭两个方面来解释。

从家庭层面来说，随着家庭收入的增长，抚养子女逐渐变成"不划算"的行为。Leibenstein（1957）和 Becker（1960）运用消费者行为理论对养育子女进行经济学分析，他们认为子女是一种特殊的消费品，生育行为是消费者对子女需求所做出的反应[2]。"家庭生产函数"（Schultz, 1973）和"全收入"（Becker, 1965）理论认为，随着父母工资水平的提高，家庭收入增加的同时也使养育子女的机会成本上升，从而会降低人们的生育意愿，抑制对子女数量的需求[3]。

从社会层面来说，现代化因素导致推迟生育和少生子女。Esterlin（1985）将中间变量与社会经济变量相结合对生育率进行综合分析，认为生育率转变理论的核心是现代化因素，城市化促进传统农业社会向现代工业社会转变，从而会冲击传统婚育观念；同时就业竞争和生活不安定会促使进城人口推迟婚育年龄；而且，从农村流动到城市的居民，其生育率也较之前更容易得到控制[4]。过去的大多数研究文献表明经济增长会对生育率产生负向影响（Galor 和 Weil, 1996；Doepke, 2009）[5]-[6]，即经济发展水平越高，生育率越低。

2. 人口老龄化对经济增长有负面影响

人口老龄化会减缓经济的增长，从 2013 年各国经济增长率与老龄化之间的关系来看，

[1]　Habakkuk, H. J. and Postan, M. The Cambridge Economic History of Europe Volume VI. The Industrial Revolutions and After: Incomes, Population and Technology Change [M]. Cam-bridge: Cambridge University Press, 1965.

[2]　Becker, G. An Economic Framework Analysis of Fertility. Universities-National Bureau Committee for Economic Re-searched, Demographic and Economic Change in Developed Countries [M]. Princeton: Princeton University Press, 1960.

[3]　Schultz, T. W. New Economic Approaches to Fertility [J]. Journal of Political Economy, 1973 (81): 2.

[4]　Esterlin, R. A. The Fertility Revolution: A Supply - Demand Analysis [M]. Chicago: Chicago University Press, 1985.

[5]　Galor O., Weil, D. N. The gender gap, fertility and growth [J]. American Economic Review, 1996, 89: 150-154.

[6]　Doepke, M. Accounting for fertility decline during the transition to growth [J]. Journal of Economic growth, 2004, 9 (3): 347-383.

GDP 增长率越高的国家,老龄化(65 岁及以上人口比例)比例越低(图 10)。Hviding 等(1998)使用代际重叠模型对 7 个 OECD 国家进行建模,证明了人口老龄化对经济有显著的负面作用[1]。有些学者对人口老龄化给经济带来的负面影响预估甚至非常悲观,全球的老龄化将吞噬世界经济,并且将可能威胁到民主政治本身(Peterson,1999)[2],还将使我们的社会安全和医疗系统变得不稳定(Greenspan,1999)[3]。

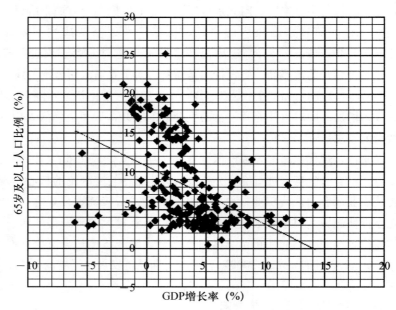

图 10　2013 年各国 GDP 增长率与 65 岁及以上人口比例的关系

日本"失去的十年"和欧债危机是人口老龄化对经济增长产生负面作用的两个典型的例子。日本经济起飞始于 20 世纪 50 年代初,与其人口转变的人口红利期相吻合。直至 20 世纪 90 年代之前,日本人口抚养比一直保持在低于 50% 的较低水平,日本的经济也持续保持平均 5% 左右的增长速度。但随着人口老龄化,日本的抚养比呈现上升趋势,日本经济也开始持续萎靡不振。一些研究认为,人口老龄化及其养老体制是导致日本经济长期增长衰退的主要因素之一[4](Hewitt,2003)。

[1] Hviding,K.,Mérette,M. Macroeconomics Effects of Pension Reforms in the Context of Ageing:OLG Simulations for Seven OECD Countries. OECD Working Paper No. 201,Paris,1998.

[2] Peterson,P. G. Gray Dawn:The Global Aging Crisis. Foreign Affairs,Jan-Feb,1999.

[3] Greenspan,A. Aging Global Population. Testimony before the Special Committee on Aging,U. S. Senate,2003.

[4] Paul S. Hewitt. "The Gray Roots of Japan's Crisis," Asia Program Special Report,No. 107,Woodrow Wilson International Center for Scholars.

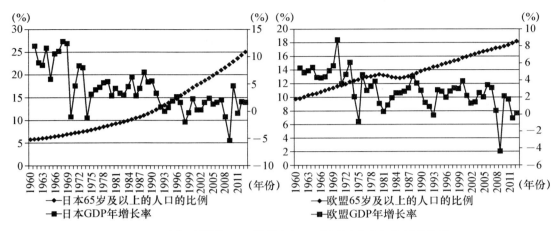

图 11　日本与欧盟的 GDP 增长率与 65 岁及以上人口比例的变动

近年发生的欧债危机使得欧洲许多老牌工业国家经济一蹶不振，其中最重要的两个原因是高福利与老龄化。20 世纪末，欧洲整体上进入了超低生育率时代，人口寿命延长导致抚养比迅速提高，老年人口比例大幅度增加，在高福利体制下带来沉重的养老金压力。2009 年，欧元区 17 国和欧盟 27 国的社会保障支出占 GDP 的比重分别为 30.41% 和 29.61%，其中养老金支出占 GDP 的比重都超过了 13%，而意大利、法国、西班牙、希腊甚至超过这个平均水平。不仅如此，高福利和人口老龄化导致了欧洲劳动力成本的提高，进而加速了国内产业向新兴发展中国家转移的步伐，劳动生产率追不上劳动成本，导致资本出走，致使整个经济增长乏力，2011 年欧元区国家和欧盟国家的经济增长率分别只有 1.2% 和 1.5%。如果欧债危机国家不能恢复和提高人口结构的活力，就难以摆脱"高福利陷阱"。

人口老龄化对经济增长影响主要体现在消费、储蓄率、劳动生产率、人力资本形成以及社会养老负担等方面。人口老龄化导致劳动力供给短缺，影响实体经济的发展；人口老龄化加剧会使得消费与储蓄的增长路径和稳态均衡值发生改变，最终导致消费率和储蓄率的双重下降；人口老龄化使得政府财政负担愈发的沉重，还有研究表明，未来 20 年内全球利率将呈现下降趋势，下降的幅度将取决于公共养老金支出的情况。

3. 保持适度生育水平有利于经济持续增长

在人口转变过程中，存在一个劳动年龄人口占比高的"人口红利期"，人口生产性强，社会储蓄率也高，有利于经济增长[1]。"人口红利"是第二次世界大战后东亚国家经济快速

---

[1]　王德文，蔡昉. 中国人口与劳动问题报告 [M]. 北京：社会科学文献出版社，2006.

增长的主要源泉之一。以亚洲"四小龙"为代表的东亚地区，克服资源贫乏的制约，自步入高速经济增长快车道之后，一直保持了 40 年以上的快速增长。1960—2000 年，韩国、中国香港、新加坡、泰国和马来西亚 GDP 年均分别增长 7.9%、7.8%、8.7%、7.1% 和 7.1%，被誉为"东亚奇迹"。许多专家认为，东亚地区的经济高速发展来源于两个动力，一是人力资本的积累，包含劳动力供给的增加、劳动参与率的提高和劳动力素质的持续提高；二是人口年龄结构转变带来的高储蓄和高投入（Young，1994；Krugman，1994）[1]。东亚地区人口转变开始于 20 世纪四五十年代，人口年龄结构处于高少儿抚养比阶段，经济增长受到抑制，而人口抚养比在 1970 年后才开始缓慢下降。1970 年以前，东亚地区人均 GDP 大约增长 2%，且起伏不定。从 20 世纪 60 年代末开始，东亚地区劳动人口迅速增加，儿童、老年人口的比重相对下降。1965—1990 年劳动年龄人口年均增长 2.43%，是非劳动人口增长率的近 4 倍。而 1970—1995 年，东亚人均 GDP 增速高达 6.1%。根据估算，人口红利因素对东亚经济增长的贡献为 25%～30%[2]。

但是，由于生育率的下降，人口老龄化会给经济增长带来负面影响。发达国家的经验表明，经济增长率与总和生育率呈现正相关关系，从 1960 年至今，随着生育水平的下降，各国的经济增长速度也随之放缓（见图 12）。为了保持经济增长的活力，许多极低生育率的国家开始实施鼓励生育的政策，生育水平出现回升迹象，如法国、英国、日本等。因此，保持适度生育水平有利于经济持续增长。

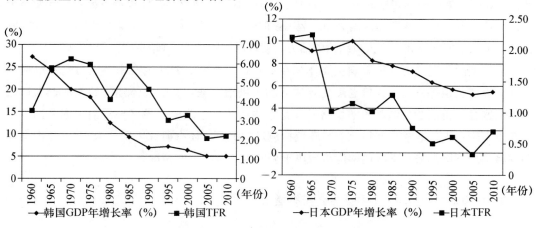

图 12 部分发达国家的 GDP 增长率与 TFR 变动

[1] 李扬，殷剑峰. 劳动力转移过程中的高储蓄、高投资和中国经济增长 [J]. 经济研究，2005（2）.

[2] Williamson, Jeffrey. Growth, Distribution and Demography: Some Lessons from History [J]. NBER Working Paper，1997（6244）.

二、人口快速老龄化带来的挑战

"十三五"期间，中国人口发展面临着诸多挑战，尤其是人口结构性矛盾突出，人口失衡将对社会经济发展产生巨大影响。《国家人口发展"十二五"规划》已经指出，人口结构性矛盾成为影响经济社会发展的重大问题。我国出生人口性别比长期居高不下，老年人口比重不断提高，人口抚养比开始上升，区域间、城乡间人口发展不平衡，人口结构性矛盾对经济社会发展的影响日益深刻。根据目前的人口发展形势，"十三五"期间中国人口结构性矛盾将更加突出，尤其是人口老龄化的影响将日益凸显，其挑战主要表现在如下几个方面。

（一）人口快速老龄化使传统经济发展方式难以为继

人口老龄化对经济发展的影响是全面、深刻而普遍的，人口老龄化将对经济增长、储蓄、投资与消费、劳动力市场、养老金、税收及世代传递发生冲击[1]。可以预见的是，"十三五"期间，劳动年龄人口下降引起的劳动力供给不足和成本上升，将使中国传统的经济发展方式难以为继。

人口变化已引起中国劳动力市场发生深刻的变化。2004 年以来，中国劳动力市场已经发生了大的转变，出现了刘易斯转折点，劳动供给从无限供给转向了有限供给[2]。"十一五"期间，劳动力短缺就呈现出不断严重的趋势[3]，"十二五"时期继续发展的劳动力短缺局面在"十三五"时期将持续。

在"十三五"时期，15～59 岁劳动年龄人口继续下降。2012 年，中国 15～59 岁劳动年龄人口数量首次出现了下降[4]，标志下降历程就此开始，"十二五"期末将下降至 9.25 亿左右，"十三五"时期会进一步下降，到期末预计 9.12 亿左右。在劳动参与率不发生显著变化的情况下，可以预见"十三五"期间，中国劳动力供给总体呈现下降趋势。与劳动供给不同的是，"十三五"时期的劳动力需求将依然保持强劲势头。城乡就业人员继续保持上升趋势，"十二五"期间城乡就业人员总量平均每年增加约 290 万人，城镇就业人员数每

---

[1] United Nations，2001：World Population Ageing 1950—2050. New York，2001.

[2] 蔡昉. 劳动力无限供给时代结束 [J]. 金融经济，2008 (3).

[3] 都阳. 人口转变、劳动力市场转折和经济发展 [J]. 国际经济评论，2010 (6).

[4] 朱剑红. 劳动年龄人口首次下降 [N/OL]. 人民日报，（2013-01-18）[2015-02-20]. http://finance. people. com. cn/n/2013/0119/c1004-20256249. html.

年增加超过 1 100 万人。即便考虑到中国经济进入新常态以后的减速因素，如果能保持近年来的就业弹性，城镇就业人员每年也可增加 700 万～800 万人。综合劳动供求变化趋势，"十三五"期间出现全局性劳动力供给相对不足将成为常态。

劳动力短缺的直接影响是劳动力成本快速上升。自 20 世纪 90 年代末以来，劳动市场上正规劳动力的工资水平一直保持两位数的增长，近年来农民工工资也出现了相应上涨[1]。"十二五"时期是农民工工资快速增长的时期，2011—2013 年农民工实际工资水平年均上涨接近 12%[2]，高于同期城镇单位在岗职工平均实际工资增长率约 4 个百分点。由于农民工工资整体上仍然大大低于城镇职工平均工资，随着劳动力短缺的全局性发展，农民工在劳动力市场上的地位将更加重要，议价能力将进一步增强，因此，预计"十三五"期间农民工工资仍然将呈快速上涨趋势，从而并带动劳动力成本的整体上涨。

劳动力成本上涨将对中国经济的长期增长产生重要影响。劳动力丰富并便宜，是中国在国际贸易中享有比较优势的主要原因[3]，也是中国经济起飞和发展的重要条件。劳动力成本上涨将损害中国的比较优势，对出口产生重大影响，进而削弱中国经济增长的动力。因此，"十三五"期间，中国必须寻找经济增长的新动力源泉，以适应人口变化所带来的劳动力市场变化的影响。

劳动力短缺不仅表现在城镇，农村劳动力短缺问题也会在"十三五"期间逐渐显现。农村劳动力的短缺不是绝对数量的不足，而是适应农业现代化的新型农民的短缺。各种迹象表明，农村青壮年劳动力基本上已经转移殆尽，农业劳动力主要以老人和妇女为主，但是随着农业现代化进程的不断推进，对农业劳动力的要求也越来越高，"十三五"期间农村劳动力问题将逐渐凸显，并可能对农业生产产生实质性影响，因此必须考虑谁将是未来农村和农业的劳动力，进行一些必要的准备。

（二）老年人口快速增加带来社会治理新难题

当前，我国仍然处于社会转型期，社会利益多元化、社会矛盾多发、社会管理机制体制不顺等问题还十分突出。老年人作为社会的一个重要群体，其社会管理问题将直接关系到创新社会治理体系的成败。"十二五"时期出现的一些社会现象已经反映出当前在老年人

[1] 蔡昉. 中国劳动力市场发育和就业变化 [J]. 经济研究，2007 (7).

[2] 根据国家统计局《2013 年全国农民工监测调查报告》中的农民工收入和《中国统计年鉴》中的相关价格指数测算。

[3] 蔡昉. 劳动力无限供给时代结束 [J]. 金融经济，2008 (3).

社会管理上的薄弱，如广场舞扰民问题、老年人吸毒问题、参加邪教问题、退休人员参加非法政治集会等。可以预见，"十三五"时期老年人社会管理问题将进一步凸显，对创新社会治理体系提出严峻挑战。做出这一判断，主要基于以下原因：

一是"十三五"时期老年人口规模进一步扩大。根据预测，"十三五"期间我国60岁及以上老年人口规模将从期初的2.3亿人左右逐渐增长至期末超过2.5亿人。老年人口规模扩大，意味着一切涉及老年人的社会问题涉及面更广、涉及人群更多，人群放大效应将更加明显。

二是"十三五"时期也是老年人利益诉求进一步多元化的时期。当前，我国各社会群体利益多元化趋势十分明显。"十三五"作为我国跨越"中等收入陷阱"的关键时期，人均国民收入有望突破1万美元，随着收入水平提高，老年人群的利益诉求也会随着社会经济状况的改变而日益多元化，各种社会矛盾和利益冲突都或多或少会在老年群体身上显现，老年人的利益诉求可能会逐渐从经济利益走向社会地位与政治权利等，如何因应老年人的利益诉求将是"十三五"期间的一项重要工作。

三是"十三五"时期将继续全面深化改革，将触动部分老年人的利益，可能引起一定的反弹。老年人本来就是个人、家庭和社会等多重转型（或转折）的结合点，面临多重冲击，容易产生负面社会情绪。在个人层面，可能面临退休、失能等人生转折；从家庭层面，面临空巢、丧偶等转折；在社会层面，既面临社会的整体转型，也面临着社会生活方式的转变。"十三五"时期将继续推进的收入分配制度改革、养老金制度改革等都将对社会各阶层的利益进行调整，必然也波及老年人，这些改革冲击一旦与部分老年人原本存在的负面情绪结合起来，可能加深部分老年人对社会的不满或引发一些社会矛盾。

四是老年人社会管理手段相对缺乏。在计划经济时代，对老年人的社会管理大多依赖于单位和基层组织，随着市场化改革，老年人也从单位人走向了社会人，对老年人的管理更多依赖于社会化的方式。但是，从目前来看，社会化管理手段还十分缺乏，对老年人的管理十分薄弱。中共十八届三中全会通过的《中共中央关于全面深化改革若干重大问题的决定》将创新社会治理体系是"十三五"及今后一段时间中国面临的重要改革任务之一，提出要改进社会治理方式，坚持系统治理、依法治理、综合治理和源头治理。但是，创新社会治理体系也是一个渐进的过程，在此过程中，如何运用合理手段加强老年人社会管理仍然是一个重大的课题。

（三）老年收入保障体制机制亟待完善

"十三五"时期，中国老年收入保障体系也将面临人口老龄化的巨大冲击。在面对人口老龄化快速发展的形势下，如何通过制度改革改善老年收入保障的公平性和有效性，将是"十三五"面临的重大课题。

随着人口老龄化形势日趋严峻，养老金制度的公平性日益引人关注。首先是不同人群之间的公平问题。长期以来，养老金双轨制、地区分割、城乡差异等造成了不同地域、不同身份的人在养老金待遇上存在较大的差距。理论上讲，人群之间的差异不可避免，但是如何合理确定这些差异则是涉及公平性的问题。近期进行的一些制度改革，如统一城乡居民基本养老保险制度、机关事业单位人员养老保障制度改革等是改进制度公平性的重要措施，但是无论是从制度设计本身，还是从社会期望来看，还有很多事情要做，特别是如何合理确定制度参与者的权利与义务等方面还需要进一步推进。其次是代际公平问题。养老金制度改革涉及新旧制度之间的转换，如何保障新旧制度参与者的利益，实现制度的平稳转轨和代际公平，也是"十三五"期间必须面对的问题。

人口老龄化对老年收入保障体系最直接的挑战来自于支付压力。"十三五"时期，我国65岁及以上老年人口抚养比将快速上升，将从期初的15.2%上升至期末的18.6%左右，养老负担将急剧上升。改革以后的机关事业单位人员养老保险制度、城镇职工基本养老保险制度和城乡居民基本养老保险制度都采用了社会统筹和个人账户相结合的筹资模式，对于这三种制度而言，人口老龄化不仅将改变统筹部分养老金领取者和缴费者的数量对比，还将改变个人账户部分资金的领取时间，对制度的财务可持续性产生直接的影响。以城镇职工基本养老保险为例，如果不考虑前期资金积累的因素，单就年度资金平衡而言，"十三五"时期就有可能出现收不抵支的情况。

人口老龄化对城乡最低收入保障制度、计划生育家庭奖励扶助制度的资金压力也明显加大。老年人是城乡低保制度的重要保障群体，随着人口老龄化程度提高，家庭内部的抚养比也显著升高，家庭内部资源不足可能导致更多老年人陷入贫困，从而进入城乡低保制度保障范围。可以预见，如果城乡居民养老保障制度保障水平没有明显提高，"十三五"期间老年人对城乡低保的依赖性将会有所加强。而随着独生子女父母逐渐进入老年，"十三五"期间符合奖励扶助对象的老年人也将快速增长，从而对奖励扶助制度的资金需求也将快速上升。

（四）养老服务供给不足威胁家庭和谐、社会稳定

"十三五"时期人口老龄化将带动养老服务需求快速上升。"十三五"时期养老服务需求增长主要取决于三个因素：一是老年人口数量的增长。"十二五"期末，60岁及以上老年人口数量将超过2.2亿人，"十三五"期末则将超过2.5亿人。二是老年人口中寻求养老服务的

比例升高。家庭少子化、小型化和人口流动导致家庭内部难以解决养老问题，老年人不得不转而寻求社会服务。三是养老服务需求也将升级。随着社会经济发展水平的提高，老年人口的养老服务需求也将呈现多元化的趋向，从基本养老服务逐步向个性化养老服务发展。

不能自理老年人口数量增长情况可以从一个侧面反映养老服务需求随老年人口增长而增加的情况。第六次人口普查调查了我国 60 岁及以上老年人口的自理能力状况，揭示了我国老年长期护理需求的基本情况。普查结果显示，中国 60 岁老年人口中，生活不能自理的比例约为 2.95%，不健康但生活能自理的比例约为 13.9%，其他为健康或基本健康，以此结合普查时中国 60 岁及以上老年人口数量，可以推算出 2010 年不能自理老年人口约为 523.4 万人。根据预测，到"十二五"期末，不能自理老年人口数量将达到 625 万人左右；到"十三五"期末则将增加至 740 万人左右，较 2010 年增加约 40%[1]。不能自理老年人口数量的快速增长将导致以护理需求为主的养老服务需求快速增长。

养老社会化是社会转型的必然结果。在社会转型期，由于家庭规模缩小和其他社会经济因素的变化，家庭养老服务能力呈缩小之势，对社会养老服务需求的依赖性逐步增强。家庭小型化是中国家庭结构变化的趋势之一，同时由于长期较为严格的计划生育政策和人口转变，"十三五"期间将是 20 世纪 80 年代实施计划生育的夫妇集中进入老年的阶段，新进入老年的人口队列子女数明显减少，而大规模的人口流动又造成了父母与子女之间的分离。因此，无论是从客观上还是主观上，这批老年人都将对社会养老服务甚至是公共养老服务有更多的需求和要求。

随着社会经济发展水平的提高，老年人的养老服务需求也向更高层次发展。在社会保障制度逐步完善和收入水平普遍提高的情况下，大多数老年人的经济供养问题得到解决，加之老年人的收入分化也比较严重，养老服务需求也逐渐从基本养老服务向多元化发展，不同老年人处于不同的需求层次，对养老服务需求也会提出不同的要求。当社会养老服务无法满足老年人的需求时，就可能引发社会问题，如近年来颇受关注的广场舞问题，实际上已经形成了一定的代际冲突，必须引起重视。"十三五"期间，社会养老服务需求将进一步分化和升级，满足不同层次的养老服务需求成为政府和社会共同面临的挑战。

养老服务需求的快速增长对养老服务体系建设和养老服务业发展提出了迫切的要求。当前的社会养老服务体系建设还存在一系列问题，如：政府公共服务职能不到位，对养老服务体系建设的推动不力；社区养老服务发展严重滞后，无法对居家养老形成有效支撑；养老机构功能紊乱，质量参差不齐，影响机构养老的补充作用。2013 年，国务院发布的

---

[1]　根据人口预测结果和第六次人口普查得到的不能自理老年人口的年龄性别分布计算。

《关于加快发展养老服务业的若干意见》指出，养老服务和产品供给不足、市场发育不健全、城乡区域发展不平衡等问题还十分突出。要从国情出发，把不断满足老年人日益增长的养老服务需求作为出发点和落脚点，健全养老服务体系，满足多样化养老服务需求，努力使养老服务业成为积极应对人口老龄化、保障和改善民生的重要举措，成为扩大内需、增加就业、促进服务业发展、推动经济转型升级的重要力量。"十三五"时期，是发展养老服务业的关键时期，发展养老服务业将成为整个社会面临的一项重要任务。

三、应对人口老龄化战略对策

应对人口老龄化需要从两个方面入手：一是寻求缓解人口老龄化程度的政策手段，即通过政策来改变人口老龄化趋势；二是建立体制机制积极应对人口老龄化带来的不利影响，即采取措施消除或减轻人口老龄化的影响。[1]在现阶段，前者需要调整计划生育政策，后者则需要进行一系列的制度建设和改革。

（一）全面放开二孩生育，尽快让生育决策回归家庭

在人口发展所面临的一系列问题中，生育水平变化始终居于核心地位。改善人口发展失衡局面，必须从调整过低生育水平入手，否则都只能是治标不治本。因此，进一步完善生育政策，调整过低生育水平是"十三五"时期人口发展的根本问题。

1. 全面放开二孩生育时机已经成熟

当前我国人口自身的结构性矛盾都可以说在一定程度上源于生育水平快速下降，而人口政策是生育率快速下降的重要原因。人口变化是一个缓慢的过程，政策调整效果常常要一代人或几代人后才能得到体现。人口政策的调整必须站在战略的高度，并从长远观点来审视政策调整的综合影响。

我国实施人口控制政策已经超过30年，妇女总和生育率自20世纪90年代初低于更替水平以来，也已有超过20年的时间。从国际上来看，在那些过去曾经采取抑制生育政策的国家，当生育率低于更替水平（2.1）10～15年后，这些国家都开始从限制生育转为鼓励生

---

[1] 林宝. 北京市人口老龄化问题与战略选择 [J]. 北京社会科学，2011（1）.

育。如果从中国生育率低于更替水平算起，到 2005 年就已经经历了 15 年左右的时间，而直到 2014 年才放开"单独二孩"生育政策，当前生育政策调整的基本方向依然是限制生育，与鼓励生育背道而驰。从"单独二孩"政策实施效果来看，实际生育情况低于预期，这说明过去的预期存在着对群众生育意愿和生育潜力的高估。2015 年是"十二五"的最后一年，进一步完善生育政策，全面放开二孩生育的条件应该说已经成熟。全面放开二孩生育虽然有可能会引起生育水平的波动，但并不会引起大幅度全面反弹。这主要是因为，随着社会经济发展水平的提高，我国育龄夫妇的生育意愿已经发生根本改变，二胎生育意愿已经不高，多种调查显示，符合政策的家庭愿意生育二孩的比例在 50% 左右，同时考虑到按照生育意愿真正实现二孩生育行为的比例更低，且生育要在多年内逐渐实现，实际上引起生育水平大幅反弹的可能性很小。从国际经验来看，在生育水平降低到 1.5 及以下后，即便是鼓励生育，效果也十分有限，不会出现大幅度反弹。事实上，如果一个社会长期维持超低生育水平，那么有助于维持低生育水平的经济、社会以及文化环境将会得到不断强化，即使采取鼓励生育的人口政策，生育率也难以回升，现在世界上很多低生育水平国家采取鼓励生育的政策难以提升其生育水平的原因也正在于此。

全面放开二孩生育并不会从根本上改变我国低生育水平的现实，人口发展的基本形势和态势也不会因此发生转变，人口老龄化将继续，但与不放开政策相比老龄化程度有可能减轻。目前受生育政策影响的人群已经非常小，主要是党政机关和事业单位工作人员以及国有企业的职工，而其他社会群体受政策的约束并不大，这些群体尤其农村居民的生育意愿即使在过去政策框架下实际上也没有受到太过严重的抑制。全面放开二孩生育，不仅有利于缓解人口老龄化趋势，有利于家庭和谐稳定，更有利于社会公平公正，这实际上已经是当前最大的民生政策。从这个意义上说，全面放开二孩生育政策越早越好，早放开，早收益；而越晚放开越不利，后果也越严重。

对于全面放开二孩生育，我们应该有这样的认识：如果带来生育水平的反弹，则应该被视为正面和积极的信号，因为放开生育政策的目的正是希望生育率回升，如果不能回升，则意味着不符合政策的初衷，同时也意味着陷入了低生育率水平"陷阱"。很多人担心放开生育会带来生育堆积其实是一种并非完全正确的思维。

2. 全面放开二孩生育具体实施方案

一是统一目标。建议全国实施"不分民族、不分城乡、不分地域，一对夫妇可以生育两个子女"的政策，全面放开二孩生育。长期以来，中国计划生育政策有两个鲜明的特点：一是对生育子女数量限制较为严格。根据《人口与计划生育法》，"提倡一对夫妻生育一个子女；符合法律、法规规定条件的，可以要求安排生育第二个子女"。二是在执行中区域有别、人群有别。计划生育政策实际形成了较大的地区差异和人群差异，一孩政策、一孩半政策、两孩政策甚至是多孩政策都有适用。"单独二孩"政策的实施在一定程度上对数量限制和地区差别有所缓解，但总体形势并未有大的改观。计划生育政策新的调整不仅要在生育子女数量上要有所放松，以适当提高生育水平，延缓人口老龄化进程，而且要最大限度地消除地区差别和人群差别，实现生育权利的平等。

二是分步推进。在具体执行上可以总结放开"单独二孩"生育政策的经验，分析不同地区和人群生育意愿变化、生育意愿与实际生育行为等之间的关系，对全面放开二孩生育的人口变化情况进行预估，如有必要，可采取一定的过渡性措施，如可按照年龄段在 2015 年先放开 30 岁及以上育龄妇女的二孩生育，实施 1～2 年后视情况再放开全部二孩生育。最终将生育决策权归还家庭，让每个家庭基于自身情况做出生育决策。

三是制订预案。放开二孩生育预计将会产生一定的出生堆积，但根据目前生育意愿已经转变的实际情况，辅之以按年龄段放开的过渡性安排，出生堆积现象也不会导致出现大的出生高峰。尽管如此，人口出生数量还是会对公共服务供给造成一定的压力，应根据生育政策调整的节奏，提前预判卫生、教育等公共资源的需求情况，实现资源的合理配置。

（二）渐进式延迟退休年龄，实行弹性退休制度

中共十八届三中全会通过的《中共中央关于全面深化改革若干重大问题的决定》提出，要研究制定渐进式延迟退休年龄政策。这是基于中国人口和社会经济形势变化所做出的重大决策。

1. 延迟退休年龄的条件已基本具备

人口老龄化和平均预期寿命延长是需要延迟退休年龄的根本原因。人口老龄化引起的人口抚养比上升要求必须改变劳动人口和退休人口的构成，延迟退休年龄成为必然的选择；而人口平均预期寿命延长则要求对人们延长的寿命在工作和闲暇之间进行分配，也必然要求延迟退休年龄。因此，延迟退休年龄是对人口年龄结构变化和人口寿命延长的一种反应。我国正处于快速人口老龄化之中，今后几十年，中国人口老龄化趋势还将继续。据预测，2050 年 65 岁及以上老年人口比例将超过 25％，人口平均预期寿命将达到 80 岁左右。

养老金制度并轨为延长退休年龄奠定了有利的基础。延迟退休年龄有利于改善养老金制度的财务可持续性，但是由于养老金制度公平性一直为人们所质疑，因此延迟退休年龄也面

临巨大的社会压力。随着城乡居民基本养老保险制度并轨、机关事业单位退休制度改革的推进，各项制度之间的衔接也进一步加强，随着各项改革措施逐步落实，养老金制度的公平性将有望得到改善，社会舆论环境也将逐步宽松，为延迟退休年龄奠定了较好的基础。

近年来中国劳动力市场的深刻变化也为延迟退休年龄创造了条件。退休年龄与劳动力市场密切相关，在人口年龄结构一定的情况下，退休年龄是决定劳动力供给的一个重要因素。中国当前已经进入刘易斯转折点[1]，劳动力供给从无限供给过渡到有限供给的阶段。自 2004 年珠江三角洲地区首次出现民工荒以来，劳动力供给的局部短缺现象已经连年上演。与此同时，城镇新增就业也出现了下降。劳动力市场转变对中国经济转型和升级提出了迫切的要求，也为延迟退休年龄提供了较为宽松的环境。

国际上延迟退休年龄的做法为中国提供了有益的借鉴。当前，延迟退休年龄已经成为一个国际大趋势，是世界各国应对人口老龄化和寿命延长，缓解养老金压力甚至是增加劳动力供给的一项重要措施。金融危机以来，许多国家均延迟了其退休年龄。综观世界各国的退休年龄，有几个主要的特征和趋势：一是高收入国家的退休年龄普遍较高；二是延迟退休年龄的趋势明显；三是男女的退休年龄有趋同的趋势；四是建立了一定的弹性退休机制。

2. 延迟退休年龄的具体方案

建议职工养老保险的退休年龄改革方案分两步走。第一步：2017 年完成养老金制度并轨时，取消女干部和女工人的身份区别，将职工养老保险的女性退休年龄统一规定为 55 岁。为了减小对女工人的影响，可以规定在一定的时期内，女工人可保留选择按照旧制度退休的权利。第二步：从 2018 年开始，女性退休年龄每 3 年延迟 1 岁，男性退休年龄每 6 年延迟 1 岁，直至 2045 年同时达到 65 岁。

建议居民养老保险的退休年龄从 2033 年开始每 3 年延迟 1 岁，直至 2045 年完成。居民养老保险的男性退休年龄目前和职工养老保险的男性退休年龄相同，女性退休年龄（60 岁）则比职工养老保险的女性养老保险（50 岁或 55 岁）更高。这项制度建立时间不长，也需要保持一定的稳定性，以保证制度的严肃性和信誉度。可以等待职工养老保险的女性退休年龄延迟至 60 岁时，居民养老保险的退休年龄再与其同步延迟。

---

　　[1]　所谓刘易斯转折点是指这样一种情况：在二元经济结构中，在剩余劳动力消失之前，社会可以源源不断地供给工业化所需要的劳动力，同时工资还不会上涨。直到有一天，工业化把剩余劳动力都吸纳干净了，这个时候若要继续吸纳剩余劳动力，就必须提高工资水平。否则，农业劳动力就不会进入工业。这个临界点就叫作"刘易斯转折点"。

建议退休年龄改革中引入弹性机制。可考虑以法定退休年龄为基准，规定人们可提前5年退休，但养老金标准将较按照法定退休有所下降；也可以高于法定退休年龄退休，养老金标准可适当提高。同时，考虑到中国的具体国情，可以在退休年龄弹性空间设计上，适当向女性倾斜，即女性的提前退休年龄可以略微宽松。弹性退休设计还可以引入新旧制度之间选择的弹性。即可以设立一个过渡期（如十年），允许人们在此时期内，可以在新旧两种制度之间进行选择[1]。

（三）加快推进养老保险制度改革，完善老年收入保障体系

建立一个公平、可持续的老年收入保障体系是应对人口老龄化的关键。养老保险制度在老年收入保障体系中处于核心地位，尽快推进养老保险制度改革是今后一段时期的重要任务。

1. 养老金制度改革已有良好开端

2014年以来，养老金制度并轨进展明显。2014年2月，国务院发布了《关于建立统一的城乡居民基本养老保险制度的意见》（国发〔2014〕8号），提出分两步走的改革任务："十二五"末，在全国基本实现新型农村社会养老保险和城镇居民社会养老保险合并实施，并与职工基本养老保险制度相衔接；2020年前，全面建成公平、统一、规范的城乡居民养老保险制度。这一改革任务是提高社会保障制度的公平性和可持续性的一项重大举措，也是健全城乡发展一体化体制机制的重要环节。城乡居民基本养老保险制度统一以后，农村老年人口和部分城镇老年居民的养老保险将实现待遇均等，这是破除城乡养老保障二元结构的重要一步，有利于城乡人口流动和参保人员跨制度转移接续，更好地适应流动性的要求。

2015年1月，国务院发布了《机关事业单位工作人员养老保险制度改革的决定》（国发〔2015〕2号），按照"一个统一"和"五个同步"的思路改革机关事业单位工作人员养老制度，力图逐步建立独立于机关事业单位之外、资金来源多渠道、保障方式多层次、管理服务社会化的养老保险体系。"一个统一"，即党政机关、事业单位建立与企业相同的基本养老保险制度，实行单位和个人缴费，改革退休费计发办法，从制度和机制上化解"双轨制"矛盾。"五个同步"，即机关与事业单位同步改革，职业年金与基本养老保险制度同步建立，养老保险制度改革与完善工资制度同步推进，待遇调整机制与计发办法同步改革，改革在

---

[1] 张车伟，林宝. 渐进式延迟退休年龄的方案和影响［M］//李培林. 全面深化改革二十论. 北京：社会科学文献出版社，2014：276-292.

全国范围同步实施。这一改革统一了机关事业单位与企业的基本养老保险制度，采用了相同的制度框架。从长远看，制度并轨有利于实现两类人群之间的公平，同时待遇调整机制与计发办法的改革也有利于改善制度的效率。

2. 下一步养老金制度改革的主要方向

"十三五"时期，还需要落实国发〔2014〕8 号和国发〔2015〕2 号两个文件精神，继续推进城乡居民基本养老保险制度和职工基本养老保险制度改革，并完善两个制度之间的衔接机制，形成统一的养老保障制度框架。

"十三五"时期城乡居民基本养老保险制度应该推进以下几个方面的改革：一是科学设置缴费档次和待遇水平。应该根据经济发展情况，充分考虑各地区经济发展水平的差异，适当增加缴费档次和待遇水平，供各地区选用。原则上，各地区不得在统一确定的缴费档次和待遇水平之外加设新的档次，以增加公平性、统一性和规范性。二是建立财政补贴的正常投入机制。根据不同的缴费水平确定不同的地方财政补贴水平，建立规范的财政转移支付机制。三是实现城乡居民养老保险基金的省级管理。四是实现基础养老金的有序增长。国家建立基础养老金增长机制；各地根据国家的统一规定，考虑经济发展水平、价格水平等因素，确定和调整基础养老金水平。

城镇职工基本养老保险则需要推进以下几项改革：一是提高统筹层次，增强制度抗风险能力。按照社会保险的基本原理，统筹层次越高，制度的抗风险能力越强，应对人口老龄化的能力也就越强，制度的可持续发展能力也越强，应尽快推进社保基金的全国统筹。二是建立科学的养老金待遇调整机制。要根据工资增长、价格变化等因素建立常态化的调整机制，避免临时确定养老金调整幅度的做法。三是确定合理缴费率，增加制度合理性。测算表明，城镇职工基本养老保险制度在考虑到覆盖面扩大、退休年龄提高等因素的情况下，也具备了降低的条件[1]。四是加强养老保险基金的运营和监管。特别是随着职业年金和企业年金规模不断扩大，要加强保险基金运营和监管，确保基金的保值增值。

此外，还要进一步完善城乡居民基本养老保险和城镇职工基本养老保险之间的衔接机制。2014 年 2 月，人力资源和社会保障部、财政部等印发了《城乡养老保险制度衔接暂行办法》，对城镇职工养老保险和城乡居民养老保险之间的转移衔接进行了具体规定，但是在该办法下，两种制度相互转移都会带来一定的利益损失，这将会对两者之间的转移形成一

---

[1]　林宝. 人口老龄化与城镇基本养老保险制度的可持续性〔M〕. 北京：中国社会科学出版社，2014.

定的障碍。考虑到跨两种制度转移的人多为农民工和就业困难群体，"十三五"期间应该对衔接机制进行进一步改革，减小制度参与者转移中的利益损失。

（四）把养老服务界定为准公共品，促进养老服务业发展

"十三五"期间养老服务需求将快速增长，但养老服务供给能力严重不足。要推动养老服务业的发展，必须把养老服务界定为准公共品，明确政府的责任，调动供需双方资源，引导社会、企业、家庭和老年人参与的积极性，形成政府、社会、企业、家庭和个人共同推动养老服务业发展的局面。只有这样，我国社会养老服务的供给能力才能增强，也才能从根本上推动养老服务业的发展。

1. 明确养老服务的准公共品属性，找准政府角色定位

要解决好养老服务问题，必须首先明确养老服务的准公共品属性。养老服务具有不完全的非竞争性和非排他性，是一种准公共产品，兼具公益性和市场性特点。养老服务的公益性体现在：一是政府需要对部分特殊困难老年人实施供养保障，提供经济供养和照料服务；二是对于收入偏低的老年群体，单靠市场难以有效解决养老服务问题，需要政府发挥部分保障作用；三是由于中国人口老龄化的速度快、未富先老等特征，使得养老问题将对中国长期经济社会可持续发展产生重大影响，养老服务将关系到广大老年群体和亿万家庭的福利和国家的长治久安，具有明显的正外部性，是一项公益性很强的事业。养老服务的市场性表现在：政府无法也不必包揽养老服务的供给，可以通过市场机制，开放养老服务市场，引入社会力量参与养老服务供给，实现养老服务的社会化和产业化。

正是基于养老服务的准公共品特性，政府在养老服务供给中负有重大的责任。政府在养老体系建设和养老服务业发展过程中，要履行做好规划引导、保障发展环境、进行部分基础设施投资和建设、购买部分养老服务等功能。同时，由于养老服务是准公共产品，也必须发挥市场机制的作用，向其他社会主体开放养老服务市场，引导社会资金参与，共同促进养老服务业发展，极大丰富养老服务供给。

2. 加快推进社会养老服务体系建设，大力发展养老服务业

到2020年，我国要全面建成以居家为基础、社区为依托、机构为支撑的，功能完善、规模适度、覆盖城乡的养老服务体系。要实现这一点，必须加快推进社会养老服务体系建

设，特别是要整合政府、家庭和社会各方力量，共同承担养老服务责任。第一，必须采取必要的激励措施鼓励家庭成员承担养老服务责任，构筑养老服务的第一道防线。家庭可成为社会化养老服务体系的最基本单元。通过一定的方式使家庭成员的养老服务成为社会化养老服务的一部分，减少老年人对其他社会化养老服务的需求，如可通过对有老年人的家庭实施税收优惠和发放补贴等办法来购买或鼓励家庭成员提供养老服务，实现家庭养老服务的社会化。第二，建设覆盖城乡社区养老服务中心，完善社区养老服务功能。社区养老服务中心可主要负责跟踪老年人的健康和需求信息，为老年人提供一些基本的咨询服务，建立起老人和其他专业服务机构之间的联系，组织和协调志愿者在本社区的养老社会服务，整合和管理本社区的养老服务设施和资源等。第三，调整公办养老机构功能，合理引导民营养老机构发展，形成多层次的养老机构。首先，将社会福利性养老机构的服务对象调整为生活自理能力较差的低收入老年人和高龄老年人。在各社区周围布局功能性养老服务机构，实行分散化、小型化，实现老年人的就近养老。其次，经营性的养老机构布局遵循市场化原则，但政府可利用产业规划进行调节，并通过政府补贴和税收措施引导部分养老机构向高龄老人和自理能力差的老年人倾斜，成为准福利机构，其他养老机构则向高端发展，走优质高价的发展之路，满足部分老年人的高端需求。[1]

发展养老服务业是建设养老服务体系的关键。只有一个欣欣向荣的养老服务业，才有可能向老年人提供各种养老服务，真正满足老年人养老服务需求。2013年，国务院发布的《关于加快发展养老服务业的若干意见》明确提出了发展养老服务业的目标，即：养老服务产品更加丰富，市场机制不断完善，养老服务业持续健康发展。为此必须加强各项任务的落实，如统筹规划发展城市养老服务设施；大力发展居家养老服务网络；大力加强养老机构建设；切实加强农村养老服务；繁荣养老服务消费市场；积极推进医疗卫生与养老服务相结合等。特别应该注意各项任务的分解和考核，要将各项任务加以具体落实，制定实施的时间表和路线图，确保提出的投融资、土地、税费、补贴、人才培养等各项政策措施得到落实，各项任务如期完成。

总之，"十三五"时期是我国人口发展的关键时期，必须及时调整生育政策、延迟退休年龄、完善老年收入保障体系、大力促进养老服务业发展，以应对人口老龄化的严峻挑战。

---

[1] 林宝. 建设以老年人为中心的多层次社会养老服务体系 [J]. 科学中国人，2012（9）.

ZHONGYANG
"SHISANWU"
GUIHUA 《JIANYI》 ZHONGDA
ZHUANTI YANJIU

专题二十二　提高居民收入和调整
　　　　　国民收入分配

国家发展和改革委员会

"十三五"时期提高居民收入和调整国民收入分配格局的方向和重点政策研究

党中央、国务院始终高度重视收入分配问题。"十二五"规划提出"努力实现居民收入增长和经济发展同步、劳动报酬增长和劳动生产率提高同步"的战略目标，党的十八大要求"千方百计增加居民收入"，党的十八届三中全会明确"形成合理有序的收入分配格局"，习近平总书记等中央领导同志对收入分配问题多次做出重要批示和明确要求。"十三五"时期，经济发展处于新常态，要找准新问题、理清新思路、采取新举措，不断提高城乡居民收入，缩小收入分配差距，优化收入分配格局。

一、"十三五"时期增加居民收入和调整国民收入分配格局面临的新形势

（一）"十二五"时期我国居民收入增长和收入分配格局变化情况

"十二五"时期我国城乡居民收入持续较快增长，收入分配状况总体向好，预计"十二五"规划《纲要》提出的相关目标、任务可以顺利完成。**居民收入增长与经济发展同步，**2010—2015 年，城镇居民人均可支配收入年均实际增长 7.7%，农村居民人均纯收入年均实际增长 9.6%，与同期国内生产总值年均 7.8% 的增速基本同步。**居民收入分配差距逐步缩小。**2010—2015 年，全国居民收入基尼系数从 0.481 下降到 0.462，城乡居民收入倍差由 2010 年的 3.23 倍缩小到 2015 年的 2.95 倍。**国民收入分配格局有所优化。**2010—2013 年，居民可支配收入在国民可支配收入中的比重从 58.4% 提高到 61.3%，劳动报酬在初次分配中的比重从 48.5% 提高到 51.1%。**收入分配制度改革加快推进。**深化收入分配制度改革部际联席

会议制度正式建立，国企高管薪酬等重点领域改革取得重要进展和积极成效。同时也要看到，收入分配领域的一些问题依然突出，主要是城乡居民收入增长出现乏力趋势，居民收入分配差距缩小态势仍不稳定，部分领域的收入分配不公问题仍未从根本上消除。

总结"十二五"时期收入分配领域进展情况，主要有四点经验和体会：第一，经济增长是搞好收入分配的基础和前提。只有保持国民经济持续较快增长，才有条件增加居民收入、优化分配格局。第二，调整收入分配格局要顺势而为。要根据产业结构、劳动生产率、劳动力供求结构变化等新态势，因势利导推动调整收入分配重大比例关系。第三，制定收入分配政策要量力而行。要综合考虑国情、发展阶段、经济周期等因素，提出财力支撑可持续、社会预期可把握的目标任务和政策措施。第四，收入分配制度改革要与宏观层面的重大改革、重大战略协调联动。与国企改革、财税改革相结合推进收入分配制度改革，可以相辅相成。与新型城镇化、创新驱动等重大战略相结合制定收入分配政策，可以事半功倍。

（二）"十三五"时期提高居民收入和调整收入分配格局面临的新形势

1. 主要有利条件

"十三五"时期提高居民收入和调整收入分配格局主要有五个方面的有利条件：

一是从政治法治基础保障看，党中央坚定推行八项规定，坚决反对"四风"，坚持以零容忍态度惩治腐败，坚定不移地抓作风建设，为建立公正合理的收入分配秩序，保护合法收入、取缔非法收入、清理规范隐性收入，提供了强有力的政治保障。十八届四中全会对全面推进依法治国进行了部署，为形成公开透明、预期稳定的社会主义市场经济制度环境，奠定了坚固的法治基石，必将进一步激发经济发展的动力和活力。

二是从全面深化改革的宏观环境看，十八届三中全会明确提出使市场在资源配置中起决定性作用，加快转变政府职能，进一步简政放权，有利于在初次分配中进一步提高资源配置效率，激发市场活力。社会保障制度建设全面推进，财税体制改革不断深化，有利于进一步提升再分配的公平性，稳步缩小收入差距。同时，改革共识不断形成，改革合力不断凝聚，有利于在全面深化改革的大系统中，进一步增强改革实效。

三是从三大需求协调发展看，经济发展新常态下，拉动经济增长"三驾马车"协调发展，构建扩大内需特别是消费需求的长效机制，有利于切实把提高居民收入和消费能力作为释放全社会消费潜力的先决条件，放在更加重要的位置。创新投融资方式、优化投资方向和重点，政府投资向公共服务领域倾斜，不仅有利于提升就业和社会保障等民生福祉，也有利于改善政府、企业、居民之间的收入分配关系。

四是从产业结构转型升级看，按照国际经验，在后工业化发展阶段随着第三产业比重的上升，劳动报酬在初次分配中的比重将相应提高。近年来我国服务业增加值比重不断提高，2013 年已开始超过第二产业，这一产业结构调整趋势将有利于进一步提高劳动报酬在初次分配中的比重，优化国民收入分配格局。同时，随着互联网环境下知识和技术扩散加快，大众创业、万众创新的局面日渐形成，将促进社会阶层之间的流动，为中等收入群体的扩大和橄榄型社会的形成提供重要的基础和条件。

五是从生产要素比价关系看，我国劳动年龄人口总量从 2012 年开始出现下降，农业富余劳动力逐年减少，劳动力低成本、低质量、无限供给阶段基本结束，随着劳动者受教育和培训程度不断提高，不仅改变了劳动力要素的传统供求关系，使劳动力议价能力有所增强，也改变了劳动力与资本之间的要素比价关系，使长期以来劳动弱、资本强的分配局面发生转变，有利于占社会成员多数的劳动者更多更好地分享经济社会发展成果。

2．风险和挑战

在看到有利条件的同时，也要高度关注可能存在的风险和挑战。

一是农民收入持续较快增长面临严峻挑战。受农产品成本"地板"、价格"天花板"、资源环境保护约束等因素影响，"十三五"期间，农民增收要延续"十一连快"趋势困难很大。长期的农业支持和保护政策导致农产品价格继续上涨空间有限，农业生产结构调整滞后于优质化、多样化和专业化的需求结构变化，直接影响农民经营性收入增长。农村富余劳动力转移速度下降，务工收入增速将逐步趋缓。财产性收入潜力的释放还有待改革的持续深化。转移性收入的增加受财政收入增幅放缓制约也很难维持"十二五"时期的高速增长。

二是城镇居民增收面临更多不确定性。经济下行压力下，受工资性收入增速放缓、转移性收入增长乏力等因素影响，部分城镇低收入者收入可能"上不来"。在产业转型、结构调整和技术升级中，部分传统产业的摩擦性、结构性失业群体会相对增多，部分中等收入者有可能"掉下来"。东北地区、中西部部分县域、部分资源枯竭地区在未来一段时期将处于产业深度转型过程中，居民收入增长势头可能"停下来"。

三是政府再分配调节方式有待进一步优化。当前政府社会保障责任边界不清晰，多层次社会保障制度建设滞后，公共服务市场化手段利用不足，政府背负了一些本应由市场和社会承载的负担，这在一定程度上影响了政府的再分配调节空间和调节能力。同时，财政收入增速放缓，使扩大财政支出提高民生保障水平与财政支付保障能力的矛盾日益显现。

四是部分收入分配政策与经济发展需要不相适应。要素参与分配制度建设相对滞后，科技成果、知识产权归属和利益分享机制仍不健全，科研项目经费管理缺少对人力资本的尊重，不利于知识积累和技术创新。产业组织呈现生产小型化、智能化、专业化的新特征，就业形式更加多样，传统产业中的正规就业正在被越来越多的灵活就业所替代，原有的工资集体协商等工资决定方式面临新挑战，劳动标准、工资指导线等难以适应新的职业种类需要。互联网改变了传统产业模式下的收入来源和方式，而我国目前的居民收入和财产信息系统建设相对滞后，数据缺失、分割情况较为普遍，难以适应互联网时代的收入监管需求。

综观"十三五"时期的发展环境，继续提高居民收入和优化收入分配格局机遇十分难得，挑战非常巨大。诸多挑战中，有些可以通过市场力量来对冲，有些可以通过深化改革来化解，有些可以通过政策来调节，只要把握得当，完全可以大有作为。

二、"十三五"时期增加居民收入和调整国民收入分配格局的总体思路和主要目标

"十三五"时期，要坚持以党的十八大和十八届三中、四中全会精神为指导，切实将促进社会公平正义和增进人民福祉作为出发点和落脚点，在保持经济中高速增长的基础上，不断完善公开公平公正的体制机制环境，不断增强收入分配制度和政策体系弹性，坚持效率与公平并重，初次分配与再分配调节并重，实现居民收入增长和经济发展同步、劳动报酬增长和劳动生产率提高同步，促进居民收入差距逐步缩小、城乡收入差距逐步缩小，收入分配格局持续优化。

面对新常态下的新变化，特别是面对经济增速放缓对城乡居民增收和调整收入分配格局提出的新挑战，要坚持以切实保障困难群众基本生活为底线，以增强收入分配制度和政策体系弹性为新一轮收入分配制度改革的着力点，适度增强劳动力市场灵活性和再分配调节政策弹性，更加注重收入分配政策的激励作用，充分激发创业、创新、创富动力和活力，在确保居民收入持续增长的基础上，逐步优化收入分配格局。提高居民收入和优化收入分配格局要坚持三个政策导向：

（一）坚持两个同步

坚持两个同步，即坚持居民收入增长和经济发展同步、劳动报酬增长和劳动生产率提高同步。

一是努力实现中高速同步。要确保实现城乡居民收入十年倍增目标，在"十二五"居民收入较快增长的基础上，"十三五"期间居民收入需要保持年均实际 6.5% 以上的中高速增长。作为居民增收的基础，经济增长也需维持在中高速水平，按照实现党的十八大提出

的到 2020 年国内生产总值比 2010 年翻一番目标要求，年均经济增长速度应维持在 6.5% 以上。面对城乡居民增收乏力的趋势，一方面，要发挥好市场内生力量，加快优化需求、产业和要素结构，为增加居民收入、提高劳动者报酬提供内在支撑；另一方面，要加大收入分配政策调整力度，将促进居民增收放在优先位置，通过再分配调节，力争居民收入增长快于经济增长，提高居民收入在国民收入分配中的比重。要力促中低收入群体收入增长更快一些，千方百计稳定就业岗位、扩大就业规模，鼓励创新创富、培育新的居民增收点、完善社会保障体系、加大对城镇失业和农村贫困人群扶持力度。

二是保持整体同步。从不同行业、不同区域看，实现同步的难度和着力点不同。面对"十三五"时期经济结构的深度调整转型，一些传统行业将面临更大的保就业促增收压力，一些新兴产业的增收潜力则更大；部分产业结构更趋合理、市场体系健全的地区可能会较快完成转型升级，居民收入增长快一些，而传统产业集中、市场体系发育不足的地区，短期内将面临较大冲击，收入可能出现较大波动。对此，要通过深化改革，健全要素市场体系，促进劳动力等生产要素加快流动，促进技术和知识加快扩散，通过波浪式的传导和带动，实现各行业、各地区的整体同步。必要时启动专门针对部分行业和落后地区的促发展保增收计划，确保整体均衡。

三是推动政策平衡型同步。"十三五"时期，经济告别高速增长，财政收入增速放缓，"十二五"时期出现的大幅度补偿性工资增长将难以为继，显著提高社会保障水平也缺乏财力支撑，促进两同步的收入分配政策必须更加注重与经济发展的平衡、不同群体间的平衡、长期与短期的平衡。最低工资标准调整幅度应更多与劳动生产率提升相匹配，实现劳动者增收与企业增效良性互动。提高居民转移性收入，既要继续加大民生投入，也要合理引导社会预期，不吊胃口。加大税收调节，既要减轻中低收入群体税收负担，鼓励诚实劳动、合法经营，又要适当加大资源税、房地产税等调节力度，为再分配提供财力保障。

（二）坚持两个并重

坚持两个并重，即坚持效率与公平并重，初次分配与再分配调节并重，将注重效率、维护公平有机结合，贯穿于初次分配和再分配调节始终。

一是初次分配更加注重效率。发挥市场在初次分配中的决定性作用，建设统一开放、竞争有序的要素市场，健全劳动、资本、知识、技术、管理等由要素市场决定的报酬机制。完善产权保护制度，保护各种所有制经济产权和合法利益，保护公民合法财产权。围绕实施创新驱动发展战略，加快构建适应创新驱动发展要求的收入分配制度环境，更加注重发挥收入分配政策的激励作用。完善知识和技术参与分配途径，提升人力资本价值，给予创业创新者更大的利益回报，使经济增长更多依靠人力资本质量和技术进步。加快完善人力资源市场，促进劳动力合理流动、优化配置。

二是再分配更加注重公平。注重发挥政府的再分配调节作用，着力提高低收入者收入水平，持续扩大中等收入群体，合理调节过高收入，坚决防止两极分化，促进收入分配差距逐步缩小。更加注重发挥再分配调节的托底作用，筑牢织密民生保障底线和基础社会安全网，着力加大精准化扶贫力度，大幅减少贫困人口。健全公共财政体系，进一步调整财政支出结构，盘活存量资产，继续加大社会保障等民生领域支出，稳步提高社会保障水平。将优化税收制度与加强税收征管相结合，加大税收调节力度，完善财产税、个人所得税和消费税制度，促进税负公平。

三是初次分配要维护机会公平。以解决收入分配不公为关键，重点维护初次分配的起点公平和过程公平。着重保护劳动所得，完善劳动法律法规，通过最低工资制度等手段依法对劳动力市场给予适度干预，提高弱势群体就业和获取收入的能力，保障农民工等群体同工同酬。加大促进教育公平和就业公平力度，实现教育资源均衡配置，消除就业歧视性限制。完善公开公平公正的公共资源出让机制，合理分配出让收益和使用收益。加强执法监管，继续严厉打击权钱交易等腐败行为，整顿和规范收入分配秩序。

四是再分配要提高配置效率。厘清政府作用边界，充分利用市场资源，提高公共资源配置效率。创新公共服务提供方式，更多利用市场化手段，增加政府购买服务比重，探索政府和社会资本合作新机制。公共服务资源在区域上的配置应与主体功能区定位及人口格局相匹配，避免不必要的浪费。注重社会保障的多层次性和可持续性，通过制度设计，增强社会保险激励功能，鼓励多付出多受益。加强最低工资标准与养老保险待遇、失业保险待遇、城乡低保标准的衔接，注重保护劳动者积极性。加大结构性减税减费力度，注重保护劳动者勤劳致富、创业者创业兴业、创新者发明创造的积极性，保证在国际人才市场竞争中能够吸引人才、留住人才。

（三）坚持两个结合

坚持两个结合，即坚持存量调整与流量调节相结合，解决收入分配领域的突出矛盾和问题；坚持将国内国际两个市场、两种资源相结合，增加居民收入，优化分配格局。

一是存量与流量相结合。从存量和流量两个视角综合考量国民财富分配情况。尽快补齐国民财富存量分布情况基础材料，定期编制国家资产负债表，建立多维度、多角度的精细化国家资产、负债分析体系，结合 GDP 和资金流量表分析，全面把握国民财富底数和分配变化情况。通过适时优化政府资产配置，化解社会保险基金缺口等长期风险，优化公共资源出让和使用过程的收益分配，建立公共资源出让收益合理共享机制，形成国民财富存量调整与流量调节的良性互动。在关注居民流量收入分配的同时，高度重视居民财富分配变化情况，客观分析近年来财产差距快速扩大的原因。"十三五"时期，重点要努力增加居民财产性收入，拓宽居民获得财产性收入渠道，鼓励勤劳致富、合法积累财产，培育中等收入阶层。同时，统筹城乡区域发展，不断缩小结构性因素造成的财产差距；加强执法、加大反腐力度，消除不合理财产差距；适当加大房产等保有环节税收，逐步建立财产税调节体系。

二是国内市场与国际市场相结合。为有效缓解国内经济增长放缓对就业和居民增收的压力，与实施"走出去"战略相匹配，综合利用国内国际两个市场、两种资源。充分利用国际市场合理配置资源，鼓励企业"走出去"，更多分享全球经济增长收益，改变目前海外资产配置方式，增加股权投资比例，降低对外资产负债表中的货币错配风险，提高资产增值收益。与鼓励企业对外投资相适应，根据资本输出类、劳务输出类、资本输出与劳务输出结合类的不同情况，完善相关境外工作人员差别化收入分配政策和激励约束机制。加强国际合作中的国际劳动标准对接，完善自由承揽工程和劳务合作项目中的风险防控机制。

通过坚持三个政策导向，力争到"十三五"期末，实现城乡居民收入十年倍增，即2020 年居民人均可支配收入比 2010 年翻一番，"十三五"时期年均实际增长 6.5％以上；政府、企业、居民三者之间的宏观分配格局更加合理，收入分配差距趋于缩小；绝对贫困全部消除，即到 2020 年年底，现有扶贫标准（2010 年不变价 2 300 元/年）下的贫困人口全部实现脱贫。

专 栏

关于实现居民收入增长快于经济增长的主要路径

"十二五"时期，在实现居民收入增长和经济发展同步的政策导向下，收入分配政策调节力度加大，劳动报酬持续较快增长，政府投入不断向民生领域倾斜，居民收入增长快于 GDP 增长。分析"十三五"时期，要延续居民收入增长快于经济增长这一趋势，可以通过以下路径实现：

一是从国民财富存量看，我国政府净资产为较大的正值，为调节宏观分配格局提供了较大的空间，可以通过在深化国有经济布局的战略性调整中，进一步扩大国有资本经营预算收入规模，加大国有资本收益补贴社会保障的力度，为居民增收创造条件。

二是从政府与企业、居民分配关系看，政府一方面可以通过减税减费，激活社会活力，实现藏富于民；另一方面，应优化财政支出结构，减少对企业的生产性补贴，提高再分配调节效率，为加大对居民社会保障等转移支付创造条件。

三是从居民收入来源结构看，劳动者报酬占80%，这部分收入要延续"十二五"的增长速度存在一定难度，但可以通过产业结构调整，扩大就业规模，保持总量上持续增长；总营业盈余是居民收入的重要来源，稳定在15%左右，主要包括农户和城镇个体经营户的营业利润和固定资产折旧，随着大众创业、万众创新以及对小微企业的支持，这部分收入存在较大增长空间；财产收入占4%左右，占比仍然较低，应通过加大居民投资渠道，挖掘农民财产收入增长空间，进一步提高其比重；经常转移净收入占比约为0.6%，应在加大政府对居民收入转移的同时，减少社会保险缴费等支出，提高居民转移净收入。

四是从国际市场看，应充分利用国际市场、国际资源，为居民增收开拓新领域。居民收入不仅包括来自国内常住单位的收入，也包括来自国外的净收入。通过实施"走出去"战略，鼓励企业对外投资，加强劳务合作，提高居民来自国外的净收入。同时，优化政府海外资产配置，提高股权投资比重，增加海外投资收益，为居民增收创造更多条件。

专栏

关于国民收入分配格局

宏观收入核算中，参与收入分配的主体分为政府、企业和居民三大机构部门，三者的收入分配格局是国民经济的重大比例关系之一。由于劳动者报酬是居民收入的主要来源，占居民可支配收入的比重近80%，因此劳动者报酬占比是决定居民收入占比的主要方面。一般来看，影响劳动者报酬占比的主要因素有：一是产业结构的转型，不同产业劳动收入份额高低不等，产业结构转型将导致劳动收入份额变化；二是技术因素，技术进步导致收入在要素之间的分配发生有偏向性的变化；三是生产要素价格变化，如资本品、中间产品价格变化，导致企业调整生产要素的投入比例，进而带来劳动收入份额变化；四是市场竞争程度，要素市场和产品市场的不完全竞争会降低劳动收入份额。

"十三五"时期，我国经济增长将保持中高速水平。经济结构逐步优化升级，服务业增加值比重在2013年开始超过第二产业的基础上，还将不断提高；劳动年龄人口总量继续下降，农业富余劳动力逐年减少，劳动力与资本之间的要素比价关系将进一步转变；技术进步加快，知识扩散加速，要素分配将逐步向人力资本倾斜；随着改革不断深化，要素市场和产品市场的竞争程度也将不断提高，这些都有利于劳动报酬占比继续提升。同时，随着城镇化进程的持续进行，城镇化率的提高将会带动居民整体收入水平的提高。加之政府可通过适当调整税收、社会保障政策，促进居民经常转移净收入的进一步提高。

综合判断，"十三五"期间，若保持目前的经济发展态势，不出现大幅经济波动，居民收入占比将会继续提高，政府收入占比保持基本稳定，企业收入占比有所下降。考虑到从国际比较情况看，宏观收入分配格局应该有一个大致的合理区间，但不存在一个理想的、固定的最优比例，而是因国而异、因时而异、因势而异，为此，建议不宜对宏观分配格局设置量化目标。

三、"十三五"时期增加居民收入和调整国民收入分配格局的重点政策措施

以实现城乡居民收入十年倍增、逐步缩小收入差距、不断优化国民收入分配格局为目标，建立经济增长、就业增加、居民增收"三增"统一的收入增长链条，完善税收调节、社会保障调节、转移支付调节三项政策协同的弹性调节机制，强化收入分配改革统筹协调能力、收入监测技术保障能力、收入分配秩序监管能力三大能力建设。

建立与宏观经济形势联动的就业预测预警机制。针对部分行业、地区可能出现的重大摩擦性、结构性失业问题，制定就业风险应急预案，适时启动就业援助政策和创业促进政策，防止劳动者收入急剧下滑。

健全面向全体劳动者的职业培训制度。针对劳动力供需缺口和产业发展趋势，加大职业技能培训力度，实施高技能人才鲁班培训工程，加强人才培养和产业需求的结构性对接。针对东北等产业深度转型地区，实施产业培育与技术培训综合计划。

完善与新型城镇化战略协同的农村居民增收机制。鼓励农村发展合作经济，扶持发展规模化、专业化、现代化经营。保障农民集体经济组织成员权利。建立农村产权流转交易市场，鼓励土地承包经营权在公开市场上流转。保障农户宅基地用益物权，稳妥推进农民住房财产权抵押、担保、转让。

实施更加灵活的最低工资标准调整机制。在维护劳动者取得劳动报酬的合法权益、保

障劳动者个人及其家庭成员基本生活的同时，综合考虑劳动生产率提升和企业承受能力，促进劳动力成本变化与经济转型升级良性互动。

加快建立鼓励创新、创富的分配激励机制。鼓励提高科研人员成果转化收益比例，国有企事业单位对职务发明完成人和科技成果转化重要贡献人员的奖励不受单位工资总额限制。鼓励各类企业通过股权、期权、分红等激励方式，调动科研人员创新积极性。改进企事业单位科研项目和资金管理，增加人力资本补偿，强化以科研成果为导向的科研绩效管理机制，适度放宽使用过程管理。

探索资本所有者和劳动者形成利益共同体的实现途径。结合国有企业改革和发展混合所有制经济，研究制定混合所有制企业员工持股办法，使员工收入与企业发展更加紧密结合。完善国有企业工资总额管理办法，为市场选聘人才开设"小灶"，留出更大空间。

建立公务员和企业相当人员工资水平调查比较制度。逐步形成公务员工资水平正常调整机制，使公务员工资水平与市场工资更加匹配。

优化海外资产配置。积极利用国际市场，优化海外资产配置方式，寻求股权投资机会，增加股权投资比例，提高资产增值收益，缓解国内经济增长放缓对就业和居民增收的压力。

建立社会保障水平正常调整机制。健全多缴多得、长缴多得激励机制，研究建立城镇退休人员基本养老金和城乡居民基本养老保险待遇正常调整机制。制定合理兼顾城镇职工和居民的基本医疗保险待遇确定和正常调整办法。

加快发展多层次养老保障体系。重点促进创业者、个体灵活就业人员等群体参保，逐步实现养老保险人群全覆盖。实施城镇职工基础养老金全国统筹，适时适度降低单位缴费率。加快发展企业年金、职业年金、商业保险，提升养老保险制度的灵活性和多样性。

建立动态精准扶贫机制。建立与困难群体动态变化匹配的社会保障兜底机制，着力提升扶贫济困的精准化、差异化、动态化。实施贫困人口教育免费计划。

制定综合与分类相结合的个人所得税改革方案。合并部分应税所得项目、完善费用扣除、优化税率结构，在保持以个人为纳税单位的基础上，逐步向以家庭为单位申报过渡。

加快房地产税立法并适时推进改革。统筹配套推进房地产相关税费制度改革，合理设置房地产建设、交易和保有环节税负水平，按照房地产评估价值确定计税依据。

建立再分配调节与人力资源流动匹配机制。推进城镇社保体系常住人口全覆盖。完善城乡养老保险制度衔接办法。研究出台长期进城务工人员参加基本医疗保险和关系转续政策，整合城乡居民基本医疗保险制度。逐步将长期进城务工人员纳入城镇住房保障范围。

健全部分重点群体收入分配风险防控机制。针对农民工工资拖欠、灵活就业人员社会保障、教师医生工资水平、出租车行业分配机制等部分领域部分群体收入分配矛盾较为突出的问题，畅通劳动者利益诉求渠道，健全政府、用人单位和劳动者三方协商机制，建立风险防控机制，完善争议纠纷应急调处制度。

建立公正规范透明的收入分配秩序。结合法治国家、法治政府、法治社会建设，加强收入分配领域法治化进程，提高部分收入分配调节政策的法律效力，提高收入分配公开透明度，切实保护合法收入，清理不规范收入，打击和取缔非法收入。

加快建立个人收入和财产信息系统。完善部门间的数据共享机制，整合相关部门信息资源，为实施灵活的收入分配调节政策提供信息基础。建立个人、企业、金融机构等第三方机构关于个人收入和财产信息的申报制度。

健全收入分配调查统计系统。完善城乡一体的住户收支调查制度，着力提升高收入群体收入调查数据准确性。促进政府公益性收入分配调查统计信息的开放共享。鼓励商业化收入分配数据的公益性开发与应用。提高收入分配领域大数据对决策、监管的服务支撑能力。

建立收入分配政策定期评估和动态调整机制。建立收入分配政策评估制度，定期评估收入分配政策出台和落实情况，适时调整收入分配政策调控方向，形成收入分配制度改革不断深入、收入分配政策不断完善的长效机制。

财政部

"十三五"时期提高居民收入和调整国民收入分配格局的方向和重点政策

　　"十三五"时期，是实现我国现代化建设第一个百年目标和全面建成小康社会的关键时期，也是我国跨越"中等收入陷阱"向高收入国家迈进的重要时期。这一时期提高居民收入和调整国民收入分配格局的方向是否对路，制度安排是否科学，政策措施是否到位，事关改革发展的全局和成败。我们在分析当前我国收入分配的现状、存在问题的基础上，提出了"十三五"时期深化收入分配制度改革，提高居民收入和调整国民收入分配格局的对策建议。现报告如下。

一、我国收入分配现状分析

　　党中央、国务院高度重视收入分配问题，党的十八大提出要"千方百计增加居民收入"和"努力实现居民收入增长和经济发展同步、劳动报酬增长和劳动生产率提高同步"，党的十八届三中全会提出要"形成合理有序的收入分配格局"和"努力实现劳动报酬增长和劳动生产率提高同步"。2013年2月，国务院批转了发展改革委等部门《关于深化收入分配制度改革的若干意见》（国发〔2013〕6号），对收入分配制度改革做出了总体部署。按照上述部署，部分改革已取得进展和突破，出台了机关事业单位养老保险制度改革办法，规范国有企业薪酬制度，健全社会保障体系，加大反腐败力度，打击非法收入，严格控制"三公"经费，推进公务用车改革等。随着收入分配制度改革的不断深化，收入分配调节政策的逐步落实，近几年来我国居民收入和国民收入分配格局发生了一些积极变化。

（一）城乡居民收入较快增长

2013 年和 2014 年全国居民人均可支配收入分别为 18 311 元和 20 167 元（见表1），分别比上年增长10.9％和10.1％，扣除价格因素后分别实际增长8.1％和8.0％，增速均高于当年 GDP 增速[1]。分城乡看，2010—2014 年，我国城镇居民人均可支配收入由年人均 19 109 元增加到 28 844 元，年均名义增长10.8％；扣除价格因素后，分别比上年实际增长 7.8％、8.4％、9.6％、7.0％、6.8％，总体上与 GDP 增速保持同步。2010—2014 年，我国农村居民人均纯收入由年人均 5 919 元增加到 9 892 元，年均名义增长13.7％，扣除价格因素后，分别比上年实际增长 7.8％、11.4％、10.7％、9.3％、9.2％，增速均高于当年 GDP 和城镇居民可支配收入增速。

表1

近几年居民收入增长情况表　　　　　　　　　　　　　　　　　　　　　单位：元

年份	城镇居民可支配收入	增长率（％）	农村居民纯收入	增长率（％）	全国居民可支配收入	增长率（％）
2010	19 109	11.3	5 919	14.9		
2011	21 810	14.1	6 977	17.9		
2012	24 565	12.6	7 917	13.5		
2013	26 955	9.7	8 896	12.4	18 311	10.9
2014	28 844	9.0	9 892	11.2	20 167	10.1

（二）居民收入差距拉大趋势得到初步遏制

2014 年全国居民收入基尼系数为 0.469，从 2008 年的峰值 0.491 连续 6 年下降，居民收入差距拉大的趋势得到了初步遏制。**分城乡看**，农村居民纯收入增速从 2010 年起，连续 5 年超过城镇居民可支配收入，城乡居民收入之比由 2010 年的 3.23 缩小为 2014 年的 2.92，大体恢复到了 2000 年的差距水平；**分省份看**，2014 年，城镇居民可支配收入最高（上海）与最低（甘肃）省份之比由 2010 年的 2.41 下降为 2.24，农村居民纯收入最高（上海）与

---

[1] 国家统计局从 2012 年第四季度起实施的城乡一体化住户调查统计数据，全国居民可支配收入统计目前只有 2013 年和 2014 年数据。

最低（甘肃）省份之比由 2010 年的 4.08 下降为 3.38。**分行业看，**2013 年国民经济 19 个行业的城镇单位就业人员平均工资最高（金融业）与最低（农林牧渔业）之比由 2010 年时 3.85 下降为 3.52 [1]。

（三）劳动报酬和居民收入在国民收入中的占比有所提高

从要素分配格局看，2012 年我国劳动者报酬占国内生产总值的比重为 49.2%，比 2008 年上升了 2 个百分点；从国民收入初次分配看，2012 年居民收入占国民收入的比重为 61.6%，比 2008 年提高了 2.9 个百分点；从国民收入最终分配看，居民收入占国民可支配收入的比重由 2008 年最低值 58.3% 提高到 2012 年的 62%，提高了 3.7 个百分点。[2]

二、当前收入分配领域存在的主要问题和挑战

（一）劳动生产率水平偏低，提高劳动报酬在初次分配中的比重难度加大

2010 年至 2014 年，我国全员劳动生产率增速分别为 10.2%、9.1%、7.3%、7.3%、7.0%，增速逐年放缓，但城镇单位就业人员平均工资增速分别为 13.3%、14.4%、11.9%、10.1%、10%（预计），年均增长 11.8%，超过劳动生产率增速，从国际经验和教训分析，继续下去就是"中等收入陷阱"的前兆。世界上成功和失败的经验教训都与劳动生产率有直接关系。我国劳动生产率不仅增速减缓，而且水平很低。根据 1990 年美元不变价采用购买力平价法测算，2012 年我国全员劳动生产率仅相当于美国的 1/5 以及法国、英国、日本、韩国、德国的 1/3 左右，甚至低于同为发展中国家的马来西亚和泰国。当前经济增速放缓，经济转型调整面临稳速与失速的两难，今后一个时期劳动生产率水平偏低且增速放缓的问题还会延续，这必然制约劳动报酬的提高。尽管近几年劳动报酬增长较快，但在很大程度上是政策效应，与劳动生产率水平脱节，呈不可持续性。再从初次分配看，起点不公、机会不公、过程不公问题突出，一些非国有企业劳动者合法权益保障不够，劳动者付出的劳动得不到相应的报酬，资本要素分配得到优惠偏多，资本报酬率远高于劳动报酬率，部分国有企业管理要素超分配，一些科技人员未能从创造性劳动中获得相应的收入。农业劳动生产率更低，农村居民劳动报酬提高更慢。未来五年，如果劳动生产率增速

---

[1]　2014 年国民经济 19 个行业的城镇单位就业人员平均工资数据尚未公布。

[2]　国民收入分配数据为国家统计局最新数据。

继续下降，劳动报酬占初次分配的比重难以上升。

（二）一些再分配政策设计不合理不可持续

现行制度政策框架下，除了税收调节收入分配的功能较弱以外，一些普惠性、补助性、互济性分配政策，超越劳动生产率发展水平和国力承受，有的没有起到促进劳动生产率水平提高的作用，不劳而获、少劳多得、"养懒汉"现象复燃。一些年富力强的劳动力提前退休，享受普惠性待遇。例如，现行社会保险特别是养老保险制度不讲求精算平衡，保险属性不突出，基金收支平衡过于依赖财政补助，自求平衡能力较弱。近些年来，在保险基金收不抵支的情况下，养老、医疗保险待遇水平仍连续大幅度提高，进一步加剧了基金的不可持续问题。2013 年和 2014 年企业职工基本养老保险给付分别增长 20％和 14％，超过了劳动生产率和劳动报酬的增长水平，而缴费分别增长不到 14％和 8％，支付风险加速累积。又如，我国农业补贴政策没有随农业经营方式变革和土地经营形式发生变化而及时加以调整，出现种粮人享受不到财政补助、拿补助的人不种粮的怪现象。转移到城镇的农户钱随人走，成为新型城镇居民的固定收入来源，因此出现了原有的补助政策不能取消，新的政策不能减少。再如，目前进口农产品对国内农产品已经形成价格和质量的双重优势，且趋势日渐明显。这种情况下，通过提高农产品价格来增加农村居民收入几乎没有空间。其他如住房公积金、失业保险金等政策，既有逆向调节问题，也存在区域间不统一、不平衡的问题。上述超分配政策不合理、也不可持续。

（三）居民收入差距仍然较大

2014 年，我国基尼系数为 0.469，大大高于主要发达国家 0.24～0.36 的水平，远高于日本和韩国 0.26 的水平。特别是城乡差距依然较大。2014 年，我国城乡居民收入之比虽有所缩小，但仍维持在近 3 倍的高位，高于 21 世纪初的水平。特别是城乡居民收入的绝对差距仍在继续扩大。城乡居民内部差距有所拉大。2014 年城镇居民按收入五等份分组[1]中，最高收入组与最低收入组收入之比及农村居民最高收入组与最低收入组收入之比都有不同程度上升。家庭财富差距比较悬殊。我国家庭财富已呈现高度集中的态势，一些人群正从暂时贫困走向跨代贫困，影响共同富裕和社会稳定。非法收入拉大收入差距的问题较突出。

---

[1]　通过统计调查方式，将一定数量的居民（或家庭）按收入水平由高到低排序，并将这些居民（或家庭）一次划分为不同的组，使每组均有 20％的居民（或家庭）数。

一些群体利用权力寻租腐败，侵占公共资源和公共资金，获得非法收入、灰色收入，加大社会分配差距，引发社会强烈反应。

（四）经济新常态下调节收入分配面临的问题更为复杂

1. 劳动生产率增速会进一步放缓

我国面临的增长速度换挡期、结构调整阵痛期、前期刺激政策消化期"三期叠加"，经济去杠杆、制造业去产能、房地产去泡沫和去库存，不可避免地会导致经济增速下滑，经济下行趋势有可能延续到"十三五"中后期，劳动生产率增速会进一步放缓，提高居民收入难度会进一步加大。稳定经济增长，实现劳动报酬增长与劳动生产率提高、扩大就业之间的协调，是当前和今后一个时期促进居民增收必须破解的难题。

2. 跨越"中等收入陷阱"挑战加剧、任务艰巨

我国从 2010 年起进入上中等收入经济体行列。2014 年我国人均 GDP 已近 7 600 美元，如果在 2020 年进入高收入国家（12 736 美元），人均 GDP 需年均增长 8.3%。而我国经济进入新常态，经济增长转向 7% 左右的中高速，"十三五"期间还难以迈入高收入经济体行列。国际经验表明，从中等收入国家跨入高收入国家的过程中，如果体制、战略、政策失当，很可能落入"中等收入陷阱"，既无法在人力资源成本方面与低收入国家竞争，也无法在高新技术方面与富裕国家竞争。跨越中等收入陷阱，一方面，要加大经济体制改革攻坚力度，全面推进创新驱动发展战略，充分激发全社会发展活力，提高全员劳动生产率，确保经济稳定增长；另一方面，要综合采取措施，进一步遏制居民收入差距拉大趋势，加快完善各种生产要素按贡献参与分配的初次分配机制，建立健全以税收、社会保障和转移支付为主要手段的再分配调节机制，将居民收入差距控制在合理范围内，以扩大消费和维护社会稳定。

3. 财政收支矛盾更加凸显，再分配调节面临两难

财政收入增长直接受经济增长、价格波动影响，具有随经济高速增长而加速增长、随经济减速而加速放缓的特征。经济发展进入新常态，经济增速下降到 7% 左右的情况下，为支持调结构、稳增长，税收改革都是减税的政策，而且实行普遍性降费措施。尽管服务业

比重和增速均超过第二产业，但其"含税量少"；新兴产业发展较快，但税收贡献占比较小；而"含税量大"的工业要去产能，"十三五"时期财政收入低速增长的态势难以好转。而且财政支出是刚性的，应对人口老龄化、织密织牢民生安全网、加强生态环境修复治理、加快中西部地区基础设施建设、原有基础设施的更新维护都需要增加投入。这样，以税收、社会保障、转移支付为主要手段的再分配调节政策将面临预算硬约束，持续增加农民农业政策补贴性收入、社会保障对象等低收入者的补贴、加大对财力薄弱地区的转移支付力度可能难以为继。

归纳起来看，当前我国收入分配表象是"差距大"，社会关注焦点在"分配不公"，危害在"引发社会不满"。收入分配存在的问题，既与我国发展阶段、体制转型有关，有一定的客观必然性和阶段性，但也反映出当前相关制度不完善、政策规定不合理、政策执行不到位问题。

三、"十三五"时期提高居民收入和调整收入分配格局的若干建议

根据党的十八大、十八届三中全会精神，"十三五"时期提高居民收入和调整国民收入分配格局的主要目标：一是提高劳动生产率水平。努力实现居民收入增长和经济发展同步、劳动报酬增长和劳动生产率提高同步，劳动报酬占初次分配的比重逐步上升。因此，要着力缩小我国劳动生产率水平与世界发达国家的差距，赶上和超过发展中国家的水平，即劳动生产率年均增速由"十二五"时期的 7.5％提高 1 个百分点左右，到 2020 年实现城乡居民收入比 2010 年翻一番，即全国城镇居民人均可支配收入和农村居民人均纯收入分别达到42 018 元、13 441 元（按 2014 年不变价测算）。二是缩小收入差距。进一步缩小城乡、区域、行业收入分配差距，不断扩大中等收入者比重，确保低收入者基本生活，农村居民收入占城镇居民收入的比例由 31.9％提高到 40％，差距缩小到 2.5 倍左右。初步形成"两头小、中间大"的橄榄型收入分配格局。三是完善分配制度。各种生产要素按贡献参与分配的初次分配机制进一步完善，以税收、社会保障、转移支付为主要手段的再分配调节机制不断健全。四是规范分配秩序。合法收入得到有力保护，隐性收入得到透明规范，非法收入坚决予以取缔，过高收入得到合理调节，以权力行政垄断等非市场因素获取的收入得到有效遏制，着力解决分配不公问题。

按照上述目标，**总体把握的方向是：形成劳动报酬增长和劳动生产率提高同步的分配机制。**通过提高劳动生产率来增加劳动报酬和居民收入，是经济社会发展的普遍规律。提高劳动生产率，要靠加强教育培训提升劳动力素质，延长退休年龄进而提高劳动参与率，推进城镇化和新型工业化，打破人力资源配置行政性框框，促进劳动力自由流动，让市场

机制发挥作用，引领提升劳动力素质。"十三五"时期，我国要加强劳动力市场体制建设，优化城镇化建设布局，加快产业结构调整和转型升级，多措并举，使劳动生产率水平较"十二五"时期有较大提高。**正确处理公平与效率关系，合理调节收入分配。**要健全完善分配起点、过程和结果公平的收入分配机制，以市场为基础，进一步完善资本、知识、技术、管理等要素由市场评价贡献并按贡献分配的机制，创造机会公平、规则统一的竞争环境，实现初次分配公平和效率的统一。更好发挥政府的调节作用，通过完善以税收、社会保障、转移支付为主要手段的再分配调节机制，实行有利于缩小收入差距的政策，将收入差距控制在合理范围内。**统筹协调，推进基本公共服务均等化。**要坚持体现公益、保障基本、统筹城乡，建立健全基本公共服务体系，缩小城乡区域间基本公共服务的差距，切实保障人民群众最关心、最直接、最现实的利益，实现公共服务的起点公平和机会公平、收入分配的横向公平和纵向公平。按照上述目标和方向，建议"十三五"时期重点采取以下政策措施：

（一）不断提高劳动生产率，提高劳动报酬在初次分配中的比重

一是加大政府人力资本投入，提高劳动技能，通过政府购买服务的形式，为就业人员提供培训服务，提高就业人员素质和技能水平，扩大政府补贴项目职工培训范围，做好各类教育培训的需求分析和项目评估工作，提高人力资源投资的使用效益。推动职业技术教育改革，省以下大专院校要把职业技术教育作为教学的基本方向，完善职业技术专业设置，提高职业技术教育毕业生学历层次。深化工学、校企合作，鼓励社会力量、企业参与技能培训，多渠道扩大职业技术教育规模。二是建立城乡统一的劳动力市场，通过促进劳动力自由流动提高劳动力配置效率。加快户籍制度改革，落实城乡劳动者享受同等权利和义务。推进农业转移人口市民化，稳步推进城镇基本公共服务常住人口全覆盖，把进城落户农民完全纳入城镇住房和社会保障体系，在农村参加的养老保险和医疗保险规范接入城镇社保体系。健全财政转移支付同农业转移人口市民化挂钩机制，建立健全以居住证为载体的基本公共服务提供机制。三是落实创新驱动发展战略。大幅提高科技资源配置效率。建立健全财税、产业、金融、科技、知识产权、人才、教育、贸易等政策相互衔接的国家创新政策体系及协调机制。改进和加强科研项目和资金管理。完善支持种子期创新活动、科技成果转化等政策，促进科技成果转化和产业化。四是加快推进新型城镇化和城乡一体化。推动大中小城市和小城镇协调发展、产业和城镇融合发展，促进城镇化和农业现代化协调推进。围绕大中城市圈的城镇带，集聚人口、产业和各种环境因素，推动城乡发展一体化。优化城市空间结构和管理格局，增强城市综合承载能力。综合采取措施，促进中西部生态

脆弱、资源匮乏、生产生活条件恶劣地区的人口向东中部地区城镇集聚。五是加快推进新型工业化。进一步健全新兴产业培育发展、传统产业改造升级、落后产能淘汰退出机制，促进制造业迈向自动化、智能化，推动商业模式变革与创新，鼓励引导实体经济与电子商务深度融合、跨界合作，加快推动移动互联网、大数据、云计算等新技术的广泛应用。六是支持发展农业现代化体系。加快推进土地制度改革、经营权与承包权分离的改革，鼓励土地流转，发展合作经营和规模化、专业化、现代化经营。农地上市、土地流转和人口转移要研究公允的分配政策。进一步健全农业农村发展财政投入保障机制，加强农业基础设施建设。积极推进财政补助形成的资产交由新型农业经营主体持有和管护，资产收益由全体成员共享。研究建立规模经营户农产品质量与农业补贴挂钩的机制。支持研究建立新型农产品保护机制，以及统筹平衡动态调整的价格机制。支持提升农业科技创新和技术服务能力，提高农业生产能力。大力发展生态友好型农业，推进农业可持续发展。推进整合统筹，提高农业补贴政策效能，增强补贴的精准性和实效性，提高农业竞争力。加强精准扶贫，根据致贫原因和脱贫需求，对贫困人口实行分类精准扶持。"十三五"前期着力解决绝对贫困问题，后期转向主要解决相对贫困问题。

（二）进一步完善以市场为基础的初次分配机制，推动形成合理有序的分配格局

一是对自然垄断行业实行政企分开、政资分开、特许经营、政府监管为主要内容的改革。对已经引入竞争机制的垄断行业，进一步分离垄断性业务和竞争性业务，对竞争性业务要结合产业发展实际进一步放宽市场准入，探索推进混合所有制改革。二是建立科学的工资水平决定机制、正常增长机制和支付保障机制。完善最低工资标准调整机制，推行小时最低工资标准制度和工资集体协商制度；改革完善机关公务员工资制度，完善艰苦边远地区津贴增长机制，制定地区附加津贴制度实施方案，实施县以下机关公务员职务与职级并行制度；研究推行公务员职位分类评价制度，开展公务员与企业相当人员工资水平调查比较，逐步建立科学合理的公务员工资水平决定和调整机制；完善绩效工资制度，健全与岗位职责、知识技能、工作业绩挂钩的事业单位分配激励机制；深化国有企业职工工资制度改革，严格实行工资总额和工资水平双重调控；实行与任选方式相匹配、与企业功能性质相适应的国有企业负责人差异化薪酬分配办法；进一步健全农民工工资支付保障机制，落实清偿欠薪的工程总承包企业负责制、行政司法联动打击恶意欠薪制度、保障工资支付属地政府负责制度，探索在容易发生欠薪的行业强制实行周薪制。三是深入推进事业单位改革，加快科研机构科技成果使用处置和收益管理改革，适时研究推广企业实施科技成果转化给予相关技术人员的股权奖励收入延期缴纳个人所得税的优惠政策。研究制定混合所

有制企业员工持股办法，重点支持对企业经营业绩和持续发展有直接或较大影响的科技、经营管理和业务骨干等员工持股。四是建立完善公共资产（资源）收益的全民分享机制。完善国有资本收益管理制度，进一步提高国有资本收益上缴比例，逐步加大国有资本经营预算调入一般公共预算的比例。全面推进公共资源有偿使用制度改革，积极研究自然资源税、费、租关系，在取得、生产以及保有等环节形成自然资源收益合理分配机制，建立资源开发利用生态环境补偿机制。五是大力整顿和规范收入分配秩序。严格规范党政机关津贴补贴和奖金发放行为，抓紧出台规范改革性补贴的实施意见。加强国有单位工会经费、职工福利费、教育培训费等相关经费管理。严格控制国有企业高管人员职务消费，规范车辆配备和使用、业务招待、考察培训等职务消费项目和标准。严格落实《预算法》规定，加强财政性资金管理。持续保持反腐败工作的高压态势，严厉查处权钱交易、行贿受贿行为，深入治理商业贿赂，加强反洗钱工作和资本外逃监控。围绕国企改制、土地出让、矿产开发、工程建设等重点领域，强化监督管理，堵住获取非法收入的漏洞。

（三）完善再分配调节政策体系，促进缩小收入分配差距

一是改革完善税收制度，逐步提高直接税比重。加快建立综合和分类相结合的个人所得税制度，推进营业税改增值税改革，建立规范的消费型增值税制度，完善消费税制度。实施资源税从价计征改革，逐步扩大征税范围。完善地方税体系，推进房地产税立法。二是按照更加公平和可持续的要求，深化养老保险制度改革，强化制度可持续性。健全城乡居民养老保险参保缴费激励约束机制，提高居民参保积极性。逐步推进基本养老保险全国统筹。在改革社会保险制度的基础上，划拨足够规模的国有资本充实社会保障基金，解决历史欠账问题。扩大个人账户规模，实行名义个人账户制度，逐步提高个人账户养老金计发月数，完善个人账户记账利率政策，改革个人账户余额继承制度。在实行企业年金和职业年金个人所得税递延纳税政策的基础上，适时开展个人税收递延型商业养老保险试点，鼓励职工参加个人储蓄性养老保险，推动建立多层次的养老保险制度。逐步提高退休年龄，引入弹性退休制度。研究建立基本养老保险精算制度，定期开展精算分析并适时向社会公布。三是深化社会救助制度改革。逐步将现行既按困难类型又按救助对象分类的社会救助政策，统一调整为按困难类型分类的社会救助政策。逐步建立全国统一规范、数据共享的社会救助管理信息平台。逐步健全困境儿童分类保障制度，积极推动残疾儿童的早期治疗，重点建立残疾儿童康复救助制度。四是引导社会力量参与养老服务等公益事业。完善和落实公益性捐赠以及非营利组织等公益组织的税收优惠政策。通过公建民营、民办公助、购买服务等形式，引导社会资本积极参与养老服务体系建设，着力构建以居家养老为基础、

社区养老为依托、机构养老为支撑的社会养老服务体系。

（四）按照保障公平和可持续的要求，提高基本公共服务水平和均等化程度

要科学界定财政作用边界，坚持循序渐进、量力而行，在保障公平和可持续的基础上，不断提高基本公共服务的水平和均等化程度。一是支持创业促进就业。完善城乡均等的公共就业创业服务体系，构建劳动者终身职业培训体系，不断提高劳动者整体素质及就业创业能力。区分就业困难人员和一般就业人员，实行有针对性的就业促进政策。优化整合现行就业政策，鼓励用人单位增加就业，提高公共就业服务机构和高技能人才培训机构的服务能力，加强就业政策与失业保险政策协调。完善扶持创业的优惠政策，形成政府激励创业、社会支持创业、劳动者勇于创业新机制。二是健全医疗保障体系。按照财政可持续、社会多参与、个人可承受的原则，平衡政府、社会和个人三方责任，建立多元化、可持续的医疗卫生筹资机制。大力发展社会力量办医。进一步完善基本药物制度和全民医保体系。三是促进教育现代化发展。更加重视教育供给质量，促进教育资源配置均等化。统筹资金使用，更加注重加强制度建设，促进财政教育投入持续稳定增长。大力发展民办教育事业，积极拓宽教育经费来源渠道。健全教育收费标准动态调整机制，更加科学合理地分担培养成本。在划清政府与市场边界的基础上，根据公共性的层次划分研究相应的机制创新，完善不同类型教育的财政支持政策。重视学前教育投入及质量，积累未来人力资本，提高劳动回报率。加大对农村地区、边远地区和流动人口基础教育支持力度，促进义务教育均衡发展和机会公平。深化职业教育改革，明晰责任，建立多元筹资机制。深化高等教育改革，更加适应市场需求和满足就业需要。四是积极调整住房保障方式，实行实物保障与租金补贴相结合，从"补砖头"转向"补人头"。持续创新体制机制，引导社会资本参与保障性住房建设和运营管理。五是大力发展PPP模式，创新公共服务提供方式。积极探索政府购买服务等方式，多渠道筹措建设资金，提升政府治理能力。六是完善财政转移支付制度，为实现基本公共服务均等化提供财力保障。优化转移支付结构，提高一般性转移支付规模和比例，加大对中西部地区的转移支付力度，较大幅度增加对老少边穷地区的转移支付。进一步清理、整合、规范专项转移支付，严格控制项目个数，对具有地域管理信息优势的项目，原则上采取因素法切块分配。完善省以下转移支付制度，统筹推进区域内基本公共服务均等化。

人力资源和社会保障部

深化机关事业单位和企业工资收入分配制度改革研究报告

机关事业单位和企业工资收入分配（以下简称工资收入分配），是社会收入分配的重要组成部分，涉及广大职工切身利益，关系经济发展和社会和谐稳定。贯彻党的十八大和十八届三中、四中、五中全会精神，建立健全体现社会公平正义的激励保障体系，必须认真总结"十二五"时期推进工资制度改革的经验，准确把握经济社会发展新形势新要求，进一步完善工资收入分配制度。

一、"十二五"时期工资收入分配制度改革的进展及成效

"十二五"期间，随着改革开放的深入和社会主义市场经济的发展，机关事业单位和企业工资收入制度改革稳步推进，取得积极成效。

（一）工资收入分配制度改革进一步深化

结合机关事业单位养老保险制度改革，调整机关事业单位工作人员基本工资标准。建立基本工资标准正常调整机制，取得突破性制度成果，为优化工资结构，理顺工资关系，打下了坚实基础。研究建立公务员和企业相当人员工资水平调查比较制度，继续开展工资水平试调查，深入研究论证比较方法，调查方案逐步完善。结合推进事业单位分类改革，研究出台深化事业单位工作人员收入分配制度改革的意见，实施绩效工资，推进事业单位收入分配制度改革。

中央企业和有关部门认真落实六部门联合印发的《关于进一步规范中央企业负责人薪酬管理的指导意见》，为改革国有企业负责人薪酬制度摸索了经验。在此基础上，针对中央管理企业负责人有的薪酬水平偏高、薪酬结构不尽合理、监管体制不够健全等问题，2014 年 11 月，中共中央、国务院印发了《关于深化中央管理企业负责人薪酬制度改革的意见》，按照企业负责人分类管理要求，建立与中央企业负责人选任方式相匹配、与企业功能相适应的差异化薪酬分配办法，进一步完善了薪酬结构和薪酬确定机制。积极推进企业工资集体协商工作，推动建立与社会主义市场经济相适应的企业工资决定机制。稳慎调整最低工资标准，2011 年至 2015 年，全国平均月最低工资标准年均增长 13.1%。多数省（自治区、直辖市）继续发布企业工资指导线，部分地区探索发布行业工资指导线。在全国范围组织企业薪酬试调查，调查方案不断完善，工作流程逐步规范，调查数据逐步成为工资调控决策的重要依据。

（二）工资收入分配秩序逐步规范

配合有关部门继续做好规范公务员津贴补贴工作，进一步严肃工资纪律。指导各地继续做好事业单位实施绩效工资工作，注重激励和约束并举，取得一定成效。通过规范公务员津贴补贴、实施事业单位绩效工资，机关事业单位工资秩序逐步规范，取得阶段性成果。

按照国务院部署，积极推进解决拖欠农民工工资问题，采取修订法律法规、完善工资支付保障机制、开展专项检查等措施，农民工工资拖欠势头得到有效遏制。2011 年，全国人大常委会通过《中华人民共和国刑法修正案（八）》，将"拒不支付劳动报酬罪"纳入刑法。2014 年，最高法院、最高检察院、人力资源社会保障部、公安部等四部门下发相关文件，进一步完善劳动保障行政执法和刑事司法衔接机制，加大对拒不支付劳动报酬犯罪行为的打击力度。各地不断完善政策措施，在建筑行业普遍建立了工资保证金制度，一些地区还建立了应急周转金制度。加强工作协调，每年定期组织全国范围的专项检查，"两节"期间集中开展专项整治。开展国有企业工资内外收入监督检查，重点对工资水平过高、增长过快的企业进行检查，督促国有企业认真执行国有企业工资总额和负责人薪酬管理的有关政策，有效规范国有企业工资分配秩序。

（三）职工工资收入水平稳步提高

"十一五"期末的 2010 年至 2014 年，机关事业单位年人均工资水平逐步提高，扣除价格因素，年均实际增长 7.3%。针对县以下基层机关公务员因职务晋升难、工资待遇得不到提高的矛盾，经党中央、国务院批准，在试点基础上，在全国推行县以下机关建立职务与职级并行制度，拓展基层公务员职业发展空间，相应提高工资水平。2015 年 1 月，经国务院批准，对乡镇机关事业单位工作人员实行乡镇工作补贴，基层工资水平进一步提高。

"十二五"时期，企业职工工资水平稳步提高，特别是低收入劳动者工资收入增长较快。"十一五"期末至 2014 年，全国城镇单位（不含私营企业和有雇工的个体工商户）就业人员年人均工资从 36 539 元提高到 56 339 元，年均增长 11.5％，扣除价格因素实际年均增长 8.1％；其中，部分低工资行业增长超过平均值，农林牧渔业、建筑业、制造业年均增长分别达到 14.1％、13.6％和 13.5％。私营企业就业人员和农民工工资增长超过城镇单位在岗职工，城镇私营企业就业人员年人均工资年均增长 15.1％，扣除价格因素实际年均增长 11.5％；外出农民工人均月收入年均增长 14.1％，扣除价格因素实际年均增长 10.6％。

（四）地区和行业工资差距扩大的趋势得到扭转

通过开展规范公务员津贴补贴工作，有效遏制了地区、部门、单位自行发放津贴补贴现象，不同地区之间的工资差距逐步缩小，同一地区不同部门之间的工资水平趋于统一。先后三次调整艰苦边远地区一至六类区津贴标准，进一步提高艰苦边远地区机关事业单位工资水平。贯彻落实中央有关会议要求，妥善处理西藏、四省藏区和新疆机关事业单位工资问题。

行业工资收入差距扩大的趋势得到扭转。"十一五"期末至 2014 年，国民经济行业门类就业人员平均工资最高与最低之比从 4.2 倍下降到 3.8 倍，城镇非私营单位就业人员与私营单位就业人员工资之比从 1.8 倍下降到 1.5 倍。

总的看，"十二五"期间通过工资收入分配制度改革，工资收入分配秩序逐步规范，工资水平总体得到提高，工资差距逐步缩小，对优化社会收入分配格局，提高广大干部职工生活水平和工作积极性发挥了积极作用。

二、"十二五"时期工资收入分配中存在的主要问题及原因

（一）主要问题

目前，工资收入分配领域仍存在不少突出矛盾和问题，劳动报酬占初次分配的比重偏低，收入分配制度有待进一步完善，分配秩序仍有待进一步规范。

1. 机关事业单位方面

一是工资结构仍不合理。机关事业单位工作人员工资中，基本工资比重明显偏低。结合机关事业单位养老保险制度改革调整机关事业单位工作人员基本工资标准后，全国机关事业单位基本工资比重有所提高，但仍没有在工资中占主体。

二是地区和行业工资差距仍然较大。通过规范公务员津贴补贴，基本消除了同一地区不同部门的工资差距，遏制了地区工资差距持续拉大的趋势，但仍存在地区工资差距较大的问题。事业单位的工资水平，不仅存在地区差距，不同行业、不同单位之间也存在较大差距。

三是工资的导向和激励作用发挥不够充分。公务员执行统一的工资制度，没有完全体现分类管理的改革要求，不利于稳定人员队伍。艰苦边远地区和基层工作人员的工资水平仍相对偏低。事业单位绩效工资总量核定办法不能完全适应事业单位特点和发展要求，绩效考核制度还不完善，绩效工资的激励约束作用没能有效发挥。

四是分配秩序有待进一步规范。地方和部门违规发放津贴补贴的现象时有发生，变相提高津贴补贴水平。事业单位绩效工资没有完全实施到位，部分依靠国家财政拨款、没有创收的单位收入水平长期得不到增长，有些单位利用经营收入自行提高津贴补贴水平，收入分配秩序有待进一步规范。

2. 企业方面

一是工资决定和正常增长机制不健全。工资集体协商机制作为市场经济条件下决定工资的基本形式，制度还不健全不成熟，劳动者与企业平等协商决定工资的作用在一些企业不能很好发挥，尚未有效形成反映劳动力市场供求关系和企业经济效益的工资正常增长机制。国有企业工资总额管理政策不适应建立现代企业制度要求，工资决定机制亟待完善。

二是工资收入分配差距依然偏大。2014年，农林牧渔业在岗职工月人均工资2 363元，仅相当于金融业的26.2%。外出农民工、私营企业就业人员月人均工资分别为2 864元和3 033元，相当于城镇单位就业人员的61.0%和64.6%。我国行业之间、不同职工群体之间收入差距依然较大，基尼系数仍然高于国际通行的警戒线。

三是分配秩序有待进一步规范。拖欠工资尤其是建筑施工企业拖欠农民工工资现象仍时有发生，虽然拖欠案件数和人数明显减少，但拖欠金额仍处于高位，从根本上解决拖欠工资的长效机制还不健全。部分劳务派遣工与相同岗位的合同制职工之间在劳动报酬水平、保险福利待遇等方面仍有差别，同工不同酬问题依然不同程度存在。部分国有企业尤其是垄断行业职工工资水平过高，福利项目多且透明度不够。

（二）原因分析

一是不同地区和行业发展不平衡。我国地区之间发展不平衡，各地的经济发展水平、可支配财力差异很大，从而决定机关事业单位工资收入水平必然存在地区差距。不同行业之间由于产业分工、劳动生产率、人力资本构成等的差别，导致不同行业就业人员工资水平存在差距。

二是市场体制机制不完善。我国劳动力市场总体供大于求与局部结构性失衡并存，阻碍劳动要素自由流动的体制性障碍还没有完全破除，强资本、弱劳动的状况没有根本改变。市场配置资源、决定价格的机制仍不健全，造成要素回报不合理，不能真正实现按贡献参与分配。同时，公务员和企业相当人员工资调查制度没有建立起来，难以科学合理地确定公务员工资水平，导致出现工资结构不合理、地区工资水平差距较大、分配秩序不规范等问题。

三是宏观调控和法制建设不到位。我国企业工资收入分配宏观调控体系与使市场在企业工资分配中起决定作用和更好发挥政府作用的要求不相适应，需要进一步改进和完善。机关事业单位基本工资制度由国家统一管理，但在工资中占比过小，调控作用有限。工资分配立法滞后，立法层次较低，针对性、操作性不强。

三、"十三五"时期深化工资收入分配制度改革的新形势和工作设想

"十三五"时期，我国经济发展已进入新常态，改革进入攻坚期和"深水区"，工资收入分配的一些深层次矛盾和问题将进一步凸显。我们要全面贯彻落实党的十八大和十八届三中、四中、五中全会精神，正确分析工资收入分配面临的形势，全面深化工资收入分配制度改革。

（一）"十三五"时期工资收入分配面临有利条件

一是党中央指明了深化工资收入分配制度改革的方向。党的十八大提出要千方百计增加居民收入，提高居民收入在国民收入分配中的比重，提高劳动报酬在初次分配中的比重。党的十八届三中全会明确，要规范收入分配秩序，完善收入分配调控体制机制和政策体系，

清理规范隐性收入，取缔非法收入，增加低收入者收入，扩大中等收入者比重，努力缩小城乡、区域、行业收入分配差距，逐步形成橄榄型分配格局；改革机关事业单位工资和津贴补贴制度，完善艰苦边远地区津贴增长机制。党的十八届五中全会进一步明确，缩小收入差距，健全科学的工资水平决定机制、正常增长机制、支付保障机制，完善市场评价要素贡献并按贡献分配的机制，完善适应机关事业单位特点的工资制度。深化工资收入分配制度改革，必须全面落实这些要求。

二是释放消费潜力要求合理提高工资收入水平。经济发展新常态下，要使消费在推动经济发展中发挥基础作用，必须提高居民收入在国民收入分配中的比重，提高劳动报酬在初次分配中的比重，切实提高工资收入水平。同时，合理提高机关事业单位工作人员收入水平，有利于促进公共管理水平和公共服务质量的提升，有利于加强党风廉政建设。

三是创新驱动成为重要发展动力要求重视人力资本价值。经济新常态下，要素的规模驱动力减弱，经济增长将更多依靠人力资本质量和技术进步，必须让创新成为驱动发展新引擎。全民创业、大众创新将成为新的经济增长方式和产业升级的主要动力来源。以移动互联网为代表的新技术、新产业、新业态不断涌现，中国经济向中高端迈进的势头明显。随着劳动年龄人口中接受高等教育、技能教育人口的不断增多，劳动者素质将不断提高，都将促进工资水平的提高。

四是劳动力市场供求关系变化将促进提高劳动报酬占初次分配的比重。据专家分析预测，我国劳动力市场已经进入"刘易斯拐点"，农村能够转移的劳动力越来越少。2010 年至 2015 年，新增农民工数量从 1 245 万人减少到 352 万人，其中，新增外出农民工数量从 802 万人减少到 63 万人。2001 年第 4 季度，我国劳动力市场求人倍率[1]为 0.75，到 2014 年第 4 季度，求人倍率上升到 1.15。劳动力市场的这种变化将直接增加劳动者在工资协商中的话语权，推动工资水平持续增长。

（二）"十三五"时期工资收入分配面临的挑战

一是经济增速放缓对工资增长带来新影响。工资增长的前提和基础是经济增长。1986 年到 2013 年，我国人均国内生产总值增长率与城镇单位就业人员平均实际工资增长率之比为 1∶0.93，工资增长率略低于人均国内生产总值增长率。"十三五"时期，随着我国经济

---

[1] 求人倍率是劳动力市场上岗位空缺的数量与求职者人数的比，它反映劳动力市场上供求关系的对比情况。求人倍率大于 1，意味着从总体上看，劳动力市场的岗位数量大于求职的人数，说明职位供过于求；如果求人倍率小于 1，说明职位供不应求。

增长速度由高速增长转变为中高速增长，职工工资增长速度不可避免地相应放缓。

二是经济结构调整和转型过程中缩小行业收入差距面临新困难。我国经济发展方式正从规模速度型粗放增长转向质量效率型集约增长。在经济结构调整和产业升级过程中，钢铁、水泥等传统行业化解过剩产能需要一个过程，一定时期内职工工资增长将放缓或下降，少数企业甚至会出现拖欠职工工资。而以互联网为代表的新兴产业、现代服务业等迅速发展，这些行业的职工工资水平将会大幅度提高。

三是劳动密集型企业承受的成本压力将对提高职工工资带来新挑战。由于综合成本压力和境外企业低人力成本竞争等因素的影响，我国劳动密集型企业承受人工成本上升的能力受到限制，将制约企业职工工资的增长。同时，随着社会保障制度的不断健全，社会保险扩面征缴工作力度逐步加大，企业人工成本进一步上升，也将影响职工工资水平的提高。

（三）深化工资收入分配制度改革的指导思想、目标和原则

1. 指导思想

全面贯彻党的十八大和十八届三中、四中、五中全会精神，以邓小平理论、"三个代表"重要思想和科学发展观为指导，深入贯彻习近平总书记系列重要讲话精神，按照"五位一体"总体布局和"四个全面"战略布局的要求，主动适应经济发展新常态，以建立健全工资决定和正常增长机制，推进工资收入分配法治建设为重点，充分发挥市场机制在工资收入分配中的决定性作用，加强和改进政府对收入分配宏观调控，缩小收入分配差距，规范收入分配秩序，促进形成合理有序的工资收入分配格局。

2. 改革目标

机关事业单位工资收入分配制度改革的目标是，适应机关事业单位特点的工资收入分配制度进一步完善，工资结构进一步优化，工资水平决定机制和正常调整机制基本建立，适应经济体制和干部管理体制要求的工资管理体制和监督约束机制基本形成，地区、行业、人员之间的工资关系进一步理顺，工资收入分配制度建设和工资管理得到加强。

企业工资收入分配制度改革的目标是，适应现代企业制度要求的工资收入分配制度基本建立，反映劳动力市场供求关系和企业经济效益的工资决定及正常增长机制基本形成，政府对企业工资收入分配的宏观调控得到加强，企业工资收入分配领域的法治建设取得明显进展，企业职工工资水平稳步提高，工资分配差距继续缩小，工资分配秩序进一步规范。

3. 基本原则

一是坚持按劳分配与按生产要素分配相结合。完善生产要素按贡献参与分配的形式，提高劳动报酬占初次分配的比重。二是坚持市场导向与政府调控相结合。完善市场机制，使市场在人力资源配置中起决定性作用；加强政府调控，维护市场秩序的同时，通过二次分配调整收入分配格局。保持机关事业单位工资水平与经济发展相协调、与社会进步相适应。三是坚持效率和公平相统一。在经济发展的基础上，努力提高全体劳动者的收入，形成不同行业、不同群体合理的收入分配关系。更加注重公平，克服平均主义和工资差距过大，实现以公开透明为前提的分配起点、分配过程和分配结果公平。四是坚持完善立法与加强执法相配套。积极推进工资收入分配立法进程，依法加强对工资收入分配过程和结果的监督检查，实现工资收入分配法制化、规范化。

四、"十三五"时期深化工资收入分配制度改革的政策措施

"十三五"期间，深化工资收入分配制度改革的政策措施，主要有以下几个方面：

（一）机关事业单位工资收入分配方面

1. 推动落实工资正常调整机制

落实机关事业单位基本工资正常调整机制，进一步优化工资结构。研究建立工资调查比较制度，推动建立工资水平决定机制。处理好调整基本工资与调整津贴补贴的关系，促进工资水平的合理增长。

2. 合理调控地区工资差距

进一步完善地区津贴制度，逐步将地区工资差距控制在合理范围内。实施并完善地区附加津贴制度，逐步实现科学合理地确定津贴水平和标准，确保制度有效运行。落实艰苦边远地区津贴增长机制。

3. 全面实施职务与职级并行制度

认真落实县以下机关建立职务与职级并行制度。总结经验，制定出台地市以上机关建

立职务与职级并行制度的意见。

4. 建立和完善适应分类管理要求的工资制度和工资政策

结合公务员分类改革，制定专业技术类和行政执法类公务员的配套工资政策。落实健全法官、检察官、人民警察职业保障制度，建立体现法官、检察官职业特点的工资制度，完善人民警察工资待遇政策。结合推进公立医院综合改革，完善公立医院薪酬制度。

5. 健全和完善工资分配机制

规范公务员奖金发放办法，有效发挥奖金的激励作用。健全不同行业事业单位绩效考核制度，完善绩效工资总量确定办法和适合行业特点的绩效工资分配机制。研究制定事业单位高层次人才的分配激励政策。

6. 进一步加强工资管理

坚持严肃纪律，加强管理。配合有关部门规范津贴补贴发放，防止变相提高工资水平，缩小不合理工资差距。加大监督检查和查处力度，维护工资政策的严肃性和权威性。

（二）企业工资分配方面

1. 健全工资决定和正常增长机制

积极探索符合国情特点的工资集体协商制度，扩大覆盖范围，提升协商质量，增强协商实效。加强工资集体协商的分类指导，继续以非公有制企业为重点积极推进工资集体协商。根据国有企业功能界定和分类，深化国有企业工资决定和正常增长机制改革，进一步完善国有企业工资总额分类管理办法。健全国有企业内外收入监督检查制度。

2. 完善最低工资制度

完善最低工资标准调整机制，加强政府、工会和企业代表组织三方协商建立定期对最低工资制度实施情况进行评估的机制，依据评估情况合理调整最低工资，增强调整的科学性。

3. 构建符合国情特点的企业高管人员薪酬制度

全面落实深化中央管理企业负责人薪酬制度改革的意见，推动中央部门管理的国有企业和地方国有企业负责人薪酬制度改革，对不合理的偏高、过高收入进行调整，实现水平适当、结构合理、管理规范、监督有效。对非公有制企业，特别是上市公司，要制定完善薪酬指引，通过完善公司治理结构，发挥董事会、薪酬委员会和股东大会在决定薪酬方面的作用，增强普通股东和小股东在确定高管薪酬方面的发言权和监督权。建立健全规范的高管薪酬信息公开制度，接受社会公众监督。

4. 完善工资支付保障制度

建立健全从源头上全面治理拖欠农民工工资问题的长效机制，以建筑、交通、铁路、水利等工程建设领域和加工制造、餐饮服务等其他易发生拖欠工资的行业为重点，推行农民工实名制管理、工资和工程款分账管理、银行代发工资等措施，完善工资保证金制度、欠薪应急周转金制度，着力解决工资支付行为不规范、工资支付监控手段不完备、工资支付保障机制不健全等突出问题，努力实现农民工工资基本无拖欠。

5. 建立统一规范的企业薪酬调查和信息发布制度

认真总结试调查经验，完善抽样方案，规范调查流程，建立正式调查制度，建成国家、省、市三级企业薪酬调查信息发布体系，定期发布职业薪酬信息和重点行业人工成本信息。加强调查的组织实施，努力提高调查质量，提高调查的科学性、规范性。探索建立制造业人工成本监测制度。

6. 加强工资收入分配法治建设

借鉴国际经验和总结我国实践相结合，积极构建我国工资收入分配法律法规政策体系，明确立法目标，做好立法规划，逐步完善立法。抓紧制定集体协商和集体合同条例、工资支付保障条例。加强普法宣传工作，加大对违反最低工资规定、拖欠工资案件的查处力度。

国务院发展研究中心

"十三五"时期提高居民收入和调整国民收入分配格局的方向和重点政策

国际金融危机以来，随着要素条件、经济结构变化和一系列政策的实施，我国国民收入分配结构有所好转，居民收入和劳动者报酬占比止跌回升，城乡居民收入保持较快增长，城乡、地区收入差距有所缩小，居民收入差距持续拉大的态势扭转，国民收入分配总体格局朝积极方向发展。但居民收入占比偏低、居民收入差距依然偏大、财富差距进一步拉大、再分配调节效果不明显等问题依旧突出。收入分配既是经济体系运行的结果，又是推动经济发展基本的动力结构。"十三五"时期，要按照"发挥市场在资源配置中的决定性作用"和"更好发挥政府作用"的要求，既要尊重市场经济的客观规律，充分发挥市场机制作用，纠正要素间的扭曲性分配；又要积极履行政府职责，构建社会安全网，着力推进机会均等，确保我国收入分配格局保持继续改善势头，切实提高居民收入和优化国民收入分配结构，尽早形成更加合理的分配格局，推动我国经济社会实现包容可持续发展。

一、我国收入分配格局和收入差距出现逐步改善的积极态势

（一）劳动者报酬和居民收入占比回升

从各类要素间分配看，劳动者报酬占国民总收入的比重止跌回升（见图1）。2000—2011 年，劳动者报酬在国民总收入中的比重总体呈下滑趋势，从 2000 年的 53.3％下降到 2011 年的 47.5％。2012 年，这一比重回升至 49.5％，持续下降态势开始有所好转。从企业、政府和居民三大主体在国民收入核算中占比来看，2000—2008 年居民收入在初次分配

中的比重持续下滑，由 67.2％下降到 58.7％。2009 年居民在初次收入分配中的比重回升至 60.7％，在 2010 年略微回落到 60.5％，此后稳步上升至 2012 年 61.7％的水平（见表 1）。

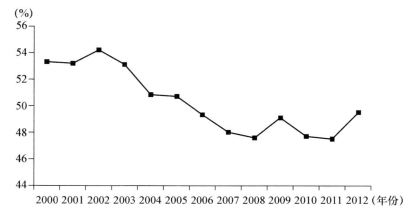

图 1 2000—2012 年劳动者报酬占国民总收入的比重

数据来源：国家统计局。

考虑到城乡居民收入持续较快增长、劳动者报酬增速略高于 GDP 增长率、财政转移支付力度不断加大等因素，预计"十三五"期间劳动报酬和居民收入在国民总收入中比重回升的态势仍会持续。

表 1

2000 年以来我国居民收入初次分配和再分配中占比

年份	初次分配（％）	再分配（％）
2000	67.2	67.6
2001	65.9	66.1
2002	64.5	64.4
2003	64.1	64.0
2004	61.1	61.1
2005	61.3	60.8
2006	60.7	60.3
2007	59.6	58.9
2008	58.7	58.3
2009	60.7	60.5
2010	60.5	60.4
2011	60.7	60.8
2012	61.7	62.0

数据来源：国家统计局。

（二）居民收入增长快于经济增长和劳动生产率提高

2000—2008 年间，居民可支配收入的增长率低于 GDP 增长率，但自 2009 年开始，居民可支配收入的增长速度逐步接近并超过 GDP 名义增长率（见图 2）。尤其是"十二五"以来，居民可支配收入的增长率已经明显高于 GDP 增长率，实现了居民收入与 GDP 同步增长的预期目标。2014 年，居民收入实际增长比 GDP 增速快 0.6 个百分点。

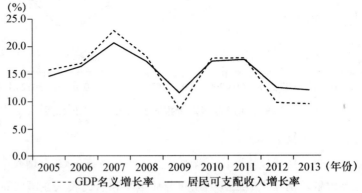

图 2　2005—2013 年 GDP、居民可支配收入名义增长率

数据来源：国家统计局。

与此同时，"十二五"以来居民收入的增长也明显快于劳动生产率的提高。2011 年至 2014 年，国家全员劳动生产率增长速度逐年下滑，从 9％降至 6.9％，而同期居民可支配收入增长率明显快于劳动生产率增速（见图 3）。这也表明劳动收入在 GDP 中的占比上升，资本收入占比出现下降趋势，我国国民收入分配结构正在改善。

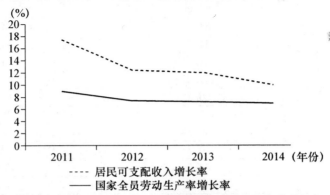

图 3　居民可支配收入增长率与国家全员劳动生产率增长率

数据来源：国务院发展研究中心。

（三）居民收入差距见顶回落并呈持续下降态势

第一，居民收入差距总体呈回落态势。 我国基尼系数持续攀升态势得以扭转，2004 年至 2008 年从 0.473 上升到历史高点 0.491，2009 年开始持续下降，到 2014 年已下降到 0.469（见图 4）。基尼系数连续回落显示居民流量收入差距有所缩小。

第二，城乡居民收入差距缓慢回落。 2010 年以来，我国农村居民人均纯收入增长速度明显加快，农村居民人均收入增速已连续 5 年高于同期城镇居民人均收入增速。在 2009 年城乡居民收入比达到最高的 3.33 倍之后，城乡居民收入差距开始呈现出缓慢回落的态势，到 2014 年城乡居民收入比已下降到 2.91 倍。

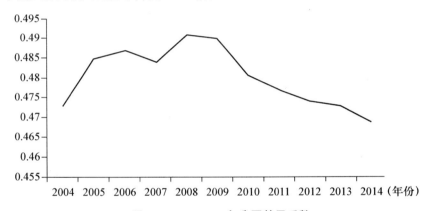

图 4　2004—2014 年我国基尼系数

数据来源：历年中国统计年鉴及国家统计局公报。

第三，地区间收入差距扩大势头得到抑制。 按照东、中、西部及东北地区的划分，2006—2013 年，城镇居民人均可支配收入年均名义增速，最快的西部地区达到 12.9%；其次是东北地区，为 12.8%；再次是中部地区，为 12.6%；最后是东部地区，为 11.7%。受此影响，城镇居民人均可支配收入最高的东部地区与最低的西部地区的差距由 1.54 倍回落到 1.43 倍；农民人均纯收入最高的东部地区与最低的西部地区的差距，由 2 倍降低到 1.76 倍。

（四）低水平的中等收入人群有所壮大

中等收入人群不断发展壮大是经济效率和社会公平的重要标志。参照全球中等收入人群划分标准（即每人日均支出在 10～100 美元的家庭[1]），根据我国城镇、农村居民家庭总支出的抽样调查数据测算，2005 年我国日均支出额达到中等收入的人口总量小于 0.5 亿人；到 2010 年上升到已有 1 亿人左右；在 2012 年大幅上升至 3.5 亿人到 4 亿人。中等收入人群规模扩张迅速，支撑国内消费市场规模的快速成长。但中等收入人群的支出水平总体仍偏低，目前各组人群人均日支出都落在 10～25 美元的区间，中层和上层中等收入人群占比很低。

（五）收入分配格局改善的主要原因

一是劳动力供给关系发生根本性转变。人口结构变动使劳动力供给关系发生了根本性的变化，劳动者报酬占比过低的问题开始出现矫正。2011 年 15～59 岁劳动年龄人口总数已达峰值，2012 年开始出现负增长，并呈每年减少 200 万人左右的下降态势。"十三五"时期这一趋势还将持续下去。另外，随着"刘易斯拐点"的跨越，农村可转移的剩余劳动力潜力明显缩减，劳动力无限供给的阶段已经结束。2010 年以来农民工收入持续增加，人均月工资从 2010 年的 1 690 元增加到 2014 年的 2 864 元，年均增长 14.1%。

二是资本回报率下降。2008 年以来，投资对经济发展的拉动作用日益降低，2012 年以来消费的拉动作用已经超过投资，消费对 GDP 增长的贡献率日益显著。土地成本上升、资金价格及工资上涨，以及房地产市场呈阶段性回调，过去促进工业化快速发展的政策已经难以为继。2008 年前，我国综合资本回报率为 17% 左右，随后出现持续下滑，2014 年已下滑至 13%。从发达国家工业化进程的普遍规律看，资本回报率下降是必然趋势，这不仅提出了加大创新驱动战略落实力度的要求，也在客观上有利于矫正生产要素价格扭曲及市场主体扭曲。

三是经济结构调整变化。从 2013 年开始，服务业增加值超过第二产业，到 2014 年第三产业增加值占国内生产总值的比重达到 48.2%，高于第二产业 5.6 个百分点。而服务业的就业弹性较大，创造的就业机会增多，且总体轻资产特征明显，服务业资本有机构成低于制造业，人力资本投入较高，劳动者从中获得的收入份额增加。这对改善就业和收入分配具有重要作用。

四是社会保障体系和扶贫开发政策不断完善。近年来我国城乡居民养老、医疗、低保等各项保障政策基本实现了"广覆盖"目标，而且城乡保障体系逐步并轨，保障水平不断

---

[1] 下限的依据是葡萄牙和意大利的平均贫困线，上限则是卢森堡收入中位数的两倍。全球中等收入人群不包括那些最贫困的发达国家中的贫困者，也不包括那些最富有的发达国家中的富有者。

提升，对改善居民收入分配的作用进一步凸显。与此同时，国家在扶贫开发方面的投入水平和政策精准力度进一步增强。2011 年将扶贫线标准从 1 196 元提高到 2 300 元，提高了 92%；而贫困人口规模则从 2011 年的 1.28 亿人减少到 2014 年的 7 017 万人。这对改善收入分配，尤其是增加低收入人群的收入具有明显效果。

五是配套改革的作用逐渐显现。如户籍制度改革、农村土地经营权流转改革等政策、针对低收入人群的专项政策，以及简政放权、加大反腐败和廉政建设力度、推进国有企业改革，尤其是国企高管薪酬制度改革等规范收入分配秩序的改革举措，对改善收入分配格局都起到了积极作用。

二、仍然存在的突出问题及其原因

（一）存在的突出问题

尽管我国收入分配格局在近年出现了向好趋势，但由于此前所积累的深层次矛盾较多，一些问题与特定的发展方式相互影响、互相交织，难以在短时间内彻底改变，总体上看仍然存在不少突出问题。

1. 居民收入和劳动者报酬在国民收入中的比重仍偏低

从国民收入分配格局来看，尽管 2012 年劳动者报酬占国民总收入的比重已经回升到 49.5%，但仍然偏低；2012 年居民可支配收入占国民可支配总收入的比重达到 62.0%，比 2011 年提高了 1.2 个百分点，但这一比例明显低于 2000 年的 67.6%。从国际上看，主要发达经济体的劳动者报酬占国民总收入的比重为 55% 左右、居民收入占 GDP 比重一般介于 65%～72% 之间，尽管金融危机以来有所提高，但与世界主要经济体相比仍然偏低。

2. 居民收入差距仍然较大

尽管我国基尼系数已经连续 6 年下降，但降幅较小。一般认为，基尼系数处于 0.4～0.5 之间则表示收入差距过大，2014 年我国基尼系数仍然高达 0.469。国际经验表明，人均 GDP 处于 3 000～10 000 美元区间的国家，既面临从中等收入迈向高收入国家的机遇期，也处在社会经济矛盾的高发期，收入差距过大和贫富分化加剧有可能影响"中等收入陷阱"
的跨越。此外，从城乡、地区间的居民收入差距看，虽然开始出现一定程度的回落，但也
仍然偏高。而且行业间收入差距仍在拉大，2003—2008 年信息传输、软件和信息技术服务
业的平均工资水平最高，2009 年之后金融业取代信息传输、软件和信息技术服务业，成为
平均工资最高的行业。而且这两个行业的平均工资是全部行业平均水平的 1.7 倍以上，其
中金融业更是达到 1.94 倍，行业间收入差距未随地区、城乡差距缩小而缩小。

3. 财产性收入占比偏低，结构不合理

我国城乡居民收入中，财产性收入占比虽有所上升（见表 2），但仅为 3% 左右，与发
达国家和部分发展中国家 8%～16% 的水平相比较（见表 3），比重明显偏低。而且财产性
收入的结构比较单一。根据国家统计局住户调查数据，居民财产收入中来自于房产相关收
入占比过高，其中出租房屋收入约占财产收入的 50%；根据中国人民银行统计，居民存款
占其金融资产的比例达 70% 以上，制度压抑下的低利率是造成居民财产收入比重低的重要
原因。

表 2

城乡居民收入中财产性收入占比

年份	城镇居民家庭人均收入		农村居民家庭人均收入	
	财产性收入（元）	财产收入占比（%）	财产性收入（元）	财产收入占比（%）
2002	102.12	1.25	50.7	2.05
2003	134.98	1.49	65.8	2.51
2004	161.15	1.59	76.6	2.61
2005	192.91	1.7	88.5	2.72
2006	244.01	1.91	100.5	2.8
2007	348.53	2.34	128.22	3.1
2008	387.02	2.27	148.08	3.11
2009	431.84	2.28	167.19	3.24
2010	520.3	2.47	202.24	3.42
2011	649	2.7	229	3.28
2012	707	2.6	249	3.15
2013	809.9	2.7	293	3.29

数据来源：国家统计局历年《中国统计年鉴》。

表3

居民财产净收入占初次分配收入的比重　　　　　　　　　　　　　　单位：％

年份	美国	法国	英国
2000	8.37	9.01	12.96
2001	7.58	8.81	12.97
2002	7.28	8.67	11.46
2003	7.07	8.76	11.3
2004	7.32	9.07	10.47
2005	7.05	8.87	11.24
2006	8.17	8.94	11.05
2007	8.79	9.02	10.19
2008	9.35	9.12	10.75
2009	8.83	9.1	

数据来源：联合国官网数据。

4. 财富差距进一步拉大的问题突出

财富差距属于存量差距，是流量收入差距长期累积的结果，我国居民财富差距进一步扩大态势值得高度关注。当前居民财富分布的基尼系数已经超过0.7，2002—2012年，财富最高的10％的群体所占的财产份额由38.7％增加到62.5％（见表4）。同时，城乡居民间的财富差距也在扩大，2002—2012年期间城镇居民人均财产价值的年均增长率为17.2％，而农村居民的增长率仅为10.0％。城镇居民财产最高收入户与最低收入户的差距由2002年的11倍扩大为2012年的18.5倍，大大高于城镇居民人均可支配收入的差距。

表4

居民财产十等分组的财产份额

十等分组 从低到高	城镇财产份额（％）		农村财产份额（％）		全国财产份额（％）		全国财产均值（元）	
	2002年	2012年	2002年	2012年	2002年	2012年	2002年	2012年
1	0.776	0.093	0.734	−0.187	0.575	−0.093	1 827	−1 049
2	2.546	1.498	2.619	0.842	1.791	0.395	5 698	4 471
3	4.128	2.284	4.079	1.503	2.849	0.810	9 057	9 163
4	5.473	3.031	5.448	2.176	3.919	1.443	12 466	16 335
5	6.866	3.944	6.828	2.994	5.187	2.411	16 489	27 287
6	8.358	5.073	8.344	4.081	6.841	3.720	21 762	42 108

续表

十等分组 从低到高	城镇财产 份额（%）		农村财产 份额（%）		全国财产 份额（%）		全国财产均值 （元）	
	2002 年	2012 年	2002 年	2012 年	2002 年	2012 年	2002 年	2012 年
7	10.240	6.676	10.163	5.713	9.143	5.521	29 067	62 490
8	12.892	9.620	12.654	8.150	12.587	8.419	40 016	95 281
9	17.162	15.726	16.660	12.486	18.390	14.870	58 498	168 297
10	31.560	52.056	32.472	62.244	38.718	62.504	123 162	707 410

数据来源：根据 2002 年中国住户收入调查数据库（CHIP）与 2012 年中国家庭跟踪调查数据（CFPS）计算。

5. 居民收入流动性不足，影响社会流动

收入流动性[1]是实现社会流动[2]的重要来源和主要表现。研究表明，20 世纪 90 年代初期，在我国收入差距扩大的过程中，收入流动性要高于一般发展中国家，甚至高于美国等发达国家。但进入 21 世纪以后，我国的收入流动性却在降低，居民陷入长期低收入水平的概率增加。与此相关，收入的代际性流动也在下降，收入分配格局趋于固化。我国居民财产规模和差距持续扩大，上一代遗产在当期财产总量的比率已经从 1990 年的 5% 上升到当前的 8% 左右，财富的代际传递将导致贫困人口更加难以进入向上流动的通道。这将带来社会阶层锁定、扩大人群分化，对社会公平正义、和谐稳定产生深远影响。

（二）主要原因分析

1. 市场机制不完善影响初次分配

由于市场化改革不到位，市场经济本身存在不少扭曲，严重影响了收入分配状况。金融抑制的环境并未根本改变，长期压制性低利率导致居民的存款收益偏低。金融资源偏向国有大企业的倾向并没有根本转变，各类市场主体在现有的市场环境中难以获得平等的竞争和发展机会。要素价格长期被扭曲，影响了劳动力与资本等其他要素在分配中的关系。

---

[1] 收入流动性，是指某个特定的收入阶层群体在经过了一段时间的变化后，其所拥有的收入份额或者所在的收入阶层所发生的变化。

[2] 社会流动（social mobility）。一个社会成员或社会群体从一个社会阶级或阶层转到另一个社会阶级或阶层，从一种社会地位向另一种社会地位、从一种职业向另一种职业的转变的过程叫作社会流动。它是社会结构自我调节的机制之一。

此外，行政垄断依然突出，不仅破坏了公平竞争的市场环境，导致行业效率偏低、影响了产业的充分发展，而且导致行业收入差距扩大，电力、石油、金融等行政性垄断特征的行业，工资及隐性福利远高于社会平均水平。同时，行政部门利用公共权力设租、市场主体通过寻租活动获得垄断权力，又导致收入分配秩序恶化。

2. 再次分配调节手段还很不完善

再分配政策对我国基尼系数的影响较小，只使基尼系数降低了12％，而OECD国家再分配政策能够缩小收入差距的40％左右。一是以间接税和流转税为主的税收政策对于改善收入分配的作用有限。资本利得税、遗产税、赠与税等调节财产分配和收入分配的重要税种缺失，对收入分配具有很强调节作用的个人收入所得税规模小、比例低、结构不合理且征管水平不高。二是社会保障制度分人群设计，制度体系碎片化现象严重，而且逆向支付特点突出。由于城乡居民和职工在最低生活保障、养老保障、医疗保障等方面实行的政策不一，保障水平和补贴力度也不一，直接导致"逆向再分配"问题。这一问题也直接反映在居民获得的转移性收入上，2013年全国城乡居民人均可支配收入18 310.8元中，3 042.1元是转移净收入；而农村居民人均可支配收入8 895.9元中，转移性收入仅为784.3元。三是政府的医疗卫生等基本公共服务虽然有较大提升，但资源的使用效率和公平性问题仍然突出。以医疗卫生为例，尽管2001年以来个人自付部分占卫生总费用的比重从60.0％下降到了2013年的33.9％，但个人卫生支出的绝对数从3 014亿元增加到了10 729元，因病致贫的问题仍然突出。

3. 社会结构和权利配置影响收入分配格局

宏观的社会、政治权利配置对于收入分配秩序和收入分配格局也产生了深刻影响。一是劳动力的组织化程度低，一些政府管理部门从本地区或本部门的利益出发，排斥、限制公民基本权利的落实，工资集体协商制度仍然未能普遍建立。二是对公共权力的约束、限制和监督机制不健全，权力的使用相对封闭、缺乏公开和监督机制，对收入分配秩序的恶化产生了直接影响。部分政府机构通过权钱交易，获得大量的灰色甚至非法收入；同时，相关市场主体通过寻租活动获得不当资源或市场地位，又恶化了行业内的竞争环境和收入格局。此外，公民的部分基本权利在现实中缺乏有效保障，对收入流动和社会流动产生深刻影响。如教育资源配置的不均衡和受教育权利保障不足，城乡内部以及城乡之间教育资源的均等化问题仍然突出，流动儿童的受教育权利未能得到充分保障、一些地方为了限制人口流入而采取措施严格控制随迁子女在本地入学等，长期看对收入流动和社会流动的负面效应越来越明显。

4. 慈善事业发展滞后，三次分配调节能力不足

慈善捐赠和公益事业是实现社会互助的重要途径，其在缩小贫富差距、缓解贫困问题乃至增强社会凝聚力等方面作用不可忽视。美国等发达国家慈善捐赠占 GDP 比重超过 2%，而 2013 年国内外社会各界向我国公益慈善事业的各类捐赠和准捐赠总价值仅占 GDP 的 0.33%。一方面，慈善组织缺乏有效管理和监督机制，公信力不足导致社会捐赠意愿下降；另一方面，我国尚未建立起有利于社会捐赠的制度环境和政策体系，尤其是相关税收政策和登记管理制度还不完善，影响了社会捐赠的积极性。

三、"十三五"时期改善我国收入分配的总体思路、目标和方向

2008 年国际金融危机以来，美国等发达经济体内出现了收入分配整体恶化问题。一是财富越来越向少数人集中；二是中等收入群体的收入状况恶化，如美国家庭中位数收入持续下降，2014 年降到 1996 年左右水平；三是量化宽松政策具有明显的收入分配效应，明显有利于高收入者，进一步扭曲收入分配。这些使得收入分配问题成为全球最受关注的社会议题之一。尽管在此期间，我国的国民收入分配格局出现改善迹象，但流量收入的改善与存量财富的恶化并存，财富分配不公格局日益严峻，如果不加以有效调节，收入差距和社会流动等问题可能再度恶化，将严重影响可持续发展和社会稳定和谐。

(一) 总体思路

"十三五"时期，要按照十八届三中全会决定关于"市场在资源配置中起决定性作用"和"更好发挥政府作用"的要求，以促进社会公平正义作为根本目标，以促进参与、增加就业、提高生产率作为提高居民收入的重要基础，把提高社会流动性作为优化收入分配结构的重要条件，把提高效率、促进机会均等和起点公平作为调整收入分配关系的重要途径，把保障和改善民生、促进人的全面发展作为优化收入分配的落脚点，把握我国要素结构调整方向和趋势，继续保持收入分配格局调整优化的良好势头，切实遏制财富差距进一步拉大，推动实施发展型福利政策，激励绝大多数社会成员努力工作，勤劳致富，发展壮大中等收入人群，尽早形成橄榄型分配格局，促进我国经济增长方式转变，推动实现包容可持

续发展。

（二）战略目标

1. 加快国民收入分配格局改善步伐

使劳动者报酬占 GDP 比重、居民收入占国民收入比重保持上升态势。

2. 保持居民收入较快增长，收入差距进一步缩小

继续保持居民收入增长与 GDP 增长同步、劳动报酬率提高与劳动生产率提高同步。进一步加大收入分配调整力度，城乡、地区和行业间收入差距有所缩小。突出二次分配对居民收入差距的调节作用，区分初次分配和二次分配分别发布基尼系数。

3. 切实遏制财富差距拉大趋势

防止财富差距拉大逆转收入差距缩小的态势，防止财富分布过度集中阻碍社会流动性。

4. 提高中等收入人群比例和质量

以促进参与、保障就业、提升劳动生产率为重点，继续促进中等收入人群比例。

（三）主要政策方向

1. 以提升劳动生产率为核心，处理好经济增长和收入分配的关系

虽然"十二五"期间我国劳动力供求关系已经发生根本性转变，劳动力价格不断上涨，且在"十三五"期间仍将持续，但是这一上涨趋势如果缺乏劳动生产率提升的支撑，则只能是生产要素价格扭曲造成的短时期补涨，收入分配格局持续改善的基础将不扎实。经济增长是改善收入分配的基础，而劳动生产率提升是经济平稳增长的关键，因此，只有提升劳动生产率，将数量上的人口红利升级为质量上的人口红利，才能实现经济增长和收入分配格局改善相辅相成、相互促进的良性循环。这就需要产业、科技、劳动和就业、生态环

保等多方面政策协同推进，使经济增长方式向更加注重质量和效益的内涵式增长全面转变。

2. 建立和完善以"发展型福利政策"为导向的社会安全网

从国际经验看，经济转型期往往也是过去被高速发展所掩盖的矛盾集中爆发的时期，及时建立健全社会安全网是实践证明有效的政策举措。近年来，我国社会保障体系建设速度很快，但宏观绩效不高、资金可持续风险加大等问题仍很突出，随着财政收入增速放缓，制度层面的调整势在必行。综合考虑历史、文化传统及已有基础，我国应充分借鉴东亚国家和地区相对成熟且行之有效的"发展型福利"政策，调整社会安全网的构建思路。核心是在有限公共投入的前提下促进机会均等，注重发展人人享有的医疗卫生和教育服务，重视养老服务和儿童早期教育，严格控制低保资格条件和水平，不走"高福利、养懒人"的路子。

3. 壮大中等收入群体，促进形成橄榄型收入分配格局

壮大中等收入群体的关键在于促进就业，既要重视就业数量，也要重视就业质量。随着劳动力供求关系转变，就业数量的重要性相对下降，过去从保增长来保就业的方式应及时调整，要更加重视就业质量，这是当前就业领域比较突出的大学生和新生代农民工就业问题的实质。要在劳动力市场并轨、薪酬制度、公共服务和社会保障等方面进行有针对性的改革，使合理、稳定、可持续的收入分配格局逐步定型和制度化，促进中等收入群体扩大。

4. 努力缩小财富差距，增进社会流动性

劳动收入增长长期低于财产性收入增长是发达国家普遍遇到的问题，所带来的产业竞争力降低、社会阶层固化等问题是发达国家社会矛盾的焦点，这一问题在我国也日益突出，"十三五"时期应予以重视。虽然"十二五"时期收入分配格局出现了有利于经济增长方式转换的重大转变，但是收入差距缩小和居民财富差距加大并存的现象值得高度警惕。需要兼顾收入的流量和存量，既要鼓励创造合法财富的积极性，也要通过税收、公共服务和社会保障等再分配手段确保社会阶层间的流动性，防止财富代际传递造成社会阶层锁定和固化。

四、相关政策重点与建议

（一）完善初次分配

1. 加快要素配置的市场化，矫正生产要素价格和市场主体扭曲对收入分配的影响

在考虑经济转换阶段企业承受能力和就业稳定程度的前提下，完善煤、电、油、气、水等资源的价格形成机制。同时，落实国土规划及主体功能区规划，加大资源环境方面的中央转移支付力度，协调区域间利益关系，根据功能区划调整地方政府考核目标。进一步放开市场准入，打破各种行政性垄断，引入市场竞争机制，推进投资主体多元化，消除垄断收益扭曲收入分配关系的体制基础。加强反垄断方面的监管力度，完善公平交易方面的政策，通过减少行政审批、设置权力清单及负面清单等手段，禁止任何部门、行业、地区和组织滥用权力限制竞争或滥用市场优势地位牟取不正当利益。同时，应加快推进国有垄断行业的治理结构现代化。除了加大国企利润上缴财政比例，完善国企工资总额预算管理。加快公益性事业单位薪酬改革。

2. 产业政策的重点应放在稳定和扩大就业上

鉴于经济增速换挡的影响，以及劳动力供求关系出现拐点，短期内局部区域和特定行业可能会出现波动，产业扶持政策应将促进就业作为经济社会发展的优先目标，落实更加积极的就业政策，加大公共财政对促进就业的资金投入，着力扶持发展吸纳就业能力强的现代服务业、战略性新兴产业、劳动密集型企业和小型微型企业。同时，加快社保可携带的改革，增强劳动力市场的流动性。

3. 完善劳动力市场和工资制度

其一，要加快劳动力市场并轨，关键要提升就业质量，在职业等级、薪酬制度等方面为技工建立职业发展通道。其二，加大《劳动合同法》落实力度，切实保护劳动者特别是农民工和流动人口的合法权益，提高社保参与率，为非正规就业人员提供灵活的社保参保渠道。其三，完善最低工资制度，稳步推进劳、资、政三方和谐的利益协商机制。建立起动态规范的工资形成机制与增长机制，政府部门辅之协调劳动关系和工资水平指导。

4. 通过提高低收入行业劳动生产率缩小行业收入差距

着力提高农业和服务业生产率。完善人才培养和激励机制，加强人力资本投资。创新校企联合培养人才模式，建立高校、科研院所与企业创新创业人才双向流动的长效机制，鼓励应用型、技能型、复合型人才脱颖而出。

5. 深化市场改革，拓展居民投资渠道，提高居民财产收入

深化金融改革，进一步放开金融市场准入。积极推进农村集体土地制度改革，在确权基础上，明确农民承包地和农户宅基地产权属性，为农民开拓财产性收入渠道。加强社会参与，推动农村集体组织治理机制发展，保障改革顺利开展。

6. 通过财政预算和支出改革，将政府财政规模控制在合理区间

应充分参考国际经验，尽快建立和完善预算绩效和绩效审计制度；以常住人口为基数，完善与支出责任相对应的转移支付制度，特别是省内转移支付调节机制，以应对快速城镇化、人口大规模流动和老龄化给公共服务和社会保障带来的挑战。同时，加大财务信息公开力度，引入和加强第三方评估制度。

（二）加强再次分配调节力度

1. 加快政府职能转变步伐，确保民生投入继续稳步增长

经济新常态下，既需要加大民生投入以稳定社会秩序，又面临财政增速放缓的客观约束，政府必须加快职能转变，通过行政体制改革、财政预算和支出改革等关键举措来优化财政支出结构，确保民生投入稳步增长。明确民生支出责任和统计口径，并向人大、政协和社会公开完成情况，加强问责。

2. 完善公共服务和社会保障，提升宏观绩效

其一，应继续坚持"低水平、广覆盖"的原则，既要加大投入，也要完善激励和约束

机制，以标准化建设（既要有最低标准，也要有最高标准）为基础，全面加强教育、医疗卫生等公共服务的可及性，特别是农民工和流动人口在随迁子女教育、医疗保健等方面的费用合理分担机制。其二，合理设置社会保障标准，加强各项保障特别是低保、城乡居民养老保险等的保障功能；同时加大社保转轨成本投入，弥补历史欠账，确保社保基金可持续。其三，推进住房保障方式改革，确保公共投入绩效。除在分配方面继续加强公开、透明和问责，尽快完善保障房建设、筹资和运行管理机制。

3．加大税收政策的调节力度

其一，实行综合和分类相结合的个人所得税制度，采取以家庭为单位的年度报税制度，减轻中等收入者负担，提高最高收入者的税率水平。全面实施财产实名制登记，特别是不动产登记制度。其二，以个人信用体系和大数据为依托，建立严密高效的纳税信息稽核系统，在法律框架内对纳税人收支状况和纳税行为进行严格监管，逐步杜绝偷税、漏税行为。其三，应加快建立针对财产赠与、遗产继承以及奢侈消费等进行调整的相关税种。

4．规范收入分配秩序

一是要加大相关法制建设和法律执行力度，坚持不懈地打击投机，取缔非法收入，通过制度调整规范灰色收入。二是在行政机关、事业单位和企业建立合理的工资制度。改革的重点是行政机关、事业单位的工资制度，应在分类基础上对不同类型人员设置合理的工资制度，建立工资定期调整机制，推进福利货币化和工资公开化。

（三）促进中等收入人群壮大发展

进一步壮大我国中等收入人群，构建橄榄型社会结构。既要存量提质，优化既有的中等收入人群结构，扩充上层和中层中等收入人群占比；又要增量扩容，为中低收入人群崛起创造更大的成长空间，稳步扩大中等收入人群规模。

一是进一步完善私有财产保护制度。保障各个阶层获取合法报酬的权益，惩治侵害行为。营造良好的市场竞争环境和形成有效的激励机制，促进民营经济发展壮大。

二是努力创造更多的就业岗位。在简化程序，财税扶持，提供金融、信息、科技、法律、产业指导等方面继续支持中小企业发展，在文化、信息咨询、中介组织等社会服务业方面继续放开限制，拓宽中小企业的经营空间。进一步完善支持自主创业相配套的金融、财税政策，鼓励大学生自主创业，并对下岗再就业人员开办家庭加工、创办小型企业等进行税收减免及财政补贴。

三是大幅增加公共教育投入。教育是打破社会阶层之间壁垒、推动顺畅的社会流动机制构建的重要基石。增加公共教育投入，继续向农村及边远地区倾斜；加大人力资本投资力度，大力发展职业教育，构建完善的劳动者再培训体系，积极开展在职培训、转岗培训、下岗再就业培训，增强劳动力市场活力。

ZHONGYANG
"SHISANWU"
GUIHUA 《JIANYI》 ZHONGDA
ZHUANTI YANJIU

专题二十三　扩大就业、构建和
谐劳动关系和完善
社保体系

国家发展和改革委员会

"十三五"时期就业风险、趋势和主要政策研究

"十二五"以来，面对复杂严峻的国内外形势，党中央、国务院牢牢把握发展大势，不断创新宏观调控的思路和方式，全面深化改革，激发了经济发展内生动力和创业就业活力，城镇新增就业呈现逆势增长局面。2011—2015年，累计实现城镇新增就业6 431万人，超额完成"十二五"规划预期目标（4 500万人）。年均城镇新增就业1 286万人，比"十一五"时期增加了132万人，增长了11.4%。城镇登记失业率保持在4.1%以内，低于5%以内的预期目标。城乡就业结构持续优化，城镇就业所占比重从2010年的45.6%上升到2015年的52.2%，年均提高1.3个百分点。劳动权益保护制度更加健全，就业质量明显改善。

习近平总书记指出，就业是永恒的课题，更是世界性难题。展望"十三五"乃至2025年，世界经济政治格局仍处于后金融危机时代的深度调整期，地缘政治和大国关系更加复杂，外部环境不确定不稳定因素增多，国外因素传导到国内的风险增大。我国经济发展全面进入新常态，长期靠高增长所掩盖的深层次矛盾逐步显性化，经济风险向就业风险乃至社会风险传导的可能性加大。为此，迫切需要适应新常态、新要求，从经济看社会、从社会看经济，从国际视角看国内问题，统筹研究就业创业领域主要风险和未来发展趋势。突出战略思维，坚持就业底线，实施就业优先战略，形成以促进就业创业为核心的宏观调控体系、以风险防控为核心的应急联动体系、以市场配置为核心的劳动力供求匹配体系、以促进就业公平为核心的公共就业创业服务保障体系，确保就业形势总体稳定。

一、就业领域主要风险

（一）外部风险冲击不容忽视

2016—2025 年，国际经济风险对我国的传导路径主要有以下四个方面：一是欧债危机再次爆发；二是德国、日本经济同时出现台阶式下滑；三是俄罗斯、巴西、墨西哥、印度等新兴市场国家出现危机；四是石油价格触底后波浪式上涨。上述任何单一因素发生，对我国城镇新增就业的影响均不超过 100 万人。但如果欧元区和新兴市场国家同时出现危机，叠加国内风险冲击同步发生，将导致我国经济增速进一步下滑，对城镇新增就业影响增大。

（二）国内经济下行将影响城镇吸纳就业能力

大部分高增长经济体显著减速时人均 GDP 为 11 000 国际元，其中三分之二在此之前减速，三分之一在此之后减速。目前，我国人均 GDP 已达 11 000 国际元左右，已进入经济相对减速关键时点。由于存在"双重二元结构"，我国经济增长理论上可以具有不同地区多速非同步的特点，主要驱动力可以呈现彼伏此起的接力状态，更有可能出现"波浪式"轨迹。但根据国际经验，因工业和出口比重、能源净进口依赖度都较高，受外部冲击发生"台阶式"降速的可能性也存在。"十三五"时期，如果发生"台阶式"或"波浪式"降速，将会造成一些新成长劳动力难以在城镇就业。**但难以在城镇就业并不意味着失业，围绕现代农业衍生出的乡村区域第二、第三产业仍能创造大量就业岗位。**

（三）"机器换人"加剧普通劳动者就业压力

根据工信部《关于推进工业机器人产业发展的指导意见》（工信部装〔2013〕511 号），2015—2025 年，我国将新增工业机器人约 110 万台，假设使用机器人将减少 15％的一线岗位，以 2013 年城镇工业就业人员为基准，预计将累计减少 1 850 万左右普通就业岗位。从减少用工人群来看，部分年龄偏大、知识不足、技能偏低的农民工等传统产业工人难以适应生产方式变革需要，失业风险加大。

（四）劳动力成本不断提高加大就业岗位转移流失风险

"十三五"和"十四五"时期，我国劳动力要素供给进一步趋紧，16～59 岁劳动年龄人口年均分别减少约 260 万和 680 万人，劳动力成本仍将继续平稳提升。据波士顿咨询集团最新研究，2004—2013 年，我国制造业小时人工成本年均增速超过 10%，而美国不到 3%。2014 年，中、美两国制造业小时人工成本分别约为 3 美元和 35 美元。但如果综合考虑劳动生产率、能源成本等关键因素，我国制造业对美国的成本优势已由 2004 年的 14% 下降到 2014 年的 4%。按照现在趋势，2020 年前后，中、美制造业成本将基本持平。纺织服装等人工成本占比较高行业受到的冲击更大，部分企业可能加速向外转移或加大机器换人力度，岗位转移流失风险加大。

（五）城市空间格局变化将放大失业风险

随着交通网、互联网等的发展，一定程度上会加大马太效应[1]，区域、城市格局加速演化，不同城市兴衰更替，衰落地区就业风险加大。

一是东北地区结构性失业风险增大。东北地区传统产业集中、资源枯竭，一些行业产能严重过剩，加上国有经济占比高、市场化意识薄弱等因素，近年来增速下滑明显，吸纳就业能力下降。2015 年，黑龙江、吉林和辽宁三省城镇新增就业人数同比分别下降约 5.3%、3.1% 和 40.6%。

二是县域经济较为脆弱，区域性失业隐患较大。近年来，中西部县域范围承接了大量过剩、落后产能，发展了不少为东部上游配套的依附型产业，吸纳了数千万农民工就业。随着化解过剩产能、淘汰落后产能工作的推进以及群众环保意识的提高，部分县域企业将随之倒闭或进一步向境外转移。而依附型产业在经济形势恶化特别是上游代工企业倒闭、互联互保资金链断裂时，可能是最早的抽资和关门对象。一旦县域经济出现问题，部分低技能劳动者既回不到已经产业升级的东部，又不愿回到无地可种或者也不想种的农村，可能成为再就业困难群体。

（六）就业领域"堰塞湖"亟须化解

就业领域的"堰塞湖"，主要是指我国存在数量庞大的流动就业人口。目前形势下，东方不亮西方亮，流动人口可以快速转换工作，有业可就，有钱可赚。但在经济下行压力较

---

[1] 马太效应（Matthew Effect），是指好的愈好、坏的愈坏、多的愈多、少的愈少的一种现象。即两极分化现象。来自于圣经《新约·马太福音》中的一则寓言："凡有的，还要加给他叫他多余；没有的，连他所有的也要夺过来。"

大时，如果流动就业人口转岗速度下降，待岗者短期淤积，或者就业岗位骤减，直接造成大量失业并滞留城市，将积聚社会风险。这主要集中在两类人群：一是庞大的农民工群体。2015 年我国农民工总量已达 27 747 万人，其中跨省流动接近 8 000 万人。特别是"80 后""90 后"新生代已成农民工主体，其中约 55％在地级以上城市务工，87％没有从事过任何农业生产活动，一旦失业又不愿返回农村，社会风险隐患更大。二是"漂"在城市的大学生，虽然总数不多，但思想活跃，社会影响不容忽视。

（七）部分社会政策调整将促使就业风险显性化

一是减轻社保负担与提高社保可持续能力"两难"。降低社保缴费率，会影响待遇支付水平；维持较高缴费率，则会加大企业支出压力，影响用工积极性。二是最低工资标准调整"两难"。最低工资标准调整幅度小、频率低，劳动者收入"提低"的目标难以完成；调整幅度过大、频率过快，稳定就业岗位的任务则难以实现。

（八）劳动争议引发的群体性事件多发高发

经济下滑往往直接导致劳动争议和群体性事件大幅增加。2008 年受国际金融危机影响，我国处理劳动争议案件同比增长了 98％。广西等地反映，因劳动争议引发的群体性事件呈增多趋势。从中长期看，经济增速换挡过程中，高增长时期积累的一些深层次矛盾会逐步显性化。如果出现国内外风险因素"双碰头"，经济运行受到明显冲击，不排除劳动争议案件出现脉冲式爆发，导致相关的群体性事件大量增多，并成为影响社会稳定的重要风险源。

（九）劳动力市场统计监测制度适应不了风险防控需要

目前，就业失业统计指标体系仍不科学、不配套、不完善，对经济形势变化反应不灵敏，风险预警能力不强。城镇登记失业率指标长期将农村劳动力排除在外，难以反映实际情况。迟迟没有公布调查失业率，影响就业形势分析质量和国际比较。

总的来看，就业风险主要是从经济风险传导而来的，相互交织、相互影响，其中有四个关键节点：首先是宏观层面经济降速，产业重构。其次是传导到微观企业经营层面，一些代工企业倒闭、互联互保资金链断裂，部分企业利润下降、经营困难，岗位流失。再次是部分地区、部分行业失业明显增加。最后表现为宏观层面失业风险显性化。如果得不到有效控制，局部失业问题将有可能演变成全局问题，微观失业问题扩大为宏观问题。综合分析，我国目前就业风险主要是部分企业出现裁员减员，总体就业形势基本稳定。

当然，这只是风险传导的一般路径，就我国现实情况看，一些风险可以通过市场化力量有效对冲。比如"十三五"和"十四五"时期，我国16～59岁劳动年龄人口年均分别减少约260万人和680万人，就业总量压力有所缓解；近年来，服务业每增长1％能够吸纳约150万人就业，远高于第一、第二产业，"十三五"和"十四五"时期服务业就业占比将继续提高，经济增长吸纳就业能力进一步增强；产业升级，附加值提升，可以承担更高的劳动力成本；新兴产业加速发展，能够创造更多就业机会，特别是互联网的迅猛发展，会创造更为灵活、更高弹性、规模更大的就业等。

二、就业领域主要趋势

（一）服务经济将居主导地位，服务业吸纳就业占比持续提升

从国际上看，当城镇化率超过50％以后，工业就业比重提升速度逐步放缓而后走平、下降，呈"倒U"型变化。同时，受经济波动影响小、就业弹性高的服务业吸纳就业能力则持续提升。目前，英、美、加等国服务业就业占比在80％左右，日本、德国在70％以上，巴西、俄罗斯在60％以上。我国第三产业在2011年已超过第二产业成为吸纳就业人数最多的行业，2012年第二产业就业占比开始下降，2013年第二产业从业人员绝对数出现下降，而第三产业产值和就业占比持续提高，分别达到46.8％和38.5％。

随着工业化、城镇化水平的持续提升，在知识密集型生产服务业加速发展和部分传统生活服务业"现代化"升级的拉动下，到"十三五"末期，服务业就业占比有望提升至45％左右。"十四五"时期将进入服务业就业占比快速提升期，年均提高约1.8个百分点，2025年达到54％左右，服务经济将居主导地位。其主要动力来自服务贸易、"银发"产业、大健康产业、体验型服务业和各种智能服务业（如智能交通、智慧社区等）大发展所带动的就业增长。从内部结构看，目前，英美等国医疗健康和教育等社会服务业就业占到服务业就业总量的35％左右，生产性服务业就业占比达到38％以上，是带动服务业发展和吸纳就业的主要力量，而我国生产性服务业就业占比只有15％左右，适应人口老龄化需求的医疗、健康、养老等消费型社会服务业吸纳就业空间广阔，是未来服务业发展的重点领域。

(二)城市经济多中心化,就业空间结构进一步优化

发达国家在工业化后期,郊区化和多中心化趋势明显。20世纪50年代,美国郊区人口增加了1900多万人,而中心城市仅增加了630万人。60年代的城镇化率在70%左右,大都市区每增加100人中,郊区占76.2%。西欧国家在20世纪60年代城镇化率达到70%左右以后,郊区人口增长超过了中心城市,1970—1975年,郊区人口增长速度达到中心城市的8倍以上。与此相适应,中心城市周围形成了众多的卫星城,呈现出多中心化的就业格局。

我国区域间城镇化发展水平差异较大,从全国来看,"胡焕庸线"[1]东南依然是城镇化和新增就业的主要区域。目前,东部地区常住人口城镇化率已超过62%,而中、西部地区分别只有50%和45%左右。环渤海、长三角、珠三角以2.8%的国土面积,集聚了18%的人口和36%的经济总量,北京、上海、天津等地城镇化率已超过82%。因此,预计"十三五"时期,东部主要城市群和部分中西部重点城市群区域,将借助于现代化的交通工具和综合运输网,以及高度发达的信息网络,加速实现传统产业和就业由中心城区向郊区和周边城市疏散,中心城市多中心化趋势加强,郊区吸纳就业人口将快速增长。"十四五"时期,随着城镇化水平的提升,长江中游城市群、关中—天水城市群等更多的中西部地区将逐步迈入多中心化趋势,经济和就业空间格局更加合理。

(三)农村剩余劳动力大幅减少,职业农民逐步成为务农主体

目前,美、英、加、德等国农业就业占比已不足2%,法国、日本和意大利等国也只有3%~4%。从我国的情况来看,2014年,第一产业就业人员所占比重为29.5%,按照2006年以来年均下降1.6个百分点的速度,预计到2025年,第一产业就业占比将下降到12%左右,农村剩余劳动力大幅减少。2015年,农民工总量只增加了352万人,仅为2011年增量的1/3。同时,随着工业化、信息化、新型城镇化和农业现代化的协调推进,农村土地交易流转规模不断扩大,机械化生产渐成主流,预计到2025年,职业农民将快速壮大并逐步成为务农主体。

---

[1] 胡焕庸线,即中国地理学家胡焕庸(1901—1998)在1935年提出的划分我国人口密度的对比线,最初称"瑷珲—腾冲一线",后因地名变迁,先后改称"爱辉—腾冲一线""黑河—腾冲一线"。

（四）智能制造渐成主流，劳动强度大幅降低

智能制造是未来发展的重要方向，也是中国走向制造强国的必然路径。世界各国机器人使用集中在体力劳动繁重、安全风险较大以及工艺精度要求较高的领域，将劳动者从一些有毒、有害的工作环境和枯燥的重复劳动中解放出来。"十三五"到"十四五"时期，随着职业培训力度的加大和劳动者技能的提高，由智能制造衍生出的生产性服务业吸纳就业规模将不断扩大，更多脏、累、险、重的工作将被机器人代替，劳动强度大幅下降，就业质量持续改善。

（五）生产方式和产业组织方式加速变革，就业方式更加灵活多样

传统工业社会提倡大规模生产，集中就业是典型现象。但随着智能制造的逐步兴起，大规模生产与小型化、智能化、专业化生产互为补充，更多劳动者通过短期就业、派遣就业、独立就业、远程就业、项目合同制就业等方式灵活就业。同时，随着服务业就业占比上升，兼职性、临时性就业和自我雇佣比率将不断提高。英国和加拿大自20世纪80年代以来，兼职就业比率已提高了4～5个百分点。"十三五"和"十四五"时期，随着互联网向传统经济领域的加速渗透，人口老龄化衍生出来的健康养老、家庭护理等生活服务业快速发展，就业格局将打破时间和空间限制，产业链上下游、左右岸从业者可以实现跨时空对接合作。

（六）经济全球化曲折推进，劳动力国际流动更加便利

"十三五"时期到2025年，科技进步带来的世界经济分工格局将更加专业化，移动互联网、新型交通工具将拉近全球距离，经济全球化仍将波浪式推进。其结果就是基于全球分工基础上的产业调整与重构进一步加速，各国对人才和熟练技工的需求更加迫切。美国等发达国家已纷纷通过修改移民法、发放居住证或绿卡等方式为人才国际流动提供便利，最大限度地吸引各类人才。这种趋势将蔓延到更多国家，人才的国际流动会更加便利，部分高端人才国际化创业就业逐步成为常态。

以上六大趋势是对冲九个方面就业风险的主要市场力量。在这些力量的综合推动下，大部分就业风险可以在发展中自行化解或弱化。但同时，必须高度关注的是有些长期积累的深层次矛盾和风险是难以对冲的，绝不能等闲视之，必须通过坚持就业优先战略、加快

调整制度安排等统筹应对。

三、战略思路和主要政策

总的来看，近期风险主要是一些地区性、局部性的，但中长期可能出现多重风险叠加的现象。为此，应积极主动适应新常态、新要求，坚持就业优先战略，加快调整制度安排，及早防范、控制近期局部风险，避免向更大范围传导。中长期注重激发市场活力、提高劳动力市场匹配效率，通过市场力量稀释、化解就业风险。

（一）坚持就业优先战略

就业是民生之本、安国之策，"十三五"时期，应坚持就业优先战略，实施更加积极的就业政策。首先，要重新定位促进就业理念。就业指标具有滞后性，不同国家就业指标与增长指标的时滞区间不同，一般为 6 个月左右。我国的这一时滞尚缺乏经验数据，但是不能忽视其客观存在，特别是不能因为就业指标尚好而忽视经济下滑的惯性冲击，而应根据经济先行指标变化，提早应对经济趋势转变对就业的滞后影响。其次，要将促进就业确立为优先目标，充分发挥就业目标的引领作用，统筹制定国民经济和社会发展总体战略，统筹考虑宏观调控的重点和节奏，统筹实施重大规划、重大政策、重大工程、重大生产力布局调整。最后，要将促就业保就业作为宏观经济政策的核心考虑。根据就业形势变化，及时调整宏观政策取向。

（二）结合三大战略推进四个同步

在推进新型城镇化，实施"一带一路"、京津冀协同发展、长江经济带等三大战略进程中，深化创新体制、公共服务体制、生产力布局调整机制改革，统筹推进技术扩散、产业扩散、公共服务扩散、就业扩散四个同步，扩大中心城市、龙头产业带动效应，在各市域范围内，统筹所辖县域各类园区建设布局和就业格局，加快筑牢沿路、沿带、沿圈地区经济支撑，促进区域均衡发展，经济和就业可持续增长。

（三）实施东北地区就业综合援助计划

要千方百计稳住东北就业，避免产生多米诺骨牌效应。未来 5 年，可以考虑从失业保险基金、就业专项资金、中央财政中划拨部分资金，实施促进东北地区就业创业综合计划。重点通过专项技能培训引导职工转岗就业、推进国有企业改革分流安置部分职工、促进创业带动就业、鼓励新兴业态发展吸纳就业、发展当地优势产业稳定就业等一揽子政策，着力化解经济下滑对就业的冲击。

（四）实施企业解困稳岗综合扶持计划

要加快盘活现有失业保险金存量，扩大支出范围。可以考虑加大失业保险结余基金使用，统筹制定未来 5 年支出计划，充分发挥其促进就业预防失业功能。进一步放开市场准入，加快落实税费减免等政策措施，健全服务体系，扩大中小企业专项资金规模，加强小微企业支持力度。推进合理降低电价等综合性政策，减轻企业负担。

（五）实施高技能人才培训鲁班工程

积极应对结构调整失业风险，在产业升级压力大、结构调整任务重的地区，可以考虑安排中央预算内资金，带动社会资金参与，支持建设一批公共实训基地，加快培养高技能人才，推动经济社会发展转型升级。配套完善高技能人才职称评定、技术等级认定、薪酬标准等政策，营造尊重技能人才的良好社会氛围。科学评估产业未来前景，及时发布预测预警信息，测算人才需求结构和供需缺口，统筹联动产业发展和人才培养工作。

（六）实施创业—就业—新兴增长点培育联动工程

创业既连着创新、连着经济发展，又连着扩大和稳定就业。新兴增长点的培育和发展需要更多创业者和劳动者参与。为此，要加快改革步伐，打通创业—就业—新兴增长点培育链条，优化创业环境，积极鼓励新兴业态和适应人口老龄化需求的健康、养老、护理等生活消费型服务业创业创新，拓展绿色就业。加大财政资金投入，吸引社会资本参与，设立创业就业引领基金，重点支持高校毕业生、新生代农民工等青年人群创业兴业，实现培育新兴经济和就业增长点的双赢。

（七）实施公共就业创业服务能力提升工程

加大投入，新建、改扩建一批省级、地市级人力资源市场和社会保障服务中心，扩大基层就业和社会保障服务设施建设范围，促进就业信息互联互通、全国联网，提供方便可及、优质高效的公共就业服务。可以考虑安排中央预算内资金，依托高新产业园区等建设一批创业孵化基地，提供一条龙的创业服务。

（八）完善劳动力市场调查评价制度

健全劳动力市场调查制度，按月公布全国城镇调查失业率，及时监测就业失业形势变化。丰富信息收集手段，鼓励社会机构利用互联网大数据开发公益性劳动力市场信息，强化就业形势跟踪监测，加强就业政策动态评估评价。合理把握最低工资标准、企业退休人员基本养老金标准等社会政策调整节奏，形成可持续的长效机制。

（九）制定就业风险三级应急预案

当个别行业和地区出现失业大幅增加时，启动三级预案，在现有失业保险基金结余、就业专项资金中划出专项资金，强化点对点的援助。当部分行业和地区出现失业大幅增加时，启动二级预案，在原有资金渠道基础上，加大中央专项资金支持力度，综合采取减税让利、升级改造等措施，帮助困难地区和行业解危脱困。当全国范围失业人员明显增加时，要立即启动一级预案，采取量化宽松、扩大财政赤字等超常规措施，全力保持经济运行企稳回升，确保就业形势稳定。

国家发展和改革委员会

"十三五"时期完善社会保障体系的几个关键问题与解决思路

　　"十二五"时期，我国以增强公平性、适应流动性和保障可持续性为重点，进一步加强社保体系的顶层设计，在不断扩大制度覆盖范围、提高保障水平、增强保障效能的同时，社会保障领域深化改革实现了重点突破，基本养老保险和基本医疗保险的政策衔接机制进一步完善，城乡居民保险实施整合，机关事业单位养老金"双轨制"等历史遗留问题得到了根本解决，社会保障体系建设成效显著。

　　当前，我国经济社会全面进入新常态发展阶段，社会保障制度也面临新的发展环境：经济结构性减速趋势明显，财政收入下行压力加大；人口老龄化形势更加严峻，社会保险制度可持续运转愈加突出；新型城镇化加速推进，劳动力流动性日渐增强；保障和改善民生的期望不断高涨。在此背景下，一些社会保障制度建设中长期未能得到妥善解决的矛盾和问题也更加凸显，政府社保职能边界不清晰，"统账结合"定位不明确，人群覆盖存在盲点，尚未形成兼顾各类人群的待遇确定和调整机制等，改革需求迫切。

　　"十三五"时期，要按照十八届三中全会建立更加公平可持续社会保障制度和十八届四中全会完善社会保障法律法规的要求，立足于我国经济新常态的总体形势，充分考虑财政收入增幅收窄这一重要制度约束，对于新的发展环境下社会保障制度建设和运行中的关键性重点难点问题进行深入研究。要推动**"有效保障"**，优化**"有序保障"**，明确**"有限保障"**，在政府有限财力供给前提下，加强精准定位，不搞福利"大跃进"，消除制度保障盲点，增强"统账结合"模式的抗风险能力和保障效率，根据分类施保原则建立兼顾各类人群的保障机制和待遇确定机制。

一、均衡多方主体责任，提高社保体系保障效能

近年来，我国围绕保障和改善民生，积极补短板、兜底线，财政社保投入力度持续加大。2014年中央财政安排社会保障和就业支出7 152.96亿元，同比增长9.8%，比"十一五"末期增长了近一倍。在政府保障能力不断提升的同时，也存在多方主体责任失衡问题，突出表现在政府福利责任泛化、对补充保障层次引导和支持不够、政府间财权和管理责任不明确等方面。

一是政府揽责过多，福利冲动效应初步显现。 近年来，随着我国社会保障制度的快速发展，开始出现福利冲动和福利依赖苗头，政府保障能力被寄予过高的期望，一些保障项目政府负担过多。如，新型农村合作医疗制度的个人筹资仅有120元左右，各级政府的配套筹资已达380元。考虑到医疗卫生支出会随着技术进步、预期寿命改善和老龄化加速增长，当前筹资结构显然缺乏财务可持续基础。"十三五"时期，财政收入增幅会进一步收窄，政府在不断保障和改善民生、满足公众合理需求的同时，如不能对政府责任进行更加明晰的界定，无限的福利承诺将使政府财政背上刚性的支出压力，制度发展也会面临可持续后劲不足的问题。

二是政府市场责任尚未厘清，多层次保障体系发展薄弱。 由于基本社会保险缴费已占很大比重，政府依靠行政办法不断提高保障水平，补充保险政策的引导和鼓励不够充分，留给市场力量参与社会保障的空间十分不足，以致人们已习惯依赖基本保险政府统一施令提高保障待遇。企业与个人主观上不愿，客观上无力参加补充保险，企业年金等补充保障发展非常缓慢。截至2013年底，我国只有6.6万家企业建立企业年金，仅占全国规模以上企业的0.6%。企业年金覆盖职工人数2 056万人，不足城镇职工基本养老保险的6.5%，很难发挥提高参保者收入水平的补充作用。因此，政府必须坚持底线原则，为各类补充保险留出适度空间。

三是央地社保责任不明晰，制度远期风险应对不足。 从当期来看，中央和地方应该作为社会保障的共济责任人，但部分地方政府对中央财政全额兜底的期望过高，对转移支付依赖程度过深，自主风险管理意识不足，地区间不顾财政能力，调标盲目攀比问题时有发生。从远期来看，中央政府"最终保险人"角色体现不充分，对保障制度的整体设计、统筹管理不到位，对人口老龄化等系统风险认识和准备不足。截至2013年，全国社会保障基金权益为9 911.02亿元，仅为当年社会保险基金支出规模的31.7%，远低于国际上主权基金可满足2年支付能力的储备率水平。

当前，我国人均财政收入刚刚跨过"万元"时代，仅相当于美国、法国等国家的1/10

左右，可用于保障和改善民生的财力资源还很有限。在"十三五"时期，要坚持**"尽力而为、量力而行、循序渐进"**的思路，正视我国具体国情和发展阶段，清晰界定政府的责任边界，编实筑牢保障底线，正确引导社会心理预期，合理配置多方主体责任，为应对老龄化风险做好资金储备，更好的发挥社保制度促进社会公平的作用，增强制度的长期财务稳定性和可持续保障能力。

（一）坚持"保基本"方针不动摇，在政府适度责任范围内筑牢织密民生安全网

要继续把"保基本"作为人人享有社会保障的优先目标，完善制度设计，根据政府可用财力情况渐进式的提高保障水平。

——在社会救助方面，要更好落实"托底线、救急难、保民生"的要求，构建更加完整严密的安全大网，使城乡困难群体"求救有门"、风险可抗，使管理部门施救有方、应保尽保。

——在社会保险方面，要合理确定政府补助资金和企业、个人缴费资金的比例结构，根据经济社会发展和多方主体负担能力循序渐进提高水平，避免发生财务失衡。同时，对历史遗留的制度成本和"五七工"等特殊人群的保障安排承担兜底责任。

——加强精准定位和规范管理，推动社会保障发展由依靠财政投入的外延式扩张向依靠体制机制创新的内涵式挖潜转变，切实提高既定筹资的保障绩效。

（二）积极引导社会力量参与施保，提高社保体系的整体保障供给

要通过完善多层次保障体系，使不同地区、不同职业、不同收入阶层人们的保障需求都能够得到合理满足。

——落实企业年金、补充医疗的税收优惠政策。提高现有税收优惠的比例，并由现行的缴费环节扩展到投资环节和待遇领取环节，以鼓励更多的企事业单位建立企业年金和补充医疗保险制度。

——充分挖掘商业保险的社会保障潜力。实行适度倾斜的优惠政策，引导商业保险公司开发与基本社会保险和补充保险相衔接的新险种，引导人们提高自我保障意识，调动居民参与商业保险的积极性。

（三）分级逐项确定央地责任，提高社会保障体系的抗风险能力

健全央地共管事项转移支付机制，规范地方调待频次和幅度，明确中央财政对于人口

老龄化等系统风险的兜底责任。

——各地方要根据中央政策规范社保的待遇调整频次和调整幅度，建立健全专项转移支付机制，对养老金"保发放"确实存在困难的地区承担兜底责任，对医疗基金面临穿底风险的地区及时调整相应政策。

——明确中央政府为应对人口老龄化风险的第一责任人，加大国有股权资本划拨力度，提高新上市国有企业和海外上市国有企业股权划拨比例，适当增加中央彩票公益金的分配占比。改善基金的管理和运营能力，允许全国社保基金通过企业债券、城市建设债券等方式进入担保充分、收益平稳的民生项目和基础设施建设项目。

二、完善"统账结合"模式，增强制度的可持续保障能力

基本养老保险实行社会统筹与个人账户相结合，是我国社会保障制度改革中的重大创举，实施十几年来，"统账结合"模式运行总体平稳，获得了社会的较高认可，但也暴露出了个人账户定位不清晰、统筹管理层次偏低、部分制度保障能力不强等问题。

一是个人账户"空账"做实难，失去预筹积累功能。2013 年职工养老保险累计记账额 35 109 亿元，而试点省份做实个账资金累计为 4 154 亿元。从实际情况看，继续推动做实改革面临较大困难。其一，中央财政定额补助，地方配套压力大，做实积极性不高，出现做实停滞不前的情况。其二，职工基本养老保险本身的制度赡养比不断攀升，地方财政当期保发放责任很重，实在难以另外筹措做实资金。其三，以目前的养老保险基金投资政策，即便做实资金也会贬值，客观上无论中央还是地方财政都不愿做无意义的事。

二是统筹账户实际统筹层次低，缺乏互助共济性。职工基本养老保险普遍实行的是省级调剂金制度，由于各地人口结构不同，按照以支定收的现收现付原则缴费比例差距较大，东北等老工业地区企业养老保险缴费高达 20％～21％，广东、浙江等人口流入地区企业养老缴费率普遍为 10％～15％之间。差距较大的缴费率不仅造成劳动力市场成本不一，而且使经济欠发达地区的社保缴费负担高于发达地区，显然有失公平。

三是"统账结合"运行方式存在争议，个人账户规模的认识有待清晰。无论是理论界还是实际工作部门，对于制度改革走向没有形成统一的认识，主要存在两种改革观点。**一种主张在停止"做实"基础上扩大个人账户的规模占比，最终走向瑞典等国家的完全名义账户模式。**这一方案可取之处在于减轻了制度的当期转制压力，强化了个人缴费激励功能。但扩大个人账户比例会挤压统筹账户资金池规模，影响养老保险制度再分配调节功能。同时，完全空账会给未来老龄化高峰时期的巨大支付压力埋下伏笔。**另一种主张在现有制度结构下，将空账运行的个人账户改革为名义账户。**这一方案当期同样不存在做实个人账户

的财务负担，与第一方案相比，保留了公平效率兼顾的思想，更加充分地体现了社会保障促进社会公平正义的根本价值理念。虽然名义账户的抗老龄化能力不如"实账"，但是可以通过加强社会保障基金战略储备建设予以解决，且保持了制度的稳定运行。

从兼顾社会共济和个人激励、平衡当期财政负担和远期支付压力考虑，我们认为：在"十三五"时期，**要继续坚持统账结合的基本制度原则不动摇，发挥好统筹账户的再分配调节功能和个人账户的激励作用，二者不可偏废。**应通过优化个人账户制度设计，更好地发挥激励作用，通过提升统筹层次，切实提高统账结合模式的可持续保障能力。

（一）坚持"统账结合"原则，确保职工基本养老保险制度稳定发展

养老保险是涉及国计民生的长期制度安排，要继续坚持和完善社会统筹与个人账户相结合制度框架，减少因改革产生的经济和社会成本。

——目前继续采取大统筹和小账户的比例结构，保留8%的个人账户规模，确保制度的平稳发展。

——采用名义账户设计，在减轻财政负担压力的同时兼顾参保激励功能，逐步消化历史债务。

——完善记账利率确定机制，利率水平与物价变动、工资增长、制度财务平衡情况等因素协同考虑，保证账户所有者享有合理的发展权益，提高个人账户养老金的保障能力。

（二）加快推进基础养老金全国统筹，增强统筹账户的互助共济功能

落实"十二五"规划要求，推动实现基础养老金全国统筹，减少地区间劳动力市场分割和保险负担不均衡现象。

——统一地区间的费率水平，切实减轻退休人员多、结构调整任务重的老工业区缴费压力。

——提高统筹管理质量，采用统收统支的方式管理资金，使统筹资金真正能在地区间调盈补缺。

（三）率先实践名义账户，丰富总结统账结合新方式

以机关事业单位养老保险制度改革为契机，跟踪分析个人名义账户运行的情况，适应经济社会发展新变化，修订完善相关法规，为职工保险制度的逐步跟进奠基，切实提升制

度的保障效能。

——尽快出台实施细则，明确机关事业单位养老保险制度改革中个人名义账户积累、记账利率、增值运行及保险关系转移方式，为职工保险采取名义账户积累经验。

——相应启动《社会保险法》修订，合理解决个人账户继承、个人权益保护、制度最低缴费年限、领取养老金年龄等一系列法律问题，使基本养老保险制度健康运行。

三、健全覆盖城乡社保体系，实现人人享有保障目标

"十二五"时期，我国进一步夯实了社会保障的"制度全覆盖"基础，但是距真正实现社会保障人人享有的"人口全覆盖"还有一段距离。特别是职工基本保险的高费率对低收入群体形成制度性排斥，流动人口断保问题还比较突出，异地社会救助仍然处于制度盲区。

一是职工保险缴费负担偏重，对农民工等低收入群体形成挤出效应。 我国5项职工保险总费率达41%，名义费率排在世界前列。同时，作为缴费基数的社平工资仅统计了城镇非私营单位，又进一步拉高了实际的缴费负担。国家统计局数据，2014年农民工平均月收入为2 864元，若按灵活就业人员身份仅参加城镇职工养老、医疗保险，则每月需缴费721元，约占其收入25%，负担十分沉重。高缴费门槛对于农民工等低收入群体形成了制度性的挤出，2014年我国农民工参加城镇职工养老保险人数约2 500万人，仅占外出农民工总数的15%。而在全国尚未被养老保险所覆盖的2亿人中，也大多是农民工为主的灵活就业人员。

二是社会保险转移接续政策不落实，参保中断现象比较普遍。 由于不同统筹单位的社保政策不统一，且经办管理服务能力不足，社保关系转续依然面临较多障碍。突出表现在转移接续办理程序烦琐，地区间账户基金转移耗时较长，不能完全适应新型城镇化背景下劳动力大流动的要求，是导致流动就业群体中断参保现象比较普遍的重要原因之一。

三是户籍制度造成的福利壁垒依然存在，流动人口享有社保权益还有障碍。 社会救助方面，除临时救助外，其他各项救助都以属地户籍作为享有的先决条件。社会保险方面，也由于财政补贴属地等原因，城乡居民基本养老、医疗保险仅向本地户籍居民开放，农民工参加灵活就业人员医疗保险的比例也不高。

四是城乡居民养老保险（以下简称城居保）制度设计存有缺陷，难以真正发挥保障作用。 城居保由于制度本身激励不足，参保者普遍选择了最低缴费档次和年限，个人账户保障能力极弱。"政府补贴＋个人账户储蓄"的方式，没有互助共济性，还不能称其为真正的社会保险。农村中青年不愿参加，社会误导人们将城居保与职工保险的待遇进行不当攀比，与其授人以柄，莫如为实现城乡居民真正的老有所养、老有所依，进一步完善相应的制度

安排。

社保缴费率偏高和缴费基数确定口径不合理，已经成为制约社保制度进一步扩面的主要原因。测算表明，如以基础养老金全国统筹为契机，可通过区域间的互济提高缴费资金的使用效率，为费率下调提供一定的空间。此外，在"十三五"时期还要完善转续政策，打破户籍壁垒，重新调整城乡居民保障制度设计，加快消除各类社保盲点。

（一）适度降低职工养老保险费率，建立更加科学的缴费基数确定机制

在确保到 2030 年制度仍能够维持当期收支平衡并略有结余的前提下，适度进行费率调整，规范社保缴费基数，减轻个人和企业的参保成本压力。

——综合平衡缴费负担和支出需求，以基础养老金全国统筹为契机，将职工基本养老保险的缴费比例适度下调。

——改变缴费基数确定办法，将城镇私营单位纳入统计范围，使社保缴费成本和居民实际收入同步调整。

——加强社保基金征缴管理，确保名义费率和实际负担一致，确保缴费基数真实可靠。

（二）完善转续机制，使社保制度更好地适应流动性

要落实好现有各项转移接续政策，明晰参保者的缴费和待遇权益，提高基层社会保障公共服务能力，到"十三五"末期实现社会保障关系转续达到完全顺畅状态。

——参考国际通用做法，建立职工基本养老保险待遇"分段计算、归并发放"的新机制，确保参保者的待遇权益不会因跨地区流动产生损耗。

——明确已经加入城镇职工医保的农村转移就业人口在户籍地无须缴纳新农合费用，解决双重缴费负担问题。

——加大中央财政投入力度，加快推进基层社会保障服务平台项目全覆盖，切实提高基层社会保障服务能力，为转移接续工作提供服务支撑。

（三）以农民工为重点，推进部分保障制度由户籍人口向常住人口全覆盖

要完善财政补贴机制，消除附加在户籍制度上的社会保障权益限制，推动以常住人口为基础的人人享有基本保障。

——改变财政补助计算口径，按常住人口为基数计算补助标准，推动将符合条件的农

民工纳入常住地救助、福利保障范围。

——进一步放开灵活就业人员社会保险户籍限制，鼓励更多人员进入相应制度。

——允许农民工随迁家属、子女纳入常住地城镇居民养老、医疗保险，确保常住人口社会保障无盲点。

（四）完善城乡居民养老顶层设计，提高实际保障水平

根据分类施保原则，有序引导城乡居民根据自身的负担能力和保障需求选择合适养老保障形式，重点鼓励有缴费能力的中青年劳动者加入职工养老保险，逐步缩小城居保的参保规模直至淡化退出，最终实现两种基本保险制度的平稳过渡。

——对五保供养对象和城乡低保老人，要继续强化政府的兜底保障责任，不再将其纳入城居保覆盖范围。

——对其他不符合城镇职工养老保险参保条件的"夹心层"人员和已经 60 岁老人，可继续保留在城乡居民养老保险制度中，在不断提高基础养老金水平的同时，强化家庭养老支持和引导，确保他们老有所依。

——农民工和城镇灵活就业人员中，具备一定缴费能力的，引导他们参加职工基本养老保险，纳入城镇社保体系，以提升其未来实际保障水平。

四、建立健全待遇确定和调整机制，兼顾各类人群的保障水平和贡献程度

社保待遇的确定和调整机制关系到各类人员的基本生活保障、制度缴费激励效应发挥和分享社会经济发展成果的问题，也涉及代际利益关系调整和基金或财政支付能力。我国当前的社会保障待遇确定机制考虑各类人群的缴费贡献和实际需求不够，社会保障公平性特征体现不足，也不利于制度可持续发展。

一是社会保险待遇确定机制体现缴费义务和待遇权利对等关系不够。职工基本养老金待遇确定计算方式与在职期间所做的贡献关联不紧密，参保人按规定缴费满 15 年后，每多缴 1 年养老保险费，基础养老金仅多领 1%，对延长其缴费年限的激励作用明显偏弱，"多缴多得"和"长缴多得"没有得到充分体现，不利于调动人们整个职业生涯的缴费积极性。而全球范围内掀起的养老金改革浪潮，旨在保持养老金财务收支平衡，缴费激励是重要的举措之一。

二是职工基本养老保险待遇调整标准和机制不科学，难以满足制度长期稳定运行要求。养老金"十一连增"等急就章式、政策行政指令性"调待"方式，虽然短期内对于缓解企

业职工保障待遇矛盾起到一定作用，但负面效果也很明显：调待机制与社平工资单项挂钩，出现部分在岗职工与退休职工、早退休职工与晚退休职工"收入双重倒挂"现象，对在职劳动者形成负向激励，刺激提前退休意识；且引导人们形成惯性调待预期，导致政府必须进行刚性的待遇提高，打破制度内在平衡，不利于制度可持续发展；此外，调待幅度没有体现消费物价指数等因素变化，在当前通缩压力加大的背景下，继续维持10％的调待增幅显然缺乏客观依据。

三是各类专项救助与最低生活保障形成"福利捆绑"，对救助者的就业和增收存在负激励效应。 各地普遍把廉租房、医疗救助、教育救助等其他专项救助福利与低保资格捆绑在一起，使最低生活保障资格的"含金量"远高于低保线标准，从而产生了与受助者摆脱贫困相背离的负激励效应，易使受助者陷入"贫困和失业陷阱"，形成多重福利依赖，偏离"保基本"原则。以致低保对象"一保俱保"，而低收入边缘群体则生活更加困难。

加快建立兼顾各类人群的待遇确定和待遇调整机制，是党的十八届三中全会提出建立更加公平可持续社会保障制度的重点改革任务，也是落实"权利与义务对应原则"，推动社会保障体系科学化、有序化保障的关键。应以"十三五"规划实施为转折契机，根据不同保障形式的性质，真正建立起科学的待遇确定机制，使行政指令性调待方式渐次退出。

（一）强化制度激励效应，健全缴费与支付对应的待遇确定机制

以养老保险为重点完善社保待遇确定机制，兼顾参保激励和缴费贡献，更好地体现权利与义务的对应原则。

——完善基础养老金计发办法，适当增加缴费年限与养老待遇的关联度，更加细化计算办法。同时，可将缴费下限调整至最低工资水平，对应今后的待遇领取，增加参保的弹性选择，避免过高缴费门槛对中低收入者的挤出效应。

——根据人口预期寿命、退休年龄等变化情况，及时修订个人账户计发月数表，制定全国统一的个人账户记账利率，使退休者合理分享经济社会发展成果。

（二）引入精算平衡原则，建立基本养老保险待遇制度化动态调整机制

从制度供求两方面建立"三挂钩"的调待机制，实现制度调待的科学、合理和可持续。

——坚持养老金增长速度总体应低于社平工资增长速度的原则，综合考虑消费者物价指数、社会平均工资增长率、财政收入增速等多重变量，设定基本养老保险待遇调整指数，在保障退休职工基本生活及分享经济社会发展成果的同时，合理控制待遇增幅。

——在基本养老保险制度中引入精算平衡原则，使制度更多依靠自身财务平衡。如基金支付能力或财政支付能力大于或等于调待金额时，才充分具备调待能力，可以按照需求全额调待。

——设定最低养老金替代水平的"有保证指数"，与国家养老储备金的投资收益挂钩，在养老金替代率低于最低标准时，将养老储备金的一定投资收益用于养老金当期发放，作为养老金精算平衡原则的配套政策，弥补指数化调整带来的养老金给付水平下降风险。

（三）完善城乡社会救助的待遇确定机制，强化制度的工作激励导向

根据城乡居民的实际生活需要，建立国家最低保障线机制，构建阶梯式低保待遇确定机制，在满足家庭基本生活的同时，兼顾工作激励的目标。

——参考美国"负所得税"做法，建立阶梯式的低保待遇确定机制，实现救助保障和工薪收入的平滑，消除制度就业负激励问题。

——完善住房、医疗等专项社会救助资格确认机制，改革附加于低保资格之上的福利捆绑情况。

财政部

"十三五"时期全面深化社会保障改革的
思路和主要政策

"十三五"时期是实现全面建成小康社会宏伟目标的关键时期。社会保障是保障民生、调节社会分配的一项基本制度。通过全面深化体制机制改革，加快建立健全覆盖城乡居民、更加公平可持续的社会保障制度，是全面建成小康社会的重要内容。我们在分析社会保障制度建设取得的成绩、存在的问题和面临的形势基础上，提出了"十三五"时期社会保障改革发展的任务目标、基本思路和主要政策建议。

一、社会保障制度建设的现状分析：成就与问题

（一）社会保障制度建设取得的主要成就

改革开放以来，适应社会主义市场经济体制与和谐社会建设的需要，我国大力推进社会保障体系建设，养老保险、医疗保险、就业保障、社会救助和社会福利等各项社会保障事业都取得长足进展，为全面建成小康社会打下了坚实基础。

1. 社会保障项目基本健全

从 2003 年推动新型农村合作医疗（以下简称新农合）和农村医疗救助制度建设，2009年启动新型农村社会养老保险（以下简称新农保）试点，2010 年建立孤儿基本生活保障，到 2014 年启动机关事业单位养老保险制度改革并全面实施临时救助制度。十多年间，基本

上每年都会出台一项或多项重大的社会保障制度，目前已基本形成涵盖各类群体、针对各类基本需求的社会保障制度体系。

2. 主要社会保障政策实现全覆盖

全民医保基本实现，总覆盖超过 13 亿人。城乡居民基本养老保险短短四年时间在全国推开，2014 年参保人数达到 4.7 亿人。企业职工基本养老保险参保人数 2014 年达到 3.1 亿人。城乡低保制度基本实现应保尽保，为 7 000 多万困难群众提供基本生活保障。

3. 保障水平与经济社会发展阶段基本适应

企业退休人员基本养老金水平由 2010 年的月人均 1 369 元提高到 2014 年的 2 068 元。新农合和居民医保筹资水平 2015 年达到人均 500 元，是 2010 年的 3.3 倍，是制度刚建立时的 16.7 倍。职工医保、居民医保和新农合政策范围内住院医疗费用报销比例分别达到 80%、70% 和 75%。全国城市低保月人均保障水平由 2010 年的 189 元提高到 2014 年的 275 元，农村低保月人均保障水平由 2010 年的 74 元提高到 2014 年的 125 元。

4. 就业形势基本稳定

"十二五"前四年，我国每年城镇新增就业都超过 1 200 万人，特别是 2014 年达到 1 322 万人。年末城镇登记失业率一直控制在 4% 左右。

（二）财政社会保障投入的主要情况

各级财政不断加大社会保障和就业投入力度，为社会保障事业发展提供了坚实的财力保障。与此同时，社会保险基金总体规模也不断扩大。

1. 公共财政投入大幅提高

"十二五"时期，一般公共预算用于社会保障和就业支出合计 7.2 万亿元（见图 1，2011—2013 年为决算数、2014 年为执行数、2015 年为预算数，下同），是"十一五"时期累计支出 3.3 万亿元的 2.2 倍，年均增长 15.0%；一般公共预算用于医疗卫生和计划生育支出合计 4.6 万亿元（见图 2），是"十一五"时期累计支出 1.7 万亿元的 2.7 倍，年均增长 17.1％。社会保障和就业支出增速以及医疗卫生和计划生育支出增速均快于全国公共财政支出 13.8％的增速。从支出占比来看，2015 年，社会保障和就业支出、医疗卫生和计划生育支出分别占全国财政支出的 10.7％ 和 6.9％，比"十一五"期末（2010 年）提高 0.5 和 0.9 个百分点。

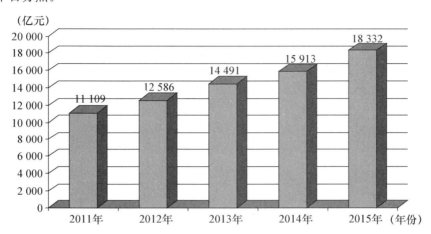

图 1　"十二五"时期全国财政社会保障和就业支出情况

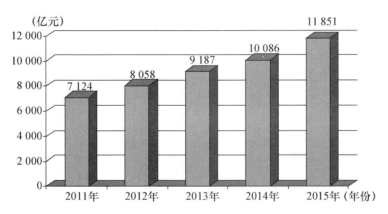

图 2　"十二五"时期全国财政医疗卫生和计划生育支出情况

2. 社保基金规模迅速壮大

2014 年，全国社会保险基金总收入 3.92 万亿元，总支出 3.37 万亿元（见图 3），年末滚存结余 5.04 万亿元，分别是"十一五"期末的 2.1 倍、2.3 倍和 2.3 倍。全国社会保障基金规模超过 1.5 万亿元，其中自有权益突破 1.2 万亿元。

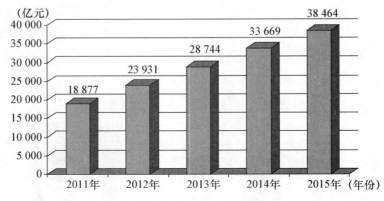

图 3 "十二五"时期全国社会保险基金支出情况

（三）社会保障制度建设存在的主要问题

在充分肯定成绩的同时，对我国社会保障制度面临的风险，以及由此反映出的制度设计和运行中存在的问题也要引起足够的重视。

社会保障制度运行面临的当期和长期风险突出表现在制度缺乏可持续性，以及进而给财政支出造成的巨大压力。一是社会保险基金财务状况不可持续。"十二五"时期，企业职工基本养老保险基金支出年均增长 18.6%，收入年均增长 12%，支出比收入增幅高 6.6 个百分点，且收入增长逐步减速，2015 年为 8.2%。据统计，2014 年企业职工基本养老保险基金扣除财政补贴，当期收不抵支省份（不含新疆生产建设兵团）达 22 个。"十二五"时期，全国职工医保支出年均增长 17.3%，收入年均增长 14.8%，支出比收入增幅高 2.5 个百分点。城乡居民医保支出年均增长 23.6%，收入年均增长 18.6%，支出比收入增幅高 5 个百分点。2009 年职工医保和城镇居民医保统筹基金分省合计尚未出现当期赤字，但到 2013 年已分别有 5 个和 3 个省份分省合计出现当期赤字，新农合赤字省份从 9 个增加到 10 个。二是国家财政存在巨额刚性补贴风险。以养老保险为例，据有关方面测算，若维持现行制度和财政补助政策不变[1]，2015—2025 年各级财政对企业职工基本养老保险基金补助

---

[1] 财政对企业职工基本养老保险补助政策为：在维持财政现行补助规模的基础上，每当国家出台企业退休人员基本养老金调整政策时，中央财政对中西部地区、老工业基地和新疆兵团予以适当补助。另外，当某省份基本养老保险基金滚存结余耗尽时，地方财政对基金缺口予以全额补助。财政对城乡居民基本养老保险基金补助政策为：国家财政对基础养老金予以全额负担，地方财政对参保人员个人缴费予以适当补助，并为重度残疾人等缴费困难群体代缴部分所需资金。

6.78 万亿元，对城乡居民养老保险基金补助 5.4 万亿元。如果不提高缴费率，那么财政补贴占基金总支出的比重在高峰时期将超过 50％。医疗保险也存在类似的情况。

社会保障制度运行面临的巨大风险，与社会保障制度设计和实施存在的问题密切关系，突出表现在以下几个方面：

1. 社会保险制度未体现精算平衡原则，不符合保险属性

养老保险和医疗保险等社会保险制度的待遇确定和调整机制不合理，不符合精算平衡的要求，基金自求平衡能力较弱。**养老保险方面，**一是激励约束机制不健全。个人账户规模（8％）较小，相应占整个养老待遇比重偏低，对参保人员的缴费激励作用不足。企业职工基本养老金待遇水平连续 11 年大幅度提高，与工资增长率、通货膨胀率、基金收支状况特别是个人缴费年限、缴费水平等因素的挂钩机制不明确、联系不密切，客观上造成缴多缴少、缴长缴短一个样。二是政策多以短期目标为重点，缺乏基金长期收支平衡的观念。如：个人账户余额可以继承，打破了社会养老保险长寿和短寿人群之间统筹共济的功能，形成了制度"漏斗"；退休年龄偏低，既给基本养老保险基金带来沉重负担，也造成了人才的极大浪费[1]。三是个人账户养老金计发系数偏低，且缺乏定期调整机制。目前我国 60 岁人口的预期余命已经达到约 20 年，远高于现行 60 岁退休人员的计发系数 139 个月，需要用统筹基金发放剩余月份的个人账户养老金[2]。此外，我国的计发系数自 2005 年公布以来未曾调整过，不利于及时反映参保人员退休时预期余命增长的情况[3]。**医疗保险方面，**一是提高医疗保险待遇水平随意性较大，调整幅度偏高，部分地区职工医保报销比例超过90％。二是中央层面未制定职工退休前最低缴费年限的政策，各地自行出台的最低缴费年限长短不一，有的地方只有 15 年。如果不对现行政策进行调整，医保基金支付压力会越来越大。三是个人账户存在制度缺陷，影响了医保基金使用效率。职工医保基金总收入中约40％被划入个人账户，个人账户资金仅能用于保日常小病，费用较高的慢病和门诊大病仍缺乏保障，"保险"功能发挥不够且缺乏有效监管，使用效益较低。2014 年职工医保累计结余 8 951 亿元，不能统筹使用的个人账户结余资金达到 3 641 亿元，占 41％。

---

[1] 2013 年企业职工平均退休年龄不到 55 岁，女职工的退休年龄还要低一些。

[2] 即使考虑到个人账户的记账利率等因素，因为退休后养老金水平也在不断提高，个人账户的收支缺口仍然非常突出。

[3] 波兰 62 岁退休人员的计发系数是 209 个月，比我国的 125 个月多 84 个月，但是波兰 60 岁人口的预期余命只比我国高 1 年左右。一些建立个人账户的国家如瑞典，每年都根据预期余命增长情况及时提高计发系数。

2. 社会保障投入分担机制不合理，责任向政府过度集中

突出表现在基本保险中政府与个人筹资责任不合理、基本保险与补充保险发展不协调、政府间的事权和支出责任划分不明确等方面。**养老保险方面，**一是城乡居民基本养老保险缺乏激励约束功能，过于依赖政府全额负担的基础养老金。参保人员缴费标准普遍偏低，一些地区90％以上的参保人员选择100元的最低缴费档次，仅相当于人均GDP的0.3％左右[1]。二是企业年金、个人储蓄性养老保险等规模偏小。2013年，我国企业年金基金规模仅相当于GDP的1.1％，参加人数仅相当于企业职工基本养老保险参保人数的6.9％。三是中央财政承担了较重的补助责任，不利于调动地方增收节支、加强基金管理的积极性。2013年，财政对企业职工基本养老保险基金的补助占基金收入的13.5％，其中中央财政补助占比高达90.9％。中央财政对城乡居民基本养老保险补助占比从2009年的26.2％提高到2013年的55.9％。**医疗保险方面，**一是新农合和居民医保筹资中政府占比偏高，2013年为80％，2015年仍然达到76％。财政对新农合和居民医保筹资的补助中，中央财政占比从2010年的36.4％提高到2013年的48.9％。二是商业健康保险发展缓慢。2013年，我国商业健康保险支出411亿元，仅相当于卫生总费用的1.3％。相比之下，2011年美国、智利、法国、加拿大和德国商业健康保险在卫生总费用中占比分别为35％、17％、14％、13％和10％。**就业保障方面，**政府对一些应通过市场调节就业的对象出台的扶持政策过多，过于依靠行政手段推动职业培训。中央与地方投入责任分担不合理，2013年，全国就业补助支出中央财政占比达62％。**社会救助方面，**中央承担支出大头，而地方只承担了一小部分，地方依赖中央的现象普遍存在。如，2014年各级财政安排城乡低保支出1 610亿元，其中，中央财政安排1 133亿元，占70.4％。

3. 社会保障制度条块分割，碎片化问题突出

社会保障制度建设中的"碎片化"问题，提高了制度管理运行成本，降低了社保基金抗风险能力和财政资金使用效益，妨碍了劳动力自由流动和公平竞争市场环境的形成，还易引发群体之间和地区之间的攀比而影响社会稳定。**养老保险方面，**不同地区的企业职工基本养老保险以及城乡居民基本养老保险在缴费和待遇等政策方面不够统一。企业职工基

---

[1]　国际比较看，日本居民养老保险2011年缴费标准为18.12万日元，约为人均GDP的5％。

本养老保险基金虽然名义上实现省级统筹，但大多数省份尚未真正到位，导致在基金总量结余较大的同时，地区间结构性缺口规模越来越大。**医疗保障方面，**不同的医疗保障制度分别由人力资源社会保障、卫生计生、民政等部门管理经办，特别是新农合和居民医保制度的管理经办仍未统一。同时，在政策制定、补偿方案设计、费用管控和结算等方面都缺乏有效衔接，难以发挥保障合力，带来了重复参保、重复领取待遇等问题。**社会救助方面，**困难群众社会保障政策"单向叠加"，存在交叉重合、缺乏有效衔接。城乡低保、特困人员供养、灾民冬春生活救助等不同政策可能对同一困难类型、同一类救助对象进行重复保障。低保与就业、住房、就学等附加福利捆绑，与老年人、残疾人、儿童的保障政策衔接不紧密，导致低保边缘家庭的实际生活水平不如低保家庭，出现了"悬崖效应"，滋生低保家庭的"福利依赖"。**就业保障方面，**就业政策特别是职业培训多头管理的问题尤为突出。众多部门都在为相关群体制定对应的就业扶持政策，造成统筹协调困难、资金使用分散，难以形成合力。财政就业专项资金和失业保险基金在职业培训补贴、职业介绍补贴等项目上，支出范围高度重叠、资金重复安排问题比较普遍。

4. 社保资金管理体制不完善，基金保值增值压力较大

一是在参保缴费、对象确定、待遇审核和社保资金支付等环节不严、不实、不准的问题尚未有效解决。一些地方擅自突破政策界线扩大保障范围，搞关系保、人情保以及骗取、挪用社保资金等问题仍然比较突出。二是社会保险基金收支流程环节偏多，不符合现代财政管理制度的要求。具体体现在社会保险经办机构普遍设有支出户，在经办机构征收社会保险费的地区还设有收入户，尚未实现将社会保险基金纳入国库集中收付范围。三是社会保险基金结余只能采取存银行、买国债的方式实现保值增值，基金收益率较低。四是社会保险费征收主体不统一。一些省份已经实现了税务机关征收社会保险费，一些省份仍然由社保经办机构征收。有些实行税务征收的地区由经办机构负责核定缴费基数，税务机关只是"代征"，造成核征分离和管查脱节，税务征收的优势没有充分发挥。

5. 社会保障法制建设相对滞后，制度建设的系统性和制度运行的规范性不够

近年来，我国社会保障事业快速发展，但社会保障法制建设相对滞后，立法层次总体偏低，法律体系不完备，在法律实施方面也存在一些问题。比如，缺乏一部综合性的《社会保障法》，对社会保障制度加以总体规划；《社会救助法》尚未出台；已经实施的《社会保险法》授权性规定较多，有些条文过于原则和笼统，有些条文规定不够合理；养老保险

和医疗保险制度建设的主要依据是国务院和有关部门的文件，尚未像工伤保险、失业保险那样上升到国务院条例的层面。这不利于推动社会保障事业的健康发展，也不利于强化社会保障制度建设的系统性和制度运行的规范性。

二、社会保障改革发展的未来展望：形势与任务

展望未来，随着全面深化改革和全面依法治国的不断推进，我国将继续保持经济健康发展、社会和谐稳定的局面，市场体制日趋成熟，社会力量逐步壮大，为社会保障制度建设奠定了良好的政治、经济和社会基础。社会保障制度的不断健全，反过来也会促进经济发展和社会进步，形成良性互动的局面。在看到这些有利条件的同时，对经济社会发展及人口变化的新形势给社会保障改革发展带来的严峻挑战，也要有清醒的认识。

（一）经济新常态下财政收入增速下滑，满足日益增长的社会保障资金需求难度加大

我国经济发展进入新常态后，经济增速由过去的 10％以上下降到 7％左右。财政收入以及社会保险基金收入增速会相应下滑且幅度可能会更大。2011—2014 年，我国国内生产总值分别增长 8.7％、8.4％、7.4％和 7.4％，全国一般公共预算收入分别增长 25％、12.9％、10.2％和 8.6％，财政收入比国内生产总值的下滑速度更快。与此同时，社会保障支出占财政支出的比重会随着经济发展而逐步提高，这既是由现代公共财政的职能定位所决定的，也与社会保障支出的刚性有关。特别是在今后财政收入中低速增长的严峻形势下，满足日益增长的社会保障资金刚性需求矛盾会越来越大。

（二）贫富差距仍然较大，金字塔形社会结构既加大了社会保障调节收入分配的压力，又制约了社会保障调节收入分配的能力

近年来，我国居民收入差距扩大的趋势有所控制和扭转，基尼系数从 2011 年的 0.477 回落到 2014 年的 0.469，但总体差距仍然较大，社会结构具有明显的金字塔形特征。在高收入者占比较低的情况下，通过转移其部分收入来托高低收入群体的生活水平，是非常困难的。在此背景下，必须协同推进初次分配领域和再分配领域的改革，在再分配领域也要协同推进税收、社会保障和其他转移支付机制的改革，将强化社会保障改革与其他领域改革的联动性放在更加突出的位置。

（三）新型城镇化进程加快，农业转移人口的市民化对社会保障制度建设提出了更高要求

"十三五"时期城镇化仍将较快推进。中央提出，要推进基本公共服务常住人口全覆盖，到 2020 年努力实现 1 亿左右农业转移人口和其他常住人口在城镇落户，将其完全纳入城镇住房和社会保障体系。据中国社会科学院 2013 年测算，农业转移人口市民化的人均公共成本为 13.1 万元，其中很大一部分是社会保障成本，这会加大社会保险基金和财政社会保障支出压力。目前社会保险制度"门槛"较高，农业转移人口收入水平相对较低，且更多地属于灵活就业、个体就业等非正规就业类型，将其纳入城镇社会保障体系的组织管理成本更高，难度更大，需要对制度设计进行必要的调整。

（四）人口老龄化形势严峻，进一步凸显了社会保障制度的不可持续性

在总和生育率下降与人均预期寿命延长等因素的推动下，我国老年人口占比不断上升，老年人口高龄化日益突出。2013 年，我国 60 岁以上人口占总人口比重达到 14.9%，比发展中国家平均水平高出约 5 个百分点。据估计，2015 年我国部分失能和完全失能的老年人将达到 3 869 万，其中完全失能老年人 1 282 万。2040 年，我国 60 岁以上老龄人口占比将达到 28.1%，是世界上老龄化速度最快的国家之一[1]。人口老龄化对养老保险和医疗保险基金收支平衡造成更大压力。越来越多的人因年老体衰或疾病、伤残等造成生活不能自理，也会大大增加长期护理的服务需求和资金需要。

（五）就业压力从总量矛盾为主转变为结构性矛盾为主，需要进一步提高促进就业政策的针对性

近年来，我国劳动年龄人口开始减少，2014 年为 91 583 万人，比 2013 年减少 371 万人，连续第三年下降，预计今后一段时期还将保持下降趋势，就业总量矛盾相对缓解。与此同时，受产业结构转型升级不断推进、教育培训体制改革尚未到位等因素的影响，劳动力市场供需不匹配的问题日益凸显，高校毕业生就业难问题尤为突出，加之因社会保障水

---

[1]　发达国家同期只提高 8.8 个百分点。

平不断提高对部分劳动者就业积极性产生影响，"有活没人干、有人没活干"的结构性矛盾将逐步成为就业工作面临的主要压力。

综合上述分析，可以对我国社会保障制度建设得出基本判断，概括来讲就是：（1）在社会保障发展即扩面、提标和新建保障项目等方面成效非常巨大，而在社会保障改革即推进体制、机制和模式创新等方面严重滞后。（2）社会保障发展仍具有比较明显的外延式、粗放型特征，相关保障政策在实施中的精准性、规范性仍有较大欠缺，社保资金"跑冒滴漏"问题突出。（3）社会保障制度公平性得到较大改进但尚有不足，长期可持续性更是堪忧。这表明，在经历了多年的快速发展后，社会保障制度建设正处于重要的历史转折点上。我们在加快健全社会保障体系不断改善人民群众基本生活的同时，也要充分认识到及时化解社会保障制度自身风险的必要性和紧迫性。通过全面深化改革，确保社会保障制度更加公平可持续。为此，下一阶段社会保障工作的着力点和指导思想应顺时应势，进行必要的调整，努力实现**"三个转变"**，确保完成**"六大任务"**。

三个转变：从发展为主改革为辅向发展与改革并重转变；从粗放型管理向集约型管理转变；从提升公平性为主向侧重增强可持续性转变。

六大任务：（1）坚持精算平衡——保障能力的可持续性。按照精算平衡原则，科学合理设定制度参数、待遇计发办法和调整机制，促进社会保险基金自求平衡，确保待遇保障能力可持续。（2）合理分担责任——保障支柱的多元性。更好地发挥政府保障基本民生和促进就业创业的职能，切实突出市场提供补充保障的重要作用和调节就业的决定作用，合理强化单位和个人的保障责任。同时，进一步明确政府间的社会保障事权和支出责任。（3）实现全民覆盖——保障范围的普遍性。按照"全覆盖"的要求，进一步提高养老、医疗和其他社会保险制度的参保缴费率，扫除参保的"盲点"和"死角"，防止重复参保。同时，推动社会救助和福利制度实现应保尽保。（4）消除制度碎片——保障体系的统一性。通过优化整合制度、加强政策衔接、提高统筹层次，有效解决社会保障制度碎片化问题。逐步弱化城乡之间、地区之间、群体之间社会保障政策和待遇水平的差异，进一步体现公平性。（5）提升服务效能——保障平台的有效性。建立起全国统一并与其他相关系统有机衔接的社会保障信息管理网络和社保资金管理系统，规范社保资金收支流程，加强经办服务能力，为社会保障事业发展提供先进的管理服务平台。（6）加强法制建设——保障制度的规范性。按照依法治国的要求，及时健全、修改和细化社会保障法律法规，强化社会保障制度建设和运行的"法治"色彩，避免政策实施和调整的随意性、不规范性，确保社会保障改革顺利推进。

三、全面深化社会保障改革的基本构想：思路与建议

"十三五"时期和未来十年，全面深化社会保障改革的总体思路是：以党的十八大和十八届三中、四中全会精神为指导，按照全面建成小康社会、全面深化改革和全面依法治国的总体部署，坚持"守住底线、突出重点、完善制度、引导舆论"的基本方针，以大力推进体制机制创新、合理界定政府与市场职责为主线，以确保制度更加公平可持续和增强制度的统一性、规范性为着力点，以促进精算平衡、强化激励约束、推动制度整合、完善筹资机制为核心，加快建立健全覆盖城乡居民的社会保障体系，确保社会成员合理分享改革发展成果。

结合上述总体思路，就全面深化社会保障改革提出如下几方面的具体建议：

（一）以促进精算平衡和提高统筹层次为重点深化养老保险改革，强化制度可持续性

1. 改革个人账户制度

为鼓励参保缴费、促进全国统筹、便利转移接续，应以扩大个人账户规模和精算平衡为核心完善职工养老保险个人账户制度，将其作为养老保险制度改革的抓手和突破口。一是在目前8％的个人账户基础上，再增设一个激励账户。激励账户按个人缴费基数的8％从单位缴纳的基本养老保险费中划入，即形成个人账户8％＋激励账户8％，并相应调整基本养老金计发办法。这主要是从加强对个人缴费激励约束机制角度考虑，进一步强化个人缴费与待遇领取之间的联系，促使参保人更加关注养老权益，引导参保人长缴费、多缴费，并形成参保人自愿监督单位按时足额缴费的机制。同时，制度更加简洁，给付制度更加透明易懂，参保人可以对缴费情况和养老保险权益心中有数。另外，在增设激励账户带动基金缴费收入增多的基础上，可以为研究降低养老保险费率等工作创造良好条件。二是明确实行名义个人账户制度。鉴于做实个人账户对应对人口老龄化作用不大，且会对养老保险基金及财政支出造成压力，应明确不再做实个人账户，实行名义个人账户。三是合理调整个人账户养老金计发月数。随着退休人员预期余命的延长，逐步提高个人账户养老金计发月数，以促进养老保险基金收支平衡。四是完善个人账户记账利率办法。记账利率主要与社会平均工资增长率挂钩，条件成熟时建立根据养老保险基金资产负债情况调整记账利率的自动平衡机制。五是改革个人账户余额可继承制度。通过建立利益引导机制使参保人员放弃个人账户余额继承权，堵住养老保险基金支付的制度"漏斗"。

2. 推进基本养老保险全国统筹

建立以个人账户为主体的职工基本养老保险制度，可以将参保人员养老权益最大化的诉求与增强制度可持续性的内在要求统一起来，进而有效防止跑冒滴漏，规避道德风险。在此基础上，全面推进基本养老保险全国统筹，缴费政策和待遇计发办法全国统一，个人信息全国联网，基金收支管理中央统一负责。因较好地解决了激励相容问题，具体经办事务可委托地方政府承担，基本养老保险费由税务机关统一征收。在深化养老保险制度改革的各项举措落实到位之前，在现行养老保险制度框架内，按党的十八届三中全会要求研究制定基础养老金全国统筹方案。总的想法，就是要合理划分中央和地方的养老保险事权和支出责任，形成中央和地方政府"养老事权明晰、支出责任共担"的管理机制，避免出现中央负责兜底、地方放松监管的局面。

3. 健全城乡居民养老保险参保缴费激励约束机制

一是提高最低缴费标准。根据居民收入水平的增长情况，逐步提高城乡居民养老保险最低缴费标准。二是研究完善政府补贴政策。可探索将目前政府对参保人缴费的配套补贴调整为对个人账户记账利率的补贴（并设定年度补贴最高限额），同时合理控制基础养老金水平和增长幅度。

4. 加快发展补充养老保险

在实行企业年金和职业年金个人所得税递延纳税政策的基础上，适时开展个人税收递延型商业养老保险试点，通过税收政策鼓励职工参加个人储蓄性养老保险。

5. 逐步提高退休年龄

职工养老保险采取预先公告、先女后男、小步渐进的方式，逐步提高退休年龄。研究制定提高退休年龄具体方案，并尽快向社会进行公告。其中，个人账户养老金实现精算平衡后，可在明确最低领取年龄的基础上引入弹性退休制度。相应逐步提高城乡居民基础养老金的领取年龄。

6. 加强基本养老保险精算制度建设

为加强对基本养老保险基金中长期收支状况的研判，准确分析经济社会因素变化对养老保险制度运行的影响，应加强基本养老保险精算工作并据此调整完善相关政策。建议从"十三五"开始由财政部会同人力资源社会保障部建立基本养老保险精算制度，定期开展精算分析。

（二）以健全筹资机制和完善支付方式为重点深化医疗保障制度改革，控制医疗费用的不合理增长

1. 健全可持续的医保筹资机制

一是建立居民医保和新农合筹资水平与医疗费用增长速度以及其他相关因素合理挂钩的科学调整机制。二是强化个人缴费责任。将居民医保和新农合政府与个人筹资比例由2015年的3.2：1逐步调整到制度建立初期的2：1，避免制度福利化，增强制度的社会保险属性。三是建议在中央层面对职工退休前的最低缴费年限做出统一规定。四是逐步取消个人账户。医保缴费不再划入个人账户，采取门诊统筹基金报销模式，对费用较高的慢病和门诊大病给予更好保障，提高医保基金使用效益。

2. 整合基本医疗保险制度

一是理顺新农合和居民医保管理体制，尽快实现一个部门对两项保险的归口管理，加快城乡居民基本医疗保险制度整合步伐。二是将生育保险并入基本医疗保险，以解决我国目前两者保障范围存在重叠以及生育保险单独运行相对成本较高等问题，这也是国际通行做法。三是研究以家庭为单位参保。借鉴德国、美国、日本、韩国和中国台湾等国家和地区的经验，研究建立以家庭为单位参保的职工医疗保险制度，将参保职工无收入来源的配偶、子女、父母等直系亲属纳入覆盖范围。

3. 充分发挥医保基金控费作用

改革医保支付方式，大力推进按人头付费、按病种付费和总额预付等复合付费方式改革，将药品和检查等费用从医院的收入转变为成本，促使医院加强成本核算，提高运行效率。同时，推进医保经办机构政事分开，实行医保经办机构法人化、多元化改革，改变目前一个地区一个险种仅有一家经办机构、缺乏竞争的现状，赋予参保人自由选择经办机构的权利，以促进经办机构开展竞争，提高服务效率和控费的积极性。

4. 加快发展商业健康保险

完善相关优惠政策，支持商业健康保险满足人民群众"非基本"的医疗需求。对社会医疗保险不予报销的个人自付部分及封顶线以上部分，或不属于报销范围的项目，通过投保商业健康保险进一步化解参保人员的风险。鼓励商业健康保险机构积极参与经办社会医疗保险业务。

（三）以整合相关制度和改进管理机制为重点深化社会救助制度改革，切实发挥托底性保障作用

1. 整合相关基本生活救助制度

针对现行社会救助政策"单向叠加"、不同制度对同一困难类型或同一类救助对象重复保障的问题，统一按困难类型划分社会救助制度，如将城乡低保、特困人员供养以及其他相关制度中保吃穿等内容归并整合为基本生活救助，保障标准可根据不同对象有所区别。合理划分中央和地方政府的基本生活救助支出责任，并由中央和地方分别负担不同的救助项目或救助对象支出，以发挥中央促进全国基本公共服务均等化和地方掌握信息优势的两个积极性。

2. 解决专项救助的福利捆绑问题

专项救助不再锁定低保对象，减少福利捆绑，针对救助对象医疗、住房、就业、教育等方面的特殊情况提供差别化的救助。借鉴美国等国际经验，对有劳动能力人员享受社会救助待遇增设期限，避免福利依赖。将现金救助与非现金救助相结合，增加提供实物和服务类救助，解决现行救助形式单一问题，综合提高救助水平。

3. 健全社会救助运行管理机制

一是健全部门协作平台。由民政部门牵头加大部门协调力度，研究解决政策实施中的重大问题，并按照"一门受理、多门协同"的原则为救助申请对象提供便利。二是制定和完善救助申请对象财产性信息核查办法，建立跨部门、多层次的救助申请家庭经济状况核对机制。三是引入社会力量开展救助工作。支持发展慈善事业，积极引导社会力量参与社会救助。确定政府向社会力量购买社会救助的具体服务项目，根据其需求特点，依照政府采购的有关规定，选择适用、便捷的采购方式。

（四）以提升服务能力和适时增设项目为重点深化社会福利制度改革，保障好特定群体的基本生活

1. 加快推进养老服务体系建设

加强养老服务顶层设计，以居家养老为基础，社区养老为依托，机构养老为补充，大力支持养老服务体系建设。区分养老服务的公共性层次，政府着力解决基本养老服务供给能力不足等问题，对一些非基本的特需养老服务主要由社会或市场提供。在继续发展居家养老的基础上，大力发展社区养老服务，支持社区开展医疗与康复、上门家政服务、信息化服务、日间照料等服务。开展医养结合示范试点，积极探索医养结合的新模式。同时，要充分发挥财税政策的引导和撬动作用，切实落实好财政补贴、税费优惠、金融扶持、土地供应、人才培养等相关配套政策，并通过公建民营、民办公助、购买服务等形式，注重引导社会资本积极参与养老服务体系建设。

2. 开展长期护理保险试点

按照个人、单位和政府共同负担的原则，建立多元化的长期护理筹资机制，逐步推进长期护理保险制度建设。"十三五"时期可先选择部分经济发达、老龄化程度较高的地区开展试点。试点期间，保障范围可以医疗护理为主，也可医疗护理与日常生活照料并重；可采取社会护理保险的形式，也可采取商业护理保险的形式。及时总结试点经验，调整完善政府扶持政策，条件成熟时向全国推广。

3. 健全困境儿童、残疾人支持政策

在做好孤儿和艾滋病毒感染儿童基本生活保障的同时，逐步健全困境儿童分类保障制度，合理扩大制度覆盖面，适时适度提高保障水平。积极推动残疾儿童的早期治疗，重点建立残疾儿童康复救助制度。依法推进残疾人按比例就业和稳定发展集中就业，全面推进城乡无障碍设施建设，着力提升残疾人公共服务水平。

（五）以加强协调联动和完善待遇政策为重点深化就业保障制度改革，推动实现更高质量的就业

1. 健全多层次的促进就业政策体系

一是通过支持加快新型城镇化进程、加强宏观调控以及大力发展现代服务业等措施，努力创造尽可能多的就业岗位并减少周期性失业。二是进一步完善以劳动力市场需求为导向的教育和培训体制，扩大应用型、复合型、技能型人才培养规模，提高人力资源开发的针对性，有效缓解结构性失业。三是推进劳动力市场的信息化建设，加强公共就业服务能力，及时匹配劳动力供求，切实解决摩擦性失业。四是以深化行政审批制度改革、减少职业资格许可、合理完善税费优惠和财政补贴政策为重点，进一步调动高校毕业生、农村转移劳动力、城镇就业困难人员、退役军人和其他劳动者创业的积极性，以创业带动就业。

2. 加强政策协调联动

按照"系统规范、精准效能"的要求，对现行财政促进就业政策进行完善、归并、调整、优化，解决目前政策碎片化、有关资源和资金使用难以形成合力等问题。进一步明确就业资金与失业保险基金在促进就业方面的功能定位。加强促进就业、失业保险和最低生活保障等政策的衔接。同时，根据财税体制改革的总体部署和政府间支出责任和事权划分原则，进一步明确中央和地方促进就业事权和支出责任，充分调动地方加大投入、强化管理的积极性。

3. 完善失业保险待遇政策

适当提高失业保险金待遇水平，降低领取失业保险金的最长期限。[1]这一方面可以使失业人员的生活水平短期不会过度下降，另一方面可以避免失业人员长期依赖失业保险而不积极求职就业。

（六）以创新投入机制和拓宽投资渠道为重点深化社保资金管理制度改革，进一步提高资金使用效益和安全性

1. 改革完善社会保障财政投入制度

一是实施社会保障中期财政规划。深化社会保险基金预算制度改革，研究编制社会保险基金中期滚动预算，探索研究社会保险基金长期预算，促进各项社会保险基金实现中长期精算平衡。启动编制社会保障和就业、医疗卫生和计划生育三年滚动财政规划，加强与相关专项规划的衔接，强化其对年度预算的约束。二是完善社会保障财政转移支付制度。取消一些补助规模相对固定、属于地方事权的社会保障转移支付项目，加大一般性转移支付，支持地方落实好相关社会保障政策。三是合理壮大全国社会保障基金。加大中央财政公共预算支持力度，扩大彩票收入补充全国社会保障基金的规模，结合国有资产管理体制改革统筹推进划转部分国有资本充实社保基金的工作，积极研究将部分国家重要资源收入和划转部分国有控股上市公司公开增发股票作为全国社会保障基金的来源。

2. 拓宽社会保险基金投资渠道

一是以养老保险基金为主，完善投资运营政策。其他社保基金根据情况也可适度开展市场化、多元化投资运营，但投资策略上应有所区别，在风险控制和流动性方面设定更严格的要求。二是循序渐进，逐步实施。短期内，社会保险基金投资主要购买国债、央行票

---

[1] 目前我国失业保险金占职工平均工资的比例不到20%，领取时间最长24个月。从发达国家的情况看，失业保险待遇一是水平相对较高，如德国失业保险金为工资水平的67%，荷兰为70%，瑞典为80%。二是失领取时间相对较短，通常在1年以内，如意大利失业保险金领取时间一般为6个月，匈牙利失业保险金领取时间为9个月。

据以及信用等级较高的金融债、公司债等固定收益类产品。中长期内，养老保险基金可进一步拓宽投资范围，加大股票投资比重，开展私募股权、房地产、基础设施和实业投资，并适时进入海外市场。三是明确投资运营的主体。社保基金的投资应明确由中央设立专门的基金投资管理机构集中进行，这样不仅便于发挥资金的规模优势，也便于国家出台统一的扶持政策。四是明确全国社会保障基金与养老保险基金不同的投资策略。与其他国家主要通过一种类型基金为养老保险制度进行储备不同，我国的社会养老保险基金和全国社会保障基金都积累了较大规模，应根据两者的不同功能定位，制定相应的投资运营策略。

3. 进一步规范社保资金管理体制

一是全面实行社会保险费税务征收，提高社会保险费征管效率。同时，适时推动社会保险费改税。二是研究推行将社保基金纳入国库集中支付范围，逐步实现社会保险基金从财政专户直接支付到个人银行账户，取消经办机构收入户和支出户。三是大力推进社保资金管理信息化，逐步实现信息网络的纵向全国互联、横向部门共享，为规范各类社保资金管理打下更加坚实的基础。

（七）以健全法律体系和修改《社会保险法》为重点加强社会保障法制建设，增强制度的规范性和系统性

1. 健全社会保障法律体系

推进《社会保障法》立法工作，明确社会保障体系建设的总体目标、指导原则、具体构架和社会保障项目的职能定位，加强社会保障制度建设的顶层设计。尽快出台《社会救助法》。适时启动《养老保险条例》和《医疗保险条例》制定工作，为具体规范养老保险和医疗保险运行提供更高层次的制度保障。

2. 推动修订《社会保险法》等法律法规

重点从以下几个方面做好《社会保险法》的修订工作，一是明确社会保险基金要坚持精算平衡的原则。二是完善个人账户余额继承政策。按照风险共担、统筹共济的原则，建立利益引导机制，引导参保人在领取终身年金和放弃个人账户余额继承权之间进行选择，解决个人账户余额继承问题对制度可持续性的不利影响。三是修改有关职工基本医疗保险制度"达到退休年龄时累计缴费年限达到国家规定的，退休后不再缴纳基本医疗保险费"的规定，推动退休人员缴费。四是取消有关生育保险的条款，清除将生育保险并入医疗保险的法律障碍。五是明确社会保险费由税务机关统一全责征收。此外，相应做好《社会保险费征缴暂行条例》等的修订工作。

人力资源和社会保障部

"十三五"时期扩大就业、完善社会保障体系与构建和谐劳动关系的方向和主要政策

　　"十三五"时期，是实现中华民族伟大复兴第一个百年奋斗目标的决定性时期，是协调推进"四个全面"战略布局的关键时期。社会就业更加充分、社会保障全民覆盖、劳动关系和谐稳定，是全面建成小康社会的重要标志。在经济发展新常态下，就业、社会保障和劳动关系领域既面临许多新变化、新挑战，也有不少新机遇。实现比较充分和高质量的就业、全民覆盖的社会保障、和谐稳定的劳动关系，必须坚持习近平总书记提出的"守住底线、突出重点、完善制度、引导舆论"的民生工作思路，深入推进相关重点领域和关键环节的改革，完善相关政策，加快事业发展。

一、关于扩大就业

　　中央历来高度重视就业这个民生的根本问题，实行就业优先战略，形成了一整套适合我国国情的积极的就业政策。"十二五"期间，面对经济下行压力加大、高校毕业生总量持续增加、就业结构性矛盾日趋复杂的多重压力，积极采取措施，全力促进高校毕业生等群体就业，我国就业规模不断扩大，就业结构进一步优化，就业环境逐步改善，就业形势保持总体稳定。但是，必须清醒地认识到，在我国这样一个人口众多的国家，就业是一个长期而复杂的问题。特别是在"十三五"时期，就业总量压力依然存在，结构性矛盾会比以往更加突出，就业任务十分繁重，必须坚持就业优先战略，深入实施更加积极的就业政策，瞄准实现比较充分和高质量的就业这样一个目标精准发力，务求在政策、体制和机制上取得新突破。

（一）"十三五"时期的就业形势

1. 就业总量压力依然存在

"十三五"期间，我国劳动年龄人口基数仍然庞大，劳动力供给总量仍处在高位。根据第六次全国人口普查数据推算，"十三五"期末，我国 16～64 岁人口将保持在 9.73 亿人以上，16～59 岁劳动年龄人口将保持在 8.9 亿人以上。虽然劳动年龄人口逐年减少，但减少的主要是新进入劳动年龄的青年人，由于从劳动年龄到进入劳动力市场求职就业还有一个 3～7 年的过渡期，"十三五"时期，需要在城镇就业的新成长劳动力年均仍在 1 500 万人以上，加上近千万的城镇登记失业人员，需在城镇就业的劳动力年均约 2 500 万人，与"十二五"时期基本持平。从农村看，需要转移的农业富余劳动力数量在减少，年均在 280 万人左右。

2. 就业结构性矛盾日益突出

随着转方式、调结构的推进和劳动力供给状况的变化，就业结构性矛盾将更加凸显，主要表现为劳动力技能、技术水平与市场需求不适应、不匹配，显现为"技工荒"和高校毕业生就业难。随着结构调整的进一步推进，产业升级对技术、技能型人才的需求会进一步增加。高校毕业生虽然数量大，也呈现出学历型和知识型特征，创新能力和专业技能、技术水平相对较弱。结构性就业矛盾还表现为劳动力供给与需求的失衡，显现为传统企业招工难与农村劳动力和就业困难人员就业难。

3. "三期叠加"对治理失业带来新挑战

经济从高速增长转向中高速增长，加之调整经济结构、消化前期刺激政策、化解过剩产能、淘汰落后产能等，都将不可避免地带来结构性失业。此外，新技术的发展和产业组织方式的转变也对传统就业模式形成冲击，这在一些劳动密集型行业会更为突出。

（二）"十三五"时期的目标方向

要继续坚持劳动者自主就业、市场调节就业、政府促进就业和鼓励创业的方针，坚持就业优先战略和更加积极的就业政策，深入推进体制机制创新，着力解决结构性就业矛盾，有效应对失业风险，保持就业局势稳定，努力实现比较充分和高质量的就业。主要目标：一是就业规模持续扩大，就业结构更加合理。"十三五"期间，城镇新增就业累计达到5 000万人以上，城镇就业比重由52％提高到59.3％，第二产业、第三产业就业比重由2015年的30.3％和40.9％分别提高到30.8％和46.9％。二是有效控制失业，保持就业稳定。失业率控制在合理水平，将失业人员组织到就业准备活动中，就业困难人员和长期失业者得到有效的就业援助，平均失业周期进一步缩短。三是人力资源开发水平明显提高。基本建立覆盖对象广泛、培训形式多样、管理服务规范、保障措施健全的职业培训工作体系，劳动者职业素质和就业能力得到不断提升。基本消除劳动者无技能就业现象，技能劳动者总量提高到1.7亿人，其中高技能人才占技能劳动者的比重达到28％。四是就业质量有效提升。城乡就业的体制分割基本消除，城乡均等的公共就业创业服务体系进一步健全，劳动者自主择业、自由流动、自主创业的环境更加良好。劳动者就业主体地位进一步提高，劳动关系更加和谐，社会保障全覆盖，劳动者的就业权利得到更好实现，就业稳定性明显提高。

在扩大就业的方向上，要在经济中高速发展中拓展就业空间拉动就业增长；在经济结构调整和产业优化升级中创造层次丰富、需求多样的就业机会，创造优质就业增量，稳定优化就业存量；在创新驱动发展中支持中小企业发展，支持劳动者创业，创造新的就业增长点；在城镇化和推进产业梯度转移中实现统筹城乡就业。

（三）"十三五"时期的主要任务和政策措施

1. 深入实施就业优先战略，促进经济发展与扩大就业良性互动

把促进就业作为经济社会发展的优先目标，建立经济发展与扩大就业联动机制。完善就业考核指标体系，把就业作为考核各级政府政绩的重要因素，进一步强化政府促进就业的法律责任。加强经济社会发展规划与就业发展的协调。建立宏观经济决策的就业效果评估机制，将城镇新增就业、调查失业率作为宏观调控指标，合理确定经济增长速度和发展模式。加大财政投入力度，在财政预算中安排就业专项资金、公共就业服务机构的工作经费。

2. 实施更加积极的就业政策，保持就业局势稳定

适应经济发展新常态，协调建立有利于促进就业的财政、金融、产业等综合性经济政

策体系。围绕解决结构性就业矛盾、鼓励劳动者自主创业、提高就业质量，进一步完善积极的就业政策，提高政策的针对性和有效性。加强对灵活就业、新就业形态的政策支持，加强就业政策与教育、劳动关系、社会保障等政策的衔接，促进劳动者自主就业。

3. 采取多种措施，统筹做好高校毕业生等各类群体就业工作

结合产业转型升级开发更多适合高校毕业生的就业岗位，支持大学生到城乡基层和中小企业就业。实施离校未就业毕业生就业促进计划和大学生创业引领计划，创新就业信息服务方式方法，加强就业指导和就业见习，促进大学生就业创业。坚持统筹城乡就业，进一步健全城乡劳动者平等就业制度，促进更多农村劳动力转移就业。加强就业援助，提高就业帮扶的针对性和有效性，确保零就业家庭、最低生活保障家庭等困难家庭至少有一人就业。

4. 鼓励大众创业、万众创新，促进以创业带动就业

进一步消除限制创业的制度性障碍，完善努力支持创业的政策制度体系，加强创业公共服务，着力解决创业者遇到的普遍性难题，加快建立政府激励创业、社会支持创业、劳动者勇于创业新机制。把创业精神培育和创业素质教育纳入国民教育体系，建立衔接创业教育和创业实践的创业培训体系，充分调动发挥社会各方力量和积极性，努力培养创业者。加强创业导师队伍建设，健全创业辅导制度，大力发展新型孵化器，建设一批创业孵化示范基地和创业园区。推动创业型城市创建，不断优化创业环境。

5. 加快人力资源市场机制体制改革，激发市场活力

加快推进统一规范灵活的人力资源市场建设，充分发挥市场在人力资源配置中的决定性作用。健全人力资源市场管理制度，规范人力资源市场秩序，建立健全功能完善、机制健全、运行有序、服务规范的人力资源市场体系。健全覆盖城乡的公共就业创业服务体系，完善服务功能，提高服务均等化、专业化和信息化水平。鼓励支持人力资源服务产业发展，发展各类人力资源服务机构，增强人力资源服务创新能力，培育人力资源服务品牌，推进人力资源服务业集聚发展，加强人力资源服务业管理。尊重劳动者和用人单位市场主体地位，规范招人用人制度，消除影响平等就业的制度障碍和就业歧视。加快干部人事制度改革，畅通劳动者职业生涯通道。推进人力资源市场诚信体系和标准体系建设。

6. 强化职业教育和培训，全方位提升劳动者就业能力

以就业为导向，大力发展现代职业教育。及时认定发布新职业，并制定职业技能标准。大力开展各种形式的就业技能培训、岗位技能提升培训和创业培训，推行企业新型学徒制。创新技能人才培养模式，健全技能人才评价体系，实施国家高技能人才振兴计划，规范职业资格管理，畅通劳动者职业技能发展通道。

7. 加强失业预防和调控，有效防范失业风险

加强就业统计监测，完善就业统计指标、统计口径和统计调查方法，为宏观经济决策提供可靠依据。充分发挥失业保险预防失业、促进就业的功能。建立完善失业监测预警机制，适时发布预警信息。建立应对突发事件就业应急机制，努力防范和缓解失业增加可能带来的经济社会风险。

8. 完善保障机制，全面提升就业质量

建立公平的工资分配机制，逐步提高劳动者的收入水平。完善劳动标准体系，健全劳动关系协调机制，完善劳动人事争议调解仲裁制度，健全集体劳动争议处理机制，扩大社会保障覆盖面，稳步提高社会保障水平，切实保障劳动者权益。

二、关于完善社会保障体系

社会保障是民生安全网、社会稳定器。加快建立更加公平更可持续的社会保障制度，是调节收入分配、促进共同富裕的重要途径。"十二五"时期，党中央、国务院就建立和完善社会保障体系做出了一系列重大决策，社会保障体系建设步伐逐步加快，覆盖城乡居民的社会保障体系基本建成，制度项目日益完备，覆盖范围不断扩大，基金支撑能力明显增强，待遇水平稳步提高，管理服务体系逐步健全，对保障人民群众的基本生活、维护改革发展稳定大局发挥了重要作用。2015 年年底，全国参加基本养老、城镇基本医疗、失业、工伤、生育保险人数分别为 8.58 亿人、6.66 亿人（加上新农合共计 13 亿多人）、1.73 亿人、2.14 亿人、1.78 亿人，分别比"十一五"期末增加了 4.98 亿人、2.33 亿人、3 950 万人、5 243 万人、5 433 万人。2015 年，全国五项社会保险基金总收入 4.6 万亿元，总支出

3.9万亿元，分别为"十一五"期末的2.38倍、2.62倍。同时也必须看到，我国社会保障体系还不完善，仍然面临很多难题。随着经济增速放缓，受人口老龄化加剧、扩面征缴空间收缩、享受待遇群体加大、社保待遇刚性支出等因素的影响，基金的长期平衡和安全运行压力将逐渐加大，制度的可持续性问题日益凸显。制度公平性、流动性也还存在诸多矛盾和问题，人民群众对提高社保待遇的诉求和公平性期待愈加强烈，加快城乡统筹，加强制度衔接配套，任务十分繁重。我们必须加强顶层设计，加快形成系统完备、科学规范、运行有效的社会保障体系，使各项制度更加成熟更加定型。

（一）"十三五"时期的目标方向

坚持全覆盖、保基本、多层次、可持续的方针，坚持全民覆盖、适度保障、权利与义务相结合、互助共济、统筹协调的基本原则，实现基本制度逐步定型、体制机制更加完备、法定人群全面覆盖、基本保障稳固可靠、基金运行安全有效、管理服务高效便捷，基本建成覆盖城乡居民的、更加公平更可持续的社会保障制度。

（二）"十三五"时期的主要任务和政策措施

1. 实现法定人群全面覆盖

社保覆盖率是衡量全面建成小康社会的基本指标之一，也是评估社保制度有效性的重要因素。为实现全面覆盖的目标，将全面实施全民参保登记计划，建立全面、完整、准确的社会保险参保基础数据库，实现全国联网和动态更新，促进和引导各类单位和符合条件的人员长期持续参保。完善居民、个体从业人员和农民工等群体参保政策，鼓励积极参保、持续缴费。加大执法力度，依法扩面征缴。

2. 社会保险制度基本定型

制度基本定型是实现可持续发展的重要保证，是稳定民众社保预期的必要前提。**养老保险方面**，坚持和完善现行的社会统筹与个人账户相结合的城镇职工基本养老保险制度，健全多缴多得激励机制。进一步明晰中央和地方的责任，实现职工基础养老金全国统筹，建立基本养老金合理调整机制。综合考虑劳动力供求、老龄化程度和不同群体诉求等因素，出台渐进式延迟退休年龄政策。完善基本养老保险关系转移衔接措施，维护流动就业人员的养老保障权益。完善城乡居民基本养老保险制度。**医疗保险方面**，立足公平可及，整合城乡居民基本医疗保险制度。健全医疗保险稳定可持续筹资机制，在提高财政补助的同时，适当增加居民个人的缴费，形成合理的筹资结构。全面实施城乡居民大病保险制度，进一步完善重特大疾病保障机制，提高基金保障绩效，逐步化解困难人群的重特大疾病风险。完善职工医疗保险个人账户政策，深化支付制度改革，加强医疗保险对医疗行为的监督和制约措施，完善医疗保险关系转移接续措施。同时，健全失业保险预防失业、促进就业政策体系，建立健全预防、补偿、康复相结合的工伤保险制度体系，完善生育保险政策。完善社会保险体系，加快发展职业年金、企业年金、补充医疗保险和商业养老保险、商业健康保险，促进商业保险与社会保障衔接，形成多层次的保障体系。加强社会保险法制建设。

3. 探索建立长期照护保险制度

建立长期照护保险制度，是满足老年群体日益增长的生活照料、医疗护理等服务需求，缓解部分老年家庭经济负担沉重等社会矛盾的有效措施，也是世界上一些国家应对人口老龄化的重要举措。建立由政府主导的长期照护保险制度，通过用人单位、参保人缴费、财政补助等方式筹集长期护理资金，由社会化机构管理，以社区医疗机构和护理院、护理站为依托提供医疗护理，化解老年群体因必要的生活照顾和基本的医疗护理带来的家庭经济风险。

4. 建立待遇正常调整机制

建立科学合理的待遇正常调整机制，是确保参保人员分享经济社会发展成果的重要保证。从国际上看，实施社会保障的国家普遍建立了与价格、工资、经济增长等因素相挂钩的保障待遇调整机制。我国养老、医疗等保障水平尚未实现调整机制的科学化和规范化。"十三五"时期，将根据经济发展、收入增长、价格水平和各方面承受能力，逐步建立覆盖全体参保人员的基本养老保险待遇正常调整机制，统筹有序提高退休人员基本养老金和城乡居民基础养老金标准。稳步扩大基本医疗保险保障范围，健全稳定可持续报销比例调整机制，在加强医疗管理、节约医疗费用、保障患者基本医疗需求、基金结余适度的基础上，动态确定和调整基本医疗保险待遇。进一步健全完善失业保险金标准调整机制，调整并完善工伤保险待遇结构与标准。

5. 确保基金安全可持续运行

基金的安全和可持续运行，是社会保障制度的物质基础，是社会保障事业的生命线。"十三五"期间，加强和完善社会保障预算，努力实现财政对社会保障投入的规范化和制度化。积极构建行政监督和社会监督相结合的监督体系，健全社会保险欺诈查处和防范体制机制。积极稳妥推进社保基金投资运营，拓宽社保基金投资渠道，加强风险管理，提高投资回报率，扩大筹资渠道，坚持市场化、多元化方向，实现基金保值增值。完善企业年金、职业年金市场化运营机制和治理结构。多渠道充实全国社会保障基金。

6. 建立更加高效便捷的管理服务体系

社保经办管理服务是联系群众的纽带，管理服务能力的高低直接关系党和政府形象及政策实施效果。整合经办管理服务资源，合理配备经办管理服务人员，基本建立覆盖全社会的社会保障公共服务网络。继续推进金保工程建设。整合社会保障信息资源，实现全国业务联动与信息共享。构建全国一体化的社会保障信息服务体系，推动公共信息资源开放共享。实施社会保障卡工程，初步实现全国一卡通。积极推进社会保险实现管理精确化、服务标准化、经办信息化。

三、关于构建和谐劳动关系

劳动关系是最基本、最重要的社会关系之一，构建和谐劳动关系是社会和谐的重要基础。"十二五"时期，党和政府将构建和谐劳动关系摆在重要位置、做出重大部署，劳动关系领域改革取得重大进展，构建和谐劳动关系的体制机制逐步完善，劳动关系矛盾源头治理不断加强，妥善处理大量劳动关系领域的突出矛盾，总体上保持了劳动关系的和谐稳定。同时也必须看到，我国劳动关系领域仍然存在不少突出问题，劳动关系矛盾多发，权利矛盾和利益矛盾并存，劳动者集体维权方式出现新趋向。同时，劳动关系法律制度不完善，职工诉求表达和利益协调机制不健全，劳动关系矛盾调处机制和权益保障机制不完善，政府、工会、企业代表组织等协调劳动关系的能力不足，基层治理能力有待进一步提高。当前，进入经济发展新常态，经济增速放缓，部分企业经营困难，加之产业结构调整不断加快，产生劳动关系矛盾的风险进一步加大。随着劳动力市场供求、经济组织形式、生产经营方式、收入分配格局、舆论传播方式的变化，也将对调整劳动关系带来新的挑战。构建和谐劳动关系的任务十分繁重，必须积极采取应对之策，确保劳动关系的和谐稳定。

（一）"十三五"时期的目标方向

坚持促进企业发展、维护职工权益，坚持以人为本、依法构建、共建共享、改革创新，加强调整劳动关系的法律、体制、制度、机制和能力建设，加快健全党委领导、政府负责、社会协同、企业和职工参与、法治保障的构建和谐劳动关系工作体制，加快形成源头治理、动态管理、应急处置相结合的工作机制，推动劳动关系法律体系更加健全，劳动关系利益协调、诉求表达、矛盾调处和权益保障制度机制更加完善，劳动关系矛盾纠纷得到有效及时化解，建立规范有序、公正合理、互利共赢、和谐稳定的劳动关系。力争"十三五"期末，企业劳动合同签订率达到90％以上，多层次、多形式的劳动关系协商协调机制进一步健全，劳动人事争议调解成功率达到60％以上，仲裁结案率达到90％以上。

（二）"十三五"时期的主要任务和政策措施

1. 加强劳动关系法治建设，依法规范劳动关系

进一步完善劳动合同法配套法规、规章和政策，加快推进工资支付、集体协商、企业民主管理、劳动保障监察等方面的立法。加强劳动标准体系建设，适应用人单位在行业、规模、经营方式等方面的差异化特点，探索完善相关劳动标准，开展劳动基准立法研究。完善并全面落实关于工作时间、节假日、带薪年休假等规定，规范企业特殊工时制度。加强劳动定额定员标准化工作，指导企业制定实施科学合理的劳动定额定员。依托基层工作机构队伍，以中小微企业为重点，加强对企业和职工的普法宣传、培训、咨询和服务，不断提高企业依法用工和职工依法维权意识和能力。加大劳动保障监察执法力度。充分发挥人大、政协以及工会等社会各方对落实劳动关系法律法规的监督作用。

2. 健全劳动关系协调机制，加强矛盾源头治理

一是完善并全面落实劳动合同制度。以非公有制中小企业为重点，加强对企业实行劳动合同制度的监督和分类指导。规范国有企业改革和产业结构调整过程中的企业劳动关系

调整。依法加强对劳务派遣的监管。二是建立健全多种形式的企业协商民主制度。探索建立劳动关系双方依法自主协调集体劳动关系的制度和机制，完善集体协商制度，健全以职工代表大会为基本形式的企业民主管理制度，探索建立劳资协商会、劳资恳谈会等多种形式的民主协商制度。三是完善协调劳动关系三方机制。加强和创新三方机制组织建设，积极推动工业园区、乡镇（街道）和产业系统建立三方机制。完善三方机制职能，发挥三方机制在推动劳动立法、制定劳动标准、调处劳动关系突出矛盾等方面的重要作用。深入开展和谐劳动关系创建活动。

3. 加强劳动人事争议调解仲裁和劳动保障监察执法，有效化解劳动关系矛盾

一是完善劳动人事争议处理体制机制。坚持预防为主、基层为主、调解为主的工作方针，加强专业性劳动争议调解工作，推动基层调解工作规范化。进一步简化优化劳动争议仲裁办案程序，创新仲裁办案方式。研究改革完善"一裁两审"的争议处理体制。二是改革创新劳动保障监察执法体制机制。推进劳动保障监察综合执法，着力解决权责交叉、多头执法问题。减少执法层级，推进执法重心下移。创新监察执法方式，推进"网格化、网络化"管理全覆盖，推动建立省级监察联动举报投诉平台。加强劳动用工领域诚信建设，完善监察执法与刑事司法衔接机制。三是健全劳动关系群体性事件的预防和应急处置机制。加强分析研判，建立经常性排查和动态监测预警制度。完善应急预案，健全群体性事件应急联动处置机制，督促指导企业落实主体责任，及时妥善处置群体性事件。依托协调劳动关系三方机制完善协调处理集体协商争议的办法，有效调处因签订集体合同发生的争议和集体停工事件。

4. 加强劳动关系工作的基层组织、队伍和基础建设，切实提高劳动关系协调能力

一是加强劳动关系工作机构队伍建设。加强县级以上劳动关系工作机构建设。推动劳动人事争议仲裁院标准化建设，规范调解仲裁队伍管理，提升专业化水平。严格实行劳动保障监察行政执法人员持证上岗和资格管理制度。大力推进劳动关系协调工作进基层，合理配置并整合劳动关系协调员、劳动争议调解员、劳动监察协管员队伍。二是加强劳动关系领域统计调查工作和信息化建设。完善劳动关系统计调查制度，强化统计信息分析研判。加强网络舆情监测。全面推进劳动用工信息申报备案制度建设。加强劳动人事争议调解仲裁信息化建设，全面推广使用调解仲裁办案系统。

5. 完善劳动关系工作格局，形成构建和谐劳动关系合力

坚持和完善党委领导、政府负责、社会协同、企业和职工参与、法治保障的工作格局，推动将构建和谐劳动关系纳入各地经济社会发展规划和政府目标责任考核体系。加强对企业经营者和职工的教育引导，培育"企业关爱职工、职工热爱企业"的和谐文化。推动建立符合国情的企业社会责任标准体系和评价体系。发挥国有企业构建和谐劳动关系的引领作用。积极开展构建和谐劳动关系综合试验区（市）建设。

中国社会科学院

"十三五"时期就业发展战略研究

"十三五"时期是我国由中等收入国家向高收入国家迈进的冲刺阶段。以 2005 年购买力平价计，2014 年我国的人均 GDP 水平超过 8 400 美元。如果在"十二五"后期及"十三五"时期，人均 GDP 能够保持年均 7％的增速，那么 2020 年以 2005 年不变价计算的人均 GDP 将达到 13 500 美元。按照世界银行公布的标准，中国届时将加入高收入国家的行列。

然而，劳动力市场出现的变化使今后一段时期的发展条件与快速增长时期迥然不同。妥善应对劳动力市场转折所引发的挑战，是"十三五"时期保持经济持续健康发展的重要条件。

一、"十二五"就业规划落实情况

就业是民生之本，维持稳定的就业形势，是保障民生的首要任务。《"十二五"规划纲要》要求，"实施更加积极的就业政策、加强公共就业服务、构建和谐劳动关系"。为此，提出了两个预期性指标：城镇登记失业率和城镇新增就业人数，要求城镇登记失业率控制在 5％以下，"十二五"期间的新增就业人数 4 500 万人，即相当于每年新增就业 900 万人。

从实际完成情况看，2011—2013 年，每年年末的城镇登记失业率均保持在 4.1％以下，2014 年第三季度的城镇登记失业率为 4.07％。截至目前，登记失业率远远低于"十二五"规划所提出的 5％的预期目标。虽然国家统计局没有系统公布调查失业率，但根据一些正式发布的信息，调查失业率也处于低位。国家统计局对 31 个大中城市的住户抽样调查资料显示，调查失业率水平总体稳定，略有下降。2014 年 3 月至 6 月，月度调查失业率分别为

5.17％、5.15％、5.07％和5.05％。

城镇新增就业指标，完成得也很顺利，2011—2013年，城镇新增就业分别为1 221万人、1 266万人和1 310万人。2014年前三个季度，累计新增城镇就业1 082万人。因此，截至2014年第三季度，已经累计新增城镇就业4 879万人，完成了"十二五"规划提出的要求。总体上看，"十二五"期间，预期性指标完成情况良好，就业形势总体保持稳定。

图1反映了劳动力市场形势与经济增长的变化情况，我们可以看到进入"十二五"时期，求人倍率一直维持在1以上，劳动力稀缺的特征越来越明显。尤其需要指出的是，劳动力市场形势的基本稳定，是在经济增长率明显下降的情况下发生的，这种情况在改革开放以来还是第一次出现。2012年第二季度以来，各个季度经济增长的速度一直处于8％以下的低位水平，而求人倍率却呈现上升趋势。2014年前三个季度，GDP的增长幅度分别为7.7％、7.4％和7.4％，而求人倍率则稳步增长，分别为1.11、1.11和1.09，达到了历史最高水平。

"十二五"期间，外出农民工的数量稳步增加，2011—2013年，外出农民工数量分别为15 863万人、16 336万人和16 610万人。外出农民工数量的逐年增加，一方面反映了非农就业市场的稳定形势，另一方面也体现出劳动力市场总体特征出现的根本转变。这种情况也是改革开放以来的其他时期未曾出现过的。

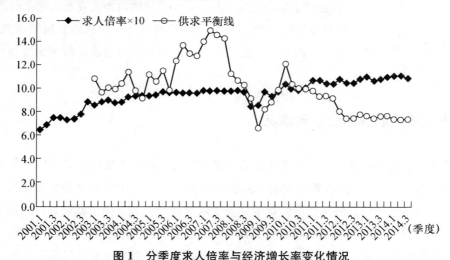

图1　分季度求人倍率与经济增长率变化情况

资料来源：国家统计局网站：www.stats.gov.cn；中国就业网：www.chinajob.gov.cn。

因此，实际的就业完成情况已经大大超出了《"十二五"规划纲要》提出的预期目标。不过，在评估劳动力市场形势及政府所应完成的预期目标方面，以下问题更值得关注。

第一，两个预期指标本身，并不能恰当、全面地反映劳动力市场形势的变化，因此，指标的实际完成情况难以用来评估就业状况。在考察失业情况时，使用的登记失业率[1]，其定义与国际通用的失业率定义有较为明显的差别，而且，登记失业制度仅覆盖具有城镇户籍的人员，不适用于1.6亿外出农民工，农民工的就业状态及其变化难以得到有效反映。此外，登记失业是以"登记"为基础，往往不能真实地反映实际是否就业。

同时，随着劳动力市场形势的变化以及人口转变进程的加速，以"城镇新增就业"来指导就业问题也缺乏针对性。该指标难以反映劳动力市场上就业数量的净变化，指标的采集依赖于报表系统逐级上报，数据的可靠性堪忧。

第二，即便是以登记失业率和城镇新增就业作为预期指标，具体目标的设置宽松，对就业工作的指导意义不强。例如，在过去30年内，无论就业形势多么严峻，登记失业率从未高于5%，最近十年也一直低于4.3%。显然，以5%的登记失业率作为预期目标，其实际的指导意义有限。

第三，在"十二五"的后期以及"十三五"期间，劳动力市场政策及就业优先战略应该着力面对劳动力市场出现的新变化所带来的挑战，防范可能出现的结构性失业。以不变价格计算，农民工平均工资水平在2011年和2012年分别增长了15.1%和8.9%，劳动力成本上升的趋势非常明显，劳动密集型行业面临前所未有的挑战，也加剧了稳定劳动力市场的压力。

同时，由于经济结构向资本、技术和知识密集型行业的转型尚未实现，加之高校扩张后毕业生人数的逐年增加，大学生就业形势在"十二五"后期将更加严峻。这些结构性的就业问题，难以通过劳动力市场政策的调整得到根本解决，而需要靠经济结构的转型升级和增长方式的转变。因此，在"十二五"后期，加强经济政策与劳动力市场政策的配合非常必要。

二、"十二五"以来劳动力市场的主要变化

"十一五"和"十二五"时期，劳动力市场出现的最明显的变化，就是劳动力短缺的频繁出现以及普通工人工资水平的加速上扬。2001年至2006年，农民工平均实际工资的年复合增长率为6.7%；而2007至2012年增长到12.7%。同时，非农劳动力市场上对农业劳动力逐渐增加的需求，不仅从数量上导致劳动力短缺的出现，也在价格上推动了不同行业和

---

[1] 指城镇登记失业人数同城镇从业人数与城镇登记失业人数之和的比。而登记失业人员指有非农业户口，在一定的劳动年龄内，有劳动能力，无业而要求就业，并在当地就业服务机构进行求职登记的人员。

地区的工资趋同。根据国家发展改革委农产品成本监测资料，我们以农业中三种主要粮食作物稻谷、小麦、玉米的平均雇工工价反映农业劳动力投入的平均成本，以国家统计局农民工监测调查提供的农民工工资信息反映非农劳动力市场上的工资水平，可以发现二者呈现明显的趋同。2001年，农民工平均日工资水平高出农业中雇工日工资35.8%，到2003年二者的差距达到峰值42.5%，随后，二者开始趋同。2013年，农民工平均日工资水平仅比农业雇工日工资高出4.5%（见图2）。

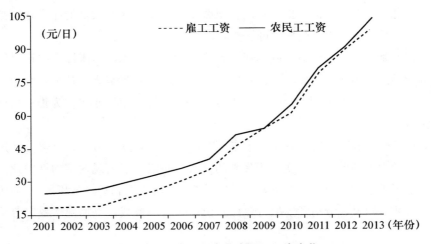

图2 农业雇工工资和农民工工资变化

资料来源：根据相关统计资料计算。

　　普通工人的工资上涨，对于以劳动密集型行业为主的经济影响明显。一旦劳动力成本的上升速度快于劳动生产率的增长速度，则意味着劳动力密集型行业的比较优势的削弱，在这种情况下，经济结构的转换与升级的压力将大大增加，转变经济增长方式刻不容缓。

　　图3展示了近年来我国制造业单位劳动力成本（即人均劳动力成本与劳均产出之比，ULC）的变化情况以及与一些主要的制造业大国的比较。图的左半部分显示，"十一五"时期制造业的劳动生产率与劳动力成本，总体保持同步增长，但在"十二五"时期，劳动力成本的增长速度明显快于劳动生产率的涨幅，导致单位劳动力成本的明显上升。右图显示了主要制造业国家的单位劳动力成本与美国的比较（以美国为100，而且美国的单位劳动力成本水平在近年来基本保持稳定）。可以看出，日本和韩国的制造业单位劳动力成本在近年来处于下降的趋势，而中国自2004年跨越刘易斯转折点后，其单位劳动力成本相对比重则由2004年的31%逐渐上升到2011年的40%。如果不加快劳动密集型行业的转型升级，一方面，劳动力绝对成本高于其他中等收入国家；另一方面，系统的创新能力与创新机制尚

未形成，无法站在制造业微笑曲线的两端，很容易形成比较优势的真空，并影响经济增长的能力。

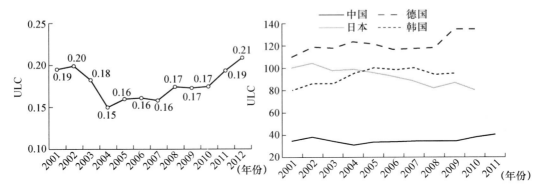

图 3 制造业单位劳动力成本及国际比较

资料来源：根据相关统计资料计算。

在"十三五"时期，是否能够稳妥应对单位劳动力成本上升对劳动力市场和经济发展带来的挑战，将是关乎我国是否能够顺利从中等收入国家迈向高收入国家的关键问题。

第一，在推动我国劳动力市场业已出现的变化的因素中，人口因素发挥了基础性的作用。由于人口结构的变化具有稳定性，其变化趋势也容易掌握，我们可以预期，在"十三五"期间人口结构变化将持续发生作用，并导致劳动力供给偏紧的形势延续。

图 4 描绘了 21 世纪头 50 年我国劳动年龄人口的变化情况。从 2012 年开始，我国劳动力年龄人口的总量开始呈下降趋势，2013 年 16～59 岁的劳动年龄人口较前一年下降了 244 万人，2014 年下降了 371 万人。由于人口因素是短期内不可改变的稳定因素，我们可以明确地看到，劳动年龄人口总量减少的趋势仍将维持。根据人口预测数据，2015 年 16～59 岁的劳动年龄人口仍较 2014 年下降 275 万人。如果以劳动年龄人口中，劳动参与率较高的20～59 岁年龄组来观察，有效劳动供给减少的趋势将更为明显，"十二五"时期是我国劳动力人口变化最迅速的时期，由以前每年超过 1 000 万人的增幅，迅速下降到非常低的水平，而该年龄组 2015 年将比 2014 年减少 99 万人，而 2014 年该组别的人口较前一年减少了 65 万人。"十三五"时期的大部分年份，20～59 岁的劳动力年龄人口处于零增长或略有下降，其中，新进入劳动力市场的年轻劳动力的数量将呈减少的趋势。

根据我们的测算，最近五年非农部门的平均就业弹性为 0.27（即非农部门的 GDP 每增长 1 个百分点，就业增加 0.27 个百分点），且波动很小。以此为依据，如果经济增长速度保持在 7%，可以产生潜在的就业岗位在 950 万人左右。可以预期，在就业弹性保持稳定的情况下，由于劳动力供给格局总体偏紧，目前出现的工资上涨和劳动力短缺的局面在"十三五"期间仍将延续。

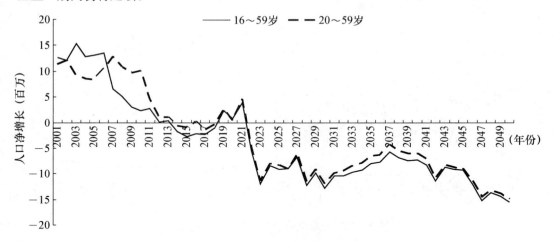

图4　2001—2050年劳动年龄人口的变化

资料来源：根据相关统计资料计算。

第二，在"十三五"时期经济政策和劳动力市场政策要注意防范可能加大的结构性失业的风险。从世界范围看，劳动力市场出现的结构性变化并不鲜见。从20世纪80年代开始，美国等发达国家由于劳动力成本的上升，导致资本和劳动相对关系发生变化，并由此诱发了技术偏向型的技术变迁。而这种技术变化，使得劳动力市场对高技能者的需求不断增加，而低技能的普通岗位则增长缓慢。这时，就不难看到接受过大学教育的劳动者在劳动力市场上更受欢迎：他们的失业率较低，而且有着更高的工资水平和更快的工资增长。同时，接受更高教育的劳动者由于其人力资本投资获得了更高的回报，形成了对个人人力资本投资的激励。

而由人口因素推动的劳动力市场变化，所产生的效应则有很大的不同。目前，劳动力市场上普通工人工资的迅速上涨，增加了教育的机会成本。我们的研究已经发现，贫困的农村地区，义务教育辍学率呈上升趋势。显然，如果不及时进行政策干预，在经济结构出现明显变化之后，我们将面临技能型人才供给不足的局面。换言之，如果不充分考虑目前强劲的劳动力市场所隐含的风险而未雨绸缪，"十三五"时期结构性失业的风险将会增大。

第三，国际经验表明，从中等收入阶段成功跃入高收入国家的经济体（如日本、韩国、新加坡和中国台湾）与陷入"中等收入陷阱"的国家（如部分拉美国家和南亚国家）的本质区别在于，东亚经济体在中等收入阶段的后期更多地依靠全要素生产率推动经济增长，而陷入中等收入陷阱的国家则只依赖生产要素投入。

在改革开放的前20余年，由于农业中存在大量剩余劳动力，其边际劳动生产率低下，通过促进农业剩余劳动力向生产率更高的部门转移和流动，就会通过提高劳动生产率而促进经济增长。我们发现，由于"十一五"和"十二五"时期劳动力市场出现的转折性变化，农业剩余劳动力逐渐枯竭，农业部门和非农部门的工资（边际劳动生产率）趋同，通过劳动力再配置提升全要素生产率、推动经济增长越来越困难。如表1所示，在"十五"期间，劳动力再配置对经济增长的平均贡献率为13.1％，到"十一五"期间下降到3.4％，"十二五"期间进一步下降到2.2％。随着劳动力市场变化的加剧，在"十三五"时期通过劳动力再配置获取TFP[1]的将更加艰难，经济增长将越来越依赖于提高已经转移的劳动力在新岗位上的生产效率。

表 1

劳动力再配置对经济增长的贡献　　　　　　　　　　　　　　　　　　　单位：％

年份	经济增长率	再配置贡献	再配置贡献占增长比重
2001	8.3	1.13	13.6
2002	9.1	1.64	18.0
2003	10	1.53	15.3
2004	10.1	0.95	9.4
2005	11.3	1.06	9.4
2006	12.7	0.84	6.6
2007	14.2	0.52	3.6
2008	9.6	0.35	3.7
2009	9.2	0.05	0.6
2010	10.4	0.27	2.6
2011	9.2	0.11	1.2
2012	7.7	0.09	1.2
2013	7.7	0.31	4.0

资料来源：根据相关数据计算。

第四，随着劳动力市场供求关系的转化，我国逐渐进入劳动力市场矛盾多发期，在"十三五"期间维持和谐劳动力市场的任务更加艰巨。伴随着劳动力短缺和工资水平的不断上涨，劳动者在劳动力市场上的谈判力量日益增强，对工资水平和工作条件的预期也逐步提高，劳动力市场也随之进入矛盾多发期。"十二五"期间，劳动争议的数量明显提高，可以预期，"十三五"时期，维持和谐的劳动力市场将面临更加紧迫的形势。

---

[1] TFP（total factor productivity）即全要素生产，是指生产活动在一定时间内的效率。它一般的含义为资源（包括人力、物力、财力）开发利用的效率。

三、建立顺应新常态的劳动力市场规划与调控体系

伴随着经济发展进入新的发展阶段，劳动力市场也进入新常态。劳动力市场新常态的突出特点就是，从劳动力总体供求关系上，告别了劳动无限供给的时代，新古典机制在就业决定和劳动力资源配置中将发挥越来越明显的作用。为了顺应劳动力市场出现的转折性变化，在制订和落实"十三五"规划时，需要改革目前的劳动力市场监测与调控体系。这就需要对计划经济时期形成的就业统计与监测体系以及就业调控目标进行彻底的改革，同时，建立起与新古典特征相适应的指标监测与调控体系。

（一）实现规划与市场经济的兼容

在"十三五"规划中，改革规划目标，放弃从计划经济时期一直沿用至今的规划指标，代之以在市场经济国家广泛使用的就业调控与检测体系和指标。如前所述，在五年规划和年度计划中，"新增就业"和"登记失业率"一直是主要调控目标。这两个指标，已经严重脱离了市场经济体系的实际需要，不能真实反映社会经济发展和劳动力市场运行的情况。相形之下，发达的市场经济国家，在长期的经济发展过程中，已经摸索出一整套监测和调控劳动力市场的方法和指标体系，我们在今后的规划工作中应该积极予以吸收和借鉴。

目前的劳动力市场与就业规划，除了指标的设计不合理外，指标统计和采集的方法也缺乏科学性，难以适应经济发展和瞬息万变的劳动力市场所产生的信息需求，以此作为调控与治理基础，必然会产生不必要的信息失真或信号扭曲。具体来说，劳动力市场指标和信息统计、采集，应该以科学的抽样调查为基础，而不宜沿用计划经济时期采用的报表系统。

（二）加强就业规划与其他宏观经济指标的关联

就业规划不仅要监测和调控劳动力市场，更要注重就业与其他劳动力市场指标以及宏观经济运行指标的关联。因此，除了就业总量和失业率外，我们还需要掌握工作时间、失业时间、失业与就业转换、企业雇佣与解聘等一系列信息，只有这样才能进一步分析劳动力市场与宏观经济运行态势之间的相互关系，找准调控的目标和方向。

同时，劳动力市场指标作为宏观调控体系的重要组成部分，应该缩短信息采集的周期，

加大信息发布的频率，更及时地反映劳动力市场与宏观经济运行发生的变化。目前，经济增长、投资、价格水平等主要宏观经济指标已经实现了季度乃至月度的采集与公布，而劳动力市场指标采集周期则相对较长。在"十三五"期间应该努力改变这一状况。

（三）借鉴国际经验建立符合劳动力市场运行的监测体系

积极借鉴市场经济先行国家的经验，努力在"十三五"期间，建立起与新常态相适应的就业和劳动力市场监测与调控体系。该体系需要以抽样调查为基础，以就业与失业监测为核心，全面及时地反映劳动力市场的动态变化。

1. 失业

基于科学的抽样方案的住户调查，是获取调查失业率信息的基础。绝大多数市场经济国家以调查失业率作为劳动力市场监测和宏观经济运行的基础性指标。国家统计局已经持续开展了多年的劳动力市场调查，近年来还在31个大中城市开展了月度失业率调查。应该说，以调查失业率作为就业规划和监测的基础条件已经成熟。通过扩大调查范围、完善调查制度、优化抽样方案、加强质量控制、提高调查频率，目前的失业监测体系完全有能达到发达市场经济国家的监测水平。

需要指出的是，虽然失业率是反映劳动力市场动态最重要的指标，但仅仅以失业状况来考察劳动力市场的活跃程度是不够的。通过以下几个指标，我们可以更全面地了解劳动力市场上失业以及潜在失业的状况与性质。

关于失业，我们不仅需要掌握失业数量的多少（失业率），还需要了解失业的性质如何，尤其是失业了多长时间。一般来说，在劳动力市场萧条的时期，长期失业会增加。因此，一旦长期失业率显著提升，就意味着经济结构性转换所导致的结构性失业在提高。治理失业的政策手段也应该以此为目标。

劳动参与率也是一个非常重要的补充性指标，是指包括失业和就业的经济活动人口占劳动年龄人口的比重。换言之，劳动参与率反映了有多少劳动年龄人口退出了劳动力市场。"十三五"期间，我国的劳动年龄人口将持续减少，提高劳动参与率就显得尤其重要。

兼职率，反映了潜在失业的程度。因为，因经济原因的兼职，反映就业不充分，该比例的上升，意味着未来失业率存在上升的潜在风险。

2. 就业

就业监测最主要观察经济中就业岗位的变化。需要指出的是，目前规划中使用的"城镇新增就业"，只统计了增加的岗位，而没有考虑损失的岗位，其实并不能反映劳动力市场上就业岗位的动态变化。建议在"十三五"期间，通过建立覆盖城乡的住户调查体系，以科学的抽样方法，有效监测包括广大农民工在内的就业群体，以全面真实地反映就业总量的变化。

除了就业总量关系以外，我们还需要知道就业岗位变化的构成。因此，需要在就业指标里观察企业部门和公共部门就业的变化情况。同时，对于发展中国家而言，非正规就业往往占就业较大比重。非正规就业比重的变化也是劳动力市场和经济运行状况的重要反映。一般而言，当经济增长放缓、劳动力需求开始减少时，非正规就业的比重会开始上升，当经济扩张、企业雇佣需求增加，非正规就业的比重会趋于下降。

3. 工作时间

通过观察劳动者工作时间的变化，不仅可以更准确地度量劳动力投入的程度，也可以更细致地观察劳动力市场就业变化的方向。一般而言，由于劳动力市场规制的存在，就业需求的减少，并不一定通过岗位减少来反映，雇主可能首先缩减劳动时间，来应对需求的下降。因此，劳动时间的变化，可以成为就业需求监测以及宏观景气变化的先行指标。

同时，区分生产型部门和其他经济部门也是必要的，前者可能对经济的周期性波动有更直接的反应，因此，也有利于政策制定者提前预判劳动力市场的变化方向。

4. 劳动力供求

作为反映劳动力市场供求变化的先行指标，以求职者人数和招聘岗位数的比率计算的求人倍率，已经得到使用。在"十三五"期间，需要进一步优化该指标的信息采集体系，加强既有数据的开发利用，提高数据发布的频率。具体来说，对目前的人力资源和社会保障部收集并公布求人倍率数据可以在以下几个方面加以改进。

首先，需要进一步拓宽数据的采集渠道。目前，职业供求数据主要来源于政府举办的职业中介机构，考虑到就业中介的市场化程度越来越高，新型媒体也在就业中介中发挥越来越重要的作用，在"十三五"期间，可以扩大就业供求信息的收集范围，以更全面地反映劳动力市场供求的实际状况。

其次，就业供求变动是判断就业及失业状况的先行指标，因此，有必要加大采集与公布的频率。目前，人力资源和社会保障部门每季度公布一次劳动力市场供求信息。在条件成熟的情况下，可以提高到月度公布。

最后，利用就业中介提供的就业供求信息的一个缺陷是样本具有较强的选择性，即只有在职业介绍机构登记的个人和岗位信息，才被统计。因此，有必要辅之以企业和个人调查信息，完善该指标。

5. 雇佣与解雇

通过雇佣与解雇的信息可以直接地观察不同周期之间劳动力市场的岗位变化。尤其是有多少劳动者由失业状态转化为就业状态，以及在最近的观察周期内失去岗位的人占就业的比重。同时，我们也需要掌握失去岗位是因为主动离职，还是因为被动解雇。

6. 企业用工计划

企业用工计划是反映未来劳动力市场变化的前瞻性指标，对于失业预警和宏观经济调控的相机决策具有重要的参考价值。由于该指标具有及时性、短期性，因此，需要在以较快的频率获取数据，并及时公布。目前，国家统计局的企业景气调查已经具备收集该类信息的基础。

（四）统计信息的开发利用

建立符合劳动力市场新常态的规划与监测体系，需要整合现有统计资源，通过对现有的统计体系全面改革，加强顶层设计来实现。

第一，需要加强部门间的合作，避免信息收集渠道的碎片化。目前，统计体系已经有能力收集如表2所示的有关统计信息。但对于就业与劳动力市场统计的规划和监测，尚缺乏系统性，需要通过全面改革，对现有资源进行整合。甚至是在统计体系内部，不同的专项调查也需要相互协作。

第二，要加强就业规划的顶层设计，使就业和劳动力市场信息系统地开发利用，不仅服务于就业和劳动力市场的规划设计，也要加强对就业、失业以及其他劳动力市场指标与宏观经济相互关系的分析。

第三，要避免过去信息封锁、封闭使用的局面，加强信息的开发、开放与利用，及时向社会公布加总信息，向相关决策机构、国家级智库开放微观数据，以利于提高决策的科学性和时效性。

表 2

就业规划与监测体系

项目	指标名称	单位	定义	数据来源
失业				
	调查失业率	%	失业者占劳动力的比重	住户调查
	劳动参与率	%	经济活动人口占劳动年龄人口比重	住户调查
	兼职率	%	兼职者占劳动年龄人口的比重	住户调查
	失业时间	月	连续失业的时间	住户调查
就业				
	企业就业/总就业	%	在企业部门就业的人数占劳动年龄人口比重	住户调查
	公共部门就业/总就业	%	在公共部门就业的人数占劳动年龄人口比重	住户调查
	非正规比率	%	在非正规就业者占全部就业的比例	住户调查
工作时间				
	生产部门周工作小时	小时	生产部门就业人员平均每周工作的小时数	住户调查
	全部从业人员周工作小时	小时	全部就业人员平均每周工作的小时数	住户调查
工资				
	平均每小时劳动报酬	元/小时	全部就业人员平均每小时获得的劳动报酬	住户调查
	生产部门劳动报酬	元/小时	生产部门的就业人员平均每小时获得的劳动报酬	住户调查
供求				
	求人倍率	指数	求职者人数和招聘岗位数的比率	市场中介调查
雇佣与解雇				
	雇佣率	%	招聘人数占总就业的比重	住户调查
	失业-就业转换比率	%	失业后再就业人数占全部失业者的比重	住户调查
	五周内失业比例	%	五周内失去工作的人数占就业的比重	住户调查
	离职率	%	五周内离职者占就业的比重	住户调查
企业用工计划				
	企业雇佣计划	%	有新雇佣计划的企业占全部企业的比重	企业调查

四、"十三五"就业发展的重点领域

"十三五"时期是经济发展进入新常态的关键阶段。就业发展应该关注以下几个重点领域。首先，通过全面深化户籍制度改革，进一步提高劳动参与率，为经济结构调整和转变经济增长方式赢得时间；其次，要积极应对结构调整所提出的挑战，做出相应的规划和政策调整；再次，进一步加强人力资本积累，迎接中国经济的新一轮变革；最后，抓紧时机，完善中国的劳动力市场制度。

（一）努力提高劳动参与率

在劳动年龄人口数量开始下降的背景下，通过对劳动力市场相关的制度改革，提高劳动参与率，是延续中国经济竞争优势的重要手段。实际上，劳动参与率的变化已经成为决定中国劳动供给的主要因素。

根据 2010 年中国第六次人口普查数据的 1% 样本，如果仅仅考虑非农劳动参与率，16 岁以上劳动年龄人口为 56.3%，其中，16～64 岁的劳动年龄人口的非农劳动参与率为 65.0%。我们看到，近年来劳动力短缺所引发的普通劳动力工资上涨，对非农劳动参与率的提升起到了推动作用，与 2005 年相比，16～64 岁的劳动年龄人口的非农劳动参与率提升了 2.74 个百分点。2005 年 16～64 岁的劳动年龄人口总量为 9.17 亿人，也就是说，即便没有劳动年龄人口总量的增加，通过劳动参与率的提高就会使劳动供给在这五年里有所增加。而从人口统计的数据看，2005—2010 年，16～64 岁的劳动年龄人口数量增加了 4 491 万人。

如果我们把劳动参与（经济活动）人口的数量看作中国非农劳动供给总量的话，我们可以根据上述参数的变化，将 2005 年至 2010 年劳动供给变化（LS）按照来源进行分解，即劳动参与率（LFP）的提高以及劳动年龄（WP）人口数量的变化。

$$\Delta LS = LS_{10} - LS_{05} = LFP_{10} \times WP_{10} - LFP_{05} \times WP_{05}$$
$$= (LFP_{05} + \Delta LFP) \times (WP_{05} + \Delta WP) - LFP_{05} \times WP_{05}$$
$$= \Delta WP \times LFP_{05} + WP_{10}$$

上式对非农劳动供给来源进行了简单的分解，其中的第一项是劳动参与率保持不变的情况下，劳动年龄人口数量的变化所引起的劳动供给变化；第二项是劳动参与率变化所引起的劳动供给变化。按照 2005 年抽样调查资料和 2006 年人口普查资料推算，2005 年至 2010 年非农劳动供给增加了 5 431 万人，其中 2 794 万人（占 48.5%）来自于劳动年龄人口数量的增加，2 637万人（占51.5%）来自于劳动参与率的提升。这一观察对于未来的劳动力市场形势变化具有重要的政策含义：从2012年开始，中国16～59岁年龄组的人口数量已经开始下降，这意味着，在经济结构转型尚未实现的情况下，保持劳动力供给的优势应该主要着眼于劳动参与率的提升。

我们发现，在包含农业的劳动参与率中，按地区划分：西部地区的劳动参与率高于东部地区和中部地区；但是，如果将农业排除在外，非农劳动参与率最高的地区是东部，其次是中部和西部。16～64岁劳动年龄人口中（不含农业），东部地区的劳动参与率是69.8%，中部地区的劳动参与率是59.5%，西部地区的劳动参与率是60.9%。非农经济活动集中于东部地区的趋势仍然明显。

城镇地区是非农活动集中区域。如果我们将总样本划分为城市、镇和乡村，就很容易发现非农劳动参与率从高到低分别是：城市、镇和乡村，如表3所示。进一步观察东、中、西部地区不同类型区域（城市、镇、乡村）的劳动参与率，结果与总体情况很类似。分区域看，东部城镇地区的劳动参与率高于西部地区的劳动参与率，中部地区的城镇劳动参与率最低；如果不考虑务农的情况，东部地区的农村劳动参与率也高于中西部地区。这个结果反映了不同地区的经济活跃程度存在着差异。

表3

非农劳动参与率及地区分布　　　　　　　　　　　　　　　　　　　　单位：%

范围	16～64岁样本				16岁以上样本			
	全国	东部	中部	西部	全国	东部	中部	西部
全国	65.0	69.8	59.5	60.9	56.3	61.7	51.1	51.0
城市	67.2	70.5	61.1	64.6	61.1	64.4	55.3	58.2
镇	65.7	70.3	61.7	63.2	58.7	63.1	55.0	56.1
乡村	60.5	67.8	55.7	53.9	47.5	55.2	43.9	39.7

资料来源：根据2010年人口普查资料计算。

（二）促进就业结构的转型与升级

如果说中国在改革开放以后30余年的发展实现了工业化，基本完成了就业结构从农业为主向非农业为主的转变，那么，在"十三五"时期，非农产业内部的结构细分和产业升级将进入关键时期，并推动中国经济的进一步发展。

根据对不同经济体在不同的发展阶段就业结构变化的经验观察，在经济发展的初级阶段，伴随着就业向工业部门的集中，经济结构的专业化程度逐步提高，但到了中等收入阶段后期，经济结构又重新开始出现多元化趋势，并对经济增长方式和人力资本水平提出了更高要求。

我们以 2005 年 1‰人口抽样调查调查和 2010 年第六次人口普查的长表资料为基础，观察中国就业结构在劳动力市场经历迅速变化的时期，就业结构的变动情况。我们将按两位码的行业分类和按两位码的职业分类的岗位矩阵，得到反映中国非农行业岗位情况的 4 000 多种岗位，把岗位按工资十等分，观察从低端到高端岗位在 5 年中的变化情况。如图 5 的左半部分所示，2005—2010 年，在最低端的岗位就业的人数减少了 600 万人，而中高端岗位就业的人数均有增加。这意味着中国的就业结构在 5 年中有较为明显的升级。

为了进一步观察经济结构和就业结构是否呈现出多元化的趋势，我们计算了每个等份内各个岗位就业数量的基尼系数。基尼系数的值越大，意味着就业结构的专业化程度越高；反之，基尼系数越小，则就业结构多元化趋势越明显。结果如图 5 的右半部分所示。该图有两个特点值得关注。首先，2005—2010 年从高端到低端岗位，就业的集中度都有所下降，这也符合中等收入后期的结构变化特点，即就业结构开始向多元化方向发展。其次，高端的岗位，多元化趋势也越明显，而就业增加最明显的中等岗位，也呈现出较明显的多元化。

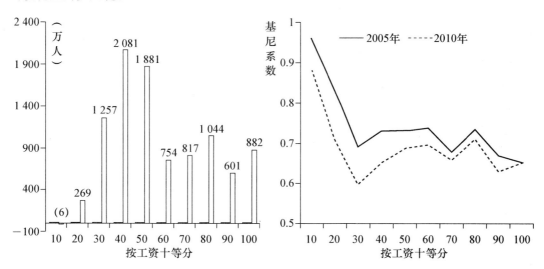

图 5　2005—2010 年就业结构的变化

资料来源：根据相关资料计算。

在"十三五"期间，经济结构和就业结构的多元化趋势将进一步加速，并将成为推动经济发展的力量。要促进经济结构向多元化方向转变，必须充分发挥市场在资源配置中的决定作用。首先，要继续全面深化生产要素市场的改革，通过更加健康、有效、充分竞争的资本市场、劳动力市场和土地市场，为生产要素更合理的配置提供及时、正确的价格信号。其次，要推动和完善企业微观机制的改革，让不同所有制的企业都能成为微观经济的主体，对要素市场的价格信号做出积极的反应。最后，要造就一批训练有素的劳动者，增加人力资本存量、提高人力资本质量，从而使劳动者能够适应经济结构转变的需要。

（三）加大并优化人力资本投资

"十三五"期间的经济发展，在中华民族伟大复兴的道路上具有里程碑的意义。虽然决定经济绩效的因素非常复杂，但对成功的跨越者与陷入中等收入陷阱国家的比较发现，是否在中等收入阶段有效地积累人力资本，并通过人力资本的提升促进全要素生产率的增长，进而推动经济增长，是其中非常重要的环节。

在过去 30 年时间里，中国的人力资本积累是卓有成效的。快速、全面地普及九年义务教育为中国的工业化进程积累了大量合格的产业工人，已成为不争的事实。正是由于这一时期的人力资本积累，确保了中国制造业的长足发展和劳动密集型经济的国际竞争力的提升。在最近十年来，高等教育的超常规扩张，也对提高劳动者的总体素质发挥了积极的作用。即便一些大学毕业生在短期内面临就业困难，然而，劳动者素质的提升也必将为未来经济结构的全面转型与升级打下人力资源的基础。在中国经济发展面临重要挑战的"十三五"时期，继续保持人力资本积累的趋势，对于经济的持续发展既有重要的意义，也面临更加严峻的挑战。

随着综合国力的不断增强，教育公共财政支出的大幅度增加，教育的持续发展已经具备了坚实的物质基础。在顺利完成"普九"以及高等教育扩张之后，在"十三五"期间实现义务教育的延伸是可行的。特别是人口结构的变化，使得高中阶段适龄人口的总量在未来继续维持下降趋势，因而，延伸义务教育并不会对公共财政带来多大的增量压力。

图 6 展示的是高中适龄人口（15～17 岁）占总人口比重的变化情况。自从 2004 年高中适龄人口占总人口的比重达到 5.8％的顶峰以后，随后呈逐年下降的趋势，"十二五"初为 4.1％，到"十二五"末将下降到 3.8％左右。在"十三五"期间，虽然该比重的变化将相对平稳，但仍然有逐年的小幅下降，到"十三五"末期，将不足 3.5％。

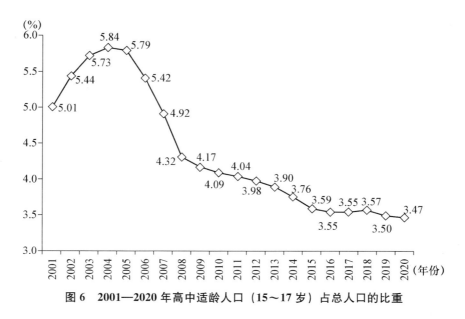

图 6　2001—2020 年高中适龄人口（15～17 岁）占总人口的比重

资料来源：根据人口普查资料计算。

　　根据人口预测的结果，到"十三五"末期，高中阶段适龄人口的总规模约为 4 812 万人。我们假设"十二五"期间高中教育阶段的学生规模保持在 2013 年的水平，即 4 370 万人，如果在"十三五"期间逐步推行高中阶段的义务教育，并在"十三五"末期使高中阶段适龄人口的毛入学率达到 100%，则整个"十三五"期间新增的高中在校学生数约为 442 万人。如果对新增高中阶段公共教育投入保持在 2012 年的水平，即生均公共财政教育事业费投入 7 776 元，则在"十三五"期间实现毛入学率 100% 的目标，累计所需的公共财政投入约为 344 亿元（2002 年价格）。这意味着，整个"十三五"时期的公共财政投入水平大约相当于 2012 年国家财政性教育经费投入的 1.5%。可见，即便考虑义务教育化后，需要更多的资源投入，增量也非常有限。

　　实际上，由于没有将高中教育纳入义务教育体系，高中教育萎缩的情况已经非常明显。这必然造成既有的教育基础设施、师资等教育资源的浪费。

（四）进一步完善劳动力市场制度

　　中国自从改革开放以来，劳动力市场制度经历了较为剧烈的调整和改革。1992 年中国正式确立了市场经济制度以后，1994 年颁布实施的《劳动法》是劳动力市场制度建设中具有里程碑意义的一部法律，标志着在就业决定和工资形成这两个环节，正式引入了劳动力市场机制。20 世纪 90 年代末，一系列劳动力市场规制的措施相继出台，并逐步形成了中国劳动力市场制度的基本框架。"十五"和"十一五"时期，是中国劳动力市场制度密集出台的时期，经过"十二五"时期的实践，有必要在"十三五"时期进一步完善这些制度。

总体上看，中国的劳动力市场制度由法律制度和劳动力市场政策两个支柱组成。前者包括在最近十余年相继颁布的与劳动相关的法律、法规；后者则主要是积极的就业政策和其他一些影响劳动力市场结果的政策。从对劳动力市场干预的手段看，根据劳动力市场制度安排的方式不同，司法手段、行政手段和经济手段交替使用，以不同的方式对市场机制的作用产生影响。在劳动力市场制度框架中，以下几个法律、法规发挥着越来越重要的作用。

《劳动合同法》于 2008 年 1 月开始颁布实施，该法对劳动者的利益提供了广泛的保护。与以前的《劳动法》相比较，《劳动合同法》在两个方面提出了新的规定，即雇主为工人提供合同的性质以及解雇工人的条件。根据《劳动合同法》的规定，在两个固定期限合同或十年的就业关系后，雇主必须提供无固定期限合同。试用期被限定在 1～3 个月，对劳务派遣行为也做出了相关的规定，而且在新近又做出更为严格的修订。对于解雇的赔偿条件也做出了明确的规定。从总体上看，《劳动合同法》具有明确的就业保护倾向。

《劳动争议调解与仲裁法》同样于 2008 年 1 月颁布实施，旨在配合《劳动合同法》执行，改善劳动争议的解决机制。它规定了劳动争议调解、仲裁、受理、听证等的程序和方式。而其突出的特征是降低了劳动者应用司法手段解决劳动争议的难度，从而具有突出的保护劳动者的倾向。

2004 年劳动和社会保障部颁布实施了《最低工资条例》（以下简称《条例》）。《条例》规定了最低工资制度实施的条件、定义、最低工资标准形成和调整的原则等。但与其他很多国家的最低工资制度不同，《条例》并没有规定全国统一的最低工资标准，而将确定最低工资标准的权力赋予地方。伴随着劳动力市场形势的变化，《条例》越来越成为政府干预市场工资率的一个重要手段，一个突出的特征就是，近年来各地纷纷快速地提高最低工资标准。

《就业促进法》也于 2008 年 1 月开始颁布实施，并成为中国政府实施积极的就业政策的法律依据。《就业促进法》明确了各级政府在就业创造、就业服务、职业教育和培训、就业援助、就业监察和监管等方面的责任。同时也明确了反对任何形式的就业歧视、倡导不同群体就业平等的司法取向。

市场经济先行国家由于劳动力市场制度框架比较早地成熟，因此，对劳动力市场制度的度量也已经形成了较为完整的体系。我们可以从就业保护严格程度、产业和集体谈判关系、社会保护的程度等几个维度，衡量劳动力市场制度的严格性。在这几个维度中，就业保护具有核心地位，OECD（经济合作与发展组织）提出了度量劳动力市场上就业保护严格性的具体方法。遵循这一方法，我们也可以对中国目前的劳动力市场制度做出相应的评价，并将中国劳动力市场制度的严格性与 OECD 国家进行比较。具体来说，对劳动力市场制度的严格性包括就业保护、临时合同和集体谈判等三个方面的内容。

对上述三类指标进行加权平均，就可以得到对劳动力市场总体严格性的评估数值。通过借鉴 OECD 的标准，对中国劳动力上的相关规定进行评估，发现从总体上看，现行的劳动力市场制度在就业保护上处于较高的水平。如表 4 所示，如果以同样的标准评价 OECD 国家和中国的就业保护严格程度，中国目前的劳动力市场规制的总体严格程度仅仅低于荷兰和比利时，而高于其他所有发达国家的水平。我们在该表中还列出了中国颁布实施《劳动合同法》时，OECD 国家的人均 GDP 水平。我们看到，当时发达国家的平均人均 GDP 水平为 33 940 美元，平均的劳动力市场严格程度为 2.34；相形之下，中国当时的人均 GDP 水平为 3 271 美元，即便以 2012 年的人均 GDP 水平，也仅为 6 100 美元，与发达国家仍然有较为明显的差异而劳动力市场严格程度综合评分为 3.33。考虑到与发达国家在经济发展阶段上的巨大差异，目前的劳动力市场制度所提供的就业保护水平无疑是相当高的。

在劳动力市场的各项制度安排，发达国家之间的态度与判断并不一致。我们需要对那些在市场经济成熟国家间已经取得较大共识的制度安排，优先予以考虑。例如，对于就业保护、临时合同的规制程度等在各个国家间的分歧较大，但集体谈判则取得相对一致的看法。因此，对这样已经取得共识的制度积极推进，有助于我们在制度建设过程中少走弯路。在"十三五"时期，如何借鉴国际经验、寻求劳动力市场安全性与灵活性的统一、完善我们的劳动力市场制度，仍然有很多路要走。

表 4

中国与 OECD 国家劳动力市场制度严格程度比较

国家	2008 年人均 GDP（美元）	劳动力市场严格程度
墨西哥	15 267	1.1
挪威	61 331	1.1
土耳其	15 021	1.5
加拿大	35 648	1.5
斯洛伐克	29 037	1.6
丹麦	39 841	1.7
美国	46 690	1.8
爱尔兰	41 813	2.0
瑞士	47 551	2.0
澳大利亚	39 028	2.0
西班牙	33 130	2.1
意大利	33 372	2.1

续表

国家	2008 年人均 GDP（美元）	劳动力市场严格程度
奥地利	39 784	2.2
日本	33 499	2.3
新西兰	28 925	2.4
波兰	18 025	2.4
德国	37 114	2.5
法国	34 166	2.7
捷克	25 872	2.7
匈牙利	20 429	2.8
英国	35 877	2.8
芬兰	38 080	3.0
韩国	26 688	3.0
瑞典	39 613	3.0
希腊	29 603	3.1
葡萄牙	24 938	3.1
荷兰	42 929	3.4
比利时	37 031	3.5
OECD 平均	33 940	2.34
中国	3 271	3.33

注：人均 GDP 为当年价格。

资料来源：stats. oecd. org.

五、"十三五"就业发展战略的推进路径

结合劳动力市场在"十二五"期间出现的明显变化，以及中国经济发展进入新常态的事实，"十三五"就业发展规划应该突出抓好以下几个方面的工作。

（一）全面推进就业规划与监测体系改革

以往的五年规划和年度就业监测所一直沿用的指标，已经与市场经济发展的形势和中国劳动力市场的实际运行状况严重脱节。在经济发展进入新常态、劳动力市场运行具有越来越明显的新古典特征的情况下，亟须在"十三五"规划期间，对这一领域进行全面系统的改革。

首先，我们建议在"十三五"规划中，放弃使用计划经济时期形成并一直沿用至今的规划指标：城镇登记失业率和城镇新增就业。在"十三五"规划中，代之以"调查失业率"

和"非农总就业"，作为规划目标。在数据信息获取方式上，改变以往以报表系统为主的模式，代之以抽样调查为主。

其次，在"十三五"期间，建立起完善的就业监测体系，其内容包括就业与失业、工作时间、工资与劳动力成本、劳动力市场供求、企业用工计划等。在"十三五"规划中，对就业与劳动力市场监测体系进行系统设计，整合现有的各个调查资源，统一就业信息的采集和发布。提高监测信息采集和发布的频率，对主要指标按月度公布。

最后，在就业监测中，将农民工系统地纳入监测范围，实现就业与劳动力市场信息采集、发布的一体化。以非农就业作为规划和监测的主要目标，而不以特定群体作为监测对象。

（二）全面推进户籍制度改革

在"十三五"时期，全面、彻底地推进户籍制度，将是提高劳动参与率最有效的手段。根据已有的研究，在劳动力市场自发机制推进的劳动力流动已经非常充分的基础上，进一步促进劳动力要素的再配置将依赖于户籍制度的全面、彻底改革。

改革户籍制度的呼声由来已久，全面深化户籍制度改革已经刻不容缓。不仅是由于户籍制度改革的条件已经成熟，更重要的是，中国经济发展进入了关键阶段，改革的停滞将阻碍我们获取新的增长源泉。

一直以来户籍制度改革都是以地方实践的渐进方式开展的。由于户籍制度的长期存在，已经形成了庞大的利益群体，使得每一步改革都成为利益关系调整的博弈，并直接影响到户籍制度改革的进程。然而，采取顶层设计、全面改革户籍制度的时机已经成熟。

全面推进户籍制度改革的核心与终极目标，是使与户籍相关的社会福利与人口登记功能分离。在"十三五"时期推进户籍制度改革的进程也应该按照这一目标加以设计。

首先，在"十三五"初期实现基本社会保护体系的一体化，完善并统一基本养老制度、基本医疗制度，实现全国范围的统筹，到"十三五"末期实现全国统筹的社会保护制度。

其次，在已经着手实施的居住证管理制度的基础上，在"十三五"时期，逐步实现不同地域和规模的城市在户籍管理上的一体化。目前，《居住证管理办法（征求意见稿）》（以下简称《办法》）已经向全社会颁发。该《办法》强调了常住人口与户籍人口在公共服务和社会保障方面的一体化，并提出了居住证管理和积分入户的相关办法。建议在"十三五"规划的具体实施过程中，加快公共服务和社会保护一体化的进程，通过具体的实践措施，加快户籍制度改革的步伐。

最后，在"十三五"末期，努力实现户籍制度改革的全面突破，从目前仍然坚持的分类改革的方案，过渡到全面改革。

（三）延长义务教育年限

义务教育是国家依法统一实施、所有适龄人口必须接受的教育，具有强制性、免费性和普及性，是教育工作的重中之重。虽然高中阶段的教育在过去十年也有较大的发展，但由于没有纳入义务教育体系，接受高中阶段的教育不具有强制性。因此，普通工人工资迅速上涨、教育机会成本不断提高的情况下，即便在教育公共财政资源相对宽松的时期，缺乏明确的制度干预，高中阶段的教育的萎缩也不可避免。从这个意义上说，高中教育义务化既是对"普及高中教育"的战略目标的深化与延伸，也是通过制度建设，加强人力资本投资、干预市场失灵的有效手段。

秉承渐进改革的一贯思路，并确保"十三五"期间在义务教育制度的改革与完善上有所突破，义务教育延伸至高中阶段可以遵循以下总体思路。

1. 实现高中阶段的强制教育

义务教育的首要特征就是其强制性。从这个意义上说，制度建设应优先。通过将高中阶段的教育纳入义务教育体系，可以进一步强化国家、学校、家庭与个人在高中教育中的作用，引起全社会对高中阶段教育的关注，遏制高中教育逐年萎缩的局面。同时，将高中教育纳入义务教育的范畴，可以进一步明确各级政府及公共财政在高中教育中应该发挥的作用，更有效地督促各级政府积极地抓好高中教育。

2. 力争到"十三五"末高中毛入学率达 100%

2013 年，高中阶段毛入学率为 86%，其中，普通高中为 48%，成人高中、中等职业教育等占 38%。由于高中适龄人口正逐年减少，《国家中长期教育改革和发展规划纲要（2010—2020 年）》提出的到 2020 年高中阶段毛入学率 90% 的战略目标有望在"十二五"末期即告实现。以此为基础，在"十三五"期间高中适龄人口继续减少的情况下，提高五年规划的水平和努力目标，实现高中教育的全面普及是完全可行的。即便假定"十三五"开始时高中在校生人数保持现有水平，则每年增加高中在校生数约 88 万人（占高中在校生规模的比重不足 2%）即可实现高中教育的普及。

3. 增加对高中教育的公共资源投入

在"十三五"期间，适当增加对高中教育的公共财政投入是非常必要的。公共资源的增加可以分步推进。首先，确保全面普及高中教育的资源投入，即实现"十三五"末高中毛入学率达到100％的目标所需的增量公共财政资源。根据前面的静态测算，在"十三五"期间，累计投入344亿元即可实现这一目标。其次，增加高中教育的生均经费投入。目前，由于没有纳入义务教育，对高中教育的生均公共资源投入水平甚至低于初中教育。如果静态地计算，在"十三五"初期达到目前初中教育的投入水平，公共财政需要累计增加约158亿元。最后，逐步提高高中教育阶段的公共资源投入水平，确保对高中教育的公共财政投入增长幅度与其他义务教育阶段的公共投入持平。借鉴推进九年义务教育免费的成功经验，从中西部和农村地区开始，逐步推进高中阶段义务教育免费的进程。

4. 整合职业教育与普通教育资源

高中阶段教育的特殊性在于普通高中与中等职业教育混合。在"十二五"期间，国家加大了对职业教育的公共资源投入力度。但资源在不同地区、不同部门和不同类型的学校间分割的现象非常明显。通过高中教育义务化，整合国家对高中阶段的职业教育以及普通高中的教育资源投入，提高资源的使用效率，将有助于推进高中教育义务教育化。

5. 增加普通高中的毛入学率

较之于其他阶段的教育以及中等职业教育的大发展，普通高中在"十一五"后期以及"十二五"期间处于停滞状态。2008年以来普通高中的毛入学率几乎没有增加，近年来甚至出现萎缩的苗头。高中阶段毛入学率的增加则主要来自于中等职业教育的扩张。实际上，相对于在普通高中实施的通识教育而言，公共资源投资于职业教育面临更多的风险和不确定性，从而容易造成投资的低效甚至失败。

首先，职业教育所形成的人力资本较之普通高中具有更大的专用性，从劳动力市场匹配的角度看，人力资本的专用性越强，工人与岗位的匹配难度也越大，造成结构性失业的风险也越高。其次，如前所述，中等收入向高收入过渡必将伴随着经济结构的剧烈变动，相应地，就业的岗位、职业与行业特征都将发生明显的变化。在经济结构变化的方向并不明确的情况下，大力发展职业教育在办学方向、课程设置、招生规模与结构等方面都面临更大的风险。最后，随着产业结构的升级，普通高中与通识教育所积累的一般性知识对于提高工人的创新性会产生更多的帮助，而且会在更长的时期里对人力资本积累产生作用。

因此，我们建议在"十三五"期间将高中阶段教育的增量资源主要配置于普通高中。在目前普通高中毛入学率达48％的基础上，力争到"十三五"末期，普通高中的毛入学率达到60％。并在随后的时间里结合经济发展的实际需要与劳动力市场的变化情况，调整中等职业教育与普通高中的比例关系，逐步增加普通高中的比重。

6. 通过改革职业教育增加通识课程

虽然职业教育的投入有显著增加，但职业教育的效果，尤其是职业教育与劳动力市场是否实现有效联系有待审慎评估。可以预期的是，在"十三五"及其以后的时期内，中国经济将经历较为明显的结构转换。为了降低对职业教育既有投资造成的潜在风险，建议在"十三五"期间加大职业教育的改革力度，尤其是增加职业教育中通识课程的比重，提高接受职业教育的学生学习一般知识的能力。同时，借鉴国际经验，在"十三五"期间逐步调整和规范高中教育的课程设置。

7. 加强城乡统筹促进农村地区的高中教育

随着城镇化的推进，越来越多的农村人口将聚集到城市。由于城乡之间人口转变进程的差异，城市户籍人口中高中适龄人口的下降也更为迅速，通过深化户籍制度改革、统筹城乡教育资源，将有助于推进高中教育义务化的进程。同时，将高中教育纳入义务教育，也有助于在不同地区之间协调高中教育的责任，从而促进户籍制度改革的深化。

（四）使灵活安全的劳动力市场制度初步定型

党的十八届三中全会通过的《中共中央关于全面深化改革若干重大问题的决定》提出，到2020年实现各项制度基本定型。因此，"十三五"时期也是劳动力市场制度改革和完善的关键时期。对于中国这样具有发展和转型双重特征的国家而言，制度建设的阶段性特征必须予以考虑。中国正面临着经济发展的刘易斯拐点，也就是说，从劳动力无限供给的二元经济社会，向具有新古典特征的市场经济模式转变。相应地，劳动力市场制度的建设也要适应这种转变。

在二元经济时代，由于存在大量的农业剩余劳动力，劳动力无限供给是经济发展中面临的最主要的特征。在这样的发展阶段，经济发展的主要目标是创造尽可能多的就业机会，为农村的剩余劳动力转移创造条件。而劳动力市场政策的主要目标则是最大限度地促进劳动力流动，减少制约劳动力流动的制度性障碍。换言之，在这样的发展阶段，劳动力市场以放松规制为主要取向，制度选择的任务和难度不大。

一旦经济发展越过刘易斯拐点，劳动力市场上的供求力量对比就开始发生根本转变，也就是说，供求双方的力量都对就业关系发生作用，而不像二元经济时代只是需求的单边力量起支配性作用。在这一发展阶段，劳动力市场会随着供求格局的变化产生一系列新现象，劳动力市场的制度选择也变得更加复杂和必要。

第一，劳动力市场制度要致力于保持和谐的劳动关系。在经济发展跨越刘易斯拐点后，劳动力短缺的出现提升了劳动者在供求关系中的谈判地位。同时，不断上升的工资水平（以及工作条件）使工人对雇主的预期不断提升。在这种情况下，一旦实际的劳动力市场结果与工人预期的水平有差距，劳动争议就有可能出现。于是，我们会观察到，伴随着劳动条件的改善和工资水平的上涨，劳动争议的数量不是下降，而是上升了。从政策制定者的角度而言，应该充分地认识到劳动争议在此时的出现是一种正常、必然的情况。而应对的关键是，顺应这种形势的变化，确立相应的制度措施，使劳动争议得到有效解决。

第二，劳动力市场制度要满足工人不断提升的社会保护保护需求。对于从农业中转移出的劳动力而言，他们最迫切的需求是获得就业机会和非农收入。但随着刘易斯拐点的来临，工资水平的不断上扬使得劳动者的需求日益丰富，特别是对社会保护的需求随之上升。在这样的阶段，清晰界定社会保护中企业、政府和社会的责任，将是劳动力市场制度面临的主要挑战之一。

第三，随着经济结构的转变和劳动力市场的转折，农村转移劳动力越来越成为专业的产业工人。这也意味着，他们返回农业、农村的可能性也越来越小。对于新生代的农民工更是如此。因此，劳动者所面临的劳动力市场面风险和不确定性，越来越接近于成熟的市场经济国家的情形。特别是随着收入水平的提升，我们不能再寄希望于农业成为社会稳定的最后安全网，不能希望经济发生波动时以农村劳动力返乡的形式来平抑经济冲击的影响。

第四，鉴于人口因素是推动劳动力市场转变的主要动力，因此，目前中国的劳动力市场变化所产生的效应与发生于发达国家的技能偏向型的转变有着明显的差别。在欧美等发达经济体，随着劳动力成本的不断上升，经济发展的比较优势越来越转向资本、技术和知识密集型的行业，随之出现了所谓技能偏向的技术变迁，这种变化使得劳动力市场对高技能者的需求不断增加，而低技能的普通岗位则增长缓慢。于是，接受过大学教育的劳动者在劳动力市场上更受欢迎：他们的失业率较低，而且有着更高的工资水平和更快的工资增长。但目前我国出现的劳动力市场变化主要体现为普通工人工资的上涨，非但不能对人力资本投资形成激励，还增加了受教育的机会成本，导致基础教育辍学率的增加。在这种情况下，农民工等普通劳动力的短期行为，会导致未来熟练工人供给不足，并制约中国由中等收入向高收入迈进。

中国劳动力市场目标模式建设除了要注重考虑刘易斯拐点带来的制度需求变化，还应该注意中等收入阶段特殊的发展阶段特征所引致的制度需求。毕竟对于一个处于中等收入阶段的经济体而言，向高收入阶段迈进仍然是社会经济发展的主要目标。劳动力市场制度也需要为这一发展目标服务。

最近的劳动力市场变化及经济发展新特点越来越表明，中等收入以后的经济增长制约因素，将越来越来自于制度是否能刺激生产要素的有效供给，包括劳动力要素的供给。因此，劳动力市场制度设计要更加注意对其劳动供给的影响，鼓励个人积极地参与劳动力市场，同时，提高劳动力供给的质量和有效性。因此，对个人人力资本投资的激励、工作时间的激励、劳动参与的激励等都将成为比以前更加重要的政策领域。

一方面，随着劳动力短缺的出现，劳动力投入的数量，可能成为经济发展中越来越明显的制约。劳动力市场制度要及时调整，刺激有效劳动供给的增加，尽可能延长劳动力的数量优势。特别是从目前的劳动力市场状况看，在劳动力短缺的同时，城镇劳动力市场的参与率却趋于下降。这就意味着，通过政策调整，促进就业、增加劳动供给的余地仍然存在。

另一方面，随着劳动密集型产业竞争优势的下降，劳动力市场制度也要着眼于经济结构的调整和升级，注重与人力资本投资制度的衔接，以利于提升劳动者的素质。例如，当普通工人工资上升时，接受教育的机会成本增加，将导致辍学率的上升。从人力资本积累的角度而言，补贴教育的机会成本将有助于降低辍学率，同时，从劳动力市场制度而言，规范用工制度和劳动力市场准入条件，也有利于为未来的经济发展积累人力资本。

（五）对不同群体实施针对性的扩大就业政策

在"十三五"期间，以下几类人群的就业问题值得关注。由于造成他们就业压力的原因各不相同，扩大就业的政策应该具有针对性。

首先，经济结构调整和化解过剩产能的过程中，有可能产生新的就业困难人员。应该综合运用积极和消极的劳动力市场政策，及时应对可能出现的就业冲击。一方面，应该在过剩产能集中的地区，培育新的产业，创造新的就业机会；另一方面，要利用失业保险基金大量结余的优势，夯实对失业者的保障基础。

　　其次，大学毕业生仍然是就业政策应该关注的特殊群体。一方面，需要结合经济结构调整与产业升级，创造出更多适合大学毕业生的就业岗位；另一方面，需要鼓励大学生创业，通过在全社会营造鼓励创新、保护创新的环境，扶持小微企业的发展，并将大学生创业计划纳入小微企业发展计划。

　　最后，虽然农民工总体就业形势在"十二五"期间保持稳定，但仍然需要在"十三五"期间关注他们可能面临的就业风险，特别是经济结构调整，对农民工就业可能造成的冲击。针对农民工的人力资本水平可能不适应未来产业升级需要的情况，应该深化培训体系的改革，通过培训需求的引导发挥企业在培训中的作用，提高培训的针对性。进一步提高农民工社会保护的水平，增强他们应对劳动力市场负面冲击的能力。

中国社会科学院美国研究所

中国社会科学院世界社保研究中心

"十三五"期间社会保障制度改革前瞻

一、"十二五"规划任务落实情况回顾：简单评估

《"十二五"规划纲要》的第八篇"改善民生 建立健全基本公共服务体系"有两章对社会保障任务进行了规划，即第三十三章"健全覆盖城乡居民的社会保障体系"和第三十四章"完善基本医疗卫生制度"。

（一）关于社会保险制度实施情况的对比

《"十二五"规划纲要》对城乡社会保险及其五个险种规划的任务做了较为详细的规定，其规定内容和实施情况对比如下：

1. 关于实现新农保全覆盖

截至 2014 年 11 月底，城乡居保（含新农保）覆盖人数 4.99 亿人[1]。在"十二五"规划规定的诸多指标中，覆盖面是达标最为理想的。虽然新农保和城居保合并为城乡居保，城镇居民参保人数没有具体披露，但估计只有 2 000 多万人。因此，剔除城镇参保农民工之

---

[1] 马凯. 国务院关于统筹推进城乡社会保障体系建设工作情况的报告——2014 年 12 月 23 日在第十二届全国人民代表大会常务委员会第十二次会议上 [EB/OL]. （2014－12－24）[2015－02－20]. http://www. npc. gov. cn/npc/xinwen/2014-12/24/content_1890884. htm.

后，农村基本实现了应保尽保，实现了"十二五"规划关于实现新农保全覆盖的规定任务。重要的是，"十二五"期间，农垦职工、未参保集体企业退休人员、"五七工"、家属工等群体上千万人也纳入职工养老保险制度，集中解决了一批突出的历史遗留问题。

2. 关于扩大工伤、失业、生育保险制度覆盖面

2010 年，失业保险覆盖面 13 376 万人，工伤保险覆盖面 16 161 万人，生育保险覆盖面 12 336 万人；2013 年年底，这个三项保险覆盖面分别提高到 16 467 万人、19 917 万人和 16 392 万人[1]。虽然这三项保险覆盖面不如养老保险，但就国外经验值来看，业已达到较好水平，这三项保险在国外一般也是养老保险的 1/5～1/3。

3. 关于发展企业年金和职业年金

建立职业年金是指针对机关事业单位的补充养老保险，由于机关事业单位养老金改革迟迟未有实质性进展，职业年金在"十二五"期间没有进展。但是，企业年金在"十二五"期间得到了长足发展，成为社会保障制度发展的一大两点。从参与率来看，2010 年年底[2]，建立企业年金的企业数量是 3.71 万家，覆盖职工人数 1 335 万人；但截止到 2014 年 9 月底，建立企业年金的企业数量骤升至 7.22 万家，翻了一番，参加职工 2 210 万人，也增加了将近一倍。从积累基金规模来看，2010 年年底为 2 805 亿元，截止到 2014 年 9 月底已高达 7 092 亿元，翻了一番多，增长十分明显，差不多年均千亿。重要的是，2013 年 12 月，在党的十八届三中全会刚刚闭幕一个月之时，财政部等就颁发了《关于企业年金、职业年金个人所得税有关问题的通知》（财税〔2013〕103 号），这是中国版"401k 计划"[3]税收优惠政策的重要进步，它标志着 EET 模式[4]税优政策的正式出台。虽然还有很多完善之

---

[1] 引自 2010 年和 2013 年的《人力资源和社会保障事业发展统计公报》，见人力资源和社会保障部官网。

[2] 郑秉文. 中国养老金发展报告 2011 [M]. 北京：经济管理出版社，2011：61-62.

[3] 401k 计划也称 401K 条款，401k 计划始于 20 世纪 80 年代初，是一种由雇员、雇主共同缴费建立起来的完全基金式的养老保险制度，是指美国 1978 年《国内税收法》新增的第 401 条 k 项条款的规定，1979 年得到法律认可，1981 年又追加了实施规则，20 世纪 90 年代迅速发展，逐渐取代了传统的社会保障体系，成为美国诸多雇主首选的社会保障计划。按该计划，企业为员工设立专门的 401k 账户，员工每月从其工资中拿出一定比例的资金存入养老金账户，而企业一般也按一定的比例（不能超过员工存入的数额）往这一账户存入相应资金。与此同时，企业向员工提供 3～4 种不同的证券组合投资计划。员工可任选一种进行投资。员工退休时，可以选择一次性领取、分期领取和转为存款等方式使用。

[4] EET 模式是在补充养老保险业务购买阶段、资金运用阶段免税，在养老金领取阶段征税的一种企业年金税收模式。其因高效率性，受到大部分发达国家和学者的推崇。

处，但毕竟向着国际接轨的税优政策迈出了最为重要的一步。

4. 关于全面落实城镇职工基本养老保险省级统筹和实现基础养老金全国统筹

"十二五"规划的这个任务显然没有完成。早在 1991 年颁发的建立职工养老保险制度的第一个文件时就提出来"由目前的市、县统筹逐步过渡到省级统筹"[1]，但是这个目标在"十二五"期间并未实现，全国统筹的目标就更遥不可及。2009—2010 年，全国绝大部分省份曾宣布实现省级统筹，但其核定标准是劳动保障部颁发的《关于推进企业职工基本养老保险省级统筹有关问题的通知》（劳社部发〔2007〕3 号）中规定的"六统一"，指统一制度、统一费率和费基、统一养老金计发办法和统筹项目、统一基金核算、统一预算、统一业务流程。即使按照"六统一"的标准，根据审计署的官方统计[2]，截至 2011 年年底，全国仍有 17 个省份尚未完全达到所谓的省级统筹。根据国际惯例，基金流的收支管理与核算层级才是唯一的衡量统筹的标准，从这个标准看，真正实现省级基金统筹管理的只有四个省份（即北京、上海、天津三个直辖市和陕西省）。

5. 关于发挥商业保险补充性作用

"十二五"期间，健康保险对医疗和养老的补充性作用虽然大有长进，但由于税收政策改进不大，保险深度和密度虽有进步，但总体看没有实质性变化，真正的养老保险产品为万亿元左右（其余 5 万亿元主要为理财产品）。

（二）关于社会救助体系的发展

从数量上看，截至 2014 年 11 月底[3]，全国城市低保对象为 1893 万人，农村低保对象

---

[1] 见《国务院关于企业职工养老保险制度改革的决定》（国发〔1991〕33 号），第七条规定："尚未实行基本养老保险基金省级统筹的地区，要积极创造条件，由目前的市、县统筹逐步过渡到省级统筹。"当时，职工缴费标准每月不超过 3%。1993 年 11 月 14 日召开的党的十四届三中全会审议通过的《中共中央关于建立社会主义市场经济体制若干问题的决定》一般被认为是正式建立养老保障制度的标志，这个《决定》正式确定了"实行社会统筹和个人账户相结合"的制度。

[2] 见《全国社会保障资金审计结果》（审计署公告 2012 年第 34 号）。

[3] 马凯. 国务院关于统筹推进城乡社会保障体系建设工作情况的报告——2014 年 12 月 23 日在第十二届全国人民代表大会常务委员会第十二次会议上［EB/OL］.（2014-12-24）［2015-02-20］. http://www.npc.gov.cn/npc/xinwen/2014-12/24/content_1890884.htm.

高达 5 202 万人，五保供养对象 532 万人；城市低保月人均补助 266 元，保障水平达到 401 元；农村低保年人均补助 1 440 元，保障水平达到 2 673 元。社会救助的力度和幅度都始终保持在这个较高水平上。"十二五"期间，全国城乡救助资金投入力度不断加大，包括城乡低保资金在内已超过万亿元。

从法制建设上看，"十二五"期间建立了救助标准的价格联动机制，出台了《国务院关于进一步加强和改进最低生活保障工作的意见》，对城乡低保制度进行了改进和规范；印发了《城乡医疗救助基金管理办法》，城市和农村医疗救助基金整合为统一的城乡医疗救助基金；国务院颁布了《社会救助暂行办法》，进一步加强了低保制度的城乡统筹；印发了《关于全面建立临时救助制度的通知》等。重要的是，2013 年国务院印发了《关于加快发展养老服务业的若干意见》，对我国养老服务业发展做出系统安排和全面部署；2014 年国务院印发了《关于促进慈善事业健康发展的指导意见》。

（三）"十二五"期间社会保障取得的巨大成就

1. 社会保险基金支付能力明显提高

2009 年城镇职工基本养老保险支出仅为 10 555 亿元，累计结余仅为 15 365 亿元，2013 年支出高达 16 470 亿元，基金余额高达 28 269 亿元，将近翻了一番；城镇基本医疗保险基金余额 2009 年是 5 047 亿元（含个人账户积累，下同），2013 年则高达 9 117 亿元；失业保险基金规模从 2009 年的 1 750 亿元，提高到 2013 年的 3 686 亿元；工伤保险基金余额从 479 亿元提高到 996 亿元；生育保险基金从 261 亿元提高到 515 亿元[1]。

2. 社会保险的财政补贴力度逐年增强

五项社会保险中，除养老保险以外，其他四险无须财政补贴。城镇职工基本养老保险的补贴在"十二五"期间明显增加，2009 年为 1 954 亿元，2013 年为 3 019 亿元。2009 年建立的新农保和"十二五"期间建立的城镇居民养老保险（以下简称城居保）制度都得到财政的大力资助，2013 年财政对城居保的财政补助为 1 402 亿元，基金累计结余 3 000 多亿元。

---

[1]　引自 2010 年和 2013 年的《人力资源和社会保障事业发展统计公报》，见人力资源和社会保障部官网。

3. 社会保险制度建设取得诸多成就

第一，2011 年建立城居保制度，这是历史上首次对城镇居民建立养老保险制度。

第二，2014 年，新型农村社会养老保险（以下简称新农保）与城居保合并为"城乡居保"，意味着城市和乡村的居民两个制度在执行上首次合并，是社保制度城乡统筹的可喜一步。

第三，2014 年，失业保险对采取有效措施不裁员、少裁员，稳定就业岗位的三类企业（实施兼并重组企业、化解产能严重过剩企业、淘汰落后产能企业），由失业保险基金给予"稳岗补贴"并执行到 2020 年。

第四，2015 年 1 月，机关事业单位人员进行养老保险改革，实行与城镇职工养老保险制度完全相同的社会统筹与个人账户相结合的基本养老保险制度，标志着受社会广泛质疑的双轨制正式寿终正寝。

4. 新一轮医改使医疗保险基金实力得以增强

"十二五"规划恰好贯穿新一轮医改（2010—2013 年），城镇居民医保和新农合基金收入从 1 174 亿元增长到 3 927 亿元，年均增长 35.2%，各级财政共拨付补助资金约 1 万亿元，占总筹资额的 80%，参保补助标准由 2009 年的每人每年 80 元提高到 2014 年的320 元。

（四）"十二五"规划中没有落实的经验教训总结

"十二五"规划中列出的社会保险和社会救助等很多领域业已达标并取得辉煌成就，其主要原因主要是党中央高度重视，各级政府和主管部门奋力拼搏。统筹层次之所以几十年来难以提高，主要原因在于制度设计机构存在一定问题，需要进行结构改革。党的十八届三中全会通过的《中共中央关于全面深化改革若干重大问题的决定》（以下简称《决定》）明确指出要完善个人账户制度，为结构改革指出了方向。商业保险补充性作用发挥等在"十二五"期间未能达标的问题的解决，既有赖于中央领导集体最终下定决心，又有赖于一揽子顶层设计。

二、"十三五"期间社会保障制度全面深化改革的指导方针：三层含义

《决定》内涵丰富、思想深邃，字里行间充满改革创新气息，在涵盖的 15 个领域 60 项具体任务中，每一段甚至每一个字都闪耀改革创新睿智。深入学习《决定》原文，领会三中全会的精神实质，可加深对这轮社会保障体系全面深化改革重要性、必要性和准确性的理解。

（一）社会保障是国家治理体系的一个子系统

《决定》指出："全面深化改革的总目标是完善和发展中国特色社会主义制度，推进国家治理体系和治理能力现代化。"将推进国家治理体系和治理能力现代化作为全面深化改革的总目标，对社会保障制度改革既具有重大而深远的理论意义，也具有指导社会保障体系改革的现实意义。从战略高度看，如果说"国家治理体系和治理能力"是指一个国家的制度体系和制度执行能力，那么，作为一个有机整体，社会保障体系必然包含在国家治理体系之中，社会保障制度执行能力也必然包括在国家治理能力之中。在历史的新起点，社会保障体系既是民生工程，也是服务型政府的服务窗口，还是国家治理体系的一个重要子系统，更是国家治理体系的组成部分。国家治理体系是一个总和概念，也是一个具体概念，社会保障作为一个子系统，既有提供服务的一面，也有共同治理的一面；既有被动接受的性质，也有主动参与的性质。国外社会保障体系模式选择和路径依赖的百年历史显示，社会保障这个子系统对国家治理体系既可以发挥正能量作用，也可以发挥负能量作用；既可以成为国家治理能力中稳定社会的安全网，也可以成为经常引爆社会骚乱和削弱治理能力的火药桶，甚至演变为国家治理能力的一个短板。国家治理能力现代化自然包括社会保障制度体系和制度执行能力的现代化，其中，社会保障制度执行能力现代化是国家治理能力现代化的一个标志性指标：如果提到希腊，人们不可能不将其糟糕的社会保障制度体系及其制度执行能力与其糟糕的国家治理能力联系在一起；当提到法国，人们必然会联想到其经常引发社会运动的社会保障体系早已变成挑战其国家治理能力现代化的一个"麻烦制造者"。因此，《决定》在这段里提出的"必须更加注重改革的系统性、整体性、协同性"，实际就是指在推进国家治理体系和治理能力现代化进程中对其他社会子系统提出的具体要求，相对于社会保障体系全面深化改革的顶层设计方案而言，这个子系统的顶层设计及其改革目标能否很好地配合、顺应和支持国家治理体系和治理能力现代化建设的总目标，实际就是指这轮改革是否更加考虑到了系统性、整体性和协同性。

（二）社会保障依然存在处理好政府和市场的关系问题

《决定》提出："经济体制改革是全面深化改革的重点，核心问题是处理好政府和市场的关系。"社会保障领域依然存在这个核心问题，即处理好政府和市场的关系问题。在建立社会保障制度的 20 多年时间里，这个问题表现得越来越突出，具体而言，处理好政府和市场的关系应主要体现在两个方面。一是在社会保障制度外部，要进一步廓清社会保障与公共财政的关系，厘清两个制度的边界，正确认识和明确他们各自的功能定位，这是厘清社会保障领域里政府和市场关系的核心问题。二是在社会保障制度内部，要进一步强调和构建多层次与多支柱的制度目标，最大限度地促进发展以市场为基础的第二支柱和以市场为导向的第三支柱即商业养老保险，高度重视制度内部的多层次和多支柱建设。

在过去较长时期，如何处理好社会保障领域政府与市场的关系问题，一直是学术界和决策层没有直面思考和给予明确答案的问题，是近百年来国际社会保障学术研究和各国改革中存在争议的问题，也是不同历史文化传统及其国民性的选择结果及其具体表现。

（三）社会保障制度改革指导方针的三层含义

《决定》明确指出："建立更加公平可持续的社会保障制度。坚持社会统筹和个人账户相结合的基本养老保险制度，完善个人账户制度，健全多缴多得激励机制，确保参保人权益，实现基础养老金全国统筹，坚持精算平衡原则。推进机关事业单位养老保险制度改革。"这段重要表述应成为"十三五"期间社会保障改革的指导方针，具有三层含义：

1. 明确了全面深化改革的总体要求，即建立更加公平可持续的社会保障制度

社会保障的公平和效率相辅相成，不可偏废。其中，三中全会明确《决定》对机关事业单位养老保险制度实施改革，这是对多年来全社会极其关注和质疑的养老保险双轨制的郑重回应，是当前养老制度公平性改革的标的物，是当前社会保障领域的"硬骨头"；同时，机关事业单位养老金改革也是统筹、牵引和推动全国基本养老保险统账结合制度改革和转型的一个契机和突破口，成功与否，至关重要，影响全局；三中全会将公平性改革列为首要，充分体现了以习近平同志为总书记的党中央和新的领导集体有胆有识、敢于碰硬、勇于担当的政治决心和改革气魄。

2. 确立了"十三五"期间这轮全面深化改革的检测标准，即推进实现全国统筹和坚持精算平衡原则

这个检测标准包括五项社会保险。这是多年来困扰制度正常运转的两个难题。统筹层次低下是派生其他诸多制度困境的主要根源之一。关于制度精算平衡，这既是一个认识问题，又是一个现实问题；如此专业化的技术词汇出现在党的重要文献之中，在历史上是首次，它为确保社会保障制度持续健康发展以顺利跨越"中等收入陷阱"提供了一个测量基准，为社会保障制度运行质量的可检查、可评估、可量化提供了一个基本原则，为重新确立和强调个人账户的"精算中性"功能提供了一个合法依据。如果说完善个人账户制度是加强可持续性的一个抓手，那么，强调制度精算平衡就是度量可持续性的一个工具。

3. 指出了城镇职工养老保险全面深化改革的主要任务，即通过完善个人账户制度，健全多缴多得激励机制，以确保参保人权益

只有完善个人账户制度，多缴多得的激励机制才能得以健全，参保人的权益就能够得以确保。其中，完善个人账户制度是健全激励机制关键和确保个人权益的载体。这是一个重大变化，是一次制度结构性改革，它意味着"做实个人账户试点"这个十几年来的传统表述，终将让位于"完善个人账户制度"，即向名义账户制转型，其意义重大，含义深远。如果说推进机关事业单位养老金改革强调的是公平性的话，那么，完善个人账户制度的着力点就无疑是制度的可持续性。

三、"十三五"期间城镇职工基本养老保险改革的主要困难：五个方面

2015 年 1 月 3 日，在全面推进依法治国的新年伊始，《国务院关于机关事业单位工作人员养老保险制度改革的决定》（国发〔2015〕2 号）正式发布，总共十二条，机关事业单位养老金改革的制度描述跃然纸上，机关事业单位养老金体制全面深化改革的基本思路是"一个统一和五个同步"。"一个统一"是指党政机关、事业单位建立与企业相同基本养老保险制度，实行单位和个人缴费，改革退休费计发办法，从制度和机制上化解"双轨制"矛盾。"五个同步"是指机关与事业单位同步改革，职业年金与基本养老保险制度同步建立，养老保险制度改革与完善工资制度同步推进，待遇调整机制与计发办法同步改革，改革在全国范围同步实施。这就意味着，未来机关和事业单位养老保险将采取两步走的改革模式，

即并轨后再按照《中共中央关于全面深化改革若干重大问题的决定》的规定对统账结合制度进一步升级，机关和事业人员将与城镇职工基本养老保险制度采取同一个制度即公共部门在中国享有养老金特权的历史一去不复返。

如果说在"十三五"期间机关事业单位养老金并轨这个主要的公平性问题已经解决的话，那么，社会保障制度财务可持续性将是"十三五"期间是需要解决的主要问题。

从制度根源上讲，社会保障财务可持续性主要有如下五个方面的突出问题：

（一）制度的收入能力低下

养老保险制度作为一项保险制度，必然存在收入和支出的平衡问题。一般来说，"支出端"的政策性很强，支出规模和待遇水平带有相当的刚性。如果"收入端"的缴费收入能力不能满足"支出端"的要求，与其参数相差太远，就说明制度的收入能力太差。养老保险制度的收入主要由参保人缴费和投资受益构成。这两个方面的收入能力在中国都非常差：

1. 制度激励性不好导致缴费收入能力很弱

几乎所有国家养老保险的主要收入均为缴费收入，它主要来自雇员和雇主的双方缴费。由于养老保险制度激励性不好，多缴多得的原则没有真正树立起来，缴费与权益脱节严重，制度设计复杂，参保人不知道现在缴费到退休时能拿回多少。于是，参保人、参保单位、地方各级政府等各个角色到处都充斥着道德风险，他们采取各种办法，偷费逃费，跑冒滴漏，制度的实际收入与制度参数规定的预期收入之间存在很大差距。存在问题有：

第一，实际费率低于规定费率。政策规定的费率在一些发达地区难以执行，因为出于局部利益的考虑，降低企业费率将有利于吸引招商引资，发达地区的基金实力雄厚，余额巨大，没有"出口"，于是，有些省份和城市明里暗里支持降低费率，甚至发布文件予以指导和保护。企业缴费率存在的"多轨制"，甚至成为"合法"的"费率乱象"。

第二，实际费基小于真实费基。降低企业负担与职工负担的一个最好办法还在于缩小缴费基础，这是减少缴费的普遍现象。为了少缴费，很多企业主和职工常常合谋缩小费基；从全国参保人的缴费比例来推算，缴费的工资基数只是真实工资的60%左右。这与住房公积金的情况正好相反。社保经办机构、税务系统和地方政府等睁眼闭眼，这已是公开的秘密。

2. 基金投资体制落后导致收益率太低

投资收益是仅次于缴费收入的第二个收入渠道，但由于投资体制始终没有改革，存银行的利率不超过 2%[1]，而 1993—2012 年 CPI（居民消费价格指数）年均复合增长率高达 4.8%，2003—2012 年也高达 3.28%[2]，十几年来损失超过千亿；按照全国社保基金理事会的收益率来衡量将损失 5 500 亿元[3]。重要的是，基金收益率太低导致制度公信力太差，参保人的积极性受到负激励。

制度的"收入端"设计存在问题较多，影响收入能力，这是目前威胁养老保险制度的最大敌人。20 年来，养老制度之所以能够维持下来，基金规模之所以疯涨，主要是三个原因导致的：

第一，覆盖面不断扩大。 加入进来的年轻人成为制度"净缴费者"，而支付他们养老金则是几十年之后的事情。这就是现收现付的一个特点，但随着覆盖面的逐渐扩大，终有一天制度将实现应保尽保。就是说，是人口红利"掩盖"和"挽救"了制度的真实财务状况。

第二，财政补贴逐年扩大。 1998 年财政只有 24 亿元，而 2013 年为 3 019 亿元，1998—2013 年财政补贴合计 18 339 亿元，而 2013 年年底的基金全部余额是 28 269 亿元[4]，就是说，大约有三分之二的结余实际是来自财政补贴，是制度外生因素的结果。

第三，每年的"非正常缴费收入"比重太大。 在每年的缴费收入中，大约有 10% 来自"补缴"和"预缴"等[5]：2013 年 1 873 亿元，2012 年 1 936 亿元，2011 年 1 898 亿元，2010 年 1 302 亿元。这些"非正常缴费收入"是地方政府刻意而为，为了增加当期的制度收入，缓解当期的支付紧张形势，将一部分临近退休人员以较低的"一次性趸交"吸纳到制度当中来；这等于是饮鸩止渴，把财务风险推给下一届政府的"击鼓传花"。如果除去每年的"非正常缴费收入"，每年几乎都是收不抵支的，那就不会有今天累计下来的庞大的基金余额。

［1］　王亚平. 全国各类社保积累额金 2.5 万亿元，五项基金年均收益不到 2%：五部委勾勒完善社会保障路线图［N］. 中国证券报，2008-11-07（A01-A02）.

［2］　见《中国统计年鉴 2013》（网络版），"10-1 各种价格指数"。

［3］　郑秉文，等. 中国基本养老保险基金投资管理改革研究报告［M］. 北京：中国劳动保障出版社，2014.

［4］　以上数据分别引自历年的《人力资源和社会保障事业发展统计公报》，见人力资源和社会保障部官网。

［5］　引自郑秉文主编的历年《中国养老金发展报告》。

（二）抵御老龄化自动平衡机制缺失

我国的老龄化情况非常严峻，一胎政策将导致未来的人口赡养率发生逆转；比较 2021 年和 2049 年两个时点，我国老龄化来势凶猛：2021 年我国的老龄化程度低于任何 G8（八国集团）国家，但到 2049 年将高于美、英、法、加等绝大部分发达国家。

表 1

"两个一百年"时点上中国与主要发达国家老龄化比较（60 岁及以上人口占总人口）　　单位：%

年份	中国	美国	英国	法国	德国	意大利	加拿大	西班牙
2010	12.3	18.4	22.6	23.0	26.0	26.5	19.9	22.3
2021	17.4	22.4	24.5	26.3	30.2	29.2	25.0	25.1
2049	33.9	26.6	29.6	30.5	37.5	38.4	31.0	38.3

资料来源：http://esa.un.org/unpd/wpp/unpp/panel_population.htm.

问题恰恰在于，我国养老保险制度缺乏抵御老龄化的自动平衡机制，主要表现为如下两个大问题：

1. 没有建立参数自动调节机制

养老保险制度有三大参数：缴费率、替代率和退休年龄。这三大参数没有建立起与人口赡养率的变化挂钩的自动调节机制，这是对制度财务可持续性的一个最大潜在威胁，也是一个最大的制度缺陷。国外很多现收现付的制度基本都建立起参数自动调节机制，这个机制的建立受到了社会的认可。

2. 没有建立起精算报告制度

哥斯达黎加只有 470 万人口，但它的社会保险局精算处就有 25 个成员[1]，而中国人力资源和社会保障部的精算处只有 3 人，且没有建立年度报告发布制度。从小国哥斯达黎加，到中等发达国家韩国，再到最大的发达国家美国，他们都有精算制度并发布精算报告，其精算结果是：哥斯达黎加将来收不抵支的时点是 2038 年，基金枯竭的时点是 2043 年；韩

---

[1]　来自调研数据。郑秉文于 2012 年 10 月 31 日在哥斯达黎加社保局开会获得。

国第一个时点是 2035 年，第二个时点是 2060 年；美国的这两个时点分别是 2021 年和 2033 年。第二个时点的出现，用美国年报的术语来说，就意味着养老保障制度的"破产"，这时，拯救社保制度的手段就是财政的介入。中国的老龄化更为严峻，这两个时点肯定也存在，但我们没有自己的报告，这两个时点何时到来，早已被多年来大量的财政转移支付和"非正常缴费"收入所混淆。所以，近年来，科研单位和学术机构发布的测算结果如果是存在缺口且缺口较大，就常常会受到官方的质疑。

表 2

哥斯达黎加、韩国和美国基本养老保险基金两个时点及其老龄化与中国的比较

中国		哥斯达黎加			韩国			美国		
年份	老龄化	老龄化	收不抵支时点	基金枯竭时点	老龄化	收不抵支时点	基金枯竭时点	老龄化	收不抵支时点	基金枯竭时点
2010	12.3%	9.5%			15.7%			18.4%		
2021	17.4%	13.8%	2038 年	2043 年	23.0%	2035 年	2060 年	22.4%	2021 年	2033 年
2049	33.9%	29.7%			38.9%			26.6%		

资料来源：哥斯达黎加的数据引自哥斯达黎加社会保险局（CCSS）的 PPT 演讲材料（2012 年 10 月 31 日于圣何塞）；韩国的数据引自金渊明的 PPT 演讲材料（2012 年 9 月 8 日于东京）；美国的数据引自 Board of Trustees of the Federal Old-Age and Survivors Insurance and Disability Insurance Trust Funds（May 31，2013），*The 2013 Annual Report of the Board of Trustees of the Federal Old-Age and Survivors Insurance and Disability Insurance Trust Funds Communication*. Washington, D. C. 。

（三）制度的账户设计存在天生缺陷

制度的账户设计存在一些天生的财务缺陷，导致这个制度注定离不开财政转移支付的"输血"。换言之，制度设计上的这些天生缺陷决定这个制度从诞生之日起就处于"亚健康"状态。这就是财政补贴逐年增加的主要原因之一。

1. 个人账户保输不保赢，导致统账结合从诞生之日起就离不开财政补贴

制度规定，参保人提前死亡的，个人账户资产可以继承；超过平均余命的长寿者则可领取账户养老金到死亡，大数法则荡然无存，个人账户不能封闭运行，其缺口由统筹基金兜底支付，而统筹基金则由财政兜底支付。所以，个人账户制度从建立的第一天起就注定须有财政间接兜底。令人扼腕的是，这个规定在我国《社会保险法》中以立法的名义得到确认，成为此轮改革的一个难题，《决定》规定的"完善个人账户制度"难以落实。本来，加强多缴多得的"精算中性"原则可以通过扩大个人账户的办法予以实现，但在《社会保

险法》的规定下，个人账户越大，亏空就越大；相反，个人账户比例越小，亏空就越小。但是，个人账户越小，就离多缴多得的"精算中性"越远。《社会保险法》刚刚生效三年，但修法的要求就已显得非常急迫。

2. 社会统筹部分导致基金管理层次难以提高，基金不能横向调剂使用，落后地区收不抵支离不开财政补贴

发达地区由于流动人口的流入等原因而有大量基金结存，规模越来越大的基金结余只存款于银行，处于贬值风险之中。欠发达地区收不抵支，只能年年依靠财政转移支付发放养老金。所以，从国家层面来看，每年大量的基金结余等于变相地来自于财政补贴，而这些财政资金又以低利率为代价存入国有银行，等于是财政资金支持了国有银行。

（四）管理体制不顺影响制度的财务能力

制度运行中一些管理体制还有很多不顺的地方，也导致制度不能实现收入最大化，存在很多漏洞。比如：

1. 养老保险费双重征缴制度并存，导致收入不能到位

1999年颁布的《社会保险费征缴暂行条例》规定，社会保险费的征收机构由省、自治区、直辖市人民政府规定，可以由税务机关征收，也可以由社会保险经办机构征收。目前的情况是大致各为半壁江山。在征缴过程中，为了降低明年的任务基数，一些地税部门完成征缴的额度往往是最低限度的门槛。

2. 社保经办机构属地化管理，人员编制和行政经费拨款均来自地方

因此，基金管理带有明显的地方化特点，提高统筹层次是难上加难。自1991年提出向省级统筹过渡以来，统筹层次几乎还是原地没动，大部分还是以县级统筹为主，中央鞭长莫及，社会保险基金的地方利益越来越固化，这也是造成统筹层次难以提高、基金难以上解到中央、投资体制难以改革、收益率低下、财政补贴逐年增加的主要原因之一。可以说，提高统筹层次是目前改革最为迫切的任务之一。

3. 用上年的社会平均工资作为核算基数，这将减少制度收入

社会平均工资增长率超过 14%，用上年的基数做核算就立即减少了费基，减少了收入。还有很多类似的制度设计缺陷，不利于制度收入。

（五）基本养老保险制度一枝独大，财务压力巨大

多层次养老保障体系失衡，基本养老保险成为退休人员的主要收入来源，来自于市场的退休收入比重太低，即第一支柱的制度收入和支出占 GDP 比重逐年增加，而第二支柱企业年金和第三支柱商业养老保险的发展相对滞后。另外，财政转移支付的规模逐年增加，例如，2013 年对城镇基本养老保险的转移支付规模已达 3 019 亿元[1]，却没有形成国家统一的社会养老金。

四、"十三五"期间城镇职工基本养老保险改革的主要方向：名义账户制

《决定》绘制的社会保障全面深化改革蓝图是社会保障制度建立 20 年以来力度最大的一次改革，持续 13 年的"做实个人账户试点"向"完善个人账户制度"转型，意味着个人账户功能定位的重大转变。

（一）做实个人账户的制度目标及其条件约束

20 多年前确立的社会统筹与个人账户相结合的制度结构，其本质是创建一个前所未有的混合型部分积累制（现收现付制与个人积累制），其初衷是将社会统筹和个人账户的优势发挥出来（社会共济和个人积极性，代际团结和人口老龄化），其目的是将待遇确定型和缴费确定型的两种计发方式结合起来（预期稳定和多缴多得）。

从国际养老保险制度改革的角度看，或至少在理论上讲，引入和建立个人账户的目的可能很多，各国情况不同，目的也不同。但公认的目标主要有两个：一是以真金白银的货币/金融形态为未来退休预先建立一个资产池（新加坡和中国香港等经济体的改革），以应

---

[1]　引自《2013 年度人力资源和社会保障事业发展统计公报》，见人力资源和社会保障部官网。

对人口老龄化的冲击;二是加强当前个人缴费与未来养老金权益的密切联系(一些东欧国家和瑞典等国家的改革),增强激励性,构建一个精算中性的制度体系。

第一个目标即为未来建立资产池。这是当初建立个人账户的主要目标,但无疑这个目标没有实现。除其他诸多原因以外,账户资产池之所以没有建立起来,主要是因为财政压力巨大,转型成本始终没有解决。从国外几十年来的改革实践来看,凡是从现收现付制向积累制或部分积累制转型的国家,建立个人账户的资金一般都由议会立法明确具体筹资办法,一次性解决转型成本(筹集资金解决转型成本的途径一般是向参保人发行认购券,或通过国有企业私有化,或直接进行财政转移支付,等等),甚至列出时间表。由于经济发展水平和历史条件的限制,当时建立统账结合和引入账户时并没有给出一揽子解决办法,账户缴费收入不得不用于保证当期养老金发放,补足统筹基金的缺口。为解决规模越来越大的空账问题,2001年中央决定辽宁省实施做实个人账户试点,至今已扩大到13个省份[1]。但由于转型成本的解决没有法制化,力度有限,中央财政仅对少数几个省份进行数量有限的配比补贴,东部发达地区的试点省份完全由地方财政解决,大部分地方政府积极性不高,所以,13年来做实的账户额与空账额的差距越来越大,空账规模从2007年的1.1万亿元扩大到2013年年底的3.1万亿元,做实账户额则从790亿元提高到4154亿元[2]。

第二个目标即加强激励性。理论上讲,个人账户比例越大,激励性越强,但为减少做实个人账户的资金压力,个人账户比例从1997年的11%降到2005年的8%,在做实账户试点的省份里起步做实的比例仅为5%,有的省份只有3%。个人账户规模一路缩小,其主要原因是转型成本太高,即账户比例越大,做实所需补贴就越大。这就形成一个悖论:提高激励性需要扩大账户,做实账户只能缩小账户,于是,做实账户处于两难境地。但在事实上,由于存在天文数字的转型成本,建立个人账户的第1个目标要服从于第2个目标,即做实个人账户的目标要服从于强化个人账户激励性的目标,这就需要完善个人账户制度,回归个人账户功能的本源。不求形式,但求本质,这就是《决定》对此轮改革做出重要决定的精神实质。

(二)实行名义账户制的本质是避免巨大转型成本

名义账户制(NDC)的"学名"是"名义缴费确定型",其本质有两点:在融资方式上

---

[1] 2001年最先开始做实个人账户试点的是辽宁省;2003年推向吉林和黑龙江;2006年又有8个省份加入进来,它们是天津、上海、山西、山东、河南、湖北、湖南和新疆;2008年浙江和江苏又自愿加入进来。至今,参加做实个人账户试点的省份共有13个。

[2] 引自郑秉文主编的历年《中国养老金发展报告》。

实行的是现收现付制（PAYGO），但在给付方式上采取的缴费确定型（DC）。换言之，在名义上，它采取的似乎是缴费确定型（DC）完全积累制（FF），是对它的模仿和模拟，但实际上采取的却是现收现付制（PAYGO），只不过这不是待遇确定型（DB）现收现付制（PAYGO），而是缴费确定型（DC）现收现付制（PAYGO）。就是说，它破除了 DC＋FF、DB＋PAYGO 的传统规律，而是"错位"地将 DC 与 PAYGO 相结合起来。它不是真正的 DC 制，而是一个模仿的 DC 制，于是就是 NDC 了，即 Notional Defined Contributions。[1]

名义账户的制度设计诞生在瑞典，瑞典乌普萨拉大学经济学家教授爱德华·帕尔默（Edward Palmer）是这个制度的设计者之一，但最先实践这个制度的是拉脱维亚。目前已有拉脱维亚、瑞典、意大利、波兰、蒙古、吉尔吉斯斯坦和俄罗斯等 7 个国家先后实行了名义账户制，其中瑞典的名义账户制最精细，积累的经验也最多，研究的文献也最多，被业界视为运行最好的名义账户制。[2]由于人口老龄化和财务负担等压力，研究名义账户制适用性的国家数量更多，包括发达国家和新兴市场经济体[3]，可以说，对其感兴趣的国家和政府越来越多。

可以说，自 1889 年德国俾斯麦首次建立社会养老保险计划以来，名义账户制的诞生是继 1981 年在智利诞生 DC 型完全积累制之后养老保障领域里又一次重要的制度创新，它解决了智利模式中需要天量转型成本的难题，却吸收了多缴多得的精算中性的优势，在应对人口老龄化趋势带来的长寿风险方面具有 DC 型完全积累制的类似功能和相同作用，在社会保障历史上具有里程碑的意义，这就是 20 世纪 90 年代以来欧亚 7 国先后转型的重要原因。

向名义账户制转型，不能简单地理解为只是把账户"做空"了事，而应珍惜这轮改革的宝贵机会，广泛研究和吸收 7 国实行名义账户制的经验和教训，根据中国的具体国情，针对制度存在的弊端，强化制度的激励性。

（三）实行名义账户制的目的是为了提高制度激励机制

向名义账户转型和扩大个人账户比例均属结构性改革，而非一般的参数调整。因此，这轮改革的性质是制度升级，是结构调整，目的是增强多缴多得的激励机制，强化精算中性因素，这就是在统账结合的特定条件下此次改革的核心内容。换言之，如果这轮改革解

---

[1]　郑秉文. 养老保险"名义账户"制的制度渊源与理论基础 [J]. 经济研究，2003（4）：63-72.

[2]　郑秉文. 欧亚六国社会保障"名义账户"制利弊分析及其对中国的启示 [J]. 世界经济与政治，2003（5）：56-61.

[3]　郑秉文. 欧盟国家社会养老的制度选择及其前景——兼论"名义账户"制对欧盟的适用性 [J]. 欧洲研究，2003（2）：74-91.

决的仅是现存账户"空账"的合法化和"艾伦条件"指出的做实账户产生的潜在福利损失问题，而没有从根本上触动制度自身的激励性，进而没有提高制度的收入能力，那么，就没有真正解决《决定》提出的"坚持精算平衡原则"和财务可持续性问题。因此，如果说个人账户转型是这轮改革的一个主要内容的话，扩大账户规模应是这轮改革的题中应有之意，这便是这轮改革的双重含义。

而提高制度的激励机制的主要手段就是扩大账户比例规模。但在做实账户的制度属性要求下，个人账户比例越大，做实账户所需资金的规模也越大，扩大账户就受到资金条件的约束，于是就形成了悖论：增强激励性需要扩大账户比例，但做实账户的制度目标恰恰相反，账户比例越小越容易做实。8％的个人账户尚且无力做实，账户比例再大就更难做实。于是，在做实账户为主要目标的指导下，账户比例从 1997 年 26 号文[1]规定的 11％下降到 2005 年 38 号文[2]规定的 8％。缩小账户的结果与提高激励性的需要存在冲突，做实账户与扩大账户比例（增强激励性）之间存在根本矛盾，这就是现行统账结合的"制度困境"所在。实行名义账户和扩大账户比例互为条件，前者为扩大账户比例提供了现实可能性和理论依据。如前所述，目前的统账结合存在的最大问题是激励性不足，进而导致其可持续性受到严峻挑战。

实行名义账户为扩大账户创造了条件，使之成为可能。这是因为，一是账户比例规模任由扩大，不受融资条件所限；二是个人缴费比例并未提高，而是将雇主单位的缴费一部分划入个人账户里，这将增强账户持有人的积极性。因此，在统账结合框架向名义账户转轨，个人账户与社会统筹之间是此消彼长的关系，账户越大，统筹就越小，反之亦然。就激励性而言，账户越大，划入到个人账户里的雇主缴费比例就越多，制度的激励性就越好，反之亦然。就制度收入能力而言，账户越大，职工的积极性就越高，就越愿意扩大费基和提高费率，由此，制度的收入就越好。

反之，在向名义账户制转型过程中，如果只完成了第一项任务即只是将空账合法化，而没有扩大账户规模和提高制度激励性，就意味着只完成了一半任务，这时，甚至要受到社会的质疑，政府在改革过程中存在的道德风险将会成为这轮改革的败笔。

从这个意义上来看，个人账户规模是否能够扩大，将是"十三五"期间改革能否达到预期的关键之一。也正是从这个意义上来看，如果只是简单地将账户"做空"了事，这轮改革的效果就大打折扣。

---

[1]　即《国务院关于建立统一的企业职工基本养老保险制度的决定》（国发〔1997〕26 号）。

[2]　即《国务院关于完善企业职工基本养老保险制度的决定》（国发〔2005〕38 号）。

五、"十三五"期间其他缴费型制度改革重点：三个范例分析

按照《决定》战略部署（见第四十五条），在社会保障改革一揽子顶层设计中，至少应将如下十个问题纳入其中作为"内生机制"一次性设计进去，以尽量避免政策碎片化和制度碎片化现象。这十个问题：一是推进机关事业单位养老保险制度改革。二是整合城乡居民基本养老保险制度、基本医疗保险制度。推进城乡最低生活保障制度统筹发展。三是建立健全合理兼顾各类人员的社会保障待遇确定和正常调整机制。四是完善社会保险关系转移接续政策，扩大参保缴费覆盖面，适时适当降低社会保险费率。五是制定渐进式延迟退休年龄政策。六是加快健全社会保障管理体制和经办服务体系。七是健全社会保障财政投入制度，完善社会保障预算制度。八是加强社会保险基金投资管理和监督，推进基金市场化、多元化投资运营。九是制定实施免税、延期征税等优惠政策，加快发展企业年金、职业年金、商业保险，构建多层次社会保障体系。十是积极应对人口老龄化，加快建立社会养老服务体系和发展老年服务产业。

在"十三五"期间，上述十个问题牵涉到社会保障改革的方方面面，互为条件，相互促进。其中，第一项改革已经开始实施，2015年1月国务院发布了《关于机关事业单位工作人员养老保险制度改革的决定》（国发〔2015〕2号），目前，这项改革正在制定实施细则的过程当中；第三、四、五条作为内生机制应统一设计在制度机制之中；第六、七、八、九和第十条应与制度设计有机衔接起来，这几项改革既涉及改革的策略问题，也需要政治决心。

如前文所述，目前，社会保障改革正处于三重任务叠加和交织的巨大压力之中，这十项改革任务或属于"制度参数调整"，或属于"制度结构改革"，或属于"建立各自制度"。这十项改革既是"十三五"期间的机遇，更是挑战。

在上述十项改革中，适时适当下降社会保险费率和建立社会保险投资基金投资体制具有一定代表性，即前者体现了社会保障制度改革的复杂性，后者体现了急迫性。此外，"十三五"期间失业保险改革也具有特殊意义。

（一）关于降低社会保险费率的时机选择问题

2014年底和2015年初，有关部门引出社会保险费率偏高和降低费率的话题，立即受到媒体极大关注，相关报章和媒体给予各种解读，引发广泛讨论，大家见仁见智，不一而足。《决定》指出："适时适当降低社会保险费率。"这里，关键在于"适时"。由于我国五项社

会保险的费率压力和改革取向大不一样，应区别对待，而不应一刀切：养老保险费名义上很高，却收不抵支，目前不宜降低；而其他四项保险费率较高，有一定的下调空间。

1. 医疗、失业、工伤和生育四项保险费率偏高，有一定下降空间

在五项社会保险中（主要指城镇职工，下同），除养老保险费以外，医疗、失业、工伤和生育等四项社会保险费率（以北京服务业为例，下同）合计相当于工资的 15.2%，其中雇主缴纳 12.7%，雇员仅缴 2.5%。孤立地看这四项保险费率，似乎不是太高，尤其是，雇员四项保险缴费合计才仅为 2.5%。但是，纵向看，四项保险缴费收入合计形成的基金积累规模增长速度十分惊人：2003 年仅为 1 107 亿元，2013 年竟达 14 314 亿元，10 年增长了 13 倍；占当年 GDP 比例的增速更是令人难以置信，2003 年仅为 GDP 的 0.08%，到 2013 年高达 2.5%。[1]四项保险基金规模增长如此之快，举世罕见。

一方面，基金快速增长是好事，说明基金支付能力大大加强，社会保险的物质基础更加雄厚。另一方面，基金规模异常增加说明费率高企，存在下调空间，尤其在投资方式十分落后和贬值风险加大的外部条件下，应该及时采取措施。仅以医疗保险基金为例，2002 年积累仅为 670 亿元，到 2013 年骤然升至 9 117 亿元，占 GDP 的比例从 0.05% 跃升至 1.6%。我们知道，在以支定收的四项保险里（医疗保险略有差异，因为存在个人账户，是统账结合模式），制度目标追求的应是当期平衡、略有结余。否则，不仅影响参保人当期消费能力，不利于拉动内需和转变增长方式，而且还有损社保制度公信力。

2. 养老保险费率情况复杂，暂不宜下降

养老保险的法定费率（也称"名义费率"）确实很高，雇主缴纳 20%，雇员缴纳 8%，合计达 28%，在世界各国中排 15 名左右，目前，比中国费率高的发达国家有西班牙、荷兰、意大利等，新兴市场有波兰、捷克等。

但在现实生活中却没有收缴上来这么多的钱，因为有些省份明确降低了费率（广东和浙江等，例如，珠三角很多城市的单位缴费只有 10%～13%，而不是国家规定的 20%），相当数量的职工个人降低了实际的缴费基数（例如，年收入 10 万元的话，实际是按 6 万元做基数缴纳的，这几乎是公开的秘密）。"实际费率"与"法定费率"严重偏离的现象说明，

---

[1] 这里引用的有关社会保险基金规模的数据来自历年的《人力资源和社会保障事业发展统计公报》，见人力资源和社会保障部官网。

制度设计中存在严重的负激励问题，世界上几乎没有第二个国家如此鲜明地存在"两个费率"。这里以 2013 年的统计数据来考察"两个费率"之间的偏离：国有单位平均工资是 52 657 元[1]，城镇集体单位 38 905 元，当年的缴费人数是 2.41 亿，这里假定其平均工资基数大约为 40 000 元（国有单位已基本全部参保，考虑到相当数量的城镇集体单位和灵活就业人员参保因素），其费基应是 96.4 万亿元，打折之后理论上的缴费收入应为 26 000 万亿元，但真实的"正常缴费收入"仅为 16 761 亿元，大约少了三分之一（9 200 多亿元）。

"两个费率"存在如此差距，可用养老金替代率来予以佐证：2012 年全国养老金月均是 1 742 元，城镇在岗职工月均工资是 3 966 元，替代率大约是 44％；相比之下，美国养老金替代率是 40％，与中国相差无几，但是，其缴费率只有 12.4％，还不到中国的一半。需要说明的是，这是在全部正常收入都用于全部支出之后的替代率，如果为了留有结余而人为降低替代率，那将另当别论。这里继续剖析 2013 年的收支情况：真实的"正常缴费收入"为 16 761 亿元，加上 642 亿元利息收入，合计为 17 403 亿元，而养老金总支出是 18 470 亿元，存在缺口 1 067 亿元。

那么，既然存在缺口，为什么还会有几千亿元的结余呢？这是因为还有两笔"额外"的收入。这里还以 2013 年为例：一笔是 2 258 亿元的"非正常缴费收入"（主要包括四项，即预缴、补缴、历史清欠、"其他收入"）[2]，一笔是 3 019 亿元的财政补贴。把这两笔相加之后，2013 年就出现了 4 210 亿元的"当期结余"。

由于地区经济发展很不平衡等原因（例如，流动人口空间分布不均、老工业基地等），每年的结余都沉淀在发达地区，欠发达地区收不抵支，其养老金发放缺口不能用"一平二调"的办法从发达地区予以调拨，而只能靠财政补贴来解决。所以，在目前每年都离不开财政补贴的情况下，如果全国统一降低费率，那就势必加大财政转移支付的压力和规模。换言之，尽管费率这么高，但事实上"正常缴费收入"仍然低于养老金支出，如果降低费率，就会加剧收不抵支的现状！

3. 降低养老保险费率需要满足两个条件，即参保人真实足额缴费和基金管理层次提高到全国

养老保险存在"两个费率"，这是一个"常态"，而不是个别现象。这里再继续考察其

---

［1］　这里引用的工资方面的数据来自《中国统计年鉴 2013》（电子版）。
［2］　这里引用的"非正常缴费收入"等数据来自郑秉文主编的历年《中国养老金发展报告》。

他几个年份的数据：

——2012 年"正常缴费收入"14 531 亿元加上利息收入 573 亿元，合计仅为 15 104 亿元，而养老金支出是 15 562 亿元，存在缺口 461 亿元；由于有了"非正常缴费"2 249 亿元，财政补贴 2 648 亿元，于是，当年"结余"就高达 4 439 亿元。

——2011 年"正常缴费收入"12 058 亿元加上利息 446 亿元，合计仅为 12 504 亿元，而当年的养老金支出是 12 765 亿元，存在缺口 261 亿元；但由于当年有"非正常缴费"2 119 亿元，财政补贴 2 272 亿元，所有这些相加减去 12 765 亿元养老金支出之后，"结余"高达 4 130 亿元。

——2010 年"正常缴费收入"9 808 亿元加上利息收入 274 亿元，合计仅为 10 082 亿元，而养老金支出是 10 555 亿元，缺口 473 亿元。但由于有了"非正常缴费收入"1 383 亿元和财政补贴 1 954 亿元，于是，2010 年有近 3 000 亿元的"结余"。

十几年来，养老保险财务状况就是这样运行的，它呈现出一个矛盾体：费率很高，但费率降不下来，这意味着，畸形的养老保险制度绑架了财政。学术界关于"费率高、降低费率"的说法和呼声由来已久，至少已有十多年，却始终没敢"动"它，它成为一个互为条件的悖论。"麻秆打狼，两头害怕"：参保人和参保企业认为，之所以道德风险猖獗，收不上来钱，其直接原因就是费率太高，如果降下来，降到真实的费率水平，费率和费基就自然而然"做实"了，缴费就马上会真实起来；但主管部门始终认为，如此之高的费率收不上来钱，都需要年年给予财政补贴，且一年比一年多，降下来就更收不抵支了，那时，再提高费率可就不容易了，到时责任由谁来承担？

博弈的双方都有自己的道理，谁也不敢迈出第一步，这就是费率始终居高不下但又没有下降的根本原因。笔者认为，在这个均衡状态下，不应用"冒险"的办法去解决一个理性的问题，不应把养老保险制度设计成一个"博弈场"。解决费率高的关键不在于谁有勇气迈开第一步，而在于改革制度本身，在于尽快按照《决定》的部署，对养老保险制度进行全面深化改革，使之能够满足如下两个条件。

第一，按照《决定》提出的坚持精算平衡原则，扩大精算中性因素，增强制度的激励性。这样做的目的是逐渐缩小"两个费率"的差别，最终只有一个费率，即法定费率与实际费率完全重合起来。这说明，只有真正实现多缴多得的原则，参保人就会主动真实缴费，各种逃费和避费的道德风险就自动消失。住房公积金制度之所以生命力长久，之所以不存在"两个费率"，就是因为它遵循的是多缴多得的原则。所以，在降低费率之前，应先对制度结构进行全面深化改革。

第二，按照《决定》提出的要求，实现基础养老金全国统筹。目前，养老保险基金的管理层次主要是以县市为主，统筹层次太低，这在全世界都是十分罕见的，它不仅成为很多弊端的根源（例如，每年"吃掉"大量财政使之转化为国有银行存款；劳动力跨地区流动十分困难；政策和制度碎片化情况严峻等），而且也是法定费率居高不下的主要原因。因此，在这轮养老保险制度改革中，实现全国统筹层次是改革的主要目标之一。

只有满足这两个条件，降低费率的时机就会摆在面前，这就是"适时"的具体含义。到了那个境界，降低养老保险费率就水到渠成。

（二）关于建立社会保险基金投资体制的模式选择问题

2005 年，劳动和社会保障部便开始探讨基本养老保险个人账户基金投资运营问题。在地方各省自主投资呼声较高的情况下，相关部门主张中央政府集中投资，同时，学界看法也存在较大分歧，投资体制改革无果而终。但随着做实账户试点的省份数量不断增加，2006 年 12 月中央决定，中央财政给予 9 个省份做实个人账户的补助资金正式委托给全国社保基金理事会来投资运营。

2011 年启动了第二次社会保险基金投资体制改革，当时圈定的可供选择的思路中有"政府部门投资运营""专门机构投资运营"和"市场机构投资运营"三个模式，最终决定采取改革方案是建立一个专门机构投资运营社会保险基金，即有中央政府出面建立一个通览全国、市场化、多元化的投资机构，直属国务院。但是，由于网络媒体对投资体制改革的不理解和误解，大量言论质疑和批评社会保险基金采取市场化的投资体制，称投资的结果将是"养命钱打水漂"等，最终，2012 年 2 月改革暂时告一段落。2012 年 3 月，广东省委托全国社保基金理事会代理投资千亿资金正式签字。

从历史上看，虽然"2006 年改革"与"2011 改革"的结果都是以委托全国社保基金理事会投资而告终，但事实上，两次改革与最终的结果均没有任何内在逻辑关系。

党的十八届三中全会已正式将投资体制改革列为重要改革内容，"十三五"期间社会保险基金投资体制改革势在必行。

"十三五"期间将要进行的第三轮改革可供选项范围要大于第一次，也大于第二次，可以说，前两次改革可供选择的方案比较在第三次中全部都有可能列入其中（见表3）。这是因为，形势发生了变化，其中，一个最大的变化是新的领导集体做出庄重承诺，即财政供养人员只减不增，这样，似乎两年前"新建中央机构"的改革思路似乎受到限制，于是，除了"2011 改革"面临的三个思路可供选择之外，"2006 年改革"的选项范围似也再次呈现在决策者面前，且呼声也不绝于耳；重要的是，在有关消息透露说山东省也将委托给全国社保金理事会千亿资金之后，委托全国社保基金的投资模式在第三轮改革中也非常引人注目[1]。

从投资主体的角度看，"十三五"期间社会保险基金（基本养老保险基金）投资体制改革至少还存在着五个方案（见表3）。

表3

中国基本养老保险基金投资体制面临的可供选项的比较

"2006 改革"的可供选项	方案一：各省地方自行对基本养老保险个人账户基金进行投资		方案二：中央政府对基本养老保险账户基金进行集中投资		
"2011 改革"的可供选项	方案一：政府部门投资运营模式		方案二：专门机构投资运营模式	方案三：市场机构投资运营模式	
	指国债投资模式，养老保险基金全部用于购买国债，典型代表国家为美国、西班牙等		指由政府出面建立一个统揽全国、市场化和多元化投资机构，直属国务院，典型模式为加拿大、日本和韩国等	指参保人为个人账户持有人，对账户资产具有完全的投资决策，典型模式为智利和我国香港强基金模式等	
"十三五"期间改革的可供选项	方案一：借用省级社保经办机构	方案二：建立省级独立法人机构	方案三：统一委托给全国社保基金理事会	方案四：新建若干养老基金管理公司	方案五：新建全国独立投资机构
	省级政府作为受托人，这是"行政受托"，属于地方政府直接控制	建立省级国有独资法人机构，这是"法人受托"，具有完善的治理结构，属于地方政府间接控制	延续和改造2006年部分省市账户做实试点的中央补助受托管理的做法，委托为全国社保基金理事会	由全国社保经办机构将养老保险基金"分配"给若干投资机构或养老基金管理公司进行投资	新建一个独立法人投资机构，直属国务院，负责全国基本养老保险基金（社会保险基金）的投资运营

这五个方案由易到难，可循序渐进，也可一步到位

资料来源：笔者制作。

这五个方案的优先排序及其根据应该是这样的：

方案五就是"2011 改革"的方案，这显然是"上上策"。如果继续实施这个方案，那就意味着，中国届时将有两只主权养老基金，一只以财政资金为主而形成，一只以参保人缴

---

[1] 郭晋辉. 山东破冰首设地方社保基金理事会 [N/OL]. 第一财经日报，（2014－07－08）[2015－02－20]. http://finance. sina. com. cn/money/insurance/sbxw/20140708/141319640722. shtml?from＝hao123_finance_money.

费形成，它们可以实行不同的投资策略，甚至不同的国际投资区域。至于增加事业人员编制的问题，新建机构可完全遵照市场规律和国际惯例行事，应给予完全的企业地位，不需要事业编制，行政费用也不需要财政拨款，甚至现存的全国社保基金理事会也应如此统一改为企业建制。这样，这两个机构投资者既可建立与国际接轨的机构投资者的薪酬福利待遇，也可解决人才流失问题，还可解决正常的运营费用问题。重要的是，不但没有增加事业编制，反而腾出大量事业编制，可谓一举多得。

方案四是与其他各个方案并不冲突的一个方案。在所有各个方案中，不管是采取哪个方案，都需要外部投资管理人，届时，外部投管人的数量是不够的，质量也是需要提高的，而组建若干养老基金管理公司即可解决这些问题。重要的是，建立养老基金管理公司还具有三个重要作用：一是作为基本养老保险基金的外部投资管理人，起到提高和稳定投资收益率的作用；二是成为推动普及企业年金的旗舰平台，构建中国版的政府推动型企业年金市场；三是成为机关事业单位职业年金的一站式服务的提供商，为机关事业单位养老金改革所不可或缺。众所周知，机关事业单位养老金改革的基本原则是"基本养老＋职业年金"的"两层设计"，其中职业年金可形成"两层市场结构"，即若干养老基金管理公司实行有限竞争态势的"一级市场"，和大量投资"外包"给有资质的大量金融机构"二级市场"。

方案三是中策，因为全国社保基金理事会虽然可以作为（唯一或主要）受托投资管理人，但早晚要解决这样一个问题：其资金来源不同，基金性质不同，用途不同，风险容忍度不同，流动性和资产配置要求也都不同，随着时间的推移，规模将越来越大，一分为二是迟早的事情，与其将来拆分，不如现在就新建机构。

方案一和方案二是多年前在劳动保障部系统最为流行的一个政策主张，但很显然，这两个方案的最大问题在于30多个省级投资主体的法人治理结构难以完善，许多重大问题难以解决。比如，谁来决定资产配置，各省收益率可能存在巨大差别和攀比如何处理，收益率为负值将如何面对，如何面对各省分散投资的利益输送风险点太多等问题，不仅投资风险加大，而且有可能增加对资本市场的冲击和不确定性。重要的是，省级作为投资主体不仅会强化早已形成的地方利益，而且与提高统筹层次背道而驰，南辕北辙。一旦这一步迈出去，在可预见到的时期内，全国统筹水平将不可能真正实现，如同1999年确立的社会保险费双重征缴体制那样（社保部门和税务部门同时征缴），重建单一征缴体制将面临水火不容的利益博弈，即使在《社会保险法》多年的立法过程中都未推进半步。因此，一旦省级投资体制确立，中国的社保制度碎片化必将被彻底"固化"，届时，在世界各国社会保险基金投资体制中，中国将是唯一一个由省级地方政府主导投资的国家（加拿大魁北克省除外）。上述分析显示，建立省级地方投资体制是"下下策"，这是笔者始终反对地方作为投资主体的主要原因。省级投资体制不利于提高统筹层次，而统筹层次低下是目前很多制度缺陷的根源。下文将专门分析统筹层次低下导致的制度运行质量恶劣的种种表现。

（三）关于《失业保险条例》的修订问题

自 1999 年《失业保险条例》颁布以来，我国失业保险制度快速发展，已经成为我国社会保障体系中最重要的项目之一，在推动国企改革和建立现代企业制度、推进市场经济体制改革、应对全球化和经济危机的冲击、完善劳动力市场制度等方面，失业保险制度发挥着不可取代的重要作用。但总体看，《失业保险条例》已不适应目前经济发展新常态的需要，失业保险政策已发生很大变化，"十三五"期间亟须对《失业保险条例》（以下简称《条例》）进行修订，并将下述几方面内容在修订时纳入一并考虑。

1. 修订时应将失业保险的功能定位扩大到预防失业和促进就业

现行《条例》开宗明义，将失业保险制度的功能定位定义为"为了保障失业人员失业期间的基本生活，促进其再就业"。《决定》指出："增强失业保险制度预防失业、促进就业功能，完善就业失业监测统计制度。"虽然《条例》颁布至今只有 15 年，但 2006 年东部 7 省（市）扩大失业保险基金支出范围政策试点至今已有 10 年，这个试点跨越了"十一五""十二五"。可以说，在中国的特殊国情下，这个持续了 10 年的试点是失业保险制度的一次重大改革，失业保险由保障生活的单一功能转变为"保障生活、预防失业和促进就业"相结合的"三位一体"功能。2014 年 11 月，人力资源和社会保障部、财政部、国家发展和改革委员会、工业和信息化部联合发布的《关于失业保险支持企业稳定岗位有关问题的通知》（人社部发〔2014〕76 号）决定，对采取有效措施不裁员、少裁员，稳定就业岗位的三类企业（实施兼并重组企业、化解产能严重过剩企业、淘汰落后产能企业），由失业保险基金给予"稳岗补贴"，并规定"稳岗补贴"的具体比例由省级人力资源社会保障和财政部门确定。

76 号文规定的"稳岗补贴"政策执行到 2020 年年底，这意味着，东部 7 省（市）试点工作正式在全国铺开，且无须每年单独审批。失业保险制度如此重大变化和发展说明，显然这就在客观上需要对 1999 年通过的《失业保险条例》尽快修订，以适应新政策和新常态的需要。为应对国际金融危机，2009 年失业保险开始实施的"援企稳岗"实践证明，它开辟了运用失业保险基金稳定就业岗位的新机制，既是对我国失业保险制度内涵的扩展，也是对我国就业政策的丰富和完善，在稳定就业上取得显著成效和做出贡献。

2. 修订时应规定实现省级统筹并将公务员纳入进来

我国城镇职工实行的是五项社会保险制度。《社会保险法》规定："基本养老保险基金逐步实行全国统筹，其他社会保险基金逐步实行省级统筹。"事实上，截至目前，基本养老保险和其他四项社会保险均未实现规定和设置的各自的统筹层次，大部分省份的失业保险没有实现省级统筹。但就实现省级统筹的条件来看，失业保险应该最有条件在全国范围内实现省级统筹。既然条件基本具备，就应该在"十三五"期间尽量实现这个制度目标，为其他社会保险项目提高统筹层次积累经验。

2015 年 1 月，国务院颁发了《关于机关事业单位工作人员养老保险制度改革的决定》（国发〔2015〕2 号），机关事业单位养老保险改革指日可待。从发展趋势看，机关事业单位人员参加五项社会保险是大势所趋，其中，大部分省份机关事业单位人员已经参加了城镇职工基本医疗保险制度。但现行《条例》仅规定城镇企业事业单位参加失业保险，机关公务员没有纳入进去。在修订《条例》时将机关公务员也纳入进来，这也是大势所趋，并且是十分紧迫的。

3. 修订时应为三个群体单独制定三个小制度

10 年来，失业保险基金规模发展十分迅速（2003 年历年结存仅为 304 亿元，2013 年高达 3 686 亿元），而参保缴费人群覆盖面扩大并不明显（2003 年是 10 373 万人，2013 年是 16 417 万人），领取失业津贴的人数稳中有降（2003 年是 415 万人，2013 年仅为 197 万人）。这些数据说明，与其他社会保险项目相比，失业保险制度有自身的特殊性，即在非正规部门十分庞大、农民工群体和流动人口规模日益扩大的情况下，失业保险的瞄准率、覆盖率、失业率（城镇登记失业率 2003 年是 4.3%，2013 年是 4.05%）三者的关系难以理顺，更难匹配，基金规模不断膨胀趋势将在所难免。在既定缴费率的情况下，应尽快修订《失业保险条例》，为农民工、城镇灵活就业人员和应届大学毕业生这三个难以参加失业保险的特殊群体"量身定做"三个小制度，让失业保险的预防失业和促进就业的功能延伸到这三个群体，以回应失业保险基金所面对的问题和三个群体的特殊需求。

第一，为农民工建立"一次性失业补贴"制度。对有明确的雇主并参加失业保险的农民工群体，针对其就业时间短和零散、失业与就业状态和身份难以界定等特征，建议放宽《失业保险条例》关于"履行缴费义务满 1 年"的规定，建议将缴费义务缩减到 6 个月，并将按月领取的失业津贴改为"一次性失业补贴"（现行《失业保险条例》规定"失业保险金由社会保险经办机构按月发放"），待遇水平可适当降低，以适应短期就业农民工的"失业"特征，扩大参保农民工受益范围，增强制度激励性，达到进一步提高农民工参保积极性和扩大农民工覆盖范围的目的，以期让失业保险为农民工这个特殊群体做出特殊贡献。

第二，为城镇灵活就业人员建立"失业保险储蓄账户"制度。城镇灵活就业人员没有雇主或没有稳定的雇佣关系，没有持续的就业记录，就业和失业的身份难以界定，失业保险制度基本与这个群体无缘，由此成为世界各国的一个难题。建议为这个群体建立"失业保险储蓄账户"，由失业保险基金每年向个人账户提供配比缴费，旨在引导个人积极参保并缴费。当经济周期来临时，个人可从中提取资金用于当前消费，从而实现经济上行期（就业状态）向下行期（失业状态）的消费平滑、正规部门（失业保险基金由企业缴纳）向非正规部门的"转移支付"、国家（失业保险制度）对社会（灵活就业群体）的扶助倾斜。

第三，为应届大学毕业生建立"见习岗位津贴"制度。对毕业6个月后仍未就业的大学毕业生群体，不仅跨年度寻找合适工作的难度加大，而且有可能损伤就业信心，造成极大的生活与心理压力，并给家庭带来经济压力。建议为毕业6个月仍未就业的应届大学毕业生提供见习岗位，失业保险基金向接受大学毕业生见习的企业提供岗位津贴，发放期限不超过6个月。这样既能够为大学毕业生延长顺应社会的缓冲时间，又不会因长期闲置而浪费高学历群体的人力资本。

六、"十三五"期间非缴费型制度改革展望：医疗卫生体制再改革

（一）医疗卫生体制再改革的问题

《决定》提出："经济体制改革是全面深化改革的重点，核心问题是处理好政府和市场的关系。"医疗卫生体制改革仍然存在这个核心问题即处理好政府和市场的关系问题。在过去的20多年时间里，这个问题表现得越来越突出，尽管这个领域的改革已经进行过几次。具体而言，处理好政府和市场的关系应主要体现在四个方面：

一是要高度重视构建多层次与多支柱的医疗卫生改革目标。在明确大力发展国家举办的第一支柱的同时，要最大限度地促进发展以市场为基础的第二支柱即企业补充医疗保险和以市场为导向的第三支柱即商业健康医疗保险。要高度重视医疗保险制度内部的多层次和多支柱建设，这是处理好政府和市场的关系和正确发挥市场因素作用在医疗保险领域里的正确路径。可以说，在过去较长时期，如何处理好社会保障领域政府与市场的关系问题，一直是学术界和决策层没有直面思考和给予明确答案的问题，是近百年来国际社会保障学术研究和各国改革中存在争议的问题，也是不同历史文化传统及其国民性的选择结果及其

具体表现。

二是高度重视公立医院的改革。从某种意义上说，公立医院改革的成败与否，是决定医疗卫生体制改革成功与否的关键。新一轮医改之所以受到诟病，在相当程度上受制于公立医院的改革效果。

三是要高度重视现行医疗保险制度统账结合的制度机构的运行效率。从某个角度讲，医疗保险的统账结合遇到的困难与养老保险统账结合遇到的困境很相近，只不过，医疗保险的统账结合效率低下，不如养老保险更为明显。

四是要高度重视医疗卫生体制的模式选择。毫无疑问，世界上目前存在美国模式与欧洲模式这两大模式，各有千秋，利弊兼得，相得益彰。但总体看，欧洲模式财政负担沉重，不利于企业竞争力和国家竞争力的提升，不适用于处于发展中的新兴市场经济体，不适用于大型经济体。这实际涉及对医疗卫生体制和医疗保险体制的定位问题。在"十三五"期间，社会保障改革进程中，模式选择问题不仅依然存在，而且将更为明显，因为"十三五"期间恰逢中国从中等收入国家走向高收入国家行列的关键时刻。

（二）关于将《社会救助暂行办法》升格到《社会救助法》的问题

改革开放以来，缴费型的社会保险制度与非缴费型的社会救助制度都得到了长足发展。与社会保险制度不同，社会救助制度的资金由各级财政转移支付承担，所以，社会救助制度日益成为建立公共财政体系的一个要素，是实现社会公正和加大再分配力度的主要手段，为广大人民群众分享高速发展的国民经济、稳定社会和构建和谐社会做出了较大贡献。

为使社会救助制度的运行更加法制化、体系化和规范化，2014年2月，国务院颁布了《社会救助暂行办法》（下简称《暂行办法》）。《暂行办法》首次为我国社会救助事业发展提供了明确的法律依据，首次从法律上确立了社会救助的地位作用、基本原则、主体责任、制度安排，首次实现了社会救助从制度"碎片"到衔接整合的转变。《暂行办法》以行政法规的形式将社会救助制度确定为八个方面：最低生活保障、特困人员供养、受灾人员救助、医疗救助、住房救助、教育救助、就业救助和临时救助。

为了很好地贯彻落实《暂行办法》，2014年6月，民政部、教育部、财政部、人力资源社会保障部、住房城乡建设部和国家卫生计生委等六部委联合发布了《关于贯彻落实〈社会救助暂行办法〉的通知》，对完善落实各项配套政策措施、建立健全社会救助工作机制和加强组织领导等提出了要求。

毫无疑问，《暂行办法》是中国社会救助事业发展新的里程碑，它标志着新形势下社会救助事业迈上了法制化、体系化、规范化统筹发展的新阶段。

但是，《社会救助暂行办法》是行政法规，难以满足作为一项基础性制度安排的现实需要。这是因为，社会救助由八个领域构成，每个领域实际上都是一个十分庞大和非常复杂的社会救助系统，比如，住房救助或教育救助等，任何一项社会救助都需要根据《社会救助法》制定专门的实施条例。《社会救助法》的上位法是《宪法》，又是统领所有八个社会救助项目的上位法，是其"根本大法"，其地位显然是目前《暂行办法》行政法规所不能比拟的。

因此，"十三五"期间《社会救助暂行办法》在适当时机应升格为《社会救助法》，这样，与已经颁布的《社会保险法》一起，就构成了缴费型制度和非缴费型制度自身的"根本大法"。

（三）关于建立全国统一的社会养老金的问题

一般来说，社会养老金是指来自于财政转移支付、待遇水平为定额式、达到法定领取年龄均可领取的普享型养老金。中国社会养老保险的两个板块均为统账结合模式，即城乡居保（以前为"新农保"）的统账结合为个人账户由参保人缴费形成，而统筹养老金（基础养老金）主要由财政补贴形成，其性质为现收现付，没有积累；城镇职工养老保险的统账结合为个人账户由参保人缴费形成，这个特征与城乡居保完全相同，但统筹养老金则不同，而是由企业主缴费形成，虽然也是现收现付，但由于地区间发展不平衡，在一些发达省份形成了规模较大的积累，从全国范围来看，基金增长势头十分明显。

这样，在中国两个板块社会养老制度中，便存在两个性质完全不同的统筹基金，即城乡居保的是来自财政转移支付，而城镇职工的则是来自雇主缴费。另外，城镇职工养老保险制度由于统筹层次低下等种种原因，部分省份存在不小的收支缺口，财政不得不对其进行转移支付，以确保当期养老金按时足额的发放，2013年的转移支付规模已达3 019亿元[1]。

这就存在一个可能性：以2013年的转移支付规模为基准，对全部8 041万养老金领取人发放一份社会养老金，以替代目前的统筹养老金，同时，将雇主缴费的绝大部分甚至全部划入个人账户。这样做的结果是，在没有增加国家财政负担的前提下，实现了全国两个板块的统筹养老金性质，成为一份社会养老金，同时也是统账结合的统筹养老金；另外，城镇职工养老保险的个人账户部分比例扩大之后会释放出极大的激励性，费基和

---

[1] 引自《2013年人力资源和社会保障事业发展统计公报》，见人力资源和社会保障部官网。

费率均可做实，这时，还可在不降低养老金替代率的前提下达到（前述的）降低雇主费率的目的。

建立和统一全国两个板块统筹养老金即社会养老金的这个可能性，应与城镇职工基本养老保险的 NDC（名义账户制）改革协同起来，一并考虑并设计。

ZHONGYANG
"SHISANWU"
GUIHUA 《JIANYI》 ZHONGDA
ZHUANTI YANJIU

专题二十四　发展教育、培训
　　　　　和人才队伍建设

中共中央组织部

以人才优先引领创新驱动发展

　　"十三五"时期是我国全面建成小康社会的决战决胜期，也是全面深化改革的攻坚期。这一阶段的最大特征是经济发展进入新常态，最重要的任务是实施创新驱动发展。习近平总书记指出，创新驱动实质是人才驱动。这一重要论断，深刻揭示了人才与创新之间的相互关系，强调了人才是创新的核心要素。推动"十三五"时期经济社会发展，大力实施创新驱动发展战略，必须把人才作为支撑发展的第一资源，深入实施人才优先发展战略，服务发展、科学规划，深化改革、激发活力，加快推动我国由人才大国迈进人才强国行列。

一、我国人才发展面临的新形势

　　习近平总书记指出，我们比历史上任何时期都更接近中华民族伟大复兴的宏伟目标，也比历史上任何时期都更加渴求人才。正确认识、深刻把握我们面临的形势，对做好"十三五"时期人才工作具有重要意义。

（一）新一轮科技革命和产业变革对人才发展提出新任务

　　进入21世纪以来，全球科技创新呈现出新的发展态势，一些重要科学问题和关键核心技术取得突破性进展，能源资源、信息网络、先进材料、生命科学等领域研究临近突破期，世界各主要国家都在努力抢抓科技革命和产业变革带来的先机。能否抓住这一历史机遇，决定着一个国家、一个民族的前途命运。在之前历次科技革命的赛场上，我们都只是旁观者，这一次必须在新赛场建设之初就加入其中，努力成为新的竞赛规则的重要制定者、新的竞赛场地的重要主导者。蓄势待发的新一轮科技革命和产业变革，表面上看是科技创新问题，根本上是人才支撑问题。因此，必须具有战略远见，把人才发展摆在创新驱动发展最优先的位置。

（二）国际人才竞争新态势对人才发展提出新挑战

进入 21 世纪以来，世界主要发达国家竞相将人才竞争上升为国家战略，竞争日趋激烈。特别是国际金融危机之后，各国围绕人才、技术、标准展开全球竞争，在挑起贸易战争、货币战争的同时，策划实施更为隐蔽、更带有根本性的人才战争，力图在后危机时代抢占国家发展战略制高点。迄今为止，有 20 多个发达国家制定了新兴产业发展战略，启动 100 余项专门计划培养和引进人才。2013 年美国参议院通过移民改革法案，取消人才移民配额，大幅提高外国人工作签证数量，推出吸引外国人才来美创业签证等措施。2014 年日本内阁决议通过面向高学历、高技术海外人才的《出入境管理及难民认定法》修正案，进一步加大引进海外科技人才力度。欧盟国家在大力吸引高端技术移民的同时，2014 年开始实施一项总预算 147 亿欧元的支持青年专业人才跨境培养行动计划，加大优秀人才留置力度。因此，面对严峻的国际人才竞争形势，必须研究更有针对性的政策措施，加快形成人才国际竞争新优势。

（三）创新驱动发展对人才发展提出新要求

实施创新驱动发展战略，是立足全局、面向未来的重大战略，是加快转变经济发展方式、破解经济发展深层次矛盾和问题、增强经济发展内生动力和活力的根本措施。我国经济经过改革开放 30 多年的快速发展，依靠资源消耗、投资驱动、规模扩张的发展模式空间已越来越小，转型升级成为摆在我们面前的一座大山，翻不过去就可能重蹈拉美一些国家的覆辙，陷入"中等收入陷阱"。一些国家的经验教训充分证明，依靠科技和人才实施创新驱动发展，是避免陷入"中等收入陷阱"的唯一战略选择。我们必须正视现实、承认差距、密切跟踪、迎头赶上，加快从要素驱动发展为主向创新驱动发展转变，更加突出人才在科技创新中的支撑引领作用，大力培养集聚一大批创新人才，为实施创新驱动发展战略提供强大支撑。

（四）社会建设对人才发展提出新需求

当前，我国社会结构、社会组织形式、社会利益格局正在发生深刻变化。随着以保障和改善民生为重点的社会建设加快推进，教育、社会保障、医药卫生、社会工作等重点领域，急需大量专门人才。但现有人才数量缺口还很大，质量远不能满足这一要求，结构分布也不尽合理。社会工作人才接受过系统专业教育的比例较低，2014 年仅占总人口的 0.029‰，而日本为 0.6‰，美国、澳大利亚为 0.28‰，菲律宾为 0.22‰。西部边远贫困地区和边疆民族地区医生、教师等人才仍然稀缺，严重影响同步实现小康的步伐。加大培养力度，创新工作机制，促进社会建设各领域人才快速协调发展刻不容缓。

二、我国人才发展存在的突出问题

党的十八大以来，在中央正确领导下，在各地各部门共同努力下，我国人才发展取得显著成绩，人才队伍不断壮大，重大人才工程全面推进，人才政策体系进一步完善，人才对经济社会发展贡献程度明显提高，党管人才工作格局基本形成。但与"十三五"时期经济社会发展的迫切需求相比还很不适应，突出表现为六个方面：

（一）思想认识不适应

对人才第一资源重要性认识不足，"说起来重要、干起来次要、忙起来不要"，没有把人才工作摆到经济社会发展突出位置，人才优先发展的战略布局还没有真正确立。谋划部署工作往往"见物不见人"，热衷于项目和资金，重招商引资轻招人聚才。对人才事业缺乏战略意识，仅仅将之作为一般党务工作，人才工作在中国特色社会主义建设事业总体布局中的重要地位还没能得到充分体现。

（二）人才质量不适应

既缺爱因斯坦、爱迪生那样的一流科学家和工程师，也缺鲁班式的高技能人才。目前我国研发人员数量 401.7 万人，居世界第一，但领军人才、顶尖人才稀缺，世界级大师更是凤毛麟角。从 1901 年到 2012 年各国科学家获诺贝尔奖的数量看，美国有 298 人，英国有 85 人，日本有 12 人，印度和巴基斯坦也分别有 2 人和 1 人，而我国本土科学家获奖至今还是空白。工程技术人才培养同生产和创新实践脱节，高水平工程师匮乏，在我国 160 万名年轻工程师中，只有十分之一具备为跨国公司工作所需的实用技能。高技能人才总量不足，结构也不合理，高级技工以上的技能人才仅占技能劳动者总数的 25.2%，而发达国家这一比例高达 35%。高层次人才和高技能人才匮乏，制约了自主创新能力的提升，成为推动转型升级的"瓶颈"和"短板"。

（三）人才结构不适应

从产业结构看，第一产业现代农业科技人才，第二产业工程技术、研发设计和现代装备制造类人才，第三产业旅游、商贸物流和现代服务类人才等，都呈稀缺状态。从行业结构看，教育、卫生、传统制造业和建筑业等行业人才数量较多，占人才总量的 54.2%，而节能环保、信息技术、新材料、新能源等战略性新兴产业人才相对不足。从区域布局看，大部分人才集中在东部沿海等发达地区，西部地区 12 个省份只占人才总量的 18.8%，边疆民族地区则不足 4%，地区间人才"贫富差距"呈继续拉大趋势。

（四）人才发展机制不适应

人才培养重应试教育、重知识灌输、轻创新创造，培养了大量"考试天才"，创新型人才从源头上就"活水不足"。人才评价标准单一，对自然科学、工程技术、社会科学、文化艺术类人才缺乏科学分类，简单用一把尺子、一个标准来衡量。人才使用不能做到人尽其才、才尽其用，优秀人才难以脱颖而出。计划经济条件下形成的人才管理模式仍未打破，人才配置市场化程度不高，用人单位缺乏用人自主权，户籍、档案、社会保障等制度性障碍依然存在。人才激励和权益保护机制滞后于科技创新步伐，成果转化率不高。

（五）人才生态不适应

"学而优则仕""枪打出头鸟""重道轻术"等传统文化影响根深蒂固，一定程度上禁锢了人们的思想，影响了整个社会创新创业热情。尊重个性、鼓励创新、宽容失败的创新文化培育不够，对人才压制刁难现象依然存在，人人皆可成才、全民尊崇人才、社会支持人才的良好风尚还没有真正形成。

（六）人才管理体制不适应

领导（协调）机构统筹功能较弱，政出多门、力量分散，特别是各类人才经费、项目、评奖交叉重叠，项目"短平快"，资金"散乱弱"，对人才难以起到有效激励。部门分割、权责不清，政策"碎片化"现象突出，一个人才"永居证"涉及 20 多个部门，政策制定难、落实难。科研评价急功近利，"掀锅盖"太勤，很多人才忙于争课题、争项目、应付考核，难以潜下心来做研究工作。对体制外人才习惯沿用体制内管理方式，有的工作政府部门干预过多，社会各方面积极性还没有充分调动起来。

三、"十三五"时期人才发展基本思路

（一）指导思想

高举中国特色社会主义伟大旗帜，坚持以邓小平理论、"三个代表"重要思想、科学发展观为指导，深入贯彻党的十八大和十八届三中、四中全会以及习近平总书记系列重要讲话精神，坚持党管人才原则，按照聚天下英才而用之的目标，遵循社会主义市场经济规律和人才成长规律，深入实施人才优先发展战略，把人才发展摆在经济社会发展更加突出位置，坚持结构优先调整、投入优先保证、制度优先创新，统筹推进经济建设、政治建设、文化建设、社会建设、生态文明建设、人才建设，解放思想、深化改革，加快人才大国向人才强国迈进，为全面建成小康社会、实现两个"一百年"奋斗目标和中华民族伟大复兴的中国梦提供有力人才支撑。

（二）基本原则

坚持遵循社会主义市场经济规律和人才成长规律。充分发挥市场在人才资源配置中的作用，在人才培养、流动、使用、激励等各个方面，都要体现市场经济规律，让人才价值在市场配置中得到充分体现。进一步改进政府宏观管理，更好发挥政府在基础研究、重大项目攻关等方面人才配置的主导作用，推动政府人才工作职能向营造良好环境、优化公共服务、保障公平竞争、改进文化生态转变，形成政府宏观管理、市场有效配置、单位自主用人、人才自主择业的生动局面。深刻把握人才成长中带有普遍性的客观内在要求，做到深入探索规律、认真总结规律、正确运用规律，使各类人才用当适任、用当其时，各展其

长、各得其所，不断提高人才工作科学化水平。

坚持深化人才发展体制机制改革和政策创新。把改革创新作为推动人才发展的根本动力，不断推进人才理论创新、政策创新、制度创新和方法创新。坚持问题导向，敢于啃硬骨头，坚决破除束缚人才发展的各种体制机制障碍。加强顶层设计和整体谋划，努力构建与社会主义市场经济体制相适应、充满活力、富有效率的人才发展体制机制，形成具有国际竞争力的人才制度优势，最大限度地激发各类人才的创新热情和创造活力。

坚持扩大人才对外开放。实行更加开放的人才政策，以海纳百川的胸怀，不唯地域引进人才，不求所有开发人才，不拘一格用好人才，聚天下英才而用之。大力推动国内人才"走出去"，不断增强我国在国际社会各领域的影响力和人才国际竞争力，推动全方位、高层次、宽领域人才工作对外开放。更加积极主动地参与全球人才智力交流合作，注重与国际人才管理体系和通行规则接轨，不断把人才对外开放提高到新水平。

坚持高端引领整体开发。充分发挥高层次人才和高技能人才在经济社会发展、人才队伍建设中的核心支撑和"传导""撬动"作用，着力发现、培养、集聚战略科学家、科技领军人才、社科人才、企业家人才和高技能人才队伍，引领和带动各类人才队伍建设。统筹国内国际两个市场、两种资源，推进城乡、区域、产业、行业和不同所有制人才资源开发，实现各类人才队伍协调发展。

坚持党对人才工作的领导。充分发挥党委（党组）总揽全局、协调各方的领导核心作用，确保人才事业始终沿着正确方向前进。注重发挥党的政治优势，加强同各类人才的思想联系，强化政治引领和政治吸纳，努力把各方面优秀人才集聚到党和国家事业中来。创新党管人才领导体制机制，改进党管人才方式方法，善于调动各方面积极性，形成各职能部门齐抓共管、社会各方面齐心协力推进人才工作的良好格局。积极推进人才法制体系建设，依法育才、依法选才、依法引才、依法用才，用法制保障人才，确保人才工作在法制轨道上运行。改善人才生态，为各类人才健康成长、脱颖而出、发挥作用营造良好环境。

（三）主要指标

指标是规划实施的导向和抓手。为体现人才的战略引领作用，建议国家"十三五"规划将人才指标纳入经济社会发展的主要指标中，并在评估考核时优先考虑。指标设置围绕人才投入、人才数量质量结构和贡献产出三个方面，从前瞻性、过程性和结果性来考虑。

1. 人力资本投入超前系数

人力资本投入超前系数是指相对于物质资本增长，人力资本投资增长的超前幅度，主要用于反映人才投入的状况，运用此指标可以引导全社会始终把人力资本投资放在重要位置。计算方法为：人力资本投入超前系数＝教育与医疗卫生领域的公共财政支出增速（％）－公共财政支出增速（％）。

2003 年至 2013 年，人力资本投入超前系数均值为 4.75％；"十二五"以来（2010 年至 2013 年），该指标均值为 4.23％。建议"十三五"时期，人力资本投入超前系数年均增长 4％～5％，并减少年度间的波动性。建议将该指标确定为约束性指标。

2. 人才发展主要指标

人才发展主要指标包括人才资源总量、高技能人才占技能劳动者的比例、主要劳动年龄人口受过高等教育的比例、每万劳动力中研发（R&D）人员等 4 项主要指标。主要用于衡量国家和地区人才数量、质量和结构。

人才资源总量主要用来测量从事创造性劳动的专业人才总量，主要包括专业技术人才、高技能人才、农村实用人才和社会工作人才等，计算方法为各支队伍数量加总。

高技能人才占技能劳动者的比例计算公式为：高技能人才占技能劳动者比例＝（高级技师数量＋技师数量＋高级技工数量）/技能劳动者总量×100％。

主要劳动年龄人口受过高等教育的比例，可定为 20～59 岁人口中接受过大专及以上学历教育的人数所占比例。计算公式为：主要劳动年龄人口受过高等教育的比例＝20～59 岁受过高等教育的人口数/20～59 岁总人口数×100％。

每万劳动力中研发人员可定为每万劳动力中研发人员全时当量数。研发人员指参与研发项目研究、管理和辅助工作人员，包括项目（课题）组人员、企业科技行政管理人员和直接为项目（课题）活动提供服务的辅助人员。测度研发人员采用全时当量（即人/年）。

3. 人才贡献率

人才贡献率是指人才资本作为经济运行中的核心投入要素，通过其自身形成的递增收益和产生的外部溢出效应，对经济增长所做出的贡献份额。人才贡献率的测算，是与人力资本对经济增长贡献率测算同时进行的。先采用受教育年限法来测度人力资本存量，进而将人力资本分解为基础人力资本和专业化人力资本（即人才资本）两个部分。运用柯布-道格拉斯生产函数的人力资本分类模型，就可以测算、分离出人才资本对经济增长的贡献率。

人才贡献率 2010 年为 26.6％，2011 年为 28.0％，2012 年为 29.8％，按照《国家中长期人才发展规划纲要（2010—2020 年）》确定的目标，2020 年为 35％。

四、"十三五"时期人才发展重点任务

习近平总书记指出，国家发展靠人才，民族振兴靠人才。没有一支高素质人才队伍，全面建成小康社会的奋斗目标和中华民族伟大复兴的中国梦就难以顺利实现。围绕全面建成小康社会战略目标和"十三五"时期经济社会发展重点任务，推动实施若干重大人才政策措施。

（一）加快确立人才优先发展战略布局

1. 党的十八大确定了经济建设、政治建设、文化建设、社会建设、生态文明建设"五位一体"的中国特色社会主义建设事业总体布局

"致天下之治者在人才"，建议在总体布局中增加"人才建设"，把人才建设紧紧嵌入经济社会发展大局之中，形成以人才建设为支撑，保障五大建设协调推进的"六位一体"总体布局。

2. 加快人才结构战略性调整

调整人才培养结构，探索推行创新型教育方式方法，改变基础教育以知识灌输为主的教育模式，引导高校调整学科设置和教学模式，增强学生专业选择自主性，突出创新型、技能型人才培养。推动建立产学研战略联盟，实现人才培养的资源共享和成果互惠。调整人才产业分布结构，着力打造一批带动战略性新兴产业和现代服务业发展的高端人才。调整人才区域分布结构，加大中西部地区人才项目、政策支持力度，实施医生、教师等急需紧缺人才"订单式"培养服务，逐步缩小东西部人才发展差距。服务"一带一路"建设、京津冀协同发展、长江经济带建设、"中国制造 2025"等国家重大战略部署实施，充分发挥重大工程项目、特色优势产业集聚人才的作用。

3. 提高人才投入效益

各级政府在加大人才投入的同时，要改变"重物轻人"倾向，着力调整优化人才投入结构，促进新增投入主要用在人的身上，充分承认和体现人才在创新创造中的核心价值。改革科研经费使用机制，大幅度提高科研经费用于人的支出比重。探索实施将人才评估作为国家重大投资项目前置审批条件。设立人才开发专项资金，每年保持适度增长比例，保障人才发展重大项目实施。发挥政府投入引导作用，鼓励用人主体和社会力量有序参与人才资源开发和人才引进。按照市场需求，鼓励支持企业、社会组织建立人才发展基金，加大关键技术研发、重大项目攻关、人才教育培训等方面的投入力度，建立健全对有重大发展潜力基础研究人才和高端人才的持续稳定支持机制。利用财政、金融、税收等手段，鼓励和引导企业、个人、社会组织等广泛参与人才资源开发。

（二）加大高层次创新人才培养支持力度

1. 加快培养创新型人才

依托国家重大科技项目和重大工程、重点学科及重点科研基地、国际学术交流合作项目，在创新实践中发现人才，在创新活动中培育人才，在创新事业中凝聚人才。加强领军人才、核心技术研发人才培养和创新团队建设，形成科研人才和科研辅助人才衔接有序、梯次配备的合理结构。探索建立更为灵活的人才管理机制，最大限度支持和鼓励人才创新创造。搭建科技型中小企业与风险投资对接平台，激励科技人才自主创业。保障人才以知识、技术、管理等创新要素参与利益分配，以市场价值回报人才价值，强化对人才的物质激励，鼓励人才弘扬创新精神。探索建立文科院士制度，进一步激发人文社科领域高端人才创造活力。

2. 大力培育高技能人才

着眼于适应走新型工业化道路和产业结构优化升级的要求，以提升职业素质和职业技能为重点，加快培养一批支撑"中国制造""中国创造"的高技能人才。改革培养模式，大力发展职业教育，完善以企业为主体、职业院校为基础，学校教育与企业培养紧密联系，政府推动与社会支持相互结合的高技能人才培养体系。健全完善高技能人才评选表彰和激励制度，将高技能人才纳入享受政府特殊津贴专家选拔范围，不断提高他们的经济待遇和社会地位，形成政府重视、社会尊重、企业投入、家庭支持的良好氛围，大力弘扬新时期工匠精神，引导广大劳动者追求技术，走技能成才之路。

3. 培养大批能够参与国际竞争的战略企业家

适应产业升级和"走出去"战略的需要，加快推进企业经营管理人才职业化、市场化、专业化和国际化，培养造就一大批具有全球战略眼光、市场开拓精神、管理创新能力和社会责任感的优秀企业家。依托知名跨国公司、国内外高水平大学和其他培训机构，提高企业家战略管理和跨文化经营管理能力。合理增加国有企业领导人员市场化选聘比例。推动企业家投身创新事业，依法保护企业家的财产权和创新收益，消除他们的后顾之忧，激发他们的创新激情。

4. 抓紧培养造就青年英才

在各类人才计划中，重点支持一批有巨大发展潜力的青年优秀人才，使更多的青年人才能独立自主承担课题或科研项目。破除论资排辈、求全责备等观念，善于发现、重点支持、放手使用青年优秀人才，让他们更多地参与项目管理决策、牵头承担重大课题，获得专项经费支持、领衔产业攻关项目。充分发挥各类科技奖项对青年人才的激励作用，及时发现、培养和举荐优秀青年人才，帮助解决青年人才工作、生活等实际困难。

（三）大力开发利用国内国际两种人才资源

1. 更大力度推进国家"千人计划""万人计划"

深入实施引进海外高层次人才"千人计划"，突出"高精尖缺导"向"靶向猎才"，重点引进在基础前沿领域具有原始创新能力、在新一轮产业革命中能产生重大突破的世界顶尖人才，引进突破关键技术、带动新兴学科的急需紧缺人才。探索建立符合中国国情，能够充分发挥中国特色社会主义制度优势的引才用才模式，充分信任、放手使用海外引进高层次人才。完善外国人永久居留制度，放宽技术技能型人才取得永久居留权的条件。加快完善高效便捷的海外人才来华工作、出入境、居留管理服务。深入实施国内高层次人才特殊支持"万人计划"，落实支持政策和配套措施，大力培养一批国内高层次领军人才。研究制定对"千人计划""万人计划"入选专家长期稳定支持的政策措施，探索发挥入选专家作用的长效机制，建立入选专家退出机制。促进海外引进人才和国内人才加强合作，形成协同创新、携手并进的良好局面。

2. 完善海外人才引进服务体系

加强国际人才竞争战略研究，发挥驻外使领馆、驻外企业、海外社团以及民间智库作用，构建面向全球的人才流动宏观监测体系。拓展国外人才市场，培育一批国际人才中介服务机构。建立完善符合国际惯例的海外人才激励制度和特殊支持政策，促进创新创业人才与风险投资、高新技术等创新要素融合对接。

3. 积极做好国际组织所需人才培养推送工作

制定出台进一步加强国际组织人才培养推送工作的意见，研究编制国际组织人才培养推送工作规划，设立国际组织青年人才培养基金，加快培养、遴选、推送一批政治过硬、专业水平高、精通国际事务的优秀人才到国际组织任职，增强我国在国际上的话语权和影响力，在国际舞台传递"中国好声音"。完善配套政策，畅通回国任职通道。

（四）加快人才发展体制机制改革和政策创新

1. 健全人才评价激励机制

制定分类推进人才评价机制改革的指导意见。充分发挥用人单位在人才评价中的主体作用，突出同行评价，建立科学化社会化的人才评价机制。规范整合人才项目，加快建立评价科学、相互衔接的国家人才项目体系，着力解决人才项目政出多门、层级不清、互不衔接等突出问题。建立健全人才科技成果收益分配机制，积极稳妥推进薪酬激励和股权期权激励政策改革，调整股权激励个人所得税优惠政策。由财政资金发起，吸收社会资金参与，研究设立国家和省级人才基金，专项投资高层次创新人才。改革完善职业资格管理，推动职称制度改革取得实质性进展。

2. 健全人才流动配置机制

清除人才流动障碍，提高社会横向和纵向流动性，促进人才在不同性质单位和不同地域间有序自由流动，解决人才资源配置中体制分割、部门所有、管理行政化等突出问题。建立完善统一规范的人才市场体系，培育社会中介组织。扫除身份障碍，取消干部、工人体制性身份差别，加快推进党政机关、企事业单位和社会组织人才互通流动机制建设。加快建设支持人才流动的社会保障体系，完善有利于人才流动的政策措施，让人人都有成才的机会和通道。健全人才向基层流动、向艰苦地区和岗位流动、在一线创业的激励机制，研究职务、职称、工资、保障等优惠政策，让人才引得进、留得住、用得好。

3. 健全人才服务保障机制

逐步建立全国统一的高端人才数据库，为政策决策和服务人才提供信息化支持。健全养老保险和医疗保险相结合的保障体系，研究制定人才补充保险办法。完善人才公共服务体系，创新服务方式，建立政府购买公共服务制度，为各类人才平衡工作和家庭责任提供条件。鼓励各地建立人才管理改革试验区，探索实行人才培养引进、服务保障等方面的特殊政策。

（五）完善党管人才领导体制和工作运行机制

1. 进一步加强党对人才工作的领导

进一步明确中央人才工作协调小组职责任务和工作规则，强化决策功能，形成人才工作整体合力，确保党的人才工作方针政策全面贯彻落实。建立健全各地各部门党委（党组）人才工作领导机构，配齐配强工作力量，明确各部门人才工作职责，促进职能部门各司其职、密切配合。创新党管人才方式方法，形成统分结合、上下联动、协调高效、整体推进的工作运行机制。建立人才工作目标责任制，强化一把手抓第一资源的政治责任，推动各级党委更加自觉做好人才工作。

2. 坚持和完善党委联系专家制度

加强对专家人才的团结引导服务，研究出台进一步加强党委联系专家工作的意见，直接联系服务一批高层次人才，努力把各类优秀人才凝聚到党和国家事业中来。深入实施人才国情研修计划，加强对人才的政治引领和政治吸纳。高度重视新形势下知识分子工作，引导知识分子发挥正能量。密切与各类人才的思想联系，经常性听取意见建议，帮助解决实际困难，增强党对广大人才的凝聚力。组织开展专家咨询服务活动，推动新型高端智库建设。

3. 推进人才法制体系建设

研究制定人才工作条例，推进人才工作法制化、科学化。建立健全涵盖国家人才安全保障，人才权益保护和人才培养、吸引、使用等人才开发各环节的法律法规。提高人才法制建设开放性，注意与国际规则相衔接，建立海外人才引进的法律保障机制。

4. 营造人才发展良好环境

坚持以人为本，遵循人才成长规律，大力营造有利于人人皆可成才和青年人才脱颖而出的社会环境。加强舆论引导，加大优秀人才和先进典型宣传力度，在全社会大兴识才爱才敬才用才之风。

国家发展和改革委员会

"十三五" 时期统筹教育和人才发展问题研究

全面建成小康社会，实现中华民族伟大复兴的中国梦，关键在人才，基础在教育。"十三五"时期统筹教育和人才发展，加快提升国家人力资本，建立"得天下英才而育之，择天下英才而用之"的制度优势，是我国如期实现第一个百年目标的决胜之举，也将为 21 世纪中叶实现第二个百年目标奠定坚实基础。

一、经济社会发展新形势对教育和人才提出新要求

（一）国际竞争新格局加剧国家间教育和人才竞争

2008 年金融危机后，国际产业角逐和要素转移呈现新趋势，发达国家"制造业回归"，新兴经济体产业趋向同构，国际市场竞争进一步加剧。随着新一轮科技革命的孕育突破，产业变革步伐不断加快，新技术、新业态、新模式接连涌现，创新人才在全球经济科技竞争中重要性凸显，成为各国竞相争夺的关键要素。我国要在竞争中占据主动、创造优势，必须把增强教育竞争力和人才吸引力放在首位，奋力打赢"人才战争"。

（二）经济发展新常态要求加快创造"人才红利"

从需求侧看，持续扩大消费、投资、出口挑战重重，"中国制造""中国服务"必须在创新创意中谋求新出路、开辟新空间。从供给侧看，劳动力、土地、资源、环境、过剩产

能不断强化"硬约束"，潜在增长率面临极限。适应新常态、引领新常态，必须激活经济内生动力，倒逼要素投入由规模向质量提升，由"人口红利"向"人才红利"转变。

（三）民生需求新变化对教育提出更高新期待

随着民生需求逐步由生存向发展、物质向精神、实物向服务、外部驱动向内在需求转变，人民群众的教育需求越来越高，期盼更加公平的教育，站在"同一起跑线"；期盼更高质量的教育，享有"人生出彩"机会；期盼更有活力的教育，实现自由个性全面发展；期盼贯穿终身的教育，"活到老、学到老"。民心所望，执政所向，必须在学有所教上持续取得新进展、努力实现新突破。

（四）信息网络化发展催生教育方式新变革

信息网络化带来了知识爆炸式更新，学校教育再难以"一劳永逸、受用终身"。网络在线学习打破了自上而下的教育模式，改变了传统教与学关系，培养自主学习、运用知识、探索实践、创造新知识的能力比获取知识本身更加重要。面对信息网络化的新挑战，必须创新教育组织形式和学习行为方式，在新一轮教育变革中赢得先机。

二、"十三五"加快教育和人才发展的基本思路

（一）基本原则

一是优先发展，坚持把教育和人才工作摆在"十三五"经济社会发展的优先位置，充分发挥教育和人才对国家发展的先导性、引领性作用。**二是统筹发展**，坚持教育和人才统筹谋划、统筹发展、形成合力，推动人才培养和使用相衔接、供给和需求相适应，从根本上提升国家人力资本和人才竞争力。**三是创新发展**，坚持问题导向，深化体制机制改革，充分释放教育和人才发展活力。**四是以人为本**，坚持发展着眼于人、着力于人、内化于人，从根本上把教育发展的重心转移到提高人才培养质量上来，努力实现有教无类，开创人人皆可成才、人人尽展其才的发展新局面。

（二）总体目标

按照党的十八大报告以及《教育规划纲要》《人才规划纲要》要求，我们将"十三五"

统筹教育和人才发展的总体目标归纳为"两基本、一确立、一进入"，即**基本实现教育现代化，基本形成学习型社会，确立激发人才创造活力、具有国际竞争力的人才制度优势，进入人才强国和人力资源强国行列。**

（三）战略重点

主要体现在以下四个方面：

——以基本实现教育现代化统领"十三五"教育改革发展，通过教育现代化促进人的现代化，引领国家现代化进程。

——持续完善基本公共教育服务体系，不断提高全民受教育程度，保障平等受教育权利，努力办好人民满意的教育。

——深化职业教育高等教育产教融合，以高素质技能人才和高层次创新人才为重点，建设人才强国和人力资源强国。

——大力推进学习型社会建设，适应现代社会发展，加快转变教育发展方式，构建惠及全民的终身教育体系。

三、"十三五"统筹教育发展和人才开发的主要任务

（一）确保 2020 年基本实现教育现代化

1. 准确把握基本实现教育现代化的内涵和要求

基本实现教育现代化，既包括教育条件设施和教学手段的现代化，更是教育理念、方法、内容、质量、管理、评价的现代化，核心是教育体制机制现代化，必须处理好规模和效益、质量和公平、硬件和软件以及公共服务和个性发展的关系。

2. 教育现代化水平：中国的世界坐标

我国教育现代化进程监测指标体系[1]将教育现代化水平分为普及与公平、结构与质量、

---

[1] 该指标体系由上海市教育科学院、中国教育科学研究院、清华大学国情研究院、中国科学院现代化研究中心联合研制，作为综合评价全国教育发展水平、比较分析与先进国家的差距、监测引导各地区教育发展的重要依据。

条件与保障、服务与贡献等 4 类指数。基于国际可比指标测算，2010 年我国教育发展综合水平在全世界、OECD 国家、中等收入国家、G20 国家、发展中人口大国、金砖国家中排名分别为第 59、34、22、13、2、2 位，均高于我国人均 GNI（人均国民收入）的对应排名（分别为第 79、35、35、17、3、4）。**总体看，我国教育发展水平在中等收入国家中居前，在发展中人口大国和金砖国家中领先，但还低于 G8、G20、OECD 和高收入国家平均水平（见图 1）。**

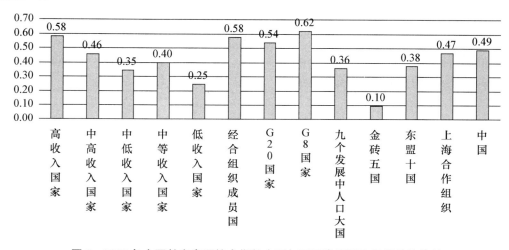

图 1　2010 年中国教育发展综合指数水平与不同类型国家组平均值比较

3. 基本实现教育现代化面临的差距和挑战

按照 2020 年达到或超过 OECD 国家平均水平的标准，目前我国教育发展水平与基本实现教育现代化还有相当距离。

一是人力资源开发总体水平不高，与发达国家差距明显。教育在服务贡献等方面还处于世界中等偏下位置，与我国经济大国地位不相匹配。2010 年，我国 25 岁以上人口接受高中以上教育的比例为 22.32%，比发达国家低 40 多个百分点，25 岁以上人口平均受教育年限相差 2 年。

二是城乡区域发展不平衡不协调，农村和中西部贫困地区仍是薄弱环节。从城乡看，我国 25 岁以上城镇人口中，有 36.9% 接受过高中以上教育，乡村人口仅为 7.4%。从区域看，北京市 25 岁以上人口接受高中以上教育比例达 53.9%，而西部平均值仅为 18.6%，相差近 2 倍；25 岁以上人均受教育年限最高省份 11.4 年，最低省份仅 4.6 年，相差近 7 年。

三是教育活力和竞争力不足，人才培养与经济社会发展的适应性、匹配性不强。教育观念、内容、手段普遍相对落后，"应试教育""书本教育"倾向未根本扭转，学生动手实践、创新创业能力总体偏低，高校毕业生结构性就业难矛盾突出。按照世界经济论坛《2014—2015年度全球竞争力报告》排名，我国总体竞争力指数位于世界第28位，但教育指数排名靠后，其中"高等教育及培训"指数仅列第65位。

应该看到，近十年来我国教育在普及与公平方面进展显著，义务教育巩固率、高中阶段毛入学率、财政教育投入比重、人口识字率等指标均明显提高。相比之下，深化教育体制机制改革和制度创新则刚刚破题，释放教育发展活力还有很大空间。**"十三五"时期相对于提高经费投入、扩大发展规模、改善办学条件，实现教育体制机制现代化的要求更加迫切，推进教育内涵式发展的任务更加艰巨。**

4. "十三五"基本实现教育现代化要抓好的主要任务

在政策导向上：一是要以教育理念现代化为引领，把素质教育、终身教育融入教育工作各个环节，回答好"培养什么人、怎样培养人"的问题。**二是要以体制机制现代化为核心**，将教育发展动力切换到改革创新上来，将人才培养体制、办学体制、考试招生制度、现代学校制度、教育管理体制综合改革持续推向纵深。**三是要以教师队伍现代化为关键**，吸引优秀人才长期安心从教，不断优化教师队伍素质结构。

在路径选择上：建立国家教育现代化统筹推进机制，坚持"中央统筹、以省为主、整体推进、协调发展"道路。中央总体部署，以省为单位推进实施。针对我国发展不平衡国情，坚持分类指导，发挥东部示范引领和带动提升，突出中西部地区薄弱环节建设，打好农村教育攻坚战，在整体推进中实现区域城乡教育协调发展。

在工作着力点上：一是要持续提高教育普及水平和全民受教育程度，适应经济发展新常态，围绕新增劳动力和主要劳动年龄人口两个重点，提升国家人力资源素质。**二是推进人才培养结构和培养模式"双调整"**，适应经济社会发展需求，明显提高人才培养质量和水平。**三是要以教育信息化带动教育现代化**，适应教育方式新变革，推进信息化融入、改造和创新传统教育模式。

（二）坚持把完善基本公共教育服务作为重中之重

基本公共教育旨在保障公民基本教育需求和基本生存发展权利，是基本公共服务的基础和起点。建议"十三五"扩大范围、提升标准，**逐步实行12年免费教育，实现城乡常住人口**

全覆盖，推进义务教育由县域内均衡向省域内均衡过渡，进一步完善基本公共教育服务体系。

一是适应现代公民素质提升需要，向全民提供更长年限、更高水平的免费教育。2011年，我国全面普及城乡九年义务教育后，部分专家学者提出延伸义务教育年限的建议，社会上也比较关注。我们研究认为，目前延长义务教育年限的时机还不成熟。主要理由是：义务教育由国家法定统一实施，所有适龄儿童少年必须接受，具有强制性。考虑到我国全面普及义务教育时间较短，基础还比较薄弱，发展很不平衡，一些地区近年辍学率还有所抬头的实际，现阶段义务教育工作重点应放在巩固提高普及成果，深入推进均衡发展上，这是一项长期、艰巨的历史任务。此外，延伸义务教育年限还要有相应的法律和制度准备，在全国同步推开的条件还不具备。

延长免费教育年限是让全体人民分享改革红利的最直接方式。参照 OECD 主要国家做法（见表1），结合我国实际，建议"十三五"期间适度延伸免费教育年限，可考虑在九年义务教育基础上，逐步实行高中阶段教育免费。

表1

OECD 国家高中阶段教育学费政策比较

国家	高中教育年龄段	是否义务教育	是否免费
澳大利亚	15 或 16～18	义务	免费
英格兰	16～18	义务	免费
法国	15～18	第一年义务	免费
德国	15 或 16～18 或 19	义务	免费
匈牙利	10 或 12 或 14～18 或 19（初高中一体）	非义务	免费
爱尔兰	15～17 或 18	非义务	免费
意大利	14～19（初高中一体）	第一年义务	第二年起收费
日本	15～18	非义务	部分免费
韩国	15～18	非义务	部分免费
荷兰	16～17 或 18	义务	免费
新西兰	16～18	非义务	免费
西班牙	16～18	非义务	免费
瑞典	16～20	非义务	免费
瑞士	16～18 或 19	非义务	免费
美国	14～18（初高中一体）	16 及以前义务	免费

资料来源：陆璟. 高中学费政策的比较研究［J］. 上海教育科研，2006（9）：4-8. 鉴于根据相关情况变动，本研究对澳大利亚、英格兰、荷兰、日本、韩国等部分国家数据进行了更新。另据了解，日本、韩国近年启动实施高中阶段教育免费计划，但免费范围主要针对低收入家庭或偏远地区学生，韩国计划于 2017 年实现全面覆盖。

相比选择学前教育免费，我们建议实行高中阶段教育免费主要基于以下考虑：

——从教育阶段特点看，高中阶段承上启下，是个性形成、自主发展、掌握知识技能的关键期，对提高国民素质和培养创新人才具有特殊意义，相对于学前教育保教为主，更有利于提升人力资本。

——从可行性看，2014年学前教育毛入园率67.5%，幼儿园量多面广、布点分散。高中阶段教育毛入学率已达86.5%，且学校大多设置在人口相对集中的城市和县镇，管理体系相对健全，相比具有更好的现实基础。

——从财力保障看，目前中职教育（超过高中阶段在校生的40%）已基本免费，全面实现高中阶段教育免费，每年需增加财政支出500亿元左右，在国家财力可承受范围内。

在推进步骤上，普通高中免费可先从农村学生和家庭经济困难学生做起，逐步全面实施。此外，我们还建议对西藏、新疆及四省藏区等特殊困难地区给予重点扶持，逐步实行从学前到高中阶段15年免费教育。

二是适应城镇化和人口流动趋势，优化城乡教育资源配置，实现常住人口全覆盖。2013年，我国人户分离人口达2.89亿人，其中流动人口2.45亿人，外出农民工1.66亿人，约占流动人口的67.8%。2007—2013年我国义务教育阶段农民工子女由766万人增至1277万人。随着外来人口大量涌入，大中城市和县城学龄人口持续增加，人口增速远超配套教育资源增速，对基本公共教育服务的提供方式、保障机制、资源布局带来巨大挑战。我们调研了解到，江苏苏州等地外来农民工子女已占学生总数的近50%，河南全省城区学校班级中，大班额（超过56人/班）比例近50%，超大班额（超过66人/班）比例高于20%。与之对应，农村学校人数逐年减少，不少地方"人去校空"。

我们建议，"十三五"期间充分考虑学龄人口流动变化情况，统筹城乡教育资源布局，着力提高城镇教育资源对新增人口的承载能力，解决"大校额""大班额"问题，保障随迁子女入学，并完善后续升学政策。同时，严格执行农村学校撤点并校程序规定，办好需要长期保留的村小和教学点，保障农村学生能在"家门口的学校"就近入学。建设好必要的寄宿制学校，加强校车配备和安全管理，多措并举解决留守儿童"上学远"问题。

三是适应群众接受公平教育、优质教育的新期待，基本实现均衡化发展。教育公平是社会公平的起点，基本公共教育服务均等化是政府的责任所在。我们建议，"十三五"抓好三项任务：首先，出台国家基本公共教育服务标准，既包括硬件也涵盖软件，既体现结果也反映过程，既要保基本更要限高度，作为各级政府落实责任的依据。其次，严格落实标准，梯次渐进推进均衡发展，从县域内均衡做起，逐步向省域内均衡过渡。最后，抓住均衡配置师资这个关键，改善贫困地区农村薄弱学校办学条件，从根本上治理城市"择校"顽疾，扩大优质教育资源覆盖面。

（三）夯实技术技能人才对产业转型升级的基础支撑

1. "招工难"倒逼我国产业转型

制造业是我国的主导产业。国际经验表明，保持强大的制造业是成功跨越"中等收入陷阱"的关键。实现成功跨越的国家制造业占 GDP 比重平均在 25％～30％，显著高于奉行"去工业化"政策的拉美国家。"十三五"必须继续坚持把制造业放在重要位置优先发展。同时也要看到，农民工已成为我国产业工人的主体，近年来，随着新成长劳动力和农业转移人口增速放缓，"招工难"问题凸显，并逐年推高制造业劳动力成本。2007—2012 年，农民工平均实际工资年复合增长率达 12.7％。"十三五"期间，我国劳动年龄人口总体进入负增长，农业转移人口将逐步枯竭，低成本竞争优势持续弱化，外延式增长更加难以为继，加速倒逼"中国制造"由中低端向中高端迈进，由劳动密集型向资本、技术密集型转型。

2. "技工荒"严重制约转型升级步伐

技术工人和高技能人才短缺是我国产业转型升级面临的最大掣肘。截至 2013 年年底，我国技能劳动者仅占就业人员 19％，高技能人才占技能劳动者的比重仅为 25.1％，而发达国家这一比重通常超过 35％。我国 2.67 亿农民工中有近 80％未接受过高中以上教育，67.3％未参加过任何技能培训。如果现在不下决心广泛实行技术教育和技能培训，有效改善劳动力素质，夯实技工人才基础，将严重阻碍转型升级和新型城镇化进程，甚至可能跌入"中等收入陷阱"。

3. "培训弱"阻碍技术技能人才开发

总体上，我国目前的职业教育和培训体系还难以适应大规模、大幅度提高劳动力素质需求。从职业学校教育看，普遍存在"学历化"倾向，缺乏行业企业参与，办学格局单一，人才培养与产业发展脱节。近年来，国家大力推行中职免费助学政策，但中职院校吸引力和活力缺失问题仍然突出，年招生数从 2010 年 870 万人峰值减至 2014 年 629 万人。从社会化培训看，一般由行业部门和企业组织，多以短期培训为主，国家层面缺乏统一的制度安排，"九龙治水、各自为战"，培训内容交叉，培训资源未能充分整合利用。部分培训形式大于内容，缺乏规范和标准，难以做到按需培训，收效不佳。

吸引力不足是当前困扰我国职业教育发展的最大难题。这里面既有社会观念鄙薄职业教育，认为读职教"低人一等"的原因，也有部分职业院校办学质量不高、管理不善的因素。同时，还受劳动力供求关系影响。在企业"一工难求"背景下，普工工资不断上涨，推高了受教育的机会成本，"与其读三年中职，不如尽早工作挣钱"成为很多学生的选择。

4. 深化产教融合是夯实技术技能人才基础的治本之策

"十三五"必须坚持产教融合，多措并举，综合施策，加快推进现代职业教育和培训体系建设。**一是发挥职业院校主力军作用。**把中职教育作为普及高中阶段教育的重点优先发展，适度把握普通高中规模。新增教育资源和经费投入主要用于中职，扩大国家助学政策受益面。将高中阶段教育普及率和职业教育所占比重纳入地方政府考核。提高高职院校招收有工作实践经历人员比重。推动一批普通本科高校向应用技术大学转型发展。打通职业学校教育和社会化职业培训，引导职业院校更加注重承接社会和企业技能培训。**二是发挥企业重要办学主体作用。**大力推进中职招生与企业招工一体化，推行产教融合、工学交替的现代学徒制培养模式。学生在企业进行岗位实践技能训练为主，在学校学习基本文化和通用技能为辅。国家给予企业适当支持，学生也可获得一定报酬，既缓解社会用工压力，又提高职业教育吸引力。全方位强化校企合作，推动职业教育专业设置与产业需求、课程内容与职业标准、教学环节与生产过程相对接。通过政府购买服务等方式，扶持培训类企业发展。**三是实行国家基本职业培训包制度。**统筹整合人社、教育、农业、扶贫等部门现有培训计划和资源，按照职业分类和技能等级分类制定职业培训标准和指南，提供"点菜式"培训服务。重点对未接受高中阶段教育人群、农民工、城镇待业和下岗失业人员、职业农民免费发放基本培训包，扩大培训覆盖面，增强系统性、针对性和有效性。

（四）加快培育汇聚人才为我创新驱动发展所用

人才是创新的主体，是创新驱动的根本。习近平总书记指出，创新驱动实质上是人才驱动。进入21世纪以来，国家不断加大投入，实施了一系列拔尖创新人才培养和杰出人才激励计划，抓住时机推出"千人计划"等海外人才引进计划，我国创新人才实力大为增强。但仍应看到，创新人才在资源总量、结构分布、创新能力、创新贡献力等方面离发达国家还有较大差距，创新人才和产业发展相对脱节，"研究多、应用少，论文多、转化少，跟跑多、领跑少"问题突出，还不能完全适应打造经济发展新引擎的要求。

创新人才优势说到底是人才制度优势。"十三五"广泛培育吸引集聚创新人才为我持久服务，既需要在培养引进上狠下功夫，又"功夫在诗外"。我们建议，**从人才培养开发、使用激励、资源配置、流动集聚等方面综合施策，"四位一体"建立我国创新人才制度优势。**首先，要建立能够培养大批创新潜质人才的教育体系；其次，要建立激励创新、宽容失败的制度环境；再次，要建立鼓励自由竞争的市场化创新导向；最后，还要用好创新人才流动集聚规律，按规律办事。

1. 打造充满活力和竞争力的教育体系，全面发掘人才创新创造潜力

推进高等学校考试和招生相对分离，打破"一考定终身"，从根本上扭转基础教育应试性、灌输式培养模式，注重保护和培养学生的个性、求异、发散、创新思维，发现关注每个人的闪光点，避免"千人一面"。围绕人才培养中心工作，分类建立高校教学、教研、科研职务系列，将教学工作纳入教师考评指标，激励优秀人才投身教学，从根本上扭转"重科研、轻教学""课题热、课堂冷"倾向。改革"照本宣科"教学模式，将因材施教、任务驱动、研究开发、前沿探索引入课程体系，促进教学由以"教"为中心向以"学"为中心转变。深化产教融合，突出实践导向，实行学术人才和应用人才分类，通识教育和专业教育并行的培养制度，促进人才结构与产业结构相契合，更加注重培养产业技术创新人才，重塑国家技术教育体系优势，创造"工程师红利"。逐步建立高等教育"宽进严出"管理制度。稳步推广研究生入学"申请-考核"制度。探索实行住宿学院制度，促进跨学科人才交叉融合。进一步扩大人才国际交流。

2. 建立创新人才激励制度，进一步激活创新人才发展内因

激发青年人才创新生力军作用，善于发现、充分信任、放手使用青年人才，进一步加大各类科研项目、人才计划对青年人才的倾斜支持，支持青年人才领军承担重大创新任务。推行高校科研院所岗位长聘制度，引导科研人员长期潜心研究，克服急功近利和"短平快"倾向。改革科技计划管理模式和经费使用办法，鼓励基础研究自主选题、自由探索，允许科研经费一定比例用于人才。建立同行评议为主的科研评价体系。实施严格的知识产权保护政策，改革职务发明和成果转化股权激励机制，提高个人创新收益。

3. 让企业成为选才引才用才的主体，充分发挥市场配置人才资源的决定性作用

大力推进创新人才由高校科研院所向企业集聚，由公有制经济向非公有制经济集聚，由大企业向广大中小企业、小微企业、创业企业集聚。创造公平自由的竞争环境，广泛实行市场导向的普惠性竞争性创新激励政策，通过减税措施，鼓励企业加大研发投入，参与高校科研成果转化，优化企业创新人才发展平台。发展新兴产业创业投资，支持以创业带动创新，以创新支撑创业，加快培育孵化创新创业人才。优化政府公共服务，加大"千人计划""万人计划"等重大人才计划面向产业、服务企业选才引才力度。创造条件支持企业创新引才方式，探索建立"柔性引才"机制。主动适应"走出去"战略，支持企业建立海外"人才飞地"，实现"就地取材"为我所用。

4. 大力实施"以才引才、以才聚才"，增强国家人才核心吸引力

创新人才流动集聚具有显著的"高地效应"和"雪球效应"，这是世界范围适用的普遍规律。要用好这一规律，就要在推进事业引才、计划引才、待遇引才基础上，创新引才思路，大力实施"以才引才、以才聚才"。一方面，要积极发挥人才的辐射带动作用，通过"以才举才""以才带才"，推动人才引进"链式""裂变"发展。另一方面，考虑选择特定学科领域和创新方向，实行特殊支持政策，集中力量重点打造若干世界级人才中心和"人才高地"，以点带面、示范引领，推动海外高层次人才引进工作取得突破。

（五）大力建设学习型社会推动教育惠及全民

建设学习型社会是现代社会发展的必然要求，是提升全民受教育程度和劳动力素质、提升国家竞争力的重要途径。随着我国继续教育体系的不断健全，学习型社会建设步伐加快，学有所教已基本实现，但离形成全民"想学习、爱学习、比学习"的生动局面还有很大距离。我们认为，**建设学习型社会的目标是，让学习成为每个人的生活需要、生活习惯、生活态度、生活方式，让每个人都能在学习中终身受益，在提高全民学习力中增强国家竞争力。**

"十三五"建设学习型社会应重点抓好四件事：

一是推动学习资源开放共享。推进学校教育资源向企业、社区开放延伸。加快发展网络在线教育，整合汇聚各类数字教育资源向全社会提供服务。

二是构建终身学习"立交桥"。实施继续教育学分制度，促进非学历教育学习成果、职业资格、技能等级学分转换和不同教育类型学分互认。鼓励"学习—工作—学习"或"工作—学习—工作"职业发展路径。

三是研究建立公民学习账户。形成覆盖全民、伴随终身，记录所有学历和非学历信息，衔接学籍信息和学分银行的个人学习档案，统一纳入公民基本身份信息管理，调动全民学习需求和自觉性，增强学习成果的社会认同度。

四是大力发展老龄教育。适应人口老龄化趋势，结合老年人的个人愿望和能力，提供灵活多样的教育培训，增强老年人参与非全时工作和服务社会的能力，实现"老有所教""老有所学""老有所为"。

四、保障措施建议

确保"十三五"教育和人才发展政策任务落地取得实效，必须坚持多措并举、协同推进，抓管理创新、抓投入保障、抓教师队伍、抓重大工程、抓社会环境。

（一）推进教育治理体系和治理能力现代化

以推进管办评分离为突破口，合理划分政府、学校、企业、社会职责边界，构建现代化教育治理新格局。一是坚持简政放权，政府由管微观、管具体向管规划、管标准、管协调、管评价转变，由过程管理向目标管理、边线管理、底线管理转变。二是建立现代学校制度，加快"去行政化"，推动依法自主办学、自主管理、自主发展，激发内生活力。三是充分发挥企业作用，提高行业企业在人才培养中的参与度和话语权。四是强化社会公众评价监督，鼓励支持社会组织开展第三方教育监测评价。五是全面落实依法治教，健全教育法律法规制度体系。

（二）健全多元化的办学格局和投入机制

放宽市场办学准入，鼓励支持社会力量兴办教育和培训。建立民办学校"非营利"和"营利"分类管理制度，放开营利性民办教育机构收费管理，实行市场调节价。强化政府对基本公共教育的投入主体责任，充分发挥市场在非基本公共教育领域资源配置作用。推行政府购买民办学校普惠性教育服务制度。从职业教育领域先行试点，探索发展混合所有制教育，推进职业教育投入机制逐步从"政府主导、财政为主"转向"政府投入保基本、举办者投入和面向市场筹措并举"。将分类评价引入高等教育投入机制，鼓励高校办出特色。推广政府与社会资本合作（PPP）模式，鼓励社会资本参与教育基础设施建设和运营管理，提供各类教育服务。

（三）以农村教师为重点，大力加强城乡教师队伍建设

建立教师工资收入正常增长机制，增强职业吸引力。深化义务教育教师管理制度改革，研究总结部分地区"县管校用"和"无校籍化"管理试点经验，稳妥推进校长、教师在城乡之间轮岗交流。推进农村教师培训常态化。在收入分配、职务晋升、职称评定上加大对农村教师倾斜，建立乡村教师岗位津贴制度，解决边远艰苦地区农村教师安居问题。

（四）服务国家战略，组织实施一批教育重大工程

一是适应新型城镇化战略，实施义务教育学校标准化建设工程和城乡学前教育推进工程。在办好农村教育基础上，将新增教育资源向城镇适度集中。二是适应产业转型升级战略，实施职业教育产教融合工程。支持校企深度合作，实现产教联动发展。三是适应创新驱动战略，实施高等教育创新发展工程。支持高水平大学统筹学科、人才、教学、科研建设，争创世界一流。加快中西部高等教育振兴。四是适应国家信息化战略，实施教育信息化全覆盖工程，加快完善教育信息化基础设施，提高应用能力。

（五）营造各类人才发展的良好社会环境

引导全社会确立尊重劳动、尊重知识、尊重技术、尊重创新的观念，大力弘扬"崇尚一技之长、不唯学历凭能力"的价值导向。改革收入分配制度，提高技术工人待遇。建立技术技能人才国家荣誉制度。推动海外高层次人才来华工作便利化，优化人才公共服务，为创新人才安心工作创造良好的居住、生活条件。

教育部

新常态、新起点：迈向高人力资本
竞争力国家的教育战略

"十三五"是实现全面建成小康社会目标的最后五年，是实现第一个一百年目标的关键五年，也是实现第二个一百年目标承前启后的五年。"十三五"规划也是习近平总书记提出"四个全面"的战略布局和"新常态"的战略判断后编制的第一个五年规划，编制好"十三五"规划，体现党中央对国家经济社会发展的新思想、新意志、新决策、新动力，对于国家的走向、民族的未来、人民的信心都是极为重要的。在这样一个中华民族复兴的重要历史节点，编制一部集中全党全社会的智慧的好规划，影响深远，意义重大。

习近平总书记提出"实现中华民族伟大复兴的中国梦"是中华民族和中国共产党人的奋斗目标。习近平总书记提出的"四个全面"的战略布局，是新时期治国理政的总纲。"四个全面"的战略思想、"新常态"的战略判断，创新驱动和科教兴国、人才强国、可持续发展四位一体的发展战略，实际上是提出了新的历史阶段的国家发展方式。"八个更加注重"，是贯彻落实新的国家发展方式的总抓手。习近平总书记这些重大的带有根本性的阐述，是编制"十三五"规划的指导思想和政策理论依据。

习近平总书记在论述中国梦、四个全面、新常态和创新驱动发展战略时，都把教育和人力资本摆在突出重要的位置，这既是我们党的执政宗旨信念的体现，也是我们党对经济社会发展规律科学把握和深刻认识的体现。"四个全面"，基础是人的素质；"人民对美好生活的向往"，核心是人的发展；实施四大战略，核心是人才驱动；"孩子们能成长得更好、工作得更好、生活得更好"，就是中国梦的具体体现。李克强总理在 2015 年政府工作中提出打造大众创业、万众创新和增加公共产品、公共服务的"双引擎"，人力资本既是创新创业的燃料和血液，又是公共品供给的重点。更加注重加强教育和提升人力资本素质，在

"十三五"规划中具有标志性的意义。

一、投资于人：新常态大逻辑的起点

新常态下，更加注重加强教育和提升人力资本素质是新国家发展方式的核心。人力资源是经济社会发展的第一资源，人力资本是经济增长的第一动力，人力资本投资是公共品供给的第一要求，加快人力资本积累，优化人力资本结构，在从中等收入国家向高收入国家迈进的关键阶段，是关系国家未来发展的重要战略选择。

（一）从中等收入国家向高收入国家迈进，国家资本结构和财富结构必须经历从物力资本为主向人力资本为主的深刻转变

从中等收入国家向高收入国家迈进，国家的财富结构和资本结构将发生深刻变化。世界银行研究表明，除少数资源型国家外，高收入国家的人力资源在国家财富中所占的份额都在 60% 或以上，其中美国、英国高达 75% 和 88%。联合国环境规划署（UNEP）《包容性财富报告 2012》将人力资本、物质资本和自然资源量化加总计算国家财富，2008 年中国财富总量仅为美国的 17%、日本的 36%，主要差距是人力资本积累形成的差距。

中等收入陷阱的实质和转变经济发展方式的实质，都是从物力资本投资为主向人力资本投资为主的结构性转换挑战。2014 年，我国人均 GDP 已超过 7 500 美元，正处于由中等收入国家向高收入国家跨越的艰难爬坡阶段和关键时期。从 20 世纪 90 年代以来，我国政府就开始积极推动经济增长方式的转变，但实践证明，真正实现经济发展方式的转变不仅有体制障碍，更有人力资本的障碍。

中国人力资本的总体特征是底子薄、发展快、积累少。改革开放以来，中国教育发展成就举世瞩目，但人力资本积累的差距是历史长周期形成的。当前发达国家劳动力的主体构成是高中及以上学历，我国劳动力的主体构成是初中及以下文化程度。虽然今后 5～10 年我国低学历劳动力将逐步退出劳动力市场，但发达国家劳动力已向以高等教育学历为主过渡，差距并没有显著缩小。人力资本素质的巨大差距已成为经济和社会转型升级的巨大障碍。

（二）经济增长的三驾马车的动力需要结构性的转换，必须以加大人力资本投资为战略切入点解决经济发展中的失衡问题

从投资看，长期依靠物力资本和低成本劳动力的发展方式已经不可持续。物力资本投

资边际效益不断下降，产能过剩问题难以破解。在缺乏技术进步和创新的前提下，对物力资本的投资不仅难以拉动经济增长，而且使政府和私人部门的债务压力不断升高，加大经济运行的风险。加大人力资本投资，从短期看，教育等部门还有许多供给严重短缺的领域，投资可以迅速转化为经济增长动力；从长期看，人力资本是财富创造的根本源泉，将持续地转化为劳动生产率的提高、技术进步和创新。

从消费看，坚持人力资本投资优先才能实现投资和消费的长期均衡。在改革开放之初，物力资本的投资推动工业化的进程，使劳动力从低效率部门向高效率部门迁移，使劳动者的总收入水平不断提高。但随着劳动力转移基本完成，单纯的物力资本投资不可能使劳动者在真正的意义上提高其收入所占的份额。因此，通过提高人力资本素质提高劳动者收入水平，使投资转化为消费，是投资和消费长期均衡的前提。重物力资本投资轻人力资本投资，必然会导致投资和消费失衡。

从出口看，贸易方式和结构转变的主要约束都是人力资本。当前我国出口增长缓慢，劳动力低成本的优势逐步丧失，货物贸易要从全球价值链的低端走向中高端，从中国制造走向中国品牌、中国创造，无论是技术进步、管理和市场，瓶颈都是人才。成功的企业如华为、中兴都是高人力资本企业。服务贸易逆差扩大成为严峻挑战，包括教育本身在内，金融、技术、医疗等高端服务业、生产性服务业都是人力资本密集型产业，国际贸易的竞争力本质上都是人力资本水平和人力资本国际化的竞争力。

（三）经济结构高级化需要加快人力资本结构高级化的进程，并在体制机制上实现人力资本投资和物力资本投资的高度协同

改革开放之初，中国经济总体上处在产业链低端时，资本和资源是主要约束因素。但从产业链低端走向中高端，人力资本素质和结构成为主要约束因素。随着我国农业现代化开始加速，农业人力资本的短缺已经越来越明显；制造业转型升级，在总的资本构成中人力资本的比重越来越高；服务业已经成为我国的第一大产业并且是经济增长的主要动力，而服务业在本质上就是人力资本经济，发展水平和质量完全取决于人力资本的积累。

经济结构高级化的进程就是人力资本结构高级化的进程。产业的升级是以劳动力结构的升级为支撑的，人力资本结构和产业结构必须高度契合并同步演进。这个过程带来了两个基本挑战：一是高等教育的大众化、普及化，在经济结构高级化的进程中，使劳动力结构中受过高等教育的比重不断上升；二是高等教育的发展以高等职业教育为主，主要是为生产服务一线培养技术技能人才。2008年以来，我们对主要发达国家特别是全球竞争力排在前十的国家的教育体系进行深入研究，发现都符合这两个基本条件。而意大利、西班牙、

希腊等国至今仍在欧债危机中徘徊，青年失业率超过 50%，人力资本结构失衡是主要原因。

我国经济结构高级化的主要障碍，是缺乏人力资本与物力资本投资的协同机制。一方面，在我国产业政策和规划中，见物不见人、重物轻人是普遍现象，使产业政策和产业规划无法有效地推动产业转型升级；另一方面，市场经济体制下教育和经济社会发展紧密结合的机制仍未真正建立，我国高校毕业生的初次就业率徘徊在 75%，但经济转型升级需要的创新创业型人才、技术技能型人才、复合型人才又持续短缺。因此，当前我国人力资本与物力资本关系的矛盾问题，不是高等教育的总量大了，而是在人力资本结构上缺乏战略性安排（如韩国政府提出科技人才、工程人才和技术技能人才的最佳配比为 5∶10∶85），在人力资本形成机制上缺乏对教育、经济、科技体制改革的统筹和"结合部"改革的突破。

（四）创新驱动的核心是人才驱动，必须将科教融合、产教融合作为实施创新驱动战略和实现大众创业、万众创新的基础性制度安排

工业化以来人类的创新史表明，科教融合、产教融合是实施创新驱动发展的基础性制度安排。习近平总书记指出，创新驱动实质上是人才驱动，实施创新驱动发展战略，必须完成科学研究、实验开发、推广应用的"三级跳"。创新的全部过程都是以人为核心，要完成"三级跳"，既要对人力资本结构的总体格局进行科学安排，系统培养各类创新创业人才；又要推进人才培养、科技创新和产业技术进步的一体化，实现科教融合、产教融合。

面对新一轮工业革命，发达国家在进一步完善科教融合体制的同时，又极力推动产教融合。如美国通过"社区学院伙伴项目""未来技能计划""贸易调整援助计划""职业培训资助计划"，促进社区学院和企业合作。德国在 2014 年年底前完成法律修订，为联邦政府向高校科研大幅度增加经费投入扫清了机制性障碍。德国还推动高校与经济界建立创新联盟，在加强应用技术大学体系建设的同时，将双元制延伸到本科阶段。瑞士将经济发展署、教育科研与创新署以及国家技术创新委员会合并到联邦经济部。韩国制定了"以产业需求为导向推进结构改革领先大学"奖励政策，为实现"创造经济"提供源源不断的技术来源。法国创建"加速技术转移公司"，促进高校协同创新和联合研究成果转化。俄罗斯也提出"建立同高等教育一体化的科研体系"。

形成大众创业、万众创新的局面，需要把科教融合、产教的思想融合贯彻到教育的各个阶段。从创新创业人才培养的过程看，必须把学前教育、基础教育、职业教育到高等教育看成是连续统一的系统，将创新创业教育融入全过程，进行整体规划和设计。从创新创业人才培养的模式看，应试教育模式与创新创业教育是天然对立的，必须采取重大措施，纠正从幼儿园到部分本科学校都存在的应试教育倾向。从创新创业人才培养的基础条件看，在高等教育、职业教育阶段，重大科技创新基础设施、工程实践中心、实训基地、创新创业实践基地的短缺成为重要的制约因素。在基础教育阶段，必须改变传统的粗放的教育模式，学校形态和组织方式正在面临深刻变革的要求，从大班级、规模化、集体授课制、课堂为主向小班化、个性化、现代师徒制、实践引领的更高教育形态转变。

（五）收入分配结构的调整和社会结构的转型，依赖通过加大人力资本投资提高劳动者创造价值的能力，是壮大中等收入群体、阻断贫困代际转移的根本之策，也是通过共同发展实现共同富裕的战略路径

提高劳动者创造价值能力是一切宏观经济政策的微观基础，也是一切宏观社会政策的微观基础。收入分配制度的改革，除了必须改变收入分配体制不合理等制度性因素外，从长远看，根本性的问题是如何提高中低收入阶层的价值创造的能力。形成科学合理的社会结构，也是要通过提高劳动者价值创造能力，扩大中等收入群体、阻断贫困代际传递。目前，我国中等收入群体占人口比例只有 25％，增加这一比重的途径，就是让低收入群体受到更好的教育，掌握专业知识和技能，从而进入中等收入阶层。实证研究表明，近几年仅职业教育对贫困人口减少的贡献率就达到 40％，实际上绝大多数家庭都能通过教育脱贫。

从社会稳定与和谐看，教育和人力资本投资是公认的促进社会纵向流动的有效机制。教育公平是最大的公平，公平、良好和多样化成长的教育促进社会纵向流动，给所有的青年人以希望，这是中国梦的基石。特别是对弱势群体、困难群体、特殊群体的教育给予的特殊支持，不仅是人力资本的投资，也是社会稳定的投资，因而是最佳的社会政策选择。

从新型城镇化看，人力资本是城市的主要财富，高水平人力资本聚集是现代城市的核心特征。城镇化的过程是高素质人力资本替代低素质人力资本的过程，解决城镇化过程中的 3 个 "1 亿人" 问题，实际上就是人力资本投资问题。产业聚集、房地产开发、农民工进城都是城镇化的表象问题，人力资本素质的提升和生活方式的现代化才是城镇化的本质问题。以人为本的新型城镇化必须把人力资本投资作为城镇化的主要驱动力。

从民族地区、贫困地区发展看，教育落后是民族和贫困地区经济社会发展落后的根源。要以人的共同发展、民族的共同发展作为共同富裕之本，坚持人力资本投资优先的原则，在短时间内改变贫困地区、民族地区的落后面貌，这是发展之本，更是人心之本。近年来，在中央的支持下，南疆地区教育实现了跨越式发展，实践证明，民族地区、贫困地区教育超常规发展是完全可以实现的。

（六）人口和劳动力结构的深刻变化和科技进步的加速，要求人力资本投资必须促进所有人的发展：2亿多的青少年、8亿多的劳动者、2亿多的老年人，从而促进国家的整体发展

第六次全国人口普查数据表明，我国15～59岁劳动年龄人口存量开始每年以200万～300万的规模在减少，老龄化加速，刘易斯拐点到来，人口数量红利时间窗口已经关闭。加快我国人力资本积累，不仅要提高人力资本增量的素质，使2亿多青少年受到良好的教育；更要提高人力资本存量的素质，使8亿多劳动者不断提高素质；还要为前所未有的老龄化提供多样化的老年教育，以适应社会发展与和谐的需要。我国的教育发展战略，应当定位于通过所有人的人力资本积累、转化和提升，推动发展动力由人口数量红利向人力资本红利转变，促进经济增长和国家可持续发展。这是一幅全新的教育图景，也是人类教育历史上前所未有的挑战。

国家的未来发展要求把今天的每一个孩子都看成最宝贵的财富。随着老年抚养比的不断上升（2012年为13.9％，预计2020年将超过19％，2050年将超过50％），青少年的素质和创造价值的能力必须得到前所未有的提升，才能维系国家的发展。今天，为每一个孩子的未来投资，也才能让我们国家在21世纪真正和世界一流强国竞争。

当前，全球正处于有史以来最为深刻的技术革命中。大范围的技术革命、产业形态革命、生产组织革命、生活方式革命正在发生，时代发展进入"高速铁路"时代，首当其冲的挑战是对传统教育体系的冲击。现有8亿多劳动者的总体素质要适应技术革命和产业结构调整带来的挑战，需要持续的高强度的人力资本投资。如果在这一问题上我们不能走在时代的前面，对此没有充分的准备，相当一批的社会成员将被时代发展和技术进步的高速列车抛弃，也将为经济社会发展带来深刻的危机。

（七）培养适应民族复兴、大国崛起的一代新人，必须促进人的全面发展，在加强科学知识和技术技能积累的同时，加强文化、信仰和精神的积累

国家必须按照民族复兴、大国崛起的大时代要求来教育和培养国民。中华民族的伟大复兴和以大国姿态走向世界，是这一代人和未来一代人的现实。国民以什么样的价值观、文化面貌、精神状态服务国家、走向世界，对国家和民族的未来具有深远、持久的影响，对国家形象和国际地位有着现实和直接的影响。世界上任何一个强国都有强大的软实力，一个国家的软实力来自于国民的凝聚力、精神力、文化力。对青少年思想道德、文化精神

的投资，关乎国民幸福也关乎财富创造。人们的价值观、道德和行为方式同样是财富创造的动力和源泉。青少年的价值取向决定了未来整个社会价值取向，教育要为实现中华民族的伟大复兴奠定文化精神基因。

各级各类学校是国家和地方最重要的文化中心，是精神仰望、心灵驻守的家园。一流大学是国家的文化中心，乡村学校则是乡村的文化中心，国家的文化建设离不开学校的坚守、传承和创新。文化建设必须始终关注学校这一精神文化的基础阵地，为文化繁荣发展打牢根基。我国有 22 000 多千米的边境线，边境学校不仅是守边护疆的重要阵地，更是社会主义文化和中华民族文化的前沿阵地。要将少数民族地区学校建成传播现代文明、维护民族团结的坚强堡垒。

中国梦和社会主义核心价值观教育需要国家和社会加大对实践性教育的投资，支持学校课程结构的改革。中国梦和价值观教育需要青少年从小实践。我国教育在文化课程上具有显著优势，但学生参与生活实践、社会实践、科学实践和文化体育活动的时间则显著地低于发达国家。无论是价值观教育还是提高教育质量，都需要国家和全社会以全新的姿态和力度支持并投资学校一切形式的实践性教育：从参观博物馆到科学实验，从志愿者活动到实训实习。这将是对中国未来竞争力最重要的投资之一。

（八）从走出中等收入陷阱到应对经济危机，共同的国际经验表明加大人力资本投资是我国当前发展阶段的正确战略选择

从跨越中等收入陷阱的规律看，有一个共同的经验就是重视人力资本投资。通过对世界上人口在 1 000 万以上的 22 个成功跨越"中等收入陷阱"的国家研究发现，在人均 GDP 从 8 000 美元到 12 000 美元跨越过程中，超过半数国家的公共教育支出占 GDP 的比例超过 5.05％。2010 年，成功跨越的国家 15～64 岁人口中获得中等和高等教育学历的比例分别为 55.9％和 26.8％，未跨越国家分别为 58.5％和 14.7％。韩国的高等教育毛入学率从 1981 年超过 15％、1996 年超过 50％，到 2004 年超过 90％。

2008 年金融危机以来，OECD 国家公共教育经费占 GDP 的比例从 5％上升到 5.3％，再次印证了投资人力资本是应对危机的关键选项。德国、瑞士等国之所以能够经受危机冲击，主要原因是长期重视人力资本投资并且与实体经济紧密结合；美国率先在推动再工业化战略同时大力投资职业教育，奥巴马最近又提出对社区学院实行免费教育。以美国、德国为代表的国家在这一轮金融危机中优先投资于人的战略选择，加速引发了当今世界第三次工业革命、"工业 4.0"的浪潮。

2008 年以来对金融危机的反思正在引发新一轮的全球教育革命。加大人力资本投资并

进而推动教育改革，是应对危机的第一选项，更是走出危机后的第一选项，面对这样的挑战，唯有奋起直追，才是唯一出路。

有什么样的投资结构就有什么样的国家发展方式。不改变国家的投资结构就不可能真正转变经济发展方式和国家发展方式。对人力资本投资做加法，就是经济社会发展的乘法。今天对人力资本投资优先的战略选择，就是对国家未来发展战略的选择。

二、教育塑造未来：中国人力资本发展战略构想

教育是人力资本形成的主要方式。今天的教育，不仅是为"十三五"培养人才，更是为 2020—2050 年国家建设培养主力军。今天的教育和人力资本投资，决定国家的未来。

课题组预计，2020 年，我国人均国内生产总值将达到 10 000～12 000 美元，全面建成小康社会，进入上中等发达国家行列；2030 年，我国将相继超过欧洲和北美，成为世界上最大的经济体，人均 GDP 接近 20 000 美元，进入高收入国家行列；2050 年，我国人均 GDP 有望接近 40 000 美元，将建成富强民主文明和谐的社会主义现代化国家，全面实现第二个百年目标。

实现上述战略目标的基础，是从现在开始实现人力资本的超常规积累，到 2030 年和 2050 年人力资本的总体发展水平达到发达国家同等历史发展阶段的水平。与这一要求相比，我国在人力资本和教育发展上有六大差距。

（一）人力资本增速加快，但人力资本总积累水平差距巨大

据测算，1985—2010 年我国人力资本总量年均增长 6.96％，但由于起点低，长期处于补历史欠账阶段，我国 2010 年人均受教育年限（人均 9.05 年）仅相当于美国 20 世纪 60 年代的水平（人均 9.01 年），差距为 50 年。当前，发达国家劳动力的主体构成是高中及以上学历，2010 年 OECD 国家 25～64 岁劳动年龄人口中高中及以上文化程度占 74％，我国仅为 22.3％，劳动力主体仍是初中及以下文化程度。以发达国家人均 GDP 为 1 万美元的历史发展阶段人力资本开发水平为参照，"十三五"时期我国人力资本增速至少要达到 9.3％的年均增长，即要比 1985—2010 年间高出 3 个百分点以上。

（二）教育投入显著增加，但人力资本投资水平仍有较大差距

2012 年，我国财政性教育经费占 GDP 的比例达到 4.28％。经济发达水平越高，公共

教育经费占 GDP 的比例越高，高竞争力国家尤其如此，这一基本规律也同样说明经济高级化进程中人力资本的作用更加显著。2010 年，这一比例世界平均为 4.9%，高收入国家为 5.5%，中等收入国家为 4.8%，经合组织成员为 5.6%。高竞争力国家基本都是高人力资本投资国家，如 2011 年丹麦这一比例为 7.5%，奥地利为 5.5%，芬兰为 6.3%，德国为 4.4%，法国为 5.6%，韩国为 4.9%，以色列为 5.6%，荷兰为 5.3%，瑞士为 5.2%，英国为 5.6%，瑞典为 6.2%，美国为 4.7%。除公共投资外，德瑞奥等国企业对职业教育的投资、美韩等国民间资本对教育的投资均占很大比重。

（三）教育体制机制改革不断深入，但教育体系现代化水平差距巨大

发达国家人力资本开发的最大优势在教育体系竞争力。发达国家的教育体系是与市场经济和科技进步同步发育和完善的，与经济社会的发展天然比较紧密。发达国家的教育体系以需求为导向，与经济社会开放衔接，具有终身学习、人才培养多层次多类型、成长道路多样化、立交化以及教育-就业"旋转门"等特点。工业化以来，英国、德国、美国相继引领世界高等教育改革的潮流，促进了世界经济中心的转移。美国的研究型大学、创新型大学、社区学院，德国、瑞士的双元制和应用技术大学等都是因经济发展和科技进步而生，推动了全球教育改革。近年来，欧盟、英国、澳大利亚纷纷建立了统一的国家资格框架、学分银行等，进一步加快了终身教育体系的建立。我国的教育体系尚处在从适应计划经济向适应市场经济转变的过程中，受教育、财政、人事、劳动、社会保障等多方面体制因素的制约和传统文化的影响，重一次性教育轻终身教育、重学历教育轻继续教育、重普通教育轻职业教育等问题仍然十分突出。

（四）教育布局结构不断优化，但人才培养总体结构适应性、竞争力差距巨大

从全球经验看，人均 GDP 进入 1 万美元，高等教育进入普及化阶段，人力资本的结构对经济社会的持续发展作用更加重要。综合来看，全球竞争力优异的国家在高等教育结构上，学术型、学科型人才和应用型、技术技能人才的比例为 2∶8；高等教育进入大众化阶段后，各国主要推动高等职业教育和高级应用型人才培养，表现为现代职业教育体系不断完善。我国由于高等教育缺乏分类体系，职业教育存在断头路，导致高等学校的同构化、同质化倾向严重，大多数高校还在追求学术型、学科型，一线劳动者缺乏成长空间。一方面，拔尖科技创新人才不足；另一方面，技术技能人才特别是高层次技术技能人才严重缺乏。

（五）人才培养机制改革不断推进，但科教融合、产教融合程度差距巨大

科教融合、产教融合是发达国家创新体系的基本特征，也是人才培养向人力资本转化的必由之路。工业化以来，全球教育改革的方向就是不断推进科教、产教融合，随着科技革命的加速，这一趋势也在加速。由于历史和体制原因，我国教育仍然存在着"科教两张皮""产教分离"的问题，多头管理、部门分割问题突出，教育体系与产业体系结合不紧密，科研与人才培养脱节，人才培养机制、结构调整机制缺乏国家层面的制度安排，产业技术的进步难以及时、全面地体现到课程教材和教育教学内容上，学校和行业企业人才流动的壁垒仍然难以破除。

（六）贫困地区教育发展较快，但区域发展均衡程度差距巨大

发达国家一国内部由于经济社会发展水平的差距，区域教育发展水平也存在差异，但总体差距较小。日本、韩国等后发国家，在普及义务教育时都首先从经济较为落后的地区开始实施。从各国治理体系看，中央集权制的国家如法国、日本等国中央政府均把支持贫困地区教育发展作为自己的首要责任，联邦制国家如美国、德国中央政府不断加大对地方教育事务的介入深度。2010 年，我国发达地区和欠发达地区人均受教育年限最高相差 6 年，贫困地区办学条件差、师资素质低，义务教育巩固率较低，大班额现象突出。如不从根本上加快贫困地区教育发展和人力资源开发，不仅这些地区难以实现全面建设小康社会的目标，从根本上实现脱贫致富，也难以实现 2020 年这两大目标。

着眼两个一百年的战略目标，当务之急是明确高人力资本投资和教育优先发展的国家战略，加快人力资本积累，优化人力资本结构，深化人力资本形成机制改革，从而促进国家发展方式的转变。

基于此，课题组提出的战略目标是：

——到 2020 年，实现全面建成小康社会的教育目标，教育现代化取得重要进展，劳动年龄人口受教育年限明显增加。

——到 2030 年，国家人力资本发展质量达到高收入国家的水平，人力资本结构全面优化，科教融合、产教融合体制基本确立。

——到 2050 年，国家人力资本发展质量达到高人力资本竞争力国家的水平，建成世界教育强国。

为实现上述目标，"十三五"期间应当将以下战略列为国家政策。

——**实施高人力资本投资战略**。使国家的新公民受到更好的基本教育，新增劳动者具备更高的知识、技术、技能；普及更加公平、更有质量的 15 年基本教育。2020 年劳动年龄人口人均受教育年限达到 10.8 年，新增劳动力平均受教育年限达 13.5 年左右，高等教育毛入学率达到 50%。抬高底线，实现贫困地区、民族地区教育超常规发展，经济困难家庭子女接受教育"应助尽助"。

——**加快现代教育体系建立**。建立统一、开放、多元、包容的现代教育体系；全面涵盖 2 亿多青少年的高质量教育、8 亿多劳动者的继续教育、2 亿多老年人的可持续教育的教育体系；正规和非正规教育、学历和非学历教育、职前和职后教育共同发展；建设现代职业教育体系和高等教育分类体系，建立人才成长"立交桥"和教育-就业"旋转门"，为一线劳动者的成长敞开高等教育大门；将发展继续教育上升为国家战略，推进国家资历框架建立；鼓励探索适应时代发展的新型学校和新型教育业态，完善教育服务产业生态；放宽民间投资教育的市场准入，鼓励社会资本投资高质量民办教育；实现教育体系现代化和信息化融合发展，传统学校教育与互联网教育融合发展。

——**形成教育和人力资本结构的科学布局**。形成与创新驱动、经济结构升级和新型城镇化相适应的人才培养战略布局：以基础科学研究前沿和国家重大创新任务为导向，规划建设一流人才聚集、一流基础设施的一流学科；以区域经济社会发展和产业技术进步为方向，加强高等职业学校和应用型学校的人才培养能力和水平；在贫困地区加快发展中等职业教育，提高贫困地区中等职业学校学生占高中阶段学生的比例。

——**加快人力资本形成和作用机制的改革**。将人力资本培育、形成和价值实现一体化作为联结公共服务和市场化改革的轴线：建立科教融合、产教融合的国家制度，统筹教育、科技和经济体制改革，产业规划和人才培养规划，城镇化和区域公共服务规划；以需求传导方式推进教育改革，推动高等学校、职业院校明确定位，融入产业链、创新链，建设科技创新、先进技术转移和技术技能积累共同体；破除人才有序流动的身份、部门、所有制等壁垒；消除技术技能人才成长发展的制度和文化歧视；建立面向全球的海外高端人才引进、汇聚机制；在收入分配制度改革中充分体现人力资本的价值。

三、2020 年的教育：以体系创新、结构调整促深化改革

国家要更加注重发展教育和提高人力资本素质，教育要提升创造人力资本价值的能力。人力资本投资的乘数效应能否发挥，在于教育创造价值的能力；教育价值创造的能力有多大，更多地取决于教育的结构和质量与经济社会发展的适应性。教育现代化取得重要进展的标志不仅是教育普及水平和发展质量的提高，更是教育理念、教育体系、教育结构和教

育治理的现代化。

"十三五"期间，教育规划的主要思路，就是适应和引领经济发展新常态，推动公共服务和市场经济改革聚焦增加人力资本投资和提高投资效益，围绕加快人力资本积累、优化人力资本结构、提升服务创新驱动能力，坚持教育优先发展、公平发展，把教育结构性改革摆在突出战略位置，加快教育综合改革，提高教育创造经济社会价值、学习者发展价值的能力。

（一）把立德树人作为教育的首要任务和根本目标，使所有受教育者获得适应时代要求和未来社会发展需要的价值观、知识和技能。将社会主义核心价值观融入教育全过程，加强中华传统文化的熏陶滋养，培养大国国民的精神气质、道德水平和文化素养。将各级各类学校的人才培养和文化建设作为繁荣和发展社会文化的根本基础

第一，坚持党对教育的全面领导，坚持全面依法治教，坚定教育的社会主义方向，加强德育、意识形态工作和高校思想政治工作，推进教育治理体系和治理能力的现代化。

第二，坚持促进人的全面发展，实施立德树人工程，加强社会主义核心价值观教育、爱国主义教育、民族传统文化教育和国家意识、公民意识、道德意识、法治意识、环境意识、健康意识、国防意识和民族团结意识的养成和实践培育、传承民族复兴的精神文化基因，培养大国国民的精神气质和文化素养，强化国家和民族凝聚力，塑造国家和国民的良好形象。

第三，将学校的人才培养和文化建设作为繁荣和发展社会文化的根本基础，充分发挥各级各类学校作为国家、区域和社区文化中心的重要作用，推动学校、社区、企业共同营造良好育人环境和健康文化环境。

第四，将加强实践性教育作为国家基本制度，增加各级各类学校的实践性课程，确保各级政府对实践性教育的投入，落实社区和企事业单位支持实践性教育的责任，形成覆盖全社会的实践教育网络。

第五，让贫困地区学生接受现代生活方式教育，引领当地社会文明进步，专项支持贫困地区、边境地区等农村学生卫生、体育教学条件建设，全面实施贫困地区儿童营养改善项目，提高健康水平和文明程度。

（二）为国家的未来投资，加快普及 15 年教育，推进各级各类学校标准化建设，推动教育质量公平，使新增劳动力受教育水平接近发达国家水平，区域教育发展差距显著缩小

第一，普及从学前到高中阶段的 15 年教育，将学前 3 年毛入园率从 70.5% 提高到

85％，义务教育巩固率从 92.6％ 提高 95％，高中阶段毛入学率从 86.5％ 提高到 90％ 以上。城镇居民和进城务工人员随迁子女平等纳入当地教育体系。推进全纳教育，使每个残疾儿童都能接受合适的教育。

第二，把各级各类学校建设作为国家最重要的基础设施投资。制定国家学校建设总体规划，推进学校标准化建设，统筹中央、地方和对口支援资金，让每一所学校都达到规定的基本标准，解决入园难、大班额、大通铺和中职学校办学条件差等问题。

第三，率先从建档立卡的家庭经济困难学生实施普通高中免除学杂费，逐步分类推进中等职业教育免除学杂费。完善资助体系，对贫困家庭学生实行从学前到高等教育阶段的"应助尽助"和"精准助学"，实现家庭经济困难学生资助全覆盖。

第四，制定各级各类学校生均经费标准和动态调整机制，形成以生均经费标准为基础的教育财政预算制度和各级财政分担机制，缩小区域间生均教育经费的差距，促进教育内涵提升和质量公平。

第五，对国门学校和民族地区小规模学校给予特殊支持，优先完成这些学校的标准化建设、仪器设备配备，加强教师配备和培训，使其成为守土戍边、传播社会主义文化、维护民族团结的坚强阵地。

（三）把全体劳动者的继续教育作为国家发展战略，加快建立体现终身教育要求的现代教育体系，通过为所有人的教育投资加快人力资本积累，拓宽一线劳动者上大学、读研究生的通道，实现人口数量红利向人力资本红利转变

第一，实施全民继续教育战略，将继续教育上升为与传统学校教育同等重要的位置。实行贫困家庭子女、未升学初高中毕业生、失业人员、农民工、转岗职工、退伍军人、残疾人免费接受职业教育行动。

第二，促进正规和非正规教育、学历和非学历教育、职前和职业教育在统一、开放、多元、包容的教育体系下共同发展。建立人才成长"立交桥"、教育-就业"旋转门"和多种形式的入学制度，使所有公民都能通过直接升学、先就业再升学、边就业边学习等多种方式不断发展。

第三，制定国家资历框架，推进非学历教育学习成果、职业技能等级学分转换互认，促进普通教育、职业教育与继续教育的对接融通。建立多种学习成果的认定制度，建立覆盖全民的个人学习账号和学分积累制度。

第四，拓宽一线劳动者的成长道路，扩大高等学校招收一线劳动者的比例，应用技术本科教育和专业学位研究生教育向一线劳动者打开大门，将"十三五"高等教育的增量主

要用于高等学校招收一线优秀技术技能人才。

第五，发展多种形式的老年大学、老年开放大学和老年教育团体，使之成为老年健康、老年和谐、老有所为的综合性平台。推动医养教结合新模式，促进养老服务和老年教育的有机结合。

（四）全面推进科教融合、产教融合，以发展现代职业教育和高等教育结构调整为重点，培养多层次多类型人才，优化教育和人力资本结构，促进人才培养结构和素质适应劳动力市场变化、经济转型升级和社会发展要求

第一，制定国家科教融合、产教融合综合改革方案，在国家层面推进科教融合、产教融合，推动产业链、创新链、教育链有机衔接。推动产学研结合、校企合作和协同育人、协同创新。驱动高等学校和职业院校融入创新体系、产业体系、市场体系，焕发人力资本价值、创新创业能量和学校发展活力。

第二，推进高等教育分类管理和高等学校综合改革，培养多层次多类型人才。建立高等学校分类设置、分类评估、分类拨款制度。"十三五"期间重点设置应用技术类型高校、高等职业院校和创新型大学。推动具备条件的普通本科高校向应用型转变。

第三，高等教育毛入学率达到50%，改革招生计划管理办法，加强结构性调控。计划增量在区域布局上主要用于中西部地区，在类型结构上主要用于高竞争力的应用技术本科、高等职业学校、民办高等教育。

第四，围绕国家创新驱动和经济社会发展的战略布局，推动各类高等学校都涌现一批"领头羊"，建设一批有全球创新竞争力的一流学科、一批支撑产业技术创新的创新型大学、一批服务区域发展的引领转型发展的示范性应用技术大学、一批培养世界级现代产业工人的高水平职业院校。

第五，围绕经济结构和产业结构调整的方向，加快发展支撑、引领新产业、新技术、新业态的新专业集群，实施智能制造、现代农业和生产性服务业等人才培养重点规划，建设人才培养重点基地。

第六，在学校空间布局上和城镇化紧密结合，新增高等教育资源向新的城镇化地区、产业集聚区、边境城市延伸，根据城镇化和产业布局调整完善职业院校区域布局和专业布局，推动中小学优质教育资源向中小城市、小城镇、城郊接合部、农村扩散。

第七，扩大高等学校和职业院校在专业设置、人事管理、经费管理等方面的自主权，允许学校依法自主设置专业、自主聘用和管理教师、自主管理经费，加快建立现代大学制度的步伐。

第八，推进高等学校和职业院校入学制度改革。深入实施高校招生制度改革方案。建立和完善鼓励优秀技术技能人才深造和一线劳动者继续学习的多样化入学制度。

第九，建立高等学校在分类基础上的公平竞争平台，建立以价值创造和服务贡献为基准的评价制度和资源分配机制，不对学校贴标签，逐步取消分批录取，消除有碍民办学校参与公平竞争的政策限制。

（五）推进人才培养、科技创新和产业技术进步的一体化，加强创新创业教育，培养创新创业人才，吸引全球一流创新人才，增强高等学校和职业院校服务创新驱动发展的意识和能力

第一，建立从学前教育、基础教育、职业教育到高等教育整体规划的创新创业教育体系。加大对创新创业教育的投入，开发创新创业课程，培养创新创业教育师资，支持创新创业实践。

第二，实施高校创新基础能力建设工程，打造国家创新核心竞争力基础平台，提高高校基本科研业务费，以国家重大科技计划为引领，支持在高校建立重大科技创新平台；以《中国制造2025》明确的制造业强国"三步走"战略为方向，支持高等学校和职业院校建立产学研结合、校企合作的技术和工艺创新中心、先进技术转移中心、产品开发基地、科技服务基地，围绕上述大平台，搭建大团队。

第三，把大学作为汇聚全球优秀人才的引力中心，实施海外人才汇聚计划，以重大创新平台、重大创新项目为载体，吸引海外优秀青年攻读博士学位、海外一流学者从教和海外优秀工程师进入高校。加快完善高效便捷的海外人才来华工作、出入境和居留管理服务。

第四，实施大学生创新创业行动计划，以改革人才培养机制和建设学生创新创业基地为重点，推动广泛的、普遍的以应用为驱动的创新和科技型中小微企业的创业。

第五，支持面向民族文化、民间工艺的高技能人才培养，保护、传承民族文化并促进其工艺技术和商业模式创新。

第六，服务国家重大区域发展战略，加大对"一带一路"建设核心区高等教育和职业教育发展的支持力度，推动京津冀教育协同发展，有序疏解北京非首都功能，加强长江经济带教育互联互通，引导高等教育和职业教育资源布局与产业由东向西的梯度转移相衔接。加快民族地区教育发展。

第七，实施青少年拔尖创新人才培养计划，为具有特殊才能的青少年提供成长通道。

（六）将教育作为经略世界的战略羽翼，实施教育丝绸之路计划，推动服务提升国家话语权、影响力和国际市场竞争力的教育国际化，增强学习借鉴国外先进经验的计划性、系统性，提高教育走出去和产业走出去、文化走出去的战略配合度

第一，培养在国际学术界具有影响力的一流学者和高级智库，宣传中国经验、中国道路和中国文化。大力发展国别和区域研究智库。支持发展有国际影响力的人文社会科学领域的学术会议、论坛。培养国际组织高级人才。积极参与教育国际治理，在对外援助中将教育援助摆在更加重要的位置。

第二，以产业关键共性技术为主攻方向，积极推动"企业＋学校"的国际合作，按照产业链、创新链、人才链组团式选派留学生，加快国外先进产业技术的引进和转移应用。

第三，有计划、有组织地学习借鉴国外先进经验，引进国外先进办学模式、专业、课程和人才培养方案，通过引进、消化、吸收、再创新，在国内学校推广应用。建立世界教育信息共享平台。

第四，完善"留学中国"计划布局，扩大来华留学规模，优化留学生结构，完善培养支持机制。

第五，实施教育丝绸之路计划，选择我具有比较优势的高铁、装备制造、能源、水利水电、现代农业和教育、医疗等行业建设来华留学重点基地，并推动教育与产业共同走出去。

（七）把教师队伍建设摆在教育发展的首要位置，从严落实师德和教师行为规范，切实提高教师职业吸引力，吸引鼓励优秀人才长期从教，建设高等学校和职业院校"双师型"教师队伍，打造一支能够肩负建设人力资本强国的高素质、专业化教师队伍

第一，加强师德建设，完善教师行为规范，强化正确的理想信念、国家使命和社会责任感的要求，建立教师风纪检查制度和执教行为记录，实行师德一票否决制，坚决剔除教师队伍中的害群之马。

第二，实施中西部中小学首席教师岗位计划。改善教师待遇，全面落实集中连片特困地区乡村教师生活补助政策，改善教师工作生活条件，建设乡村教师周转宿舍，通过学费补偿、贷款代偿等政策鼓励高校毕业生到乡村任教。

第三，建立高校和职业院校"双师型"教师队伍，支持学校自主聘用企业高级管理人员、工程技术人员和工艺艺术人才。鼓励高校、职业院校和政府、企事业单位、社会团体人才双向流动。

第四，完善教师资格制度，建立中小学教师资格考试和定期注册制度。支持师范教育发展，实施高素质教育人才培养工程，鼓励高校教育类专业引入优秀中小学和幼儿园教师任教。

第五，创新教师培训机制，探索实行"教师培训券"制度，给予教师个人选择培训机构和培训内容的自主权，建立第三方评估机制，对培训机构和培训效果进行评估，利用市场机制提高培训质量。

（八）进一步推进管办评分离，加强教育督导体系建设，健全教育标准体系，激发民间投资教育活力，鼓励教育组织形态创新，扩大社会公众对教育治理的参与

第一，促进教育治理体系和治理能力现代化，进一步减少教育行政审批，全面取消非审批许政许可。完善教育督导体系。全面建立教育标准体系。适应大数据时代要求，充分发挥教育现代化进展监测体系和教育科学决策服务系统的作用。

第二，建立更加透明化的教育行业准入标准，完善民办教育、教育捐赠、校企合作、社会组织教育责任等领域的教育、财政、税收政策，进一步激发民间投资、支持、参与教育的活力。

第三，鼓励教育组织形态创新，推动民办教育营业性、非营利性分类改革，支持发展教育集团、股份制和混合所有制学校、开放大学、企业大学、社区学院、"小而美"学院和互联网教育等新型教育业态。创新机制扩大社会购买教育公共服务范围，鼓励教育服务外包产业发展。

第四，扩大社会公众对教育的参与，全面推进各级各类学校信息公开，支持第三方评价机构发展，向行业组织扩大授权，支持企业参与职业院校治理，支持学生家长参与中小学校治理。

实施这45项落地性措施，实现这样的目标：不让一个低素质的青少年进入2020年，不将一所薄弱校带进2020年，不使一个家庭因技能匮乏而贫困，让人力资本这个资本之母、财富之母发挥应有作用，让每一个人因终身教育更好地实现人生价值，让教育创造价值的能力得以充分实现。"十三五"教育发展和改革的任务空前艰巨，但只要我们全面贯彻"四个全面"的战略部署，真正实现国家发展方式的转变，任何困难、挑战和风险都无法阻碍国家的发展和民族的复兴。

人力资源和社会保障部

"十三五"时期人才队伍建设的重点任务

国家的强盛，归根到底必须依靠人才。实现全面建成小康社会和中华民族伟大复兴的中国梦，我们比历史上任何时期都更加渴求人才。"十三五"时期人才队伍建设的重点任务是紧紧围绕创新驱动发展战略，实行更积极、更开放、更有效的政策，加快推进由人口大国向人才强国的转变，到建党 100 年之际进入世界人才强国行列。

一、"十二五"期间人才队伍建设的基本情况

"十二五"以来，人才资源是第一资源和"四个尊重"的思想和理念得到进一步强调落实，《国家中长期人才发展规划纲要》推动了人才强国战略的实施，带动了各地区、各部门的人才队伍建设，人才重点项目重点工程的实施取得了显著成效，人才工作开创新局面。人力资源社会保障系统以高层次和高技能人才为重点，统筹推进人才队伍建设，为国民经济和社会发展提供了有力的人才支撑。

（一）人才队伍整体实力持续增强

目前，我国专业技术人才总量已达 5 550 万人，占我国人才队伍总数的 45.6%，五年来新增 860 万人，博士后 6 万多人，留学回国人员 221.87 万人，取得专业技术职业资格 945.2 万人。从专家队伍看，全国两院院士达到 1 500 多人，享受政府特殊津贴专家达到 17.2 万人，国家百千万人才工程入选者 5 300 多人；从创新能力看，每万名劳动力研发人

员达到 42.3 人年[1]，我国发明专利授权量已经进入世界前 3 位，国际科学论文被引用数排名进入世界第 5 位。截至 2015 年年底，全国技能劳动者达 1.64 亿人，高技能人才总量达到 4 501 万人，分别比 2010 年增长了 50％和 56％，高技能人才占技能劳动者的比率达到 27.3％，其中高级技师 159.3 万人、技师 654 万人、高级工 3 687.7 万人。累计有 200 人获得"中华技能大奖"荣誉称号，有 5 209 人获得"全国技术能手"荣誉称号。在 2015 年举办的第 43 届世界技能大赛上，我国选手共获得 5 金、6 银、4 铜和 11 个优胜奖，实现了金牌零的突破，创造了我国从 2011 年参赛以来的最好成绩。

（二）政策创新和制度改革稳步推进

出台了专业技术人才和高技能人才队伍建设中长期规划，颁布了《事业单位人事管理条例》，以部令形式颁布了《专业技术人员继续教育规定》。全面开展中小学教师职称制度改革扩大试点，减少职业资格许可和认定工作成绩显著，加快建立与国际接轨的海外高层次人才签证居留制度，引进政策不断创新发展，职业技能竞赛体系逐步形成，人才培养开发、评价发现、选拔任用、流动配置、激励保障等政策不断出台。

（三）重大人才工程取得突破

深入实施专业技术人才知识更新工程、国家高技能人才振兴计划，面向全体专业技术人员继续教育和高技能人才的培养体系逐步形成。配合实施"千人计划""万人计划"，全面启动新一轮国家百千万人才工程，大力实施万名专家服务基层行动计划，香江学者计划、博士后国际交流计划、海外赤子为国服务行动计划、新疆和西藏特培等人才项目都取得了很好的成效。

（四）人才公共服务体系逐步健全

五年来，我们紧紧围绕建设服务型政府的要求，切实转变职能，优化服务。人力资源市场服务体系进一步健全，人才创业技能培训和创业服务指导逐步加强。打造了以留学人

---

[1]　"人年"指每万名劳动力中，每个研发人员研发时间的总和。

员创业园、博士后工作站和流动站、专家服务基地、继续教育基地为主体的高层次人才服务平台，加快了国家级高技能人才培训基地、公共实训基地、技能大师工作室等高技能人才服务平台建设。

二、"十三五"人才队伍建设面临的形势和主要问题

（一）面临的形势

1. 全面深化改革、全面依法治国，实施创新驱动发展战略对人才队伍建设提出了新要求、新任务

党的十八大以来，中央提出了"四个全面"的治国理政战略布局，习近平总书记对人才工作发表了一系列重要论述，集中体现了当前和今后一个时期对人才队伍建设的新要求、新任务。一是充分认识把握经济发展新常态的特点和要求，推动人才队伍建设更好为实现创新驱动发展服务。目前，经济发展进入新常态，经济发展方式正从规模速度型粗放增长转向质量效率型集约增长，传统要素的规模驱动力减弱，"大数据""新材料""新能源""新一代互联网"等新兴行业产业强烈冲击传统经济发展模式，经济发展要实现新动力、优结构、可持续，必须更多依靠人力资本质量和技术进步，必须让创新成为驱动发展的新引擎，必须加快推动人才队伍从规模扩张向质量提高转变。要站在战略全局的高度深刻认识创新驱动发展、区域发展、"走出去"等重大战略，创新的根基是人才，创新驱动的关键在人才。要围绕实施创新驱动发展战略加强人才队伍建设，让人才特别是科学家、科技人才、企业家和技能人才等成为实施创新驱动发展战略的主力军。二是遵循市场经济规律和人才成长规律，全面推进人才管理体制机制改革。要通过深化改革创新人才工作的体制机制，改革完善人才培养、吸引、评价、使用、流动和激励机制，打破实际存在的体制机制障碍，让市场在人力资源配置中起决定性作用。以更加开阔的胸襟，广纳天下英才，以更大的勇气和力度，择天下英才而用之。三是按照全面推进依法治国的要求，健全人才法律法规体系，发挥法治的引领和规范作用。通过法律推进全社会的人才开发，通过党内法规建立党管人才的工作格局，通过条例规章形成各项机制的运行保障体系，发挥法治的引领和规范作用。特别要加强知识产权保护，鼓励调动人才的创新积极性，促进产学研深度融合，为人才发展创造良好法治环境。

2. 日趋激烈的国际竞争对加快建设人才强国提出新挑战

当今世界经济仍处于金融危机后的深度调整期，整体增长缓慢，面临着复苏基础不稳、增长动力不足、发展速度不均等问题，各国都在寻找重振经济新的增长动力，世界范围创新要素加速流动，各国都把人才竞争作为新一轮经济社会发展的突破口，通过实施引才项目、猎头直接挖取、吸引高素质留学生、放宽高技术移民、推进人才本地化等多种途径，对高层次科技人才展开激烈争夺，为在新一轮全球产业结构调整中抢占制高点，赢得未来发展先机。如美国正在对移民政策实施重大调整，以吸引更多的 STEM（科学、技术、工程和数学）高层次人才；日本连续制定三期"科学技术基本计划"，提出"培养世界等级研究人员"；加拿大实施"首席研究员计划"，面向全球吸引顶尖研究学者。这对我国参与国际人才竞争、引进和留住人才形成巨大挑战，中国要想在这场以科技为先导，以人才为核心的竞争中占据优势，就必须实行更加开放的人才政策，打造更具国际竞争力的人才制度优势。

3. 人才发展的客观规律要求实现由大到强的转变

我国人才发展走出了中国特色的道路。新中国百废待兴，以德才兼备、又红又专为知识分子主要标准，涌现了一大批科技工作者，自力更生、艰苦奋斗，为国家建设打下了坚实基础。改革开放后，党和国家工作重心转移到以经济建设为中心，各方面突出表现为人才缺乏，提出了尊重知识、尊重人才的方针，采取了恢复高考、恢复职称制度，建立院士制度、博士后制度等一系列措施，我国人才队伍逐步建立，数量逐年增加。进入 21 世纪，提出"人才资源是第一资源"，全面实施人才强国战略，科学人才观逐步确立，进而全面规划明确人才优先发展，开创了人才工作新局面，初步形成了一支门类齐全、规模宏大、具有一定开拓创新能力的人才队伍。目前，全面建成小康社会进入决定性阶段，人才资源日益成为关系国家竞争力强弱的基础性、战略性、决定性的资源，人才工作当前和今后一个时期现实而紧迫的任务就是推动人才队伍实现由大到强的转变，包括四个方面的内涵：一是加快培养造就一批领军尖子人才。需要推动世界级大师的涌现和崛起，带动关键行业产业发展占据国际产业链制高点，在重大科学研究领域出现国际领先的创新成果。二是提高人才创新创造能力。需要进一步夯实基础教育和高等教育基础，加快推进职业教育和继续教育创新发展，促进产学研结合和科研成果转化，提高全社会的创新能力。三是优化人才结构加快梯队建设。加快培养一大批担大任挑大梁的栋梁之材，一大批有潜力的青年人才，更需要有支持创新的基础性人才队伍，有广大基层一线需要的科技骨干和高技能人才，构建坚实的人才梯队。四是营造人才辈出的良好环境。需要树立强烈的人才意识，寻觅人才求贤若渴，发现人才如获至宝，举荐人才不拘一格，使用人才各尽其能。在全社会大兴识才、爱才、敬才、用才之风，开创人人皆可成才、人人尽展其才的生动局面。

（二）目前人才队伍建设存在的问题

"十二五"时期，我国人才队伍建设取得了很大成绩，但还存在一些问题，人才队伍发展与全面建成小康社会、实现中华民族伟大复兴中国梦的奋斗目标相比，与实施创新驱动发展战略和人才强国战略的要求相比，与日益激烈的国际竞争和全球科技创新的需要相比，还不能完全相适应。**一是人才队伍整体规模、素质、结构与创新驱动发展要求还不适应。**高层次人才特别是一流科学家、领军人才匮乏，成为推进产业结构优化升级、转变经济发展方式的一个瓶颈。特别是战略性新兴产业、现代服务业人才相对不足，西部边远地区和基层一线人才严重短缺。我国技能劳动者仅占就业人员的21%，高技能人才数量还不足6%，总量严重不足，供需矛盾十分突出。**二是人才工作体制机制障碍依然存在。**人才观念需要进一步解放，存在"学而优则仕"的官本位思想。人才评价还不够科学，职称制度和技能人员评价机制改革需要进一步深化。人才激励机制效果不彰，尤其是基层人才和高技能人才待遇偏低，还不能有效激励人才创新创业和扎根实业。人才使用机制还不够健全，促使人才更好发挥作用的环境还不够优化。人才合理流动的壁垒尚未完全消除。**三是吸引海外人才的政策还不够积极开放**，技术创新等科技人才居留签证还要进一步放宽，对海外人才的相关待遇政策还不够完善。**四是人才开发投入还不能适应提高人才资本、释放"人才红利"要求。**投入的方式还比较粗放，还不能达到充分激发人才创新创业热情的效果。重资金数量的增加，轻投入效率的提高。**五是人才工作上下联动机制有待健全。**政府人才综合管理部门职能作用需要进一步发挥。中央部门人才政策、项目、工程与地方发展需求还不能上下联动、同频共振。

三、人才队伍建设的总体思路、基本要求和目标任务

（一）总体思路

全面贯彻党的十八大和十八届三中、四中、五中全会精神，以马克思列宁主义、毛泽东思想、邓小平理论、"三个代表"重要思想、科学发展观为指导，深入贯彻习近平总书记

系列重要讲话精神，坚持"四个全面"战略布局，贯彻创新、协调、绿色、开放、共享的发展理念，围绕创新驱动发展，深入实施人才强国战略和人才优先发展战略，建立集聚人才的体制机制，坚持问题导向，做好人才培养、吸引、评价、使用工作，以高层次人才和高技能人才为重点，完善政策措施，创新体制机制，加强队伍建设，健全服务体系，努力造就一支规模宏大、结构合理、素质优良、富有创新精神的高素质人才队伍，加快推进我国由人口大国向人才强国转变，到建党100年之际进入世界人才强国行列。

（二）基本要求

一是坚持以习近平总书记关于人才工作重要思想为指导。习近平总书记关于人才工作重要论述明确了新形势下我国人才工作的重大意义、战略目标、根本动力、重点任务和基本要求，提出了一系列新思想、新要求和新论断，是做好"十三五"时期人才工作的根本遵循。

二是坚持服务创新驱动发展。实施创新驱动发展战略刻不容缓，人才是创新的根基，是创新的核心要素，创新驱动实质上是人才驱动。服务支撑"一带一路"建设、京津冀协同发展、长江经济带发展等国家重大发展战略是人才工作的使命和价值所在。把服务发展作为人才工作的出发点和落脚点，推动经济社会发展。

三是坚持改革创新。把深化改革作为推动人才发展的根本动力，坚决破除束缚人才发展的思想观念和制度障碍，把充分发挥人才作用作为根本任务，坚持科学发展以人为本，人才发展以用为本，创新人才发展理念、改革完善体制机制，营造良好的制度环境。

四是坚持问题导向。问题反映了经济社会发展的需要，反映了各类人才的呼声，要增强人才工作中的问题意识，善于发现分析解决问题，坚持以问题为导向，集中解决当前反映强烈的问题，破解人才发展的瓶颈。

五是坚持统筹推进。在充分尊重各类人才自身特点和发展规律的基础上，统筹不同层次、区域、行业、领域、所有制等各类人才的发展，形成各类人才持续成长、协调发展的局面。

（三）发展目标

到"十三五"末期，我国人才队伍建设的总体目标是建成一支能够支撑和引领我国现代化建设、规模宏大、结构合理、素质优良、具有国际竞争力、富有创新精神的人才队伍，进入世界人才强国行列。

1. 专业技术人才队伍

人才总量稳步增长，队伍规模不断壮大。到 2020 年，专业技术人才总量预计达到 7 500 万人左右。人才素质大幅度提高，结构进一步优化。全国研究与试验发展（R&D）人员全时当量，达到 500 万人年；每万劳动力中从事研究开发的人员达到 43 人年；高、中、初级专业技术人才比例为 10∶40∶50。人才竞争比较优势明显增强，竞争力不断提升。涌现出一批具有世界领先水平的科学家和研究团队。力争科技进步贡献率达到 60％以上，对外技术依存度降低到 30％以下。出现一批在国际科技尖端领域发挥主导作用、引领发展方向的科学家。人才使用效能明显提高。具有原创能力的创新人才团队由重点院校和国有科研机构向具有国际竞争力的企业集团和社会组织扩展。从事现代服务业、社会和文化事业的专业技术人才队伍数量大幅增长。

2. 技能人才队伍

适应走新型工业化道路和产业结构优化升级的要求，以提升职业素质和职业技能为核心，以技师和高级技师为重点，加快建设一支规模宏大、结构合理的高素质技能人才队伍。到 2020 年，技能人才总量达到 1.7 亿人左右，占就业人员总量的 22％，高技能人才总量达到 5 500 万人左右，全国建成 1 200 个高技能人才培训基地和 1 000 个国家级技能大师工作室。加快培育支撑中国制造、中国创造的技能人才队伍，全面提升高技能人才的素质。健全完善技能人才培养体系，加强技能人才的评价、使用、选拔制度改革和创新。创新人才发展环境，提升技能人才待遇水平。

四、主要任务

（一）深入实施人才优先发展战略，积极推进人才发展体制机制改革

坚持服务发展，人才优先，确立人才优先发展的战略布局，围绕实施创新驱动发展战略和产业转型升级，创新人才工作服务发展的政策措施，推动人才工作与经济社会发展的高度对接和深度融合。认真贯彻落实中央《关于深化人才发展体制机制改革的意见》，结合职能统筹推进体制机制改革和政策创新，加快形成具有国际竞争力的人才制度优势。

（二）建设高素质的人才队伍，服务国家重大发展战略

以高层次和高技能人才为重点，统筹考虑不同领域、不同层次人才培养，建设一支规模宏大、与经济社会发展需求相适应的高素质人才队伍，支撑国家各领域发展。**一是突出"高精尖缺"导向，加快培养创新型领军人才。**围绕产业链、科技链打造人才培养链，增强企业自主创新能力，完善产学研协同创新体系。改进完善院士制度，以更大力度推进"万人计划"，更好实施政府特殊津贴专家、国家百千万人才工程等项目，引导各地各部门制定实施各具特色的高层次创新人才培养计划，着力打造一批能够突破关键技术、引领学科发展、带动产业转型的领军人才。**二是着力培养青年拔尖人才。**建立多层次、多渠道的青年拔尖人才培养体系，培养造就一批具有自主创新能力的高层次青年人才队伍。改革完善博士后制度，加大博士后投入力度，加强博士后公寓建设，提高博士后待遇增加吸引力，充分用好博士后制度平台培养青年优秀人才。**三是加大技能人才培养力度。**构建劳动者终身职业培训体系。实施企业职工技能提升计划。大力推进技工院校改革创新，推动建设职业训练院，大力开展技工院校一体化课程教学改革，构建国家技能人才培养标准体系框架，全面推进校企合作。继续开展百城技能振兴专项活动。开展企业新型学徒制试点工作。加快开发突出职业素养和技能训练的职业培训包。**四是加强基层专业技术人才队伍建设。**根据基层经济社会发展和民生事业的需要，全面加强基层专业技术人才队伍建设，研究制定符合基层专业技术人才特点和成长规律的政策措施，提升能力素质，拓展职业发展空间，实施万名专家服务基层行动计划，引导各类人才到基层一线建功立业，造就一批扎根基层的高素质专业技术人才队伍，实现基层经济社会与基层人才全面协调发展。**五是加强技能人才选拔。**加大竞争择优选拔技能人才工作力度，广泛开展职业技能竞赛活动，健全以企业岗位练兵为基础，以国内竞赛为主体，以世界技能大赛为龙头，国内竞赛与国际竞赛相衔接的职业技能竞赛体系，不断提升我国技能人才的水平，争取在世界技能大赛上取得优异成绩，持续扩大中国技能大赛影响力。

（三）建立集聚人才的体制机制，激发人才创新创业活力

坚持以用好用活人才为核心，针对人才待遇偏低、评价不够科学、发挥作用不充分等突出问题，进一步破除制约人才发展的思想观念、政策瓶颈、体制障碍，健全人才培养、引进、评价、使用、流动和激励保障等体制机制。**一是改革完善人才评价机制。**坚持问题导向，克服唯学历、唯论文、论资排辈等倾向，完善以岗位职责要求为基础，以品德、能

力和业绩为导向，科学、公平、公正的人才评价机制。深化职称制度改革。完善职业资格管理制度，减少职业资格许可和认定，建立职业资格目录清单管理制度。完善社会化职业技能鉴定、企业技能人才评价和院校职业资格认证相结合的技能人才多元评价机制。探索创新高素质复合型技能人才和做出重大贡献的高技能人才评价方式。推行技师、高级技师聘任制度，探索建立企业首席技师制度，完善高技能人才带头人制度，建立岗位使用制度。**二是建立人才顺畅流动机制。**充分发挥市场在人才资源配置中的决定性作用，通过市场实现人才资源的合理配置和深度开发，使人才资本得到最大幅度的升值。健全政府宏观调控、市场有效配置、单位自主用人、人才自主择业的人才配置机制，最大限度地消除人才流动中的城乡、区域、部门、行业、身份、所有制限制，畅通人才流动渠道。健全人才向基层流动、向艰苦地区和岗位流动、在一线创业的激励政策，做好干部人才对口支援工作和"三支一扶"等人才支持项目。**三是完善人才激励保障机制。**完善分配、激励、保障制度，建立与人才贡献相适应的人才激励机制，实施人才优先投入的激励保障政策。实行技术、技能要素参与分配的激励政策，创新技术、技能要素参与收益分配的形式，鼓励和支持专业技术人才和技能人才在科研机构和企业间合理流动和获得相应报酬。探索采取人才期权股权激励方式，激发人才创新创造活力，收益分配重点向创新创业人才倾斜，实现一流人才、一流业绩、一流报酬。完善"中华技能大奖"和"全国技术能手"评选表彰制度，继续开展高技能人才评选表彰活动。对职业技能竞赛中涌现出来的优秀技能人才，特别是对世界技能大赛取得优异成绩的选手，要加大精神和物质奖励力度。**四是加强人才工作法制化建设。**推进人才开发促进法、人才工作条例、人力资源市场条例、职业资格设置管理条例、专业技术人才继续教育条例、职业技能鉴定规定等方面法律法规的立法进程，完善保护人才和用人主体合法权益的法律法规，建立健全衔接配套、务实管用的法律法规体系，依法规范、促进和保障人才发展，形成有利于人才发展的法制环境。

（四）实施更加开放的创新人才引进政策，不断加大留学人员回国工作力度

实行更积极、更开放、更有效的政策，进一步健全政策法规、理顺管理体制，加快形成具有国际竞争力的人才制度优势，广泛汇聚海外英才，为我国现代化建设发挥更大作用。**一是制定实施更开放、更积极、更有效的人才引进政策法规。**落实《关于加强外国人永久居留服务管理的意见》，加快研究制定《外国人在中国工作管理条例》，实行中国特色的人才签证、居留和永久居留政策，畅通海外高层次人才来华绿色通道。积极应对留学回国人数和结构发生显著变化的新形势，研究制定支持留学回国人员创新创业政策，营造普惠、公平的政策环境。**二是扎实推进实施重点海外引才计划。**配合实施"千人计划"，进一步扩

大高层次留学人才回国资助试点范围，组织实施好留学回国创新发展项目、留学人员回国创业启动支持计划、海外赤子为国服务行动计划，加强对部门和地方引才项目实施工作的指导，打造一批各具特色的引才项目品牌，更大规模、更高质量地引进留学人才回国工作、创业和为国服务。**三是完善海外人才服务保障体系。**汇聚"千人计划"服务窗口、留学人员服务中心、工作站、创业园，贯通各类人力资源服务机构和引进海外人才服务机构，统筹为海外高层次人才提供服务，建立"一口受理""一站式"服务机制，逐步形成政府主导、社会参与、相互配合、上下互动的海外人才公共服务体系。更好发挥中国留学人员回国服务联盟、留学人员回国创业专家指导委员会作用，促进海内外人才科技项目交流。拓展国际人才市场，鼓励人力资源服务机构"走出去"，在国外设立分支机构，培育一批国际化的服务机构。

（五）建立健全人才公共服务体系，优化人才发展环境

按照转变政府职能、优化公共服务、建设服务型政府的要求，将人才公共服务纳入国家公共服务体系建设规划，健全人才公共服务体系和服务平台，加大投入力度，推动政府人才管理职能向创造良好发展环境、提供优质公共服务、营造创新生态体系转变。**一是健全人力资源服务体系。**加快推进统一规范灵活的人力资源市场建设，大力发展人力资源服务业，积极培育专业化的人才服务机构，全面提升人才服务供给水平。大力开发公共服务产品，拓展公共就业和人才服务内容，满足人才多样化需要。围绕重点领域人才需求，制定发布紧缺急需人才目录。加快建立社会化的人才档案公共服务系统，落实人才流动社会保险关系转移接续办法。加强人才创业技能培训和创业服务指导，提高创业成功率。**二是加强高层次、高技能人才服务平台建设。**积极打造以留学人员创业园、博士后科研工作站流动站、专家服务基地、继续教育基地为主体的高层次人才服务平台，加快国家级高技能人才培训基地、公共实训基地、技能大师工作室等高技能人才服务平台建设，为各类人才干事创业、发挥作用、实现价值提供平台。**三是构建全国一体化的人才公共服务网络。**健全人事代理、社会保险代理、人事档案管理、就业服务等公共服务平台，加强信息平台建设，推进公共服务向基层延伸，建立全国一体化的人才公共服务网络，为各类人才提供全方位、个性化、便捷性的服务。

（六）实施重大人才工程项目

发挥重大人才工程的示范带动作用，以工程为龙头带动提升人才队伍整体素质和创新

能力。

1. 专业技术人才知识更新工程

继续实施专业技术人才知识更新工程，加大高层次、急需紧缺人才培养力度。围绕我国经济结构调整、高新技术产业发展和自主创新能力的提高，在装备制造、信息、生物技术、新材料、海洋、金融财会、生态环境保护、能源资源、防灾减灾、现代交通运输、农业科技、社会工作等重点领域，开展大规模的知识更新继续教育，每年培训 100 万名高层次、急需紧缺和骨干专业技术人才；依托高等院校、科研院所、大型企业现有施教机构，建设一批国家级继续教育基地。

2. 国家高技能人才振兴计划

根据高技能人才总体规划目标任务，继续实施国家高技能人才振兴计划，实施第二期高技能人才培训基地项目，推进技能大师工作室建设项目，进一步落实技师培训项目。以技师、高级技师培养为重点，以提升职业素质和职业技能为核心，培养和造就一批具有精湛技艺、高超技能和较强创新能力的高技能领军人才，每年新增 35 万名技师和 10 万名高级技师。选择一批先进制造业、现代服务业、战略性新兴产业等集中的城市，探索建设国家技能振兴改革试验区，开展高技能人才队伍建设重大政策试点，探索积累改革发展经验。

3. 万名专家服务基层行动计划

根据基层单位需要，组织两院院士、国家特聘专家、有突出贡献中青年专家、百千万人才工程国家级人选、享受国务院政府特殊津贴专家等对口专家，到基层一线开展短期服务活动。"十三五"期间，拟进一步扩大服务范围，每年建设国家级专家服务基地 20 个左右，遴选 100 个左右重点示范服务项目，每个项目参与服务专家 30～50 人。

4. 博士后创新人才培养项目

设立博士后创新人才培养项目，推进博士后公寓建设。实行"人才-项目"的培养模式，依托国家重大科研和重大工程项目、重点学科和重点科研基地、国际学术交流合作项目，发挥高等院校、科研院所和企业的主体作用，促进产学结合。完善博士后服务保障体系，在全国博士后流动站集中的城市再建设一批博士后公寓，基本解决在站博士后流动性住房问题，保障博士后研究人员安心科研，多出成果。

5. 职业能力保障工程

建立职业分类动态调整机制，完善职业技能标准开发体系，健全职业技能鉴定题库建设体系。加强技能人才培养师资队伍建设和教材开发工作。建设职业技能鉴定服务与监管平台。加强职业技能公共实训基地建设和世界技能大赛集训基地建设。加强职业能力建设基础理论研究。

6. 人事考试测评公共服务基地

建立人事考试测评公共服务基地和信息化公共服务平台。建立能为考试命题、审题、阅卷、课题研发等提供高效、安全保障的公共服务基地；加强地方人事考试测评公共服务基地建设。建立集网上报名、成绩查询、证书查询管理为一体的信息化公共服务平台，启动人事考试机考服务平台建设，为考生和专业技术人员队伍建设服务，并为人事考试管理模式改革创造更好的条件。

国家行政学院

"十三五"时期发展教育、培训和人才队伍建设的战略思考

国以才立，业以才兴。人才是提升国家综合实力和国际竞争力、推动经济社会发展的战略资源，教育、培训是培育和提升人才的基础，好的人才制度和环境是凝聚人才和发挥人才作用的重要保障。"十三五"是我国各项事业快速发展的关键时期，必须树立创新是引领发展第一动力、人才是第一资源的理念，服务国家战略，回应人民期待，高度重视和科学规划教育、培训发展和人才队伍建设，加快推进从人力资源大国向人力资本强国转变。

一、教育、培训和人才队伍建设面临的新形势、新要求

从国际环境变化看，国际政治、经济局势将发生深刻变化。经济全球化深度调整，新科技革命和新产业革命蓄势待发，将带来更多新产业、新业态和新模式，经济结构将发生巨大变化和深度调整。世界各国特别是大国为应对环境变化进行的战略和结构调整，将改变国际力量对比，重塑国际经济关系、分工格局和治理体系。在大变革和大调整时代，围绕技术进步、创新发展而展开的人才竞争将更加激烈。我国虽然仍将保持良好发展势头，但参与国际竞争的传统优势正在逐步减弱，以低汇率和低劳动力成本为主要特征的低成本竞争难以为继，以提高劳动力素质和创新能力为主要特征的高质量竞争不可避免。**随着国际竞争态势的变化和我国国际地位的提升，我们既要创造新的人才竞争优势，又要树立负责任大国形象和展示大国国民素质。**这是"十三五"时期教育、培训和人才队伍建设面临的新课题。

　　从国内经济社会发展趋势看，"十三五"是实现"两个一百年"奋斗目标和中华民族伟大复兴中国梦承前启后的关键时期。这一时期，既要全面建成小康社会，又要为后小康时代的发展和全面实现现代化做出积极的战略部署。我们要从全局和战略高度规划"十三五"时期教育、培训和人才队伍建设目标和重点任务，**全面提升国民素质，培育各类人才，集聚天下英才，推动国家进入人力资本强国行列**。这一时期，我国经济社会发展的重要任务是适应新常态的要求，全面推动改革创新，加快调整结构和转型升级。实现转型和跨越，关键是提高劳动者素质和创新能力，推动经济发展从主要依靠增加要素投入转向主要依靠创新驱动。这对人力资源水平提出了新的要求。要推动生产要素包括劳动力由传统制造业向第三产业和新兴制造业转移，这就要加强劳动力技能培训，特别是以农民工为主体的制造业和低端服务业大军，如何适应结构调整和提高素质的需要，是摆在我们面前的紧迫而艰巨的任务。要用更少更优质的劳动力投入支撑经济中高速增长，就要显著地提高劳动生产率和人力资本水平。要发展中高端经济，就要造就一大批适应发展需要的高端创新人才和专门人才。这一时期，**更好的教育和培训、更体面的就业、更高的收入是人民群众的热切期盼，能否公平分享优质教育资源关乎社会公平正义。教育和培训既是促进就业、提高收入水平的途径，也是当前最主要的内需潜力之一**，特别是人口老龄化发展对相关行业服务人才的需求明显扩大且变得十分紧迫。加强教育、培训和人才队伍建设，万众瞩目，牵一发而动全身，"十三五"时期必须将其放在更加重要的位置。

　　从当前教育、培训和人才队伍的现状看，"十二五"时期，全面推进科教兴国战略和人才强国战略，实施国家中长期教育、人才规划纲要及各项规划，教育、培训事业稳步发展，各项规划目标正如期达到，一系列改革措施相继出台，一些领域改革取得重要进展；各类人才规模明显扩大，结构进一步优化，人才成长环境不断改善，体制机制进一步完善。但是，**我国教育、培训和人才队伍建设还存在不少问题，突出表现为"不适应、不平衡和不协调"**。教育、培训质量不高，人才培养模式落后，创新创业素质和能力培养严重不足，国民素质有待提升，不适应经济社会发展的新需要、人民群众的新期待和国际竞争的新要求；优质教育、培训资源不足，城乡、区域、行业间教育、培训资源分配不公平，人才配置不均衡，人才结构和布局不尽合理；教育、培训和人才队伍建设缺乏总体设计，政府、企业与社会各培训主体之间缺少协同，监管不到位；制约教育、培训和人才发展的体制机制障碍依然严重，各项重大改革举措的配套措施不健全，协同性不强。面对新形势新要求，"十三五"时期，我们必须坚持改革开放创新，立足当前，着眼未来，面向世界，把握大势，全面推进教育、培训改革发展和人才队伍建设。

二、教育、培训和人才队伍建设的战略目标和总体思路

（一）战略目标

"十三五"期间，我国教育、培训和人才队伍建设的总体目标应是，到 2020 年，基本实现教育现代化，基本形成学习型社会，进入人力资本强国行列，形成教育、培训和人才队伍建设一体化的保障体系。在教育方面，国民教育程度达到中高收入国家水平，基本普及学前教育，巩固提高九年义务教育水平，高中阶段毛入学率达到 90％以上，高等教育毛入学率达到 40％以上。新增劳动力平均受教育年限提高到 13.5 年以上，劳动年龄人口平均受教育年限达到 10.8 年。教育公平明显提高，建成覆盖城乡的基本教育服务体系，基本实现教育服务均等化。教育质量显著提高，基本形成现代职业教育体系，有一批高校迈入世界一流前列。**基本建成充满活力、富有效率的教育体制机制，形成多样化办学开放格局。**在培训方面，**基本建成与各类教育顺畅对接、技能资质与学历文凭相匹配、与经济社会发展和职业要求相适应的比较完善的培训体系，实现从文凭社会向能力社会的转型；**各类培训专业化水平明显提高；党政人才培训实现全覆盖；企业自主培训达到规范化、常态化。社会培训实现专业化、规范化。在人才队伍建设方面，**形成规模宏大、结构优化、布局合理、素质优良的人才队伍；**全民文明素质明显提高；国家人力资本竞争力显著提高，进入世界人才强国行列，为 21 世纪中叶基本实现社会主义现代化奠定人才基础。教育、培训和人才队伍建设协同发展，形成一体化的保障体系。

（二）总体思路

作为国家振兴的基础工程、改善民生的重要抓手和文明传承的历史要求，"十三五"时期，我国教育、培训和人才队伍建设应满足国家战略需要和人民期待，以大教育理念统领教育、培训和人才队伍的改革发展。

1. 以人才为主线、教育为基础、培训为支撑，统筹教育、培训和人才队伍建设

以人才为主线，树立人人都能成才的大人才观，科学开发各类人才资源，充分发挥人才的基础性、战略性作用。重视提高人才质量，提升人才综合素质，促进人的全面发展。以教育为基础，树立各级各类教育协调发展的大教育观，全面提高教育质量，全面提升国

民素质，为人才队伍建设奠定基础。以培训为支撑，树立培训出人才、人人需培训的大培训观，以提高职业技能为重点，建立完善的培训体系，全面提升各类人才的专业技能和创新能力，充分发挥培训在人才队伍建设中的支撑作用。

2．补短板，强联系，形成教育、培训和人才队伍建设互联互动、效率叠加的新机制

首先要处理好教育与培训的关系，改变重教育轻培训、重使用轻提高的状况。在继续重视教育和人才队伍建设的同时，着力加强培训，实现人人都有培训机会，切实发挥培训在人才发展中的"中转站""加油站"的重要作用。其次要补齐各方面内部的短板，如教育中的学前教育、高中教育和职业教育、培训中的社会培训、人才队伍建设中的高技能人才队伍建设等。最后要打破制约教育、培训和人才队伍建设相互联系的障碍，形成三者有机结合、互联互动、效率叠加的新机制，实现人才培养、培训和使用的一体化。

3．促改革，优结构，打造人才发展的升级版

深化教育、培训和人才队伍建设的体制机制改革，找准各方面改革的关键点和突破口，精准施策，重点突破，释放人才发展的改革红利。优化教育、培训和人才队伍结构，健全人才培养、培训和队伍建设体系，**以提高全民素质和人才基本素质能力为基础，以建设高端人才队伍为引领，重视各类领导型、创新型人才培养，释放人才发展的制度红利，打造人才发展的升级版。**

三、全面深化教育综合改革，显著提高教育现代化水平

（一）提高教育质量，加快教育发展方式转变

坚持教育服务国家发展战略需要，以内涵式发展为主，全面推进教育发展方式转变。一要加强薄弱环节，推进教育事业稳步健康发展。加快普惠幼儿园建设，重点提高农村幼儿园办园水平，不断提高学前儿童入园率，基本普及学前教育。保持和提高九年义务教育入学率和巩固率。提高高中阶段教育普及率并纳入义务教育范畴，提高职业高中的比例，**加快综合制高中建设，推进高中学校多样化发展。**稳步推进高等教育大众化，鼓励高校特色发展。大力发展职业教育，引导和推进地方普通本科院校向应用型转变，完善现代职业教育体系。实施继续教育推进工程，加快学习型社会建设。二要提高教育质量，创新人才

培养模式。坚持德育为先，德智体美全面发展，切实加强素质教育。全面深化教学改革，加强实践教学环节，着重培养学生的社会责任感、实践能力和创新能力。**大力推进多媒体技术和网络技术与教育教学的整合，以信息化促进人才培养模式创新。**健全并严格实施各级各类学校办学标准。继续推进国际一流大学和一流学科建设，建设中国特色高水平大学。高校要发挥学科优势，整合优质资源，加快高水平智库建设。促进校企融合、产学合作，**建设一批高水平职业院校和职业教育集团，**提高职业教育人才培养质量。三要优化教育结构，主动适应经济社会发展需要。适应经济社会发展特别是技术结构、产业结构升级变化，调整高校和职业学校学科专业结构和人才培养结构，加快社会紧缺人才培养。优化教育形式结构，完善全日制学校教育，支持和规范各种形式的非全日制教育，重视发展网络教育，**形成学历教育与非学历教育、正规教育与非正规教育、线上教育与线下教育并举，相互补充、协调发展的格局。**完善普通教育、职业教育和继续教育互联互通机制，建立学分银行和学历互认、学分互换制度，加快形成各类教育"立交桥"，加快完善终生教育体系、形成学习型社会。四要加强师德师风建设，提升教师素质。加强教师思想政治工作，完善师德师风管理制度，**实施高校思想政治教师队伍建设工程。**健全教师进修培训制度，加大农村特别是边远贫困地区教师培训力度。**创新教师评价、晋级晋职制度和激励机制，提高绩效工资比例，保证教师专心教育教学工作。**完善兼职教师队伍制度，鼓励和吸引各行各业优秀人才特别是工作一线经验丰富人员担任兼职教师。完善教师参与学校管理制度。

（二）促进教育公平，提高基本教育服务均等化水平

坚持教育为人民服务的方向，坚持教育公益性，着力推进教育公平，**构建使国民能够得到均等化、全覆盖、可获得、可持续和公正性的教育社会普遍服务体系。**一是缩小城乡差距。加大城乡教育发展和教育资源配置的统筹力度，重点支持农村学前和义务教育发展，加强农村公办幼儿园和公办义务阶段学校标准化建设。健全城乡学校校长和教师交流轮岗机制，**实施城市退休教师到农村学校服务激励计划，**多措并举，加快推进县域义务教育均衡化。二是缩小区域差距。加大对中西部特别是集中连片特困地区、边远贫困地区、民族地区和革命老区教育发展支持教育发达地区对落后地区对口支援的力度，鼓励重点院校与中西部地区合作办学，促进教育资源特别是优质教育资源向教育发展相对落后地区流动。继续提高中西部地区和人口大省高考录取率，增加重点高校对农村和贫困地区定向招生专项计划人数，到 2020 年，高考录取率最低省份与全国平均水平的差距不超过 1%。三是缩小校际差距。推进中小学校标准化建设，重点加强薄弱学校的改造，促进校际资源均衡配置，缩小城市区域校际差距，着力破解义务教育阶段择校难题。四是缩小不同收入群体子

女受教育差距。加强农村学校和教学点建设，实施专项支持计划，重视对留守儿童的教育、关爱和安全保护。加快出台配套措施，切实解决进城务工人员随迁子女就地入学和参加升学考试问题。**推行"义务教育卡"制度，由流出地提供一定的经费，专款专用，卡随人走，钱入流入地就读学校**。加大对家庭困难学生支持力度，完善贫困家庭学生资助体系，进一步提高贫困家庭学生资助水平，建立公平竞争的奖学金制度。五是**推进教育过程公平**。加强教育教学过程监管，公平对待每一个学生，杜绝任何歧视现象。改革学生评价制度，鼓励和指导学生个性、兴趣和特长发展，尊重学生自主的合理选择，因材施教，为每个学生创造适合其自身发展的空间。六是以教育信息化促进优质教育资源共享。加快教育信息化建设，**丰富国家优质教育资源数据库，完善国家网上教育资源共享平台，重点改善和提高农村、落后地区、薄弱学校网络教学条件和信息化教学能力**，有效发挥信息网络技术手段在缩小教育差距、推进教育公平中的作用。

（三）全面深化教育体制机制改革，推进教育治理体系和治理能力现代化

全面深化教育体制改革，稳步推进管办评分离，引入竞争机制，打破制约教育发展活力和效率的体制机制障碍。一是改革教育治理体制。**健全中央相关部门协调机制，有效推进各项重大教育改革政策落实**。继续转变政府职能，进一步取消或下放教育行政审批事项，扩大各级地方教育统筹权和学校办学自主权。健全学校治理体制，以制定学校章程为抓手，健全各项管理制度，加快推进现代学校制度建设，着力克服学校行政化倾向，提高办学效率，促进学校管理法治化。二是完善办学体制。坚持严格标准、大力扶持、鼓励竞争、依法监管，促进民办教育健康发展。**加快推进民办教育分类管理，支持民办学校改革创新，加大公共财政对民办教育发展的扶持力度**。鼓励社会力量参与公办学校建设，鼓励行业、企业自主举办或参与举办职业院校，推进办学体制多样化。**完善中外合作办学政策，积极引进国外优质教育资源，吸引国外名校到人口大省和教育落后地区开展合作办学**。三是积极稳步推进招生制度改革。坚持科学、公平、公正原则，**鼓励地方和学校考试招生制度改革探索，继续扩大高校招生自主权和考生自主选择权**，完善中小学学业水平考试和综合素质评价制度，加快配套制度建设，加快形成中国特色现代考试招生制度。四是创新学位制度。建立与职业教育发展和高层次应用型人才培养相适应的专业（职业）学位制度，**设立面向本科层次职业教育的专业学士学位，与专业硕士、专业博士相衔接，完善专业学位体系**。五是优化教育投资体制。在继续增加教育公共财政经费投入的基础上，鼓励社会资本投入教育。**改革公共财政经费分配制度，建立由专家构成的公共教育经费分配咨询委员会，引入竞争机制，推行重大项目招投标制度**。实施教育财政绩效管理制度，优化教育财政流

程，提高教育投入效益。加强学校教育经费管理、监督和审计，提高教育经费使用效益。**对非营利性社会资金兴办教育和捐资助学实行更优惠的税收减免和荣誉激励政策。**六是推进教育第三方评估。完善教育评估制度和信息公开制度，加快培育、发展和规范社会教育中介机构，完善教育服务市场，健全社会监督机制，实施教育第三方评估，逐步推进政府面向社会购买教育服务。

（四）开展以社会主义核心价值观为主要内容的社会教育，提高全民文明素质

社会主义核心价值观是对当代我国人民文明素质的集中概括，是社会主义精神文明建设的基础。开展以社会主义核心价值观为主要内容的社会教育，提高我国全民文明素质，塑造良好的民族精神风貌和国家美好形象。一要把社会主义核心价值观教育寓于各级各类教育之中，把提高文明素质作为各级各类人才培养的首要素质要求。二要在全社会广泛开展社会主义核心价值观教育、理想信念和传统文化教育。**在社区、乡村、企事业单位等，组织以"做社会主义文明人"为主题的社会教育实践活动。**三要充分发挥各类媒体、影视文化作品特别是信息网络等在以提高文明素质为目标的社会教育中的作用。四要把社会主义核心价值观教育和提高文明素质作为学习型社会建设的重要内容。

四、加强培训能力建设，建立现代培训体系

（一）健全培训体系，优化培训结构

一是完善培训体系，实现培训广覆盖。以服务就业创业引导培训，建立产业发展与培训之间的良性互动机制。统筹考虑城乡、区域、行业不同培训对象，加大对农村、民族地区和贫困地区培训扶持力度，重点加强现代农民、农村转移劳动力、城市就业困难人员、产业升级转岗人员、高校毕业生的培训。以中青年培训为重点，坚持老、中、青不同年龄阶段人员培训并举，构建劳动者终身培训体系。坚持人才整体开发和分类培训相结合，形成多类型、多形式的培训格局。重点加强对应用型、复合型和创新型人才的培训。**根据党政人才、高级专业人才、企业经营管理人才、高技能人才、文化引领人才、留学归国人员等不同特点和要求实施一批重大培训工程。**二是鼓励社会资源参与，形成培训主体多元化格局。发挥市场在资源配置中的决定性作用，**吸引更多社会力量举办培训，支持发展股份制、混合所有制培训机构，形成公办民办并举、多种所有制培训机构共同发展的培训体制。**鼓励行业和个人创办各类培训集团，对公益性和重点人群、重点项目培训，政府面向社会

实施购买服务。三是支持行业、企业内部培训。鼓励行业建立培训集团，支持大中型企业内部培训机构（企业大学）建设。**实施现代企业培训机构建设示范工程。**企业要重视和保证职工培训，完善职工培训轮训制度，确保职工接受培训权益。

（二）强化培训质量，提高培训专业化水平

一要创新培训理念和培训模式。学习借鉴先进培训理念和技术，采用现代培训手段，创新培训方式方法，推广现代学徒制，切实提高培训的质量和专业化水平。二要注重职业道德、职业精神、素质能力和创新能力培训。各类培训都要**重视职业道德和职业精神培养，以素质能力培训为重点，加强创新精神、创新意识和创新创业能力培养，夯实"大众创业、万众创新"的基础。**三要提高培训的针对性。培训机构要健全和实施培训需求调研制度，切实了解培训对象的真实需求，根据不同培训对象的特点，有针对性地制定培训目标和培训内容，满足个性化需求。

（三）加强监管和评估，营造良好的培训环境

一要完善培训准入制度。建立健全培训准入制度，制定各类培训机构标准，促进培训机构建设和培训工作的规范化。实施示范性培训机构建设计划，加大对优秀培训机构的支持力度。二要加强对培训机构的监管和评估。**加大对各种虚假、奢华培训的管理惩治力度，在培训资质、培训费用、培训课程、培训师资、培训活动组织等方面加强对培训机构的全方位监管。**健全培训评估机构，完善培训评估制度，建立科学的培训评估指标体系，提高培训评估的质量、效率和规范化水平。三要加强公共培训项目的监管。加大对财政支持培训项目的管理、监督、检查和评估力度，提高培训的质量和经费使用效益。引入竞争机制，**推行培训券制度，鼓励各类培训对象自主选择。**

（四）统筹学校与培训机构，推进培训与学校教育互联互通

一是建立教育与培训互联互通机制。建立学校与培训机构之间学分、学历和培训证书互认机制，畅通学校教育与培训之间的转换渠道，为培训对象提供自主选择机会。二是建立培训资源共享机制，促进各类培训机构合作。建立政府、社区、行业组织、企业、学校及社会力量等各方面培训资源的共享机制，支持地域之间、系统之间、行业之间的合作，搭建多样化学习、培训平台，形成培训网络化格局。三要充分发挥职业院校和高校的培训

作用。职业院校和高校要充分发挥专业教育资源优势，强化社会培训功能，加强与政府、行业、企业和社会合作，培训社会急需人才。**职业院校和应用型高校要教育与培训并重，成为服务地方经济社会发展和满足人民需要的重要培训基地。**

五、着力完善人才发展机制，建设高水平人才队伍

（一）统筹人才建设规划，完善人才队伍体系

实施人才优先发展战略，统筹各类人才队伍建设。以高端创新型、领导型人才为引领，统筹协调治国理政、企业经营管理、专业技术、高技能、新型职业农民、社会工作、文化引领等各类人才培养，构建全面适应人才强国战略需求的规模宏大、素质优良的人才队伍体系。全面落实国家中长期人才发展规划确定的各项重大人才工程和计划，实施服务国家治理能力现代化建设的**治国理政人才队伍建设工程**；服务建设社会主义法治国家需要的**法治人才队伍建设工程**；服务党和政府科学决策要求的**智库人才开发工程**；应对人口老龄化趋势的**老龄人才开发计划**；吸引更多高层次留学人才回国需要的**留学归国人才支持计划**；服务创新驱动发展和扩大对外开放战略的**创新人才引进计划**。

（二）创新人才管理机制，优化人才发展环境

坚持党管人才原则，以用好用活人才为标准，建立更为灵活的人才管理机制，破除人才流动、使用等方面落后的观念和体制机制障碍，优化人才发展环境。一要提高人才管理专业化水平，遵循人才发展规律，梳理和整合相关政策，完善人才发展规划。**理顺有关职能部门人才工作职责，实现人才管理与政策体系的统一、协调和规范。**加强各项人才政策落实的监督检查，确保政策理解和实施的准确性和完整性。二要推进人才流动市场化。进一步清理和下放制约人才流动的各级各类行政审批和许可，打破人才流动的地域、行业、部门和单位壁垒，发挥市场在人力资源配置中的决定性作用。三要健全人才激励机制。统筹实施和规范各类人才激励措施，**建立资本、知识、技术、管理等由要素市场决定的报酬机制**，加强对发明创造人才的知识产权保护和股权激励，有效发挥精神鼓励、晋升晋级和物质奖励等各种激励机制的作用，推进各类人才激励措施的制度化、规范化。加大对紧缺岗位及特殊部门、单位、行业和地区特别是老少边穷地区人才激励力度。四要推进人才工作法治化。健全"机会公平、权利公平、规则公平"的人才成长和公平竞争的法律法规体系，为每一个人的成长、成功和成才提供公平竞争的舞台。

（三）完善人才评价和选用制度，充分发挥各类人才作用

一是完善人才评价体系。以业绩和贡献为导向，健全社会化评价机制，完善人才评价体系。**健全科学的职业分类体系，制定国家人才项目目录，完善各级各类人才能力素质标准体系。**加强人才评价机构和工作的专业化建设，提高人才评价的科学化和规范化水平。二是健全人才选用制度。根据岗位、身份、职业种类和特点，建立系统完备、科学规范的人才发现、选拔和使用制度。**设立人才管理改革试验区，探索人才选拔使用制度的创新。**拓宽社会各领域优秀人才进入党政领导岗位的渠道。三是围绕国家重大战略集聚人才。服务创新驱动发展、区域发展、"走出去"、"一带一路"建设等重大战略，研究制定相应的人才支撑政策，培养和集聚领导人才。依托项目带动，突出质量要求，**建立以科学家、科技领军人才领衔的工作室和团队，着力破解专业人才队伍大而不强、结构性矛盾突出的问题。**四是引进和用好国际人才。加快形成具有国际竞争力的人才引进制度。用事业吸引凝聚高端人才，充分信任、放手使用引进人才。通过多种渠道支持优秀人才到国际组织任职。

（四）健全人才服务体系，加强人才发展保障

健全人才服务体系，为各类人才作用发挥提供坚实保障。一要完善人才公共服务体系。**加快建立和完善全国一体化人才公共服务网络，**改革户籍管理、社会保险、医疗保障、用工登记、人事档案、职称评定等制度，为各类人才提供简便快捷有效的服务。提供人才成长和培养培训、就业创业的经费支撑和物质保障。完善全国人才信息基础数据库，健全人才网上服务平台。二要鼓励社会力量参与人才服务。推进规范化、专业化的人才服务中介机构建设，**明确区分和规范公益性服务机构和经营性服务机构，加大实施政府购买人才公共服务的力度。**三要改进人才服务方式方法。针对各级各类人才需要，提供个性化的服务。完善党委联系专家制度，重视和加强对高层次人才、引进人才的服务，尊重和满足合理要求和选择，提供决策参与机会，畅通建言渠道。为引进外籍人才提供工作、居留、出入境及生活等方面的便利。加强对重点人才跟踪服务。四要健全人才服务的法律、法规和制度。加快制定和实施促进人才服务业建设的法律法规和专项制度，完善相关政策，推进人才服务事业的法制化、规范化。

ZHONGYANG
"SHISANWU"
GUIHUA 《JIANYI》 ZHONGDA
ZHUANTI YANJIU

专题二十五　医疗卫生事业发展

财政部

"十三五"时期全面深化医药卫生体制改革的总体思路

《中共中央 国务院关于深化医药卫生体制改革的意见》（中发〔2009〕6号）提出，到2020年，基本建立覆盖城乡居民的基本医疗卫生制度，人人享有基本医疗卫生服务。为此，"十三五"是深化医改的攻坚时期，改革任务十分艰巨。在总结医改"十二五"规划实施情况的基础上，我们对当前改革存在的主要问题及"十三五"期间面临的新形势进行了深入分析，针对阻碍改革进程的体制性机制性矛盾和问题，提出了"十三五"期间深化医药卫生体制改革的总体思路，现报告如下。

一、"十二五"医改的进展和成效

"十二五"期间，在党中央、国务院的坚强领导下，各地区、各部门坚持"保基本、强基层、建机制"的基本原则，大力推动深化医药卫生体制改革。政府卫生投入实现跨越式增长，各项重点改革任务统筹协调、稳步推进，取得了明显成效。"十二五"时期（2011—2015年），全国财政医疗卫生（含计划生育）累计支出46 307亿元（2015年为预算数，下同），是"十一五"时期（2006—2010年）累计支出17 052亿元的2.7倍；年均增幅17.1%，比同期全国财政支出增幅13.8%高3.3个百分点；2015年全国财政医疗卫生支出11 851亿元，是"十一五"初期（2006年）1 582亿元的7.5倍（见图1）。

一是全民医保体系基本建立。城镇职工基本医疗保险、城镇居民基本医疗保险和新型农村合作医疗（以下分别简称职工医保、城镇居民医保和新农合）三项基本医保覆盖人数

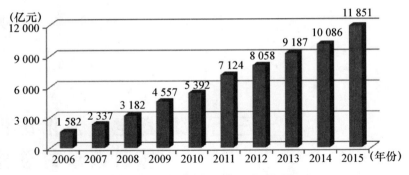

图1 全国财政医疗卫生支出增长情况

超过13亿人，政策范围内住院费用报销比例分别达到80％、70％和75％。新农合和城镇居民医保政府补助标准分别从2003年（建立新农合制度）的每人每年20元、2007年（建立城镇居民医保制度）的40元提高到2015年的380元，个人缴费从10元提高到120元。三项医保基金总收入从2011年的7 394亿元增长到2015年的13 458亿元，年均增幅16.2％；基金总支出从5 944亿元增长到12 163亿元，年均增幅19.6％。

二是基层服务体系建设显著加强。基层医疗卫生机构硬件设施明显改善，医务人员收入水平显著提高。中央财政对基层医疗机构建立了经常性补助机制。2013年全国基层医疗卫生机构财政直接补助收入1 059亿元，比当年医疗服务收入678亿元多381亿元，财政补助已成为基层的主要补偿渠道之一。

三是基本公共卫生服务均等化水平进一步提高。人均基本公共卫生服务经费标准从2009年设立之初的15元提高到2015年的40元，免费向全体城乡居民提供健康档案等11类43项基本公共卫生服务。重大公共卫生服务项目支持力度不断加大。

四是公立医院改革试点不同程度地取得进展。2015年县级公立医院改革在全国约2 000个县全面推开，城市公立医院改革试点扩大到100个城市。中央财政按照每个县每年300万元和每个城市一次性2 000万元的标准安排专项补助资金。

总的来看，"十二五"医改取得了卫生事业得发展、医务人员受鼓舞、人民健康得改善的积极成果。

二、深化医改面临的问题和挑战

在充分肯定成绩的同时，还必须清醒地认识到当前医改尚存在不少问题，"十三五"期间经济社会形势发展变化也将带来新的挑战。

（一）当前改革存在的主要问题

随着我国政府卫生投入的跨越式增长，医改在"保基本、强基层"方面取得了巨大成绩，但在"建机制"方面尚未取得实质性突破。基本医保筹资和待遇调整机制可持续性不强，推进医保支付方式改革、建立控费机制未能取得明显进展；公立医院改革的目标模式和改革路径不明确，医疗服务体系结构失衡和体制僵化的局面未能转变；药品流通、招标采购和使用环节未能充分体现降价激励，药价虚高和商业贿赂乱象十分突出；医保、医疗、医药"三医"改革缺乏联动，未能形成改革合力。尽管卫生总费用中个人现金支出的比重2013年比2008年下降了6.5个百分点，但卫生总费用从14 535亿元上涨到31 669亿元（见表1），翻了一番多，年均增幅达到16.8%，比GDP（名义值）增幅高3.7个百分点，分别比城镇居民人均可支配收入、农村居民人均纯收入增幅高5.5个和3.5个百分点（见图2）。政府卫生投入的跨越式增长在很大程度上被卫生总费用的快速增长所抵消，群众对缓解看病难、看病贵问题的感受并不明显。

表1

卫生总费用增长情况（2008—2013年）

	2008年	2009年	2010年	2011年	2012年	2013年
卫生总费用（亿元）	14 535	17 542	19 980	24 346	28 119	31 669
个人现金支所占比重	40.4%	37.5%	35.3%	34.8%	34.3%	33.9%

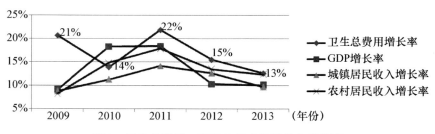

图2 卫生总费用、GDP和城乡居民收入增长率

1. 在医疗保障体系方面

参保扩面任务基本完成后，深化医保制度改革、完善顶层设计的步伐较为缓慢，尚未完成从形成框架到提质增效的转变。医保基金中长期精算工作未能有效开展，在应对人口老龄化、医疗费用过快增长等问题上缺乏长远考虑，制度不可持续的问题较为突出。

（1）**医保基金赤字风险呈增大趋势，长期可持续性不强。**基金收支平衡过度依赖提高缴费率和财政补助，自求平衡能力不强，近年来基金赤字呈增大趋势。2009—2013年，职工医保、城镇居民医保和新农合人均统筹基金支出年均增幅分别达到16.6%、35.9%和33.9%，比人均统筹基金收入增幅分别高出4.3、8.9和0.2个百分点。2009年职工医保和城镇居民医保统筹基金分省合计尚未出现当期赤字，但到2013年已分别有5个和3个省份分省合计出现当期赤字，新农合赤字省份从9个增加到10个。财政补助占城镇居民医保和新农合基金收入的比重从2009年的73.9%提高到2013年的79.5%（见图3）。其中，中央财政补助占各级财政补助的比重从37.1%提高到48.9%。

（2）**筹资机制不完善，责任分担不合理问题较为突出。**筹资标准确定的随意性较大，未基于精算平衡建立稳定可持续的调整机制。一是筹资责任过度向单位和政府集中。1998年职工医保制度规定单位和个人缴费率分别控制在6%和2%左右，但各地普遍提高了缴费率，2013年统账结合单位和个人缴费率分别为7.6%和2.2%，单位和个人的负担比例为3.5∶1，远高于国际上雇主和雇员各负担50%左右的普遍做法。新农合和城镇居民医保政府和个人的筹资比例2003年制度建立初期为2∶1，2006—2013年提高到4∶1，政府负担比例过高，保险的性质淡化，泛福利化倾向严重。二是职工医保个人账户存在制度缺陷。职工医保名义上缴费率较高，但基金总收入中约40%被划入个人账户，统筹基金筹资率并不高。同时，个人账户不能分散风险，仅能保日常小病，费用较高的慢病和门诊大病仍缺乏保障。2014年职工医保累计结余8 951亿元中，不能统筹使用的个人账户结余达到3 641亿元，占41%。

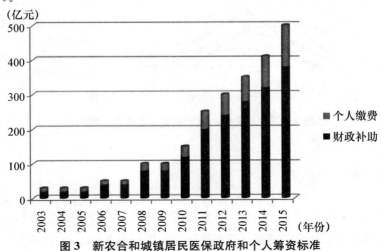

图3　新农合和城镇居民医保政府和个人筹资标准

（3）基金支出增速过快，有效的控费机制尚未建立。医保筹资水平不可能无限提高，但医疗费用过快增长，成为填不满的"无底洞"。一是医保支付方式改革进展缓慢。按照实行社会医疗保险体制国家的经验，患者、医保机构、医疗机构三者应形成稳固高效的"三角阵"，医保机构一方面为参保人提供报销服务，另一方面代表参保人与医疗机构谈判购买医疗服务，控制医疗费用过快增长。而我国目前医保机构加强管理和控费的积极性不足，医保支付方式改革推进缓慢，"三角阵"并不稳固，各地医保基金支出普遍增长过快。二是部分地区过度攀比提高医保待遇。一些市县职工医保报销比例超过 90%，出现过度消费、浪费医疗资源问题。部分地区城镇居民医保待遇与职工医保差距过小，许多企业让职工参加城镇居民医保而不参加职工医保，对职工医保制度造成冲击。

（4）制度和管理碎片化，弱化了全民医保制度的保障能力。政府主导的医保制度多达 9 项，包括职工医保、城镇居民医保、新农合、城乡居民大病保险、职工大额互助、公务员医疗补助、企业补充医疗保险、城乡医疗救助和疾病应急救助等，但分别归人社、卫生计生和民政等部门分散管理，对各项制度的功能定位时有争议，政策之间缺乏有效衔接，部分领域交叉重复、部分领域又出现漏洞，未能形成保障合力。

2. 在医疗服务体系方面

公立医院改革的目标模式和改革路径不明确，一直延续的医疗服务体系整体框架未实质性转变，医疗资源配置和运行效率未能明显改善。

（1）医疗资源布局结构失衡，群众就医向大医院过度集中。群众看病难的根本原因，一方面在于我国优质医疗卫生资源总量与群众日益增长的就医需求还有一定差距，另一方面更在于医疗资源布局结构不合理，进一步加剧了供需矛盾。主要体现在：一是公立和民营结构不平衡。我国公立医院床位数占床位总数的 84.4%，占据绝对的市场主导地位，民营医疗机构难以与之竞争。而同样实行社会医疗保险体制的法国、德国和日本仅分别占63%、41%、31%。二是大医院和基层医疗卫生机构结构不平衡。医疗服务体系呈"倒金字塔"形，三级医院规模大、人满为患，而基层优秀人才缺乏、门可罗雀。三是地区之间分布不平衡。经济发达地区大医院过度集中，患者跨地区就医比例不断攀升。

（2）医疗机构行政化管理，人事和收入分配制度僵化。各地公立医院改革试点在再行政化和去行政化之间摇摆，管办分开、政事分开等体制机制改革未取得实质性进展。一是事业单位编制管理制约了人员的合理流动。公立医院实行事业单位人事编制管理，医务人员被约束在公立医疗系统内部，民营医疗机构没有编制即使高薪也难以聘请到优秀人才。二是医务人员劳务价值未能得到足够体现。在约束人才的同时，公立医院成本又以卫生资源的消耗为主，人力成本被严重压缩。2013年公立医院医疗收入中体现医务人员劳务价值的挂号、诊察、治疗、手术和护理收入仅占20％（见表2）。三是事业单位收入分配制度难以适应医疗卫生行业特点。基层医疗卫生机构实行绩效工资后，骨干人员与普通工作人员的收入差距不仅没有拉开反而缩小，医务人员更加缺乏积极性，出现推诿病人等问题。近几年，政府对基层投入大幅增加，但基层就诊比例不升反降，"资金往下流、病人往上走"问题突出。2013年公立医院诊疗人次比2008年增加了62％，而基层医疗卫生机构仅增加了34％。

表2

2013年我国公立医院医疗收入构成情况		单位：亿元
项目	金额	比重
合计	13 990	100％
药品收入	5 981	43％
检查化验收入	3 060	22％
卫生材料收入	1 444	10％
技术服务收入	2 753	20％
其他	752	5％

　　（3）医药关系始终未能理顺，制约了科学补偿机制的建立。实施基本药物制度、取消药品加成等措施未能取得预期效果。一是取消药品加成治标不治本。明的"以药补医"机制破除后，暗的"以药补医"仍屡禁不止，医生仍可以通过开大处方、高价药获得高额回扣。二是基层补偿机制进一步扭曲。基层医疗卫生机构实施基本药物制度后，大部分地区采取了由财政包人员工资、包机构运转的做法，带来低效率。三是公立医院取消药品加成带来许多新问题。医院提供药品所必需的成本费用，在取消药品加成后只能通过医疗收入弥补，形成"以医补药"。同时，还出现"以检查补医""以耗材补医"等新问题。而对于这些问题，医院内部控制制度多流于形式，医院管理层缺乏加强内控的动力，外部也缺乏对内控质量的有效评价。

　　3. 在药品生产流通体系方面

　　由于制度设计未充分体现降价的激励机制，多项药价改革措施未能取得预期效果，药价虚高、商业贿赂等问题十分突出。

　　（1）在使用环节上，药品加成管制政策使得高价药畅销。不论是按顺价加价15％还是零加成，都是对于药品加成的管制。在这种管制政策下，医生更愿意使用高价药，而不愿使用低价药，导致市场上形成逆向淘汰，廉价药品萎缩，高价药品繁荣。

（2）**在招标采购环节上，省级招标采购机构缺乏降价动力。**省级招标采购机构既不是药品的使用者，也不是药品费用的支付者，缺乏内在的降价动力，同时政府主导还存在巨大的"权力寻租"风险，因此省级招标采购价格经常偏高，明显高于零售药店等市场价格。2013 年，公立医院医疗收入中药品收入所占比重达到 43％，而欧美国家一般不超过 20％。

（3）**在流通环节上，中间层层加价、商业贿赂等乱象严重。**医药企业虚高定价、医药代表营销公关、中间环节层层加价、医疗机构和医生收受回扣已不是个别现象，而成为普遍的"潜规则"。如新闻曾经报道的湖南湘雅二院"天价芦笋片"事件，出厂价为每瓶 15.5 元，医院零售价格则达到 213 元，中间环节加价占到零售价格的 80％。据估算，目前全国从事临床药品促销的医药代表总量在 200 万人以上，人均年收入不低于 20 万元，总支出超过 4 000 亿元，都将通过虚高药价转嫁到患者身上。

（二）"十三五"医改面临的新形势

中央对深化医改提出了新的要求。党的十八大提出，到 2020 年全面建成小康社会。人人享有基本医疗卫生服务、提高全民健康水平是其中的重要内容。《中央关于全面深化改革若干重大问题的决定》提出，到 2020 年，要在重要领域和关键环节改革上取得决定性成果，其中深化医改是重点改革任务之一。

"新常态"下深化医改的任务更加艰巨。"十三五"期间，我国经济进入"新常态"，财政收入水平由高速增长转为中低速增长，前一时期对医疗卫生投入的大幅增长速度将难以持续。在不能继续依靠投入"做加法"的情况下，必须寻找新的突破口，突出体制机制改革，向改革要"红利"。同时，"三期叠加"下，社会领域长期存在的深层次矛盾将更加突出，社会舆论对患大病等极端事件的强烈关注、医患矛盾愈演愈烈等，都对医改工作产生巨大压力。

工业化、城镇化、人口老龄化、疾病谱变化以及医药科技进步等进一步对医改工作提出挑战，人民群众对医疗健康的需求从"量"向"质"转变。工业化和城镇化的加速对城市社会保障体系的承载能力提出考验，农业转移人口对消除医疗保障制度之间差异的诉求越来越强烈。人口老龄化加速，将对护理、康复等服务产生更大需求，进一步加剧医疗资源的供需矛盾，也将使劳动力人口承担更多的筹资责任。慢性非传染性疾病正逐步取代传染性疾病成为死亡的主导因素，"重治轻防""重住院轻门诊"的观念亟待转变。医药科技进步，使得疾病预防和诊疗水平显著提高，但同时也加速了医疗费用的上涨，成为需谨慎平衡的"双刃剑"。群众对自身健康的关注程度越来越高，医疗保健边际消费倾向递增，要求享受更高质量和更为人性化的医疗服务。

在此新形势下，深化医改本身也进入深水区，各项改革任务中容易改的都已进行，剩下的都是难啃的"硬骨头"。需要拿出更大的魄力、更足的勇气，推动改革取得决定性进展。

三、"十三五"医改的思路与建议

（一）主要目标

到 2020 年，基本建立覆盖城乡居民的基本医疗卫生制度。普遍建立专业化经办、多层次支撑的医疗保障体系，结构优化、运行高效的医疗服务体系，价格合理、规范有序的药品供应保障体系，以及多元化、可持续的医疗卫生筹资机制，有效缓解群众看病难、看病贵问题，明显增强群众对改革的获得感，实现人人享有基本医疗卫生服务、全民健康水平进一步提高的目标。

（二）基本原则

正确处理政府与市场的关系。立足社会医疗保险体制，合理界定政府、社会和个人的责任，增强权利与义务的对等性，并通过法律载体予以规范。政府既不能"大包大揽"，也不能全部推给市场，应在市场失灵领域发挥主要作用。同时，考虑到我国仍处于社会主义初级阶段的基本国情，应坚持基本医疗卫生服务水平与经济社会发展相协调，坚持保基本，防止盲目攀比发达国家保障水平，保障可持续性。

正确处理公平与效率的关系。宏观层面要注重公平，微观层面要注重效率。医疗卫生制度公益性目标的实现要从宏观层面转向微观领域，坚决摒弃计划经济的思维，在医疗保障、医疗服务等各个领域积极推行公私合作（PPP）和购买服务等市场化措施，充分发挥市场竞争作用，明显提高管理和运行效率。

正确处理中央和地方的关系。区分不同性质的医疗卫生服务，充分考虑外部性大小、信息处理的复杂程度以及发挥地方的积极性等因素，合理划分中央和地方事权和支出责任，充分调动中央和地方两个积极性，避免地方过度依赖中央，也避免中央通过资金安排不适当干预地方事权，影响地方自主性的发挥。

正确处理激励和约束的关系。在医保、医疗、医药等各项制度设计中着力构建激励约束机制，有效调动医疗机构、医保机构、患者等市场主体的积极性和主动性，使每个人在追求其自身利益的同时实现社会的互利，达到制度设计所要达到的目标和结果。

（三）重点改革措施建议

坚持"保基本、强基层、建机制"的基本原则，坚持统筹推进医保、医疗、医药"三医"联动的链式改革，把握关键，突出重点，着力推进解决突出问题和主要矛盾的战略性措施。

1. 以增强医保基金可持续性和推进医保支付方式改革为抓手，建立专业化经办、多层次支撑的全民医保体系

全民医保体系须从扩面提标向提质增效转变，明显提升经办管理的专业化水平，充分发挥社会医疗保险体制的优势。

（1）立足于基金精算平衡，建立合理分担、可持续的医保筹资和待遇调整机制。

一是积极开展基金精算工作，实现医保基金中长期精算平衡。医保基金中长期精算是从宏观和整体上把握各项医疗卫生政策方向和有效性的重要依据，各项医疗卫生政策的调整都应考虑对医保基金精算平衡的影响，应通过完善各项医疗卫生政策增强基本医保制度的可持续性。建立中长期精算平衡，要从基金筹集和基金支出两方面充分考虑各项影响因素。在基金筹集方面，职工医保要考虑缴费工资基数、单位和个人缴费率（单位和个人责任的划分）、最低缴费年限（退休年龄、平均寿命）等因素，城镇居民医保和新农合要考虑政府补助和个人缴费水平（政府和个人责任的划分、政府财力水平、城乡居民人均收入水平）等因素；在基金支出方面，三项医保均需考虑医疗费用增长速度（控费机制的有效程度、不同年龄段人群的医疗消费水平、人口老龄化、城镇化以及对高级别医疗机构服务利用的增加、医药科技进步）、补偿政策（不同级别医疗机构的报销比例、门诊和住院报销比例、对大病的报销政策）等因素。

二是改革完善职工医保筹资机制，以门诊统筹取代个人账户。门诊保障不再继续采取个人账户模式，而采取门诊统筹基金报销模式，对费用较高的慢病和门诊大病给予更好的保障。具体实施时可规定现有个人账户存量资金留归个人所有，新增筹资用于开展门诊统筹。

三是健全城镇居民医保和新农合筹资机制，增强制度可持续性。首先，建立稳定的筹资增长机制。在基金中长期精算基础上，结合三年财政滚动规划的编制，建立3~5年的医保筹资动态调整机制。其次，改变按固定金额缴费的办法。目前按固定金额缴费的办法不利于收入再分配，建议借鉴日本、韩国等国家的经验，研究我国居民缴费与其家庭收入水

平挂钩的办法，具体可划分三档或五档，每个档次按相应的费率缴费。

四是合理确定保障水平，与我国经济社会发展阶段相适应。德国、日本等发达国家基本医疗保险平均报销比例都在70％～80％。我国职工医保住院费用实际报销比例已达到70％以上，城镇居民医保和新农合住院费用实际报销比例为55％左右。

（2）下大力气推进医保支付方式改革，实现医保经办专业化和多元化。

一是设定医药总费用增长率控制目标，切实加大控费力度。在医药费用过快增长的情况下，政府投入的大幅增长难以取得预期效果。必须采取综合性措施，通过需方和供方的联动改革，切实控制医药费用过快增长。建议设立全国医药总费用增长率年度控制目标，并将其层层分解到地方各级政府，作为医改成效的重要考核指标，督促各地切实加大控费力度。

二是发挥社会医疗保险体制的优势，大力推进复合付费方式改革。推进按人头付费、按病种付费和总额预付等复合付费方式改革。通过"打包付费"将药品和检查等费用从医院的收入转化为成本，促使医院管理者眼睛内向，控制医疗费用过快增长。

三是推进医保经办专业化和多元化，明显提高经办管理效率。赋予参保人选择经办机构的权利，通过"用脚投票"促进经办机构之间的竞争，提高经办管理效率。即按照事业单位改革去行政化的要求，推进医保经办机构政事分开，成为独立的法人机构，既可以是商业保险机构，也可以是事业单位性质（主要在商业保险机构不愿进入的偏远地区）或其他类型的专业管理机构，受政府的委托承担医保基金的运作和管理。

（3）整合医疗保障制度，发挥保障合力。我国医疗保障体系包括三个板块：覆盖全民的基本医疗保险制度、针对低收入人群的医疗救助制度以及补充医疗保险制度。应将现行各项医保制度分别归入三个板块，明晰功能定位，并将资金来源、覆盖对象及保障功能相似的制度进行整合，降低制度管理运行成本，发挥保障合力，减少患大病等极端事件的发生。

一是整合基本医疗保险制度，理顺管理体制。主要包括职工医保、城镇居民医保、新农合以及城乡居民大病保险。首先，尽快将城镇居民医保和新农合交由一个部门管理，在此基础上整合建立统一的城乡居民基本医疗保险制度。其次，合理定位城乡居民大病保险功能。大病保险设立在基本医保框架内，主要是在目前基本医保保障水平还不高的情况下对费用较高的大病给予更好的保障。今后随着保障水平的提高，基本医保应主要承担起大病保障的功能，通过调整完善补偿政策、设置分段累进型的报销比例、提高封顶线等，覆盖大部分大病患者费用。基本医保大病保障功能加强后，大病保险可重新并入基本医保，降低制度管理运行成本，建立统一的全民医保制度。

此外，从中长期看，建议研究建立以家庭为单位参保的新的制度框架。德国、日本、韩国和中国台湾地区等职工参加医疗保险时，其没有收入来源的配偶、子女等家庭成员也同时纳入保障范围，即职工和城乡居民更多的是以家庭为单位参保，符合医疗费用由家庭而非个人承担的基本规律。建议借鉴国际经验，研究建立以家庭为单位参保的新的医保制度框架。可考虑将职工无收入来源的直系亲属纳入职工医保，从而扩大职工医保覆盖范围，无就业职工的城乡居民家庭继续留在城乡居民医保制度内。

二是支持完善医疗救助制度，确保承担起托底责任。目前我国医疗救助功能还相对较弱，未能充分发挥作用，承担起托底责任。需进一步加大投入力度，鼓励和引导社会捐赠，建立多渠道的筹资机制。同时，借鉴国际经验，完善救助对象资产审查和收入核查制度，提高救助的"瞄准"度，实施精准救助。疾病应急救助制度部分功能与医疗救助制度重叠，应整合为一个制度。

三是鼓励发展补充医疗保险和商业健康保险，建立多层次的医疗保障体系。在完善基本医保"第一支柱"的同时，积极鼓励发展企业和个人共同负担的补充医疗保险以及个人投保的商业健康保险，构建"第二支柱"和"第三支柱"。政府在落实对基本医疗保险、补充医疗保险企业所得税和个人所得税税前扣除优惠政策的基础上，进一步研究制定个人购买商业健康保险的所得税前扣除优惠政策，适当加大税收政策支持力度。

（4）健全医疗保险法律体系，增强制度的权威性和强制性。德国、法国、日本等多数国家都实行医疗保险法定原则，对各方筹资责任、基金支付范围和补偿比例等做出详细规定。我国也应积极推进医疗保险立法工作，增强制度的权威性和强制性，避免各部门、各地方随意对政策进行调整，以法律的形式保障制度规范有序运行。

2. 以调整医疗资源布局和推进医疗机构人事、收入分配制度改革为抓手，建立结构优化、运行高效的医疗服务体系

（1）调整优化医疗卫生资源布局，解决群众就医向大医院过度集中问题。

一是在处理公办和民营的关系上，大力鼓励社会力量办医，充分发挥市场竞争作用。下决心控制甚至压缩公立医院规模，在市场准入、价格、财税、医保定点、土地、人才等政策上为社会力量办医创造公平竞争的制度环境，尽快提高社会办医比重。到 2020 年，非公立医疗机构床位数和服务量力争达到总量的 30％。

二是在处理大医院和基层的关系上，以"正金字塔"形结构为目标，建立分级诊疗和基层"守门人"制度。借鉴发达国家经验，改革我国医院分级管理办法，消除各级别医疗机构行政等级和各项政策的差别待遇。特别是要改变基层医疗卫生机构位于行政等级底层的现状，促进医务人员流向基层，解决基层人才匮乏的难题。在此基础上，建立分级诊疗和基层"守门人"制度，实行严格的基层首诊、双向转诊制度，形成分级有序的诊疗秩序。

三是在处理地区间的关系上，政府办医重点转向经济欠发达地区，促进基本公共服务均等化。政府的职责应是弥补市场失灵，重点向市场不愿进入的经济欠发达地区提供基本医疗服务。对于社会资本有意愿进入的经济发达地区，政府应逐步退出，让市场充分发挥作用。

（2）推进医疗机构去行政化和去编制化，释放"人"的生产力。医疗技术人才是最重要的医疗资源。必须打破公立医疗机构的行政化管理体制，推进人事制度去编制化，充分调动医务人员积极性，为医师多点执业、多元办医提供基本条件，激发医疗卫生事业发展的生机与活力。

一是公立医院去行政化，创造公平竞争的制度环境。切实落实管办分开，卫生行政部门与公立医院脱离行政隶属关系，转而行使医疗卫生全行业"监管者"的职能，从"教练员"转变为"裁判员"。医疗机构去行政等级化，建立独立的法人治理结构。院长相当于政府在医院的代理人，对医院进行实质上的管理。

二是人事制度去编制化，促进医务人员合理流动。改革事业单位人事编制制度，引入劳动力市场机制和人力资源管理的理念和制度。推动全员聘用制，逐步实现医生自由执业，院长向职业经理人转变，并通过聘用合同探索实行年薪制。

（3）理顺医药关系，建立正向激励的医疗机构补偿机制。

一是大力推进医药分开，根本解决"以药补医"问题。借鉴国际经验，大力推进医药分开，医疗机构不设门诊药房，患者凭处方到零售药店购药。社区卫生服务机构用药品种和数量相对简单，且目前已实行药品零加成政策，改革阻力相对较小，可以此作为突破口开展试点。

二是改革完善基层医疗卫生机构补偿机制，有效调动基层积极性。取消部分地区实施的"收支两条线"财务管理办法，全面推行购买服务。严格执行"核定任务、核定收支、绩效考核补助"的补助办法，把各个来源的补偿资金"打捆"核定，即将基本公共卫生服务补助资金、实施基本药物制度补助资金以及新农合基金和个人付费资金统筹核定，在总额控制、绩效考核的基础上允许基层医疗卫生机构统筹使用，扩大分配自主权，以此调动基层医疗卫生机构加强管理、提升服务能力的积极性。

三是理顺公立医院补偿机制，建立正向激励机制。逐步放开医疗服务价格，允许医疗机构根据成本自主合理定价，医保机构参与议价，尽可能地反映医务人员劳务价值。在此基础上，逐步建立以医疗技术收入为主的收入结构，激励医务人员提供更高质量的服务。按照"建设靠政府，运行靠服务"的原则，公立医院提供的服务主要通过医保基金、公共卫生经费和个人适当付费，按服务的数量和质量给予补偿；符合区域卫生规划的基本建设、设备购置等支出，由政府予以足额安排，减少其资本性支出。

（4）强化政府"监管者"职能，确保市场规则有效运行。 在减少对市场的直接行政干预的同时，须迅速转变工作重点，强化政府"监管者"职能，对破坏市场规则和秩序的行为予以严厉打击，确保各市场参与主体按照规则有序运行。将信息公开作为加强监管的重要手段，强制要求医疗机构将财务状况、绩效考核、质量安全和医疗费用等重要信息定期向社会公开，便于政府和社会监督。同时，出台公立医院内部控制指导规范，要求公立医院普遍建立严格的内部控制制度，强化成本核算和预算管理。

3. 以充分发挥市场激励机制和促进药价公开透明为抓手，建立价格合理、规范有序的药品供应保障体系

（1）医保支付价、出厂价管理与"两票制"三管齐下，促使药价公开透明。

一是以市场均衡价格为基础，科学制定医保支付价。药品价格全面放开后，科学制定医保支付价成为关键。应充分发挥市场机制，参考市场交易价格确定医保支付价，并定期进行调整。需要说明的是，这一市场交易价格并不是目前的公立医院招标采购价格，因为目前的采购价是扭曲的、虚高的，作为依据的市场交易价格应是供需双方平等自主交易形成的合理价格。

二是实行出厂价管理，促使中间环节差价浮出水面。即强制要求药品生产企业将"出厂价"标注在商品最小外包装上，使得出厂价和最终零售价之间的差价公开透明，便于群众监督。

三是推行"两票制"，压缩中间环节差价。即从出厂到医疗机构采购药品只允许开两次发票，中间只经过一道批发环节。

（2）放弃药品加成管制方式，建立降价激励机制。 药品加成管制实质上造成越管价格越高，必须转变这一做法，建立新的市场规则，允许供需双方自主交易形成市场均衡价格。可考虑将药品省级集中招标采购平台改造为药品集中交易服务平台，所有医疗机构和药品经营企业通过平台自主竞价交易，并允许将部分进销差价留归医院，调动其降低药价的积极性，形成降价激励。

（3）大力发展药品零售业，促使药品零售业务向零售药店转移。 我国零售药店数量较多，竞争较为充分，药品加价率也较低。通过实行医药分开制度，着力促进医疗机构门诊药品零售业务向零售药店转移，发挥市场机制降低药品价格的作用。

此外，进一步提高行业准入标准，对现有药品生产流通企业进行清理整合，改变当前"多、小、散、乱"的局面。同时，严厉打击商业贿赂等违法违规行为，大力整顿药品流通

秩序。

4. 以平衡各方责任和引导多元投入为抓手,建立多元化、可持续的医疗卫生筹资机制

立足于社会医疗保险体制的特点,平衡政府、社会和个人的责任,确保财政可持续、社会多参与、个人可承受,从而建立多元化、可持续的筹资机制。

(1) 完善政府卫生投入政策,进一步转向市场失灵领域。政府卫生投入必须更加突出重点,将有限的资金用在"刀刃"上,进一步转向市场失灵领域。

一是明确政府重点投入领域。政府重点加大对公共卫生、基本医疗保障和医疗机构的基本建设、设备购置等领域的投入,并向困难群体和贫困地区倾斜。

二是转变投入方式。市场能够提供的服务,由政府通过公私合作(PPP)、购买服务等方式引导社会资本提供,不再由政府直接提供。即政府应重点补需方,主要投向基本医保和公共卫生领域,通过向医疗机构购买服务的方式向全民提供服务,医疗机构既可以是政府办医疗机构,也可以是民营医疗机构。对于少部分市场不愿进入的偏远贫困地区,可由政府直接举办医疗机构提供服务,促进公共服务均等化。

三是合理划分中央和地方事权和支出责任。对于基本医保,需由中央出台统一政策,以避免地区间差异过大并方便地区间人员流动;同时,由于具体信息处理较为复杂,不宜由中央直接管理,可作为中央和地方共同事权。对于医疗机构和区域性的公共卫生服务,由于外部性较小,信息处理很复杂,应作为地方事权,中央财政对困难地区给予补助。对于具有全国性影响的重大公共卫生事件,因外部性较大,应作为中央事权。

(2) 个人合理分担费用,强化个人控费意识。美国兰德公司对比研究表明,个人合理分担医疗费用,有利于增强个人的费用控制意识,减少低效滥用医疗资源。在避免发生家庭灾难性医疗支出的同时,我国也应使个人承担合理的筹资责任,建立有效的激励约束机制。

(3) 单位切实履行责任,确保足额缴费。目前,许多地区存在自行降低缴费率和缴费基数、单位故意少报缴费基数或者让职工参加居民医保等问题,逃避缴费责任。要切实加大对单位缴费的监管力度,确保单位承担起应有的责任。

(4) 引导社会资本投入,形成多元化筹资机制。通过多元投入可以形成强大且结构完善的供方体系,有效缓解发展中国家普遍存在的医疗服务供给不足问题,是发展中国家的务实选择。我国也须采取这一模式,放开医疗服务市场,通过多元办医缓解医疗资源的供需矛盾,最终解决群众看病难、看病贵问题。

同时,统筹推进相关领域改革。进一步提高基本公共卫生服务均等化水平,细化、优

化服务项目和服务内容；切实加大重大公共卫生服务项目整合力度，增强项目的规划性和统筹性；强化绩效考核，建立考核结果与补助资金的挂钩机制，并向社会公开。大力加强信息化建设，发挥大数据、云计算的优势，促进公共卫生、医疗服务、医疗保障等信息系统互联互通、信息共享，为推行现代化的管理方式提供强有力的技术支撑。

国务院发展研究中心

"十三五" 时期医疗卫生事业发展研究

2009 年启动的新一轮医改，突出了医疗卫生服务的公益性目标，坚持保基本、强基层、建机制的基本策略，大幅度增加了公共投入，改革和事业发展成效显著。公共卫生服务得到全面强化，基本公共卫生服务均等化水平不断提高；在较短时间内，职工医保、新型农村合作医疗和城镇居民医保三项制度实现了对 13 亿人口的全覆盖；基层医疗卫生服务体系得到加强，基层机构综合改革取得阶段性成效；全面加强了药品生产、流通和使用的管理，建立了国家基本药物制度；公立医院改革积极推进，各地针对不同问题进行了多种形式的试点和探索，形成了不少好的经验。这些都为"十三五"时期医疗卫生事业的进一步发展和改革奠定了良好基础。

但必须强调的是，"十三五"及未来一段时期，我国医疗卫生领域面临的问题和挑战仍很突出。**在事业发展层面**，受人口老龄化、城镇化等多种因素影响，我国疾病负担沉重，传染性疾病压力依然存在，慢性非传染性疾病负担日益加重。目前，我国卫生总费用占GDP 的比重接近 6%，但人均卫生支出水平仍很低，不仅远低于经合组织国家约 3 500 美元的平均水平，也低于巴西、南非、土耳其等新兴经济体。**筹资能力不足与日益增长的卫生服务需求之间的矛盾十分突出，并将长期存在。在改革层面**，最值得关注的问题是服务系统"逐利"机制尚未全面打破，影响了改革和事业发展的整体效果：服务模式仍是以大医院为中心，基层作用不足；仍是以医疗为中心，疾病预防和健康促进不足；技术路线选择重高端轻适宜；过度服务仍很普遍。这些问题带来的直接结果是医疗费用增长过快，2011—2014 年卫生总费用年均增速达到 15.4%，远远超过同期经济增速和居民收入增速。

针对上述问题，"十三五"期间，必须在认真总结经验教训的基础上，抓住关键问题深化改革。

一、"十三五"时期医疗卫生事业发展需要坚持的基本原则和主要目标

（一）坚持新一轮医改所确定的基本方向不动摇

2009 年《中共中央　国务院关于深化医药卫生体制改革的意见》提出了非常清晰的改革方向，就是以保障人民健康为中心，坚持医疗卫生服务公益性，实现人人享有基本医疗卫生服务，切实维护好人民健康权益。同时，通过综合性制度建设，提升整个医疗卫生系统的宏观效率，不断提升国民健康水平。"十三五"期间，应坚定不移地坚持上述事业发展和改革方向，认真总结国内外经验，充分考虑我国国情，突出问题导向，加快推进改革。

（二）始终把疾病预防和健康促进作为医疗卫生事业发展的重中之重

受多方面因素影响，我国疾病负担压力巨大，既有依然沉重的传染病和妇幼保健压力，也有随快速老龄化及生活方式变革带来的越来越突出的慢性非传染性疾病压力。因此，必须突出公共卫生服务，把疾病预防和健康促进放在最为重要的位置。国内外实践早已证明，公共卫生服务是成本效益最高的服务。除继续做好传染病防控与妇幼保健，也要以综合方式全面强化慢病防控，重视精神卫生，加强健康教育，提升国民健康水平。

（三）在基本策略方面，坚持保基本、强基层、建机制

"保基本、强基层、建机制"是新一轮医改确定的基本策略，符合我国国情，符合医药卫生事业发展基本规律。未来改革仍要坚定不移执行这一策略。

1. 继续突出保基本

一方面，虽然改革以来我国经济增长迅速，但总体上还是一个发展中国家，医疗卫生投入能力还相对有限，必须且只能优先保障公众的基本健康；另一方面，国内外实践早已证明，通过强化公共卫生服务和针对常见病、多发病的早干预、早治疗以及选择对各种疾病治疗有效的适宜技术路线，在投入有限的情况下同样可以获得良好的国民健康结果。"保

基本"最关键的是通过综合性制度安排，确保人人都能享受基本医疗卫生服务。当然，基本是动态的，基本保障的范围和服务水平应随经济发展水平相应调整。

2. 继续注重强基层

各国实践证明，建设一个高质量、可及的基层医疗卫生服务体系，可以解决绝大多数居民的基本医疗卫生问题，是突出保基本的基础条件。无论是发达国家，还是发展中国家，都把基层体系建设放在重要位置。同时，这也是突出保基本的基础条件。

3. 着力建机制

医疗卫生涉及的利益主体和利益关系复杂，建机制的核心是实现不同利益主体之间关系和谐。未来一个时期特别是"十三五"时期，要切实推进医疗、医保和医药的综合改革，三医联动，相互配合。明确不同类型服务的属性，理顺政府与市场的关系，完善筹资、分配、管理等关键机制。既要考虑宏观体制，更要关注操作性政策，强化政策评估，完善试错和纠错机制。

二、深化医疗卫生重点领域改革

（一）进一步强化公共卫生工作，积极推进机制改革

一是落实政府投入责任。继续加强基本公共卫生服务均等化项目和重大公共卫生服务项目工作，落实有关经费投入，同时考虑财政承受能力，逐步、适度提高经费标准，扩大保障范围。保障公共卫生机构的经费投入，落实二、三级医院承担公共卫生工作的补偿经费。

二是强化公共卫生服务的公共品属性，免费、均等向全民提供。对妇幼保健、传染病防控、慢性病管理等重点公共卫生服务，实施开放式提供，将常住人口和流动人口纳入统一服务体系。按实际服务人口拨付公共卫生服务经费，适当增加流动人口服务经费。近期可考虑把若干涉及面广、成本效益好的服务纳入免费服务范围。建立可持续的传染病、特别是重大传染病治疗费用保障机制，将传染病治疗统一纳入基本医疗保险报销范围，并通过适当提高报销比例、与大病保险、医疗救助有效衔接及实施特殊用药保障等方式，切实降低重大传染病患者治疗费用负担。

三是加强公共卫生专业机构能力建设，调动工作积极性。探索建立疾病预防控制机构统一调配、垂直管理的体制，提高工作效率和跨区域协调能力。落实疾控中心、传染病医院、精神病院等专业机构的经费投入，加强基础性投入，适度整合分散在各个项目中的专项经费。建立符合公共卫生体系特点的薪酬、激励和考核制度，提高工作人员积极性。加强信息化建设，进一步完善传染病疫情监测及慢性病监测管理、妇幼保健等网络建设。

四是加快建立公共卫生系统和医疗服务系统之间的协调机制。加强疾控、妇幼等专业公共卫生机构对医院、基层医疗卫生机构在妇幼保健、传染病防控、慢性病管理、健康教育等领域的业务指导。加快建立统一的健康信息平台，促进公共卫生与医疗系统之间信息的互联互通。

（二）以更大力度推进医疗服务系统改革

服务体系改革是决定医改成败的关键。改革不到位不仅是目前医疗卫生服务重点和模式存在严重偏差、费用上涨过快、医患关系紧张等问题的根源，也严重影响其他领域的改革推进，甚至开始侵蚀其他领域的改革成果。近几年，虽然医保筹资水平不断提高，但因过度医疗普遍存在，费用上涨难以控制，居民的自付绝对额和比例已有所反弹。另如普遍诟病的药品价格虚高、滥用以及招标采购难以顺利实施等问题，也都与服务系统行为扭曲直接相关。

医疗服务系统问题的根源事实上是很清楚的：就是在 20 世纪 80 年代城市经济体制改革后相当长一段时期内，无论在宏观体制层面还是在微观（如薪酬）层面都简单套用了经济领域和企业改革做法，激励机制选择出现偏差。政府投入不足加上没有其他稳定的筹资渠道，让医疗服务机构面向市场自我发展、自负盈亏、多挣多得，在这种激励机制下，过度医疗、大检查大处方等是实现机构和从业人员利益最大化的不二途径。相反，如医疗服务系统重视疾病预防控制、采取适宜技术路线等，让公众利益最大化，在现有的筹资和分配框架下，机构和人员利益就得不到保障。简单地说，**是不合理的制度选择导致了服务系统与公众之间的利益目标冲突和行为扭曲**。不少人认为医疗服务系统的问题是以药补医、支付方式等管理方式及不良社会环境造成的，毫无疑问，这些问题加剧了矛盾，但核心还是激励机制问题。

激励机制问题的核心是解决公立医院补偿（筹资），这是医改的关键问题之一，尤其是取消"以药补医"后如何补偿和筹资。目前比较流行的思路是调整服务价格。我们认为，调整服务价格不是关键问题，医务人员的劳动价值也可以与服务价格无关。如在英国等国家，通过税收筹资，确保了医院运行和医务人员待遇，可以用免费或基本免费方式向公众提供服务，也没有人抱怨服务价格低下。另外，立足于调整服务价格也不是好办法。目前，很多地方的公立医院改革是从取消以药补医、同步提高医疗服务价格入手，这种做法可以解决"成本放大"问题，但也有局限性，主要是价格难以"合理"确定，如果缺乏其他稳定筹资渠道，则可能导致"以医补医"（放大服务量），医疗服务机构也没有动力注重健康促进。必须明确，服务价格和患者支付价格是两种性质不同的价格，前者是由服务系统筹资和分配机制决定的内部价格，后者通过保障制度实现患者合理负担的外部价格，切不可混同。因此，**服务体系改革的核心是筹资，而不是具体的服务价格**，强化公共投入仍应是最重要的政策选项。

总体上看，2009 年以来的公立医院改革试点对一些问题有所触及，但基本的体制障碍尚未破除。一些地方虽然对医疗服务系统特别是对公立医院增加了投入，但从多数地区的情况看，并没有实现"机制转换"。一些地方的公共投入主要是强化基本建设，这反而进一步强化了"营利能力"。因此，对服务系统的改革是下一步改革的重中之重，核心也必须立足于激励机制转换。

1. 切实提升基层机构能力，建立高质量的基层服务体系，完善分级诊疗

（1）切实提升基层能力。 全面加强基层人才队伍建设，进一步完善全科医生培养制度，加快培养预防保健、社区护理、康复理疗、健康管理等相关专业人才，形成多学科、综合性的基层医疗服务团队。提高基层医务人员待遇水平，稳定人才队伍，调动工作积极性。鼓励通过医联体、医师多点执业、退休人员返聘、开展远程医疗等多种方式加快提升基层医疗机构技术能力。

（2）建立以健康结果为导向的激励机制。 对基层医疗卫生机构提供的公共卫生服务，在加快推进信息化的基础上，建立与服务量、服务范围、健康结果相挂钩的付费方式。对基层医疗机构提供的基本医疗服务，探索实施按人头付费、总额预付以及与转诊数量和控费结果挂钩的支付和奖励机制。让基层医疗卫生机构和医务人员优劳多得，更多地从维护公众健康的成效中获益。允许基层医疗机构在一定范围内提供诸如上门等增值服务。

（3）改革基层医疗卫生机构服务模式，将工作重心从治疗转向预防保健和健康管理。 结合激励机制改革，强化疾病预防、健康促进功能，以妇女、儿童、老年人、慢性病患者等重点人群为切入点，加快推进电子健康档案和健康管理系统建设，鼓励签约服务、上门服务，建立更加稳定持续的服务模式和信任关系。

（4）利用经济杠杆等多重手段，引导公众利用基层服务。 通过增量改革，较大幅度提

高基层报销比例，全面实施门诊统筹，降低或取消基层医疗机构门诊起付线，提高或取消门诊费用报销封顶线。对于经过社区首诊、双向转诊的病人，适当提高在二、三级医院就诊的报销比例，否则适当降低报销比例。

（5）建立不同层级医疗机构分工协作机制。进一步明确不同类型、层级医疗卫生机构的定位和服务重点。鼓励通过医联体、对口支援等方式加强二、三级医院对基层医疗机构的技术指导和业务合作。通过合理的利益分配模式与契约关系，引导建立以基层医疗机构或县级医院为核心的、上下联动、分工协作的区域性医疗网络。鼓励探索基层医疗机构作为医保基金持有人的方式，发挥基层医疗机构"守门人"作用。

（6）立足基层和社区，加快推进医养结合。以医院和养老机构为中心的医养结合模式，难以真正缓解我国的医疗服务和养老服务压力，合理的选择是立足基层和社区，形成包括健康管理、医疗服务、生活服务、紧急救助等在内的一揽子服务体系。整合居家养老服务网络、居民电子健康档案、社区管理等信息，形成统一的医养结合服务平台。

2．抓住关键问题，深化公立医院改革

"十三五"时期，在落实2015年国务院办公厅发布的《关于城市公立医院综合改革试点的指导意见》和《关于全面推开县级公立医院综合改革的实施意见》的基础上，建议重点推进以下改革：

（1）完善筹资机制。筹资机制改革的核心，是确保公立医院能够按照公益性目标正常运转和提供服务，不用、不能也不必依靠大处方、大检查等过度服务维持运转。最基本的政策选择是形成由财政投入、医保支付及个人适度分担在内的稳定筹资机制，并根据不同类型机构的特点，建立差别化的投入和统筹机制。需要强调的是，筹资机制改革不能简单采用取消药品加成和提高服务价格的平移改革方式，否则难以真正消除医院的逐利行为。

（2）建立符合医疗卫生行业特点的薪酬制度。一是要提升医务人员合法合规的工资水平，让医务人员有尊严地生活。医生的人力资本高、资质获得不易、技术含量高、责任压力大，应当获得一个较高的工资水平。但要处理好与其他行业的差距关系，宜小步快走，稳步提高。二是要让医务人员收入彻底与服务收入脱钩，从多挣多得转向优劳多得，主要与岗位职责、工作量、医疗质量、公众满意度以及费用控制等挂钩。三是要根据不同层级、不同类型医疗机构特点，合理控制工资总额，内部分配由机构自主决定。四是在提升正常待遇水平的同时，强化对违法违规收入的打击力度。

（3）同步推进其他相关管理方式改革。一是要强化区域卫生规划，切实控制公立医院

尤其是大医院盲目扩张。二是加快推进公立医院诊疗行为、费用及事故率等公开透明，给消费者知情权和选择权，对不良行为形成外部压力。三是逐步调整医保支付方式，引入总额预付、按项目付费等更为合理的支付方式。四是强化临床路径管理与质量监管，尤其要发挥医保部门的监督和管理职能。五是改革绩效评价机制。建立以医疗质量、健康结果而不是经营收入为核心的评价机制，对医疗服务机构以及医务人员的绩效进行考核。

3. 促进社会办医更加健康发展

（1）明确社会办医目标。 鼓励社会办医的核心目标是动员社会力量参与，提升整体服务能力。同时，对"基本"和"非基本"采取差别化的服务供给方式，满足多样化需求。发展社会办医，可以给部分社会资本提供投资和一定产业发展空间，但必须明确的是，绝对不能以为民间资本寻找投资出路为目标鼓励社会办医。

（2）完善政策体系，对不同类型民办医院，实施差别化的支持和约束政策。 应全面落实党的十八届三中全会通过的《中共中央关于全面深化改革若干重大问题的决定》（以下简称《决定》）要求，明确鼓励社会办医的重点是非营利机构。对非营利机构，要借鉴国际经验，支持和约束并举。一方面，要在土地划拨、出资人所得税抵扣、日常运行减免税等多方面给予支持，并通过购买服务等建立公私合作伙伴关系；另一方面，要严格控制剩余分配和资产处置。对营利性机构，主要参照企业模式进行管理，自负盈亏，照章纳税。政府必要时也可向其购买服务。

（3）社会办医要纳入统一的区域卫生规划和质量监管体系。 这是世界各国的普遍做法。目前，个别地方为"鼓励社会办医"，不仅不将其纳入区域卫生规划，在质量、标准等很多方面不加控制，对营利和非营利没有采取差别化支持与约束性政策，甚至对以营利为目标的社会办医给予直接或间接的公共财政支持，政策过分宽松。这种状况如果蔓延，很有可能带来负面影响。

（4）对于在法理和操作上都存在问题的"混合所有制""股份制非营利"等所谓的"探索"应慎之又慎。 混合所有制的改革思路简单套用企业领域推进混合所有制改革的做法，主张对部分公立医院实施混合所有制"改造"，引入民间资本，但忽视了民间营利性资本与公共资产及公共资金投入在性质、目标上天然不相容，带来一系列法律和规制难题，而且国际上也无先例。一些地方以改革的名义搞股份制非营利医院，这在国际上同样没有先例，在法理上也讲不通，股权的核心是剩余索取权和资产处置权，这与非营利机构的性质、目标和内部治理也是完全冲突的。

（三）全面整合医疗保障体制，提升管理能力

近年来，我国在扩大医保覆盖面方面取得了巨大成效。但总体而言，我国医保制度还存在整体保障水平低、群体间待遇差别较大、统筹层次低、医保管理能力弱、医保基金收支平衡压力大等问题。此外，医保作为费用支付方，对于医疗费用控制、医疗机构行为引导、药品价格形成等发挥的作用还十分有限。针对上述问题，"十三五"期间，建议重点推进以下几个方面的改革：

一是稳步推进三保合一，缩小群体间待遇水平差距。建议首先将待遇水平差距相对较小的城镇居民医保与新农合、公费医疗与城镇职工医保这两种制度并轨作为改革的切入点。最终目标是建立全民覆盖的统一制度，实现按能力缴费、按需要保障，确保医疗保障公平。

二是建立管理统一、经办专业的医疗保障管理体制。按照《决定》要求，整合三保管理体制，建立独立的医保管理机构。基于统一职责、便于问责的要求，建议借鉴国际通行做法，医保管理机构设立为隶属卫生行政主管部门的相对独立的二级局。如一步到位困难，可设为直接由政府管理或隶属某个综合部门的二级局。

三是保障重点要突出"保基本"。以医保筹资增量为基础，大幅度提高对利用基本药物和基层服务的报销比例。在双向转诊体系短期内难以完善的情况下，通过医保报销比例这一经济杠杆引导服务重心下移，推进合理分级诊疗，并为强基层和大医院改革提供有力支撑。

四是探索建立自费数额封顶制度。可考虑在确定的诊疗和药品目录内，实施个人年度自费封顶制度，解决个人自付比例仍然较高的问题。

五是加快推进异地转诊制度建设。结合分级诊疗、借助医保信息系统，实行省内异地转诊直接结算，根据不同人群特点对跨省异地转诊进行分类管理及结算。

六是取消城镇职工医保的个人账户，提高医疗保障的互济功能。建议维持目前个人和雇主缴费比例不变，未来缴费全部进入统筹基金，既有的个人账户余额可用于支付个人自付部分、家庭成员参保或购买商业医疗保险。

七是积极推进商业医疗保险发展。国家对于商业医疗保险提供必要的税收优惠等支持，推进商业医疗保险机构与服务系统的协作，同时，鼓励团体购买保险，激励健康管理的服务模式创新。

（四）完善药品政策体系

从基本的国际经验看，药品政策是一个综合体系，前端是促进医药产业健康发展，通

过有效的市场竞争和严格质量监管，确保有药可用、用放心药；后端是通过保障制度安排以及对医疗服务机构的行为干预，确保用得起药和合理用药。招标采购也很重要，但不是最关键的环节，不应赋予其过多功能。"十三五"时期应重点在药品生产和使用两个环节发力。

一是以落实"44 号文"[1]**为契机，整顿、规范药品生产，提高药品整体质量和产业竞争力。**在落实 GMP 认证[2]的基础上，全面实施对药品生产的全链条监管；提高环保标准，强制淘汰低水平企业；破除制约企业兼并重组的政策障碍，提高产业集中度；全面清理现有药品批文，建立退出机制；在新药审批方面坚持从严原则；通过税收优惠等措施鼓励企业加大研发投入，提升制药企业创新能力；加快中药标准化建设。

二是稳步推进流通体制改革。通过加强监管、提高 GSP[3]标准等措施，鼓励流通行业兼并重组，减少交易环节。加快落实国务院办公厅《关于完善公立医院药品集中采购工作的指导意见》，完善招采合一、带量采购、量价挂钩、符合市场规律的药品采购供应体系。在切断医药利益关系以及不断完善医疗服务机构激励和约束机制的前提下，推进医疗服务机构自主联合采购。

三是切断医、药之间不合理利益联系，从根本上破除医疗服务系统通过药品逐利的机制。通过筹资模式、支付方式、薪酬制度等综合改革，将药品使用从"利润端"转为"成本端"，激励医疗机构和医务人员主动"合理用药"。通过严格临床路径、推进用药信息公开、建立黑名单制度以及严格追究责任等综合手段，遏制药品使用领域的商业贿赂问题，推进合理用药。

四是重构基本药物制度，增强基本药物的公共品属性。核心是进一步完善政府主导的基本药物供应保障体系，增强基本药物的公共品属性。基本思路有两种：第一种是调整现有医保报销方式，基本药物不受起付线、封顶线限制，同时加快完善异地报销制度，在基本药物方面率先试点突破。第二种是借鉴国际通行做法，依据我国疾病谱，基于药物经济学分析，以解决大多数人常见病、多发病为目标，遴选出若干核心品种，以基本免费方式向全民提供。最初可只有最常用的几十种，以后随筹资能力的提高及需要逐步扩大范围。

五是加快关键性技术的推广和应用。建立完善专业的药物经济学评价机制及基本药物和医保目录动态调整机制，利用现代信息技术手段加强医保用药监控，加快建立临床用药及不良反应综合监测与评价体系，加强药师队伍建设，强化公众用药知识宣传教育等。

---

[1] 即国发〔2015〕44 号文，《国务院关于改革药品医疗器械审评审批制度的意见》。

[2] GMP（Good Manufacturing Practice），即《产品生产质量管理规范》。世界卫生组织将 GMP 定义为指导食物、药品、医疗产品生产和质量管理的法规。

[3] GSP（Good Supply Practice），是《药品经营质量管理规范》的英文缩写，是药品经营企业统一的质量管理准则。药品经营企业应在药品监督管理部门规定的时间内达到 GSP 要求，并通过认证取得认证证书。

（五）加快推进医疗卫生服务信息化发展

我国"十二五"期间制定了《卫生信息化指导意见与发展规划（2011—2015 年）》，卫生信息网络和平台建设得到了快速推进，但仍存在两个关键问题。一是"信息孤岛"现象普遍存在，缺乏有效联通；二是对数据信息的分析处理能力还不强，大数据和信息平台的优势和作用没有充分发挥。"十三五"期间应当重点推进以下工作：

一是加强对信息系统建设的统筹和规划。加快涉及医疗服务、医保以及医药等各种领域、各个环节信息的标准制定。提升社区卫生服务、慢病管理、医保结算等基础信息系统建设的统筹层级，避免各地、各机构重复投入、重复建设。

二是加快医疗和健康相关信息的互联互通。充分利用和整合居民健康档案、电子病历、医院信息系统、疾病监测管理、医疗保险审核管理、药品流通管理等已有信息。加快推进健康信息与人口、环境、应急救助、社会保障等信息的共享和互联；同时，结合智慧社区、智慧城市建设，将健康信息和卫生服务整合进社区服务、城市公共服务平台。

三是尽快提升对健康数据深入分析和综合利用的能力。当前庞大的公共网络和专业信息系统已经产生了大量的健康数据和服务信息，但整体而言，对信息的处理和应用还严重不足。在推进卫生基础信息平台建设的同时，应全面加强数据挖掘和信息处理，提升信息综合应用能力，充分发挥信息在辅助决策、优化管理、加强监管等方面的基础作用。

四是充分利用现代信息技术提升服务能力，改善服务。加快推进远程医疗网络建设，提升基层卫生服务体系能力，促进医疗服务资源的均衡化配置，促进健康公平。支持和鼓励社会和市场力量利用现代信息技术开发提供健康监测、康复护理、健康促进等健康支持产品，提供灵活、方便的健康服务，更好维护和改善居民健康。

三、做好几件健康效益好且让人民群众得有较强获得感的实事

医改涉及方方面面的改革，要实现总体目标，还需要一个长期的过程，"十三五"期间可以抓几件新增投入不大但健康成效以及政治社会意义非常巨大的实事。

（一）开展面向全民的免费基本生育服务

要进一步降低孕产妇死亡率和婴儿死亡率及各种相关疾病发生率，提高出生人口素质和国民整体健康水平，最有效的政策选择就是提供免费的全过程基本生育服务。我国虽然

有不少有关生育和妇幼保健的项目，但较为碎片化，利用不便，需要调整机制，提供便于利用的、全过程的免费基本生育服务。"十三五"期间，通过整合医疗保险投入、生育保险投入以及农村妇女住院分娩补助政策，并适度增加政府财政投入，以人头承包方式让医疗服务机构提供从婚检到孕期保健服务到生产以及婴儿疫苗注射等全程的免费服务，同时确定标准化服务路径并严格事故率考核，不仅可以大幅度降低剖腹产率及事实上存在的过度服务，还能同步推进支付方式以及分工协作机制改革。所需新增的投入大致也只需 200 亿～300 亿元，相当于 2015 年财政总收入的 1.3‰～2.0‰。

（二）建立重点传染性疾病和慢病用药的价格谈判和保障供应机制

我国诸如高血压、乙肝、结核以及精神类疾病患者人数众多，带来的疾病负担、健康损失巨大。目前，不少领域都已经有了成熟或相对成熟的药物，但由于价格问题，很多人得不到有效治疗。针对这些问题，建议启动国家干预计划及相关药品费用保障机制，通过政府主导的药品价格谈判和采购，以明确的货源和用量承诺，以量换价，降低药品价格，结合基本药品制度改革及医保报销目录调整，切实保障相关领域药品的可及性。在这方面，巴西、泰国、埃及等都有过很成功的经验，建议在充分研究的基础上尽快实施。

（三）加强理性生命观、健康观的宣传教育，促进医患关系改善

一是做好公共知识传播。充分发挥传统和新兴媒体的传播优势，向公众特别是重点人群普及健康生活、医疗保健和理性就医的知识。强化对相关信息发布的合规审查，杜绝虚假医疗保健信息。二是完善对医疗机构和医生的相关激励机制，强化就医引导，加强医患沟通，引导患者正确认识生命和医学规律，理性治疗，不对抗自然规律，树立科学的生命观、健康观。三是加强学校健康教育。以中小学为重点，编制贴近未成年人心理和生活的教学内容，采取学校教育和家庭教育相结合的方式，提高中小学生健康素养。四是严格落实新《广告法》，禁止任何人代言药品、医疗器械、医疗服务、保健食品广告，禁止媒体以宣传健康、养生知识的形式发布变相广告，药品广告必须显著标示禁忌和不良反应。

ZHONGYANG
"SHISANWU"
GUIHUA 《JIANYI》 ZHONGDA
ZHUANTI YANJIU

专题二十六　文化和体育发展
　　　　　　研究

中共中央宣传部

关于"十三五"时期文化发展研究报告

就"十三五"时期文化改革发展，我们进行了专题研究，并吸收有关部门和地方委托研究成果，听取部分专家意见建议，形成报告如下：

一、"十二五"时期文化改革发展总体进展

"十二五"时期是我国文化体制改革深入推进、文化事业和文化产业加快发展的五年。各地各部门认真贯彻落实中央决策部署，以改革促发展、促繁荣，各项重大任务、重大工程基本实现规划目标，人民精神文化生活水平显著提高，文化建设迈上了新台阶。

（一）中国特色社会主义理论体系建设不断加强，社会主义核心价值观广为弘扬

深入学习宣传贯彻习近平总书记系列重要讲话精神，出版《习近平谈治国理政》《习近平总书记系列重要讲话读本》等，广泛开展中国特色社会主义和中国梦学习宣传教育，深入实施马克思主义理论研究和建设工程，推进哲学社会科学创新工程。培育和践行社会主义核心价值观，加强公民思想道德建设，积极开展群众性精神文明创建活动，深化道德领域突出问题专项教育治理，全社会自觉践行社会主义核心价值观的氛围日益浓厚。

（二）文化体制改革扎实推进，有利于文化创新创造的体制机制初步形成

国有经营性文化单位转企改制任务基本完成，文化事业单位改革分类推进。文化宏观

管理体制进一步理顺，调整完善内宣外宣和互联网管理体制，整合省级广播电影电视和新闻出版行政管理部门。探索建立国有文化资产监督管理机构。加强文化市场建设，推进文化市场综合执法。

（三）文化事业、文化产业繁荣发展，国家文化软实力显著增强

各项重点文化惠民工程提前实现"十二五"目标，图书馆、文化馆、科技馆等公共文化服务设施向社会免费开放。文物保护、非物质文化遗产保护传承取得重要进展。文化产业发展势头强劲，保持两位数的增长速度，高于同期GDP增速。总资产和总收入超过百亿元的国有文化企业超过10家。40多家文化企业上市融资，成为A股市场的新兴板块。2014年，全国电影票房达296亿元，过亿元的国产影片由2011年的20部增加到36部。国际传播整体实力稳步提升，对外文化交流更加活跃，截至2015年年底，已建立孔子学院500所、海外中国文化中心25个。

（四）文化发展环境不断优化，文化人才队伍日益壮大

政府投入逐年增长，2011—2014年中央财政一般公共预算文化体育与传媒支出总计1 921.1亿元、年均增幅11％。政策性基金、文化产业发展专项资金等稳步增加。相继出台支持文化企业发展、传统媒体和新兴媒体融合、文化创意和设计服务与相关产业融合、对外文化贸易等方面政策文件。健全文化名家暨"四个一批"人才等高素质文化人才脱颖而出的工作机制，加强地方县级和城乡基层宣传文化队伍建设，深入开展"走基层、转作风、改文风"活动，推动文艺工作者"深入生活、扎根人民"，组织部校共建新闻学院，文化领域职业道德和作风建设进一步加强。

同时也要看到，"十二五"时期文化改革发展还存在一些不足和薄弱环节，主要是：文化建设总体投入不足，部分地区文化基础设施比较薄弱，在经济社会发展中的"短板"现象依然存在；文化产品存在有数量缺质量、有"高原"缺"高峰"的现象，与人民群众的期待还有差距；文化产业的整体实力和国际竞争力还不强，缺少在国际上有影响力的知名文化企业；缺少外宣旗舰媒体和传播品牌；制约文化事业和文化产业发展体制机制障碍尚未完全破除，文化政策法规体系还不够完善，基层基础工作还有待加强等。

二、当前文化改革发展面临的新形势

党的十八大以来，党中央从坚持和发展中国特色社会主义的全局出发，提出并形成了全面建成小康社会、全面深化改革、全面依法治国、全面从严治党的战略布局。这"四个全面"集中体现了习近平总书记科学统筹各方面工作的战略思想，体现了新的历史条件下我们党治国理政的战略部署。研究谋划"十三五"时期的文化改革发展，必须认真把握"四个全面"，深入分析当前我国经济社会发展的新阶段新特征新趋势。

（一）全面建成小康社会对加快文化改革发展提出新要求

全面建成惠及十几亿人口的小康社会，实现"文化小康"是应有之义。随着国家物质生活水平持续提高，新型城镇化建设步伐加快，广大人民群众维护自身文化权益的要求越来越高、丰富精神文化生活的期待越来越多、全面提升文明素质和社会风尚的愿望越来越强烈，文化已成为改善民生、提高群众幸福指数和生活质量的重要衡量指标。与此同时，随着经济社会加速转型，利益格局深刻调整，社会思想意识更加多元多样多变，社会心理日趋复杂，迫切需要从中华文化中汲取向上向善的精神力量，发挥文化抚慰心灵、平和心态、舒缓情绪、和谐人际关系的作用。未来五年，必须进一步加快文化改革发展，使人民群众精神文化生活更加丰富，社会更加和谐文明，为全面建成小康社会提供强大的价值引导力、文化凝聚力和精神推动力。

（二）经济发展新常态对加快文化改革发展提出新要求

当前，我国经济发展进入新常态，不仅对经济建设提出了新要求，也赋予了文化改革发展新任务。文化产业作为现代服务业的重要组成部分，产品附加值高，价值链长，需求弹性大，对生态环境压力小，有利于优化经济结构，培育国民经济新的增长点。随着文化创意与制造业、建筑业、旅游业等相关产业融合发展的程度加深，文化产业对实体经济由中低端向中高端迈进的提升作用更加明显。同时，文化消费增长空间大，对于拉动内需也具有重要意义。未来五年，必须深化文化改革发展，推动我国文化事业和文化产业再上一个台阶，更好地适应和服务经济发展新常态，培育经济发展新动能。

（三）以网络和数字技术为代表的科技创新对加快文化改革发展提出新要求

当今时代，信息传播技术成为创新驱动发展的先导力量，互联网、手机等新技术新应用层出不穷，新兴文化业态迅猛发展，文化传播形式更加丰富，增加了人们的文化选择，激发了全民文化创造活力。但随着科技影响日益加深，我国文化领域核心技术不多、文化科技装备自给率低、文化科技人才较为缺乏等问题更加突出。特别是微博、微信等社交网络和即时通信工具等广泛应用，也对更好运用先进技术手段、规范网络信息传播秩序提出了新要求。未来五年，必须主动适应当代科技发展的新趋势，积极抢占科技制高点，增强文化核心竞争力，更好地用先进技术建设和传播先进文化。

（四）全面深化改革对加快文化改革发展提出新要求

当前，各领域改革在加快向纵深推进。政府职能转变、市场主体培育、创新社会管理等重要改革举措的实施，都要求文化体制改革相配套、相衔接。经过这些年探索和实践，文化体制改革取得重大进展，但许多深层次矛盾和问题也亟待破解。从文化领域法治建设来看，随着改革开放水平的不断提高，多种所有制文化市场主体大量涌现，依法保障、依法规范、依法管理的任务也更加繁重。未来五年，必须加强制度创新，推动文化体制改革与其他各领域改革协同推进，把实践成熟的行政法规上升为法律，把行之有效的文化经济政策法定化，提高文化工作法治化科学化规范化水平。

（五）维护国家文化安全对加快文化改革发展提出新要求

当前，我国国家安全和社会安定面临的威胁和挑战不断增多，文化和意识形态安全作为重要的非传统安全因素，与其他领域的安全相互交织，在维护国家总体安全中的地位和作用日益提升。未来五年，我们既要高度重视文化发展，也要高度重视文化安全，在文化开放中不断提高国家文化软实力，在吸收各国优秀文明成果的同时树立中华民族文化自觉自信，增强走中国特色社会主义发展道路的战略定力。

三、"十三五" 时期我国文化改革发展的方针原则和主要目标

"十三五" 时期是全面建成小康社会最后冲刺的五年，也是全面深化改革要取得决定性

成果的五年。在新的更高起点上推进文化改革发展，必须高举中国特色社会主义伟大旗帜，以邓小平理论、"三个代表"重要思想、科学发展观为指导，全面贯彻党的十八大和十八届三中、四中全会精神，贯彻落实习近平总书记系列重要讲话精神，着眼"四个全面"战略布局，落实中央关于文化改革发展的部署要求，紧紧围绕建设社会主义核心价值体系、社会主义文化强国，把握正确导向、坚持价值引领、讲好中国故事、强化依法管理、奋力创新求进，进一步完善文化体制机制，推动文化事业全面繁荣、文化产业快速发展、优秀传统文化传承弘扬，进一步提升国家文化软实力，为实现全面建成小康社会、全面深化改革、全面依法治国、全面从严治党提供有力的思想保证、舆论支持和文化条件。

"十三五"时期我国文化改革发展的主要原则是：

（一）坚持围绕中心、服务大局

立足党和国家事业全局，把握新的历史条件下我们党治国理政"四个全面"的战略布局，以马克思主义中国化最新成果为指导，巩固马克思主义在意识形态领域的指导地位，巩固全党全国各族人民团结奋斗的共同思想基础，为实现"两个一百年"奋斗目标和中华民族伟大复兴中国梦做出应有贡献。

（二）坚持中国特色社会主义文化发展道路

牢牢把握社会主义先进文化前进方向，以社会主义核心价值观为引领，推动社会主义文化大发展大繁荣，更好发挥文化引领风尚、教育人民、服务社会、推动发展的作用。妥善处理文化改革发展中的重大关系，推动中国特色社会主义文化制度更加成熟更加定型。切实加强和改进党的领导，始终掌握党对文化改革发展的主动权。

（三）坚持以人民为中心的工作导向

全面贯彻"二为"方向和"双百"方针，贯彻习近平总书记在文艺工作座谈会上的重要讲话精神，把创作生产优秀作品作为中心环节，多出精品、多出人才。坚持以人为本，着力促进人的全面发展，保障和实现广大人民群众基本文化权益，提高人民思想道德和科学文化素质。

（四）坚持把社会效益放在首位、社会效益和经济效益相统一

充分考虑文化的意识形态和商品属性，处理好社会效益和经济效益、社会价值和市场价值的关系，健全促进两个效益有机统一的制度规范。遵循文化发展规律和特点，体现文化例外要求，完善文化政策，加强文化立法，形成有利于两个效益统一调控目标和政策手段的机制。

（五）坚持改革开放、创新发展

适应文化发展环境的变化，进一步发挥市场在文化资源配置中的积极作用，保持改革力度、发展速度和管理完善程度相协调，创新文化生产传播方式，推动建立有文化特色的现代企业制度，不断增强文化整体实力和竞争力。提高文化开放水平，讲好中国故事，促进中外文明交流学习互鉴，增强国家文化软实力，切实维护意识形态和国家文化安全。科学统筹、突出重点，分类指导、因地制宜，形成共同推进文化改革发展的强大合力。

到 2020 年，努力实现我国文化改革发展的主要目标：

——马克思主义中国化最新成果广泛普及，习近平总书记系列重要讲话精神深入人心，"四个全面"战略布局学习研究不断深化，重大理论和现实问题研究取得重要进展，积极健康向上的主流思想舆论巩固发展，广大干部群众的道路自信、理论自信、制度自信、文化自信不断增强。

——社会主义核心价值观进一步弘扬，良好思想道德蔚然成风，公民素质明显提高，全社会日益形成共同的价值追求，广大干部群众同心共筑中国梦的理想信念更加坚定。

——文化产品创作生产更加繁荣，全社会文化创造活力充分涌流，原创生产能力明显提高，文化产品质量显著提升，涌现一批无愧于伟大民族、伟大时代的优秀作品，弘扬中国精神、凝聚中国力量。

——覆盖城乡、便捷高效、保基本、促公平的现代公共文化服务体系基本建成，管理、运行和保障机制进一步完善，政府、市场、社会共同参与建设的格局逐步形成，基本公共文化服务标准化、均等化水平稳步提高，人民群众基本文化权益得到更好保障。

——结构合理、门类齐全、科技含量高、富有创意、竞争力强的现代文化产业体系日益健全，统一开放、竞争有序、诚信守法、监管有力的现代文化市场体系基本形成，文化产业规模化集约化专业化水平不断提高，超过 100 家文化企业总资产、总收入达到百亿元以上，3～5 家文化企业进入世界 500 强，努力推动文化产业成为国民经济支柱性产业。

——优秀传统文化传承创新体系基本形成，传统文化的思想精华和道德精髓广泛普及，文化遗产得到有效保护利用，民族民间文化进一步振兴，推动中华优秀传统文化创造性转化、创新性发展，实现中华文化现代化。

——文化管理体制和生产经营机制日益完善，文化企业资产组织形式和经营管理模式更加符合现代企业制度要求、体现文化特点，文化事业单位形成责任明确、行为规范、富有效率、服务优良的运行机制，形成党委领导、政府管理、行业自律、社会监督、企事业单位依法运营的文化管理体制。

——全方位、多层次、宽领域推动文化走出去，对外话语体系建设逐步成熟，国际传播能力显著增强，以民族文化为主体、吸收外来有益文化、推动中华文化走向世界的文化开放格局日益完善，形成与我国国际地位相称的国家文化软实力。建成3～5家拥有强大实力和传播力公信力影响力的新型媒体集团，达到世界一流水平。

四、"十三五"时期我国文化改革发展的重点任务

推进"十三五"文化改革发展工作，应当按照"四个全面"的要求，确立一个重点，就是促进人的全面发展；明确两大任务，就是对内凝聚正能量，对外增强软实力；实施八大工程，全面加强和改进宣传思想文化工作，弘扬社会主义核心价值观，推动中华文化现代化，提高全民族文明素质，讲好当代中国故事，建设社会主义文化强国，让文化在推进"四个全面"中实现大发展大繁荣。

（一）思想舆论引导工程

坚持不懈地用中国特色社会主义理论体系武装全党、教育人民，唱响主旋律、激发正能量，坚定广大干部群众走中国特色社会主义道路的理想信念，营造改革发展稳定的良好舆论氛围。

一是加强思想理论建设。以党委（党组）中心组和县处级以上领导干部为重点，深入学习宣传贯彻习近平总书记系列重要讲话精神，深入学习贯彻党中央治国理政新理念新思想新战略，加强研究阐释，不断推进讲话精神学理化、体系化。持续深入开展中国特色社会主义和中国梦学习教育，推进马克思主义理论研究和建设工程、中国特色社会主义理论体系研究中心、马克思主义学院、报刊网络理论宣传阵地"四大平台"建设，发展中国特色新型智库，繁荣哲学社会科学，抓好重大主题出版工程。

二是加强意识形态领域管理。落实党委（党组）意识形态工作责任制，健全意识形态

领域情况综合分析研判和情况通报机制。加强各级各类宣传思想文化阵地建设，筑牢意识形态防线。加大网上突出问题治理，加强微博、微信等社交媒体监管，让网络空间清朗起来。

三是进一步提高舆论引导能力和水平。大力推动传统媒体与新兴媒体融合发展，拓展互联网、社交网络、即时通信工具等新兴传播渠道，构建覆盖广泛、信息丰富、技术先进、运转高效的现代传播体系。整合媒体资源，打造3～5家新型媒体集团。加强对社会主义核心价值观的宣传阐释和权威解读，改进创新主题宣传、成就宣传、典型宣传，加强新闻发布工作，积极稳妥做好突发事件报道、热点引导和舆论监督。

（二）公民道德建设工程

一手抓法治、一手抓德治，培育正确的道德判断和道德责任，造就具有现代公民意识和中华美德的高素质国民。

一是扎实开展学习宣传道德模范和先进人物活动。评选表彰全国道德模范，举办好中国公民道德论坛，学习宣传时代楷模、最美人物、身边好人，积极发挥模范人物践行主流价值观的正面效应，凝聚崇德向善的强大正能量。加强社会公德、职业道德、家庭美德、个人品德教育，开展多种形式的道德实践活动，引导人们向往和追求讲道德、尊道德、守道德的生活。

二是切实加强全社会特别是青少年思想道德教育。运用抗日战争胜利纪念、国家公祭等重大活动载体，深入开展爱国主义教育。完善学校、家庭、社会三结合教育网络，开展"争做美德少年""童心向党"等活动，强化学校的思想道德课建设，建好用好乡村学校少年宫，引导未成年人崇德向善、知行合一。

三是强化法律规范对道德的引导和约束。广泛开展群众性法治文化活动，提高全民法律素质，弘扬公序良俗。按照社会主义核心价值观要求，清理修改制定政策法规，修订完善市民公约、村规民约、学生守则、行业规范和团体章程，引导人们自觉履行法定义务、社会责任。

四是推进诚信建设和学雷锋志愿服务制度化。积极培育诚信文化，大力推进政务诚信、商务诚信、社会诚信和司法公信建设，加大对失信行为的惩戒力度，营造重信守诺的社会环境。建立全国统一的志愿服务信息管理平台，规范志愿服务记录，构建覆盖全社会的志愿服务体系。

（三）精神文明创建工程

进一步深化拓展群众性精神文明创建活动，提升文明素质，加强职业操守，净化社会风气，在全社会形成向上向善的文化力量。

一是深化文明城市、文明村镇、文明单位、文明家庭、文明校园等重大创建活动。突出价值引领，强化道德内涵，改进测评体系，实行动态管理，切实增强工作的针对性实效性。结合新型城镇化和新农村建设，大力推进文明村镇建设，用五年时间把50％的村镇建设成为文明村镇。广泛刊播"讲文明树新风"公益广告和"图说我们的价值观"，深化文明行业、文明窗口等创建活动，创造优美环境、优良秩序、优质服务。

二是积极倡导文明健康生活方式。弘扬良好家风、乡风、校风、行风，开展诚信、孝敬、勤俭和礼仪教育。注重人文关怀和心理疏导，培育自尊自信、理性平和、积极向上的社会心态。弘扬科学精神，抵制封建迷信。

三是大力开展专项教育整治。倡导文明旅游、文明出行，杜绝不文明行为，以实际行动维护文明中国、礼仪之邦的良好形象。强化网上文明建设，深入开展"净网行动"，打击互联网造谣和故意传播谣言行为。

（四）现代公共文化服务体系建设工程

坚持重心下放、资源下沉、服务下移，统筹推进公共文化设施网络建设，切实保障和实现群众基本文化权益。

一是推动基本公共文化服务标准化建设。落实国家基本公共文化服务指导标准，建立上下衔接的标准指导体系，明确政府保障底线。研究确定"文化小康"相关指标，如农村居民实现有线电视宽带入户、老少边贫地区建有乡镇综合文化活动中心等。整合基层宣传文化、党员教育、科技普及、普法教育、体育健身等资源。继续推进国家公共文化服务体系示范区建设。深入实施村（社区）综合性文化服务中心、广播电视户户通、国家应急广播等一批重大文化民生工程，加强国家重大文化基础设施建设。

二是推动公共文化服务均等化建设。促进城乡公共文化服务一体化均衡发展，加大城市对农村文化建设的帮扶。结合国家扶贫开发总体规划，实施精准的文化扶贫，推动老少边贫地区公共文化服务跨越式发展。加强边疆地区公共文化服务网络覆盖。针对老年人、未成年人、残疾人、农民工、农村留守妇女儿童、生活困难群众等特殊群体，有针对性地提供公共文化产品和服务。

三是创新公共文化服务运行机制。建立健全政府购买、市场机制、社会捐助等多种方式，鼓励和引导社会力量参与。积极培育文化领域非营利组织，探索引入社会组织和专业人士参与公共文化设施管理运营。全面实现公共图书馆、文化馆、博物馆、美术馆、科技馆等公共文化服务设施免费开放，推动各级各类公共场所为群众文化活动提供便利。组织实施基层群众文化建设工程，因地制宜制定群众文艺发展规划，健全群众文艺工作网络。

（五）文化产业振兴工程

坚持发展速度与质量、发展规模与效益相统一，扩大文化消费，推动文化产业提质增效升级，由数量型增长向质量型增长转变，成为国民经济支柱性产业。

一是提高文化产业规模化、集约化、专业化水平。优化产业发展整体布局，加快集聚化、差异化发展，形成一批区域性特色文化产业带、产业链企业集群。加强对各类文化产业园区基地的规范引导，避免同质化竞争和重复开发。推进国有文化企业跨地区、跨行业、跨所有制兼并重组、资源整合，做大做强一批国有或国有控股骨干文化企业。培育"专、精、特、新"文化企业，促进大中小文化企业协调发展。构建以公有制为主体、多种所有制共同发展的文化产业格局，引导各种非公有制文化企业健康发展。

二是加快产业结构战略性调整。推动文化与科技深度融合，发挥国家级文化和科技融合示范基地的带动效应，加强对传统文化产业的改造升级，着力发展数字出版、移动多媒体、动漫游戏等新型文化业态。加强对相关技术标准和研发目录指导，突破一批共性关键技术，提高重点文化领域的技术装备水平。推进文化创意和设计服务与制造、建筑、信息、旅游、农业和体育等深度融合，提高传统产业的文化附加值和核心竞争力。

三是加快现代文化市场体系建设。发展文化产品市场和各种现代流通组织形式，建设文化产权、人才、技术等要素市场。制定符合文化企业特点的无形资产评估办法，解决文化企业轻资产、融资难问题。加强文化行业组织和市场中介服务机构建设。加快培育文化资本市场，支持符合条件的文化企业发行上市或挂牌交易，鼓励发行企业债券等。推动金融产品和服务创新，加强对文化企业信贷、担保支持，鼓励开办专业性文化金融服务机构。加强文化市场监管能力，建设全国文化市场技术监管与服务平台。

四是鼓励文化消费。改善文化消费环境，兴建和改造更多适合百姓消费的文化场所，支持实体书店、县级数字影院建设。深入开展全民阅读、艺术普及等活动，培养全民文化消费习惯。创新政府对文化消费的补贴方式，加大对消费群体的直接补贴力度。探索扩大文化消费的新途径，鼓励有条件的地区开展扩大文化消费试点工作。

（六）文化精品创作生产工程

加强对文化产品创作生产的引导，繁荣发展社会主义文艺，推出更多传播当代中国价值观念、体现中华文化精神、反映中国人审美追求，思想性、艺术性、观赏性有机统一的优秀作品。

一是加强对文艺创作方向的引导。完善文艺工作者定点深入生活制度，组织作家艺术家"结对子、种文化"，确保"深入生活、扎根人民"主题实践活动常态化。引导文艺工作者自觉坚守艺术理想，讲品位、重艺德，关注人民冷暖，反映人民心声。建立健全文化创新的长效机制，充分发扬学术民主、艺术民主，营造积极健康、宽松和谐的创作环境。

二是实施精品战略。集中优质资源，完善投入保障，抓好精神文明建设"五个一"、中国当代文学艺术创作等国家重点文化精品工程。加强创作规划，提高原创能力，突出中国梦主题和爱国主义主旋律，重点扶持重大革命和历史题材、现实题材、农村题材、工业题材、少儿题材创作生产，抓好优秀儿童文学出版工程。加强网络文化建设，引导网络文学艺术创作健康发展。

三是完善文化产品评价激励机制。科学衡量文化产品艺术水准和社会效益，健全评价标准和评价体系。建立中国特色的广播电视收听收视率调查系统。切实加强文艺评论工作，改进全国性文艺评奖。建立完善"中国好书"优秀图书推荐平台，清理整顿全国性图书排行榜、出版评奖活动。加强和改进政府文化资助和文化采购，用好国家艺术基金、国家出版基金、国家电影专项基金等。

（七）中华文化传承创新工程

坚守中华文化立场，传承弘扬中华优秀传统文化，结合当今时代要求，进行创造性转化和创新性发展，做到扬弃继承、转化创新，使中华历史文脉得以延续，使中华文化精神发扬光大。

一是加强对中华优秀传统文化的继承弘扬。系统研究阐发中华文化思想精华和道德精髓，抓好中华文化经典选编和名家品读、历史文化纪录片拍摄等。加强中华优秀传统文化教育宣传普及，在国民教育中增加相关课程内容，通过媒体开办相关节目、栏目。加强传统节日保护和传承，继承和发展传统礼仪、节庆仪式，创新民俗文化样式。

二是切实加强文化遗产的保护传承。加强国家重大文化遗产地、重点文物保护单位、历史文化名城名镇名村等保护，健全文物普查登记和安全管理制度，加强文化古籍整理和修史修志工作。加大非物质文化遗产整体性、生产性、抢救性保护力度，依托国家级非物质文化遗产代表性项目，建设一批项目展览、展示、传习等基础设施，完善四级名录体系，加强对各级名录项目科学、有效的保护。

三是大力发展民族民间文化。传承和推广植根群众、特色鲜明的民族民间文化，加强对民间文学、民俗文化、民间音乐舞蹈戏曲、少数民族史诗等抢救整理，实施地方戏曲振兴、民族音乐保护等工程，打造一批民间文化艺术之乡和国家级文化生态保护区，发展一批有历史文化记忆和地域民族特色的美丽城镇、美丽乡村，使优秀民族民间文化活起来、传下去。

（八）文化走出去工程

坚持政府主导、企业主体、市场运作、社会参与，统筹对外文化交流、文化传播、文化贸易，参与世界文明对话，寻求与世界的良性互动，增强中华文化在世界上的感召力和影响力。

一是拓展对外和对港澳台文化交流。继续扩大中国文化年文化节和"感知中国""欢乐春节"等文化交流活动影响。深化高层人文交流机制，推动文化、科技、教育、旅游等领域的国际合作和民间交往。建好孔子学院、海外中国文化中心，促进青年汉学家研修、办好高端学术论坛，鼓励哲学社会科学工作者发出自己的学术声音。配合"一带一路"战略，实施文化交流工程。广泛开展公共外交，鼓励国家公职人员在涉外活动中表达立场观点、讲好中国故事，鼓励中资企业驻外人员、留学人员以及广大出境旅游者展现良好风尚和爱国情怀。加强与港澳台文化交流合作，共同弘扬中华优秀传统文化。

二是提高对外文化贸易水平。积极参与国际文化贸易规则制定。推动文化企业、媒体集团海外并购和跨国经营，加强对重点文化企业和项目扶持。发挥国家对外文化贸易基地、中国（深圳）国际文化产业博览交易会等平台作用，鼓励新兴文化贸易发展，培育国际品牌，进一步优化对外文化贸易结构。

三是加强国际传播能力建设。整合内宣外宣资源，统筹中央媒体加强规划指导，实现海外本土化公司化运作，打造有强大国际影响力的外宣旗舰媒体。建设对外话语体系，加强中国道路和中国梦的对外宣传阐释，提出融通中外的新概念新范畴新表述。创新方法手段，拓展平台和渠道，推动全党动手真实生动鲜活地讲好中国故事。继续实施中国当代作品翻译、中国图书对外推广、经典中国国际出版、海外媒体供片等工程，加大我优秀文艺作品和作家、艺术家对外宣传推广。

四是维护国家文化安全。走出去和引进来相结合，以我为主、为我所用，结合自贸区实践，积极稳妥扩大文化市场对外开放范围和领域。完善市场准入和退出机制。加强网络安全建设，积极开展国际网络斗争。加强知识产权保护，深入开展"扫黄打非"，依法惩治违法有害信息传播。

五、主要保障措施

（一）创新文化体制机制

进一步深化文化体制改革，突出重点、抓住关键，破解深层次矛盾和问题，完善文化管理体制和文化生产经营机制。

一是深化文化管理体制改革。加快推动政府职能转变、清理规范行政审批事项。推动党政部门与其所属的文化企事业单位进一步理顺关系。健全互联网管理体制和工作机制。深化文化市场综合执法改革，加强事中事后监管。

二是建立健全新型国有文化资产管理体制。探索建立党委政府有机结合、宣传部门有效主导的管理模式，在宣传部门层面推动实现管人管事管资产管导向相统一。加强国有文化资本运营管理，建立健全国有文化企业综合效益考核体系，加大社会效益考核权重。

三是深化国有文化单位改革。推动文化企业建立有文化特色的现代企业制度，确保文化企业坚持把社会效益放在首位、实现社会效益和经济效益相统一。分类推进文化事业单位改革，强化公益一类文化事业单位的服务功能，增强公益二类文化事业单位的发展活力，深化内部制度改革。在新闻出版传媒领域探索实行管理股制度试点。

（二）建强宣传文化人才队伍

坚持党管人才、党管干部，以高层次人才培养为重点，以基层人才队伍发展为基础，统筹推进各类人才队伍建设，培养和造就数量充足、门类齐全、结构合理、素质优良的宣传思想文化人才队伍。

一是抓好文化人才培养培训。继续做好文化名家暨"四个一批"人才、马克思主义理论骨干、高层次国际传播人才、新闻后备人才等培养。加强主流媒体采编播人员管理，增强新闻队伍的事业心、归属感、忠诚度。建立健全分工负责、分类培训、分级管理的宣传思想文化人才教育培训机制，健全完善人才挂职锻炼、调研采风等制度，积极推进人才交流合作与对口支持。

二是建立健全文化人才激励监督机制。建立宣传思想文化专业技术人才考核评价办法。完善国家文化荣誉制度，对贡献突出的宣传思想文化人才给予表彰奖励。巩固拓展党的群众路线教育实践活动成果，深化"走转改"活动，加强和改进宣传思想文化人才队伍作风建设，做到忠诚、干净、担当。

三是加强基层文化队伍建设。落实关于加强地方县级和城乡基层宣传文化队伍建设的意见，完善机构编制、职级晋升、学习培训、表彰奖励、投入保障等方面的政策措施。重视发现和培养扎根基层的文化能人和文化传承人。

（三）完善文化政策法规体系

加强文化法治建设，完善文化经济政策，为文化改革发展提供保障和支撑。

一是健全文化法律体系框架。研究制定公共文化服务保障法、文化产业促进法、公共图书馆法等法律法规，加快互联网领域立法，逐步健全文化领域基本法律体系。

二是完善文化财政投入保障。建立财政文化支出稳步增长机制，创新财政投入方式，特别是增加对革命老区、民族地区、边疆地区、贫困地区的文化投入。继续征收文化事业建设费。研究文化企业国有资本收益免缴缓缴或上缴反哺办法。

三是完善相关配套政策。继续执行支持文化改革发展、对外文化贸易以及电影、实体书店、动漫等税收优惠政策。研究出台非物质文化遗产生产性保护税收扶持政策。加大对文化产业发展的政策扶持力度。落实鼓励社会组织、机构和个人捐赠以及兴办公益性文化事业的税收优惠。结合"营改增"完善文化演艺、新闻出版等税收优惠。加大土地、金融等方面政策支持力度。

文化部

"十三五"时期文化发展研究报告

一、"十二五"时期文化发展基本情况

"十二五"时期，文化系统认真贯彻落实党中央、国务院决策部署，大力推动文化事业、文化产业发展，各项重大任务、重大工程项目等基本实现预期目标，取得丰硕成果。文化引领风尚、教育人民、服务社会、推动发展的作用得到更好发挥，文化建设对于满足人民精神需求、促进发展方式转变、维护社会和谐稳定、提高国家综合实力起到了十分重要的作用。

"十二五"时期，文艺创作生产进一步繁荣，文化创造活力进一步迸发，重大扶持工程、重大展演展览活动成效显著，一大批优秀文艺作品涌现出来。公共文化服务体系建设扎实推进，覆盖城乡的公共文化设施网络初步建成，公共文化机构运行经费保障机制基本建立，公共文化服务规范逐步完善，公共文化产品和服务供给渠道进一步拓宽，公共文化服务效能稳步提升。文化产业呈现出蓬勃发展态势，文化产业增加值现价年均增速超过15％，占 GDP 比重稳步上升，产业结构进一步优化，质量效益明显提高。网络游戏、网络音乐、娱乐、演出、艺术品、互联网上网服务等行业保持良好发展势头，文化市场规模总体扩大，市场监管能力和水平有较大提高，市场秩序更加规范。文化遗产保护利用状况明显改善，一批文物保护工程顺利实施，博物馆建设和社会服务水平进一步提升，非物质文化遗产分类保护全面推进，非物质文化遗产保护利用设施建设项目顺利启动，保护传承体系和机制不断健全。文化与科技加速融合，科技对文化的支撑作用大幅提升，文化创新能

力不断增强。对外文化交流和文化贸易水平进一步提升，深层次思想文化对话成功开展，"欢乐春节"等品牌文化活动影响广泛，对港澳台文化工作繁荣活跃，中华文化走出去在广度、深度和高度上都取得了重大突破。"人才兴文"战略稳步推进，人才培养、激励、评价、保障机制逐步完善，文化人才队伍不断壮大。

同时也要看到，文化建设还存在一些薄弱环节，制约文化科学发展的体制机制障碍尚未完全破除，文化建设的质量和水平离社会主义文化强国的目标、离人民群众的热切期盼还存在一定差距。艺术创作存在着"有数量缺质量、有高原缺高峰"的现象，推出精品力作的任务仍然十分繁重；公共文化产品和服务还不能满足人民群众多方面、多层次、多样化的需求，群众文化参与的广度和深度亟待拓展；文化产业创新能力较弱、创意人才短缺，文化产业结构和布局不尽合理，整体实力和竞争力欠缺；文化市场监管力度不够，执法不严现象仍然存在；文化遗产"重开发、轻保护"的现象时有发生，中华优秀传统文化创造性转化、创新性发展的渠道和载体不够丰富；对外文化传播的方式方法需要改进，对外文化交流的影响力尚需进一步提升；文化法治建设相对滞后，文化发展的法制保障比较薄弱。

二、"十三五"时期文化发展面临的形势

"十三五"时期是我国现代化进程中非常关键的五年，要实现第一个百年奋斗目标。从国际看，世界政治经济复杂变化，世界范围内各种思想文化交流交融交锋更加频繁，综合国力竞争更加激烈；从国内看，"四个全面"战略布局协调推进，经济社会发展处于深度调整转型中，"三期叠加""四化同步"，战略机遇与风险困难并存。在这样的历史背景下，文化建设既面临难得的机遇和条件，又面临着艰巨的任务和挑战。因此，必须深刻把握新的发展阶段特征，认清文化发展的新形势，主要有以下六个方面：

（一）全面建成小康社会对文化建设提出了新要求

党的十八大提出了全面建成小康社会的奋斗目标，这是"十三五"必须完成的硬任务。全面小康是更高层次的小康，既包括物质生活方面的小康，又包括精神文化层面的小康。全面建成小康社会，一方面要满足广大人民群众日益增长的精神文化需求，改善文化民生；另一方面要促进社会和谐，建设全社会共有的精神家园，提高人民群众幸福指数。对标全面小康，要求我们更加注重文化建设的全面性、协调性和可持续性，更加注重补齐短板、兜好底线、提质增效，充分保障广大人民群众的基本文化权益，回应人民群众的新期待，满足人民群众不断增长的精神文化需求。

（二）全面深化改革为文化建设注入了新动力

党的十八届三中全会做出了全面深化改革的战略部署，改革涉及领域之多、范围之广前所未有。随着改革进入攻坚期和深水区，文化体制改革触及的问题也将更加敏感复杂，需要我们以更大的智慧和勇气、更有力的措施和办法攻坚克难，确保文化体制改革在重要领域和关键环节取得决定性成果。通过改革，着力破解制约文化科学发展的深层次矛盾和问题，完善体制机制，让文化生产力得到进一步解放和发展，让改革的红利持续释放。

（三）经济结构转型升级为文化建设提供了新契机

我国已经进入经济发展新常态，处在经济增速换挡期、结构调整阵痛期和前期刺激政策消化期，经济发展的质量和效益亟须提高，区域结构、产业结构的调整刻不容缓，突破资源环境的限制迫在眉睫。文化产业由于具有资源消耗低、环境污染少、经济回报高、吸纳劳动能力强、易于和相关产业融合等特点，正成为经济增长的新引擎。对应经济发展新常态，要求我们促进文化产业加快发展，培育形成新的经济增长点。

（四）新型城镇化战略给文化建设带来了新课题

国家新型城镇化规划明确了"以人为本、四化同步、优化布局、生态文明、文化传承"的中国特色新型城镇化道路。文化建设既是新型城镇化的重要组成部分，又是新型城镇化的重要保障和推动力量。新型城镇化带来农村人口转移和生产生活方式的变化，在这一过程中，提升城镇文化品位、提高居民人口素质、促进公共服务均等化成为中心任务。这就要求我们科学审视布局未来五年文化发展，既确保城乡居民享受同等的基本公共文化服务，又充分发挥文化产业对提升区域产业结构的关联带动作用，并通过加强对传统文化和特色文化的保护，为文化预留发展空间，维护文化多样性，让历史文脉代代相传。

（五）高新技术发展为文化建设开辟了新空间

当前，全球已经进入到了信息化、数字化时代，随着大数据、云计算、移动互联网、物联网等高新技术的广泛应用，人们的生产生活方式发生重大变化。数字科技引领的新浪潮，也正在深刻影响文化发展的路径，新型文化业态不断涌现。面对文化与科技加速融合的态势，要求我们能够把握和引领新科技浪潮带来的发展机遇，积极营造健康的文化生态，推动文化跨越发展。

（六）国际形势发展为文化建设赋予了新使命

当前，世界格局正处在新一轮重塑期，国际思想文化交流交融交锋日趋频繁，文化软实力正逐渐成为国家崛起和永续发展的"硬支撑"。这就要求我们对内夯实文化发展根基，对外加强人文思想交流借鉴、展示中华文化独特魅力、传播当代中国价值观念、提高对外文化工作水平，有效维护国家文化安全。

三、"十三五"时期文化发展的总体要求

（一）指导思想

高举中国特色社会主义伟大旗帜，全面贯彻党的十八大和十八届三中、四中、五中全会精神，以马克思列宁主义、毛泽东思想、邓小平理论、"三个代表"重要思想、科学发展观为指导，深入贯彻习近平总书记系列重要讲话精神，坚持全面建成小康社会、全面深化改革、全面依法治国、全面从严治党的战略布局，坚持社会主义先进文化前进方向，坚持中国特色社会主义文化发展道路，巩固马克思主义在意识形态领域的指导地位，巩固全党全国各族人民团结奋斗的共同思想基础。充分发挥文化工作对党和国家工作全局的重要作用，推进实施社会主义文化强国战略，着力推进社会主义核心价值观建设，着力传承中华优秀传统文化，着力推出更多无愧于时代的优秀文艺作品，着力造就优秀文艺人才。坚持以人民为中心的工作导向，提高人民群众的文化参与程度。深入推进文化体制改革，加快构建现代公共文化服务体系，完善现代文化市场体系，推动文化产业成为国民经济支柱性产业，提高文化对外开放水平，不断提高我国文化整体实力和竞争力，为实现中华民族伟大复兴中国梦提供强大精神动力和文化支撑。

（二）基本原则

1. 坚持中国特色社会主义文化发展道路

贯彻"二为"方向、"双百"方针、"三贴近"原则，弘扬主旋律，提倡多样化，大力

培育社会主义核心价值观，发展面向现代化、面向世界、面向未来、民族的科学的大众的社会主义文化。

2. 坚持以人民为中心的工作导向

坚持文化发展为了人民、文化发展依靠人民、文化发展成果由人民共享，尊重人民群众的主体地位和首创精神，把满足人民群众日益增长的精神文化需求作为工作的出发点和落脚点。

3. 坚持把社会效益放在首位

坚持一手抓公益性文化事业，一手抓经营性文化产业。始终把社会效益放在首位，做到社会效益和经济效益相统一。

4. 坚持改革创新

以激发全民族文化创造活力为中心环节，进一步深化文化体制改革，完善文化管理体制机制。大力促进文化创新，推动文化内容形式、体制机制、传播手段创新，不断解放和发展文化生产力。

5. 坚持继往开来

加强对中华优秀传统文化的挖掘和阐释，把传承中华优秀传统文化与发展当代文化、弘扬时代精神有机统一起来，古为今用，推陈出新，实现中华传统文化创造性转化和创新性发展。

6. 坚持开放包容

构建全方位、多层次、宽领域文化开放格局，提高文化对外开放水平，以更宽广的胸襟、更远大的目光兼收并蓄世界文明优秀成果，努力讲好中国故事、弘扬中国精神、传播中国声音。

（三）发展目标

围绕全面建成小康社会总目标，社会主义文化强国建设全面推进，文化引领风尚、教育人民、服务社会、推动发展的功能充分发挥，全国人民团结奋斗的文化基础进一步巩固，国家文化软实力进一步提升。文学艺术繁荣发展，推出更多无愧于民族、无愧于时代的文艺精品。覆盖城乡、便捷高效、保基本、促公平的现代公共文化服务体系基本建成，公共文化设施网络全面覆盖、互联互通，公共文化服务的内容和手段更加丰富，服务质量显著提升，基本文化权益得到更好保障。现代文化产业体系更加完善，文化产业成为国民经济支柱性产业。统一开放、竞争有序、诚信守法、监管有力的现代文化市场体系更加完善，权责明确、公平公正、透明高效、法治保障的文化市场监管格局初步确立。中华优秀传统文化传承体系加速构建，历史文化遗产得到有效保护。文化开放水平不断提高，中华文化影响力日益扩大，国家文化安全得到有效维护。文化体制改革深入推进，文化管理体制和文化产品生产经营机制充满活力、富有效率。文化人才队伍发展壮大，人才结构更加合理。文化治理体系和治理能力现代化水平显著提升。

四、"十三五"时期文化发展的主要任务

（一）繁荣文艺创作，推动文艺创新

坚持"二为"方向、"双百"方针，贯彻习近平总书记在文艺工作座谈会上的重要讲话精神，坚持以人民为中心的创作导向，把创作生产优秀作品作为文艺工作的中心环节，努力创作生产更多传播当代中国价值观念、体现中华文化精神、反映中国人审美追求，思想性、艺术性、观赏性相统一的优秀作品。

1. 实施精品战略

加强对艺术创作生产的规划指导，有效集聚各方资源，提高整体创作水平，打造更好更多的优秀作品，努力攀登艺术高峰。组织好具有示范性、引领性的国家重点文艺创作扶持项目，重点扶持重大革命和历史题材、现实题材、农村题材、少儿题材等的创作生产。充分发挥国家艺术基金作用，让更多的优秀作品和优秀人才涌现出来。全面开展艺术家深入生活、扎根人民主题实践活动，建立健全长效机制。

2. 推动优秀传统文化艺术传承创新

组织实施中华优秀传统艺术传承和发展计划，加强对京剧、昆曲、地方戏、民族音乐舞蹈、曲艺杂技、木偶皮影等的扶持。建立优秀保留剧目名录，扶持重点剧本创作，建立剧本共享平台。传承发展传统戏曲，实施名家传戏工程和戏曲专业人才培养"千人计划"，开展全国地方戏曲普查。推动艺术创新，鼓励艺术原创。坚持洋为中用，开拓创新，推动交响乐、歌剧、芭蕾舞等艺术品种的中国化、民族化。实施国家美术发展和收藏工程，提高画院、美术馆专业化水平。

3. 建立健全文艺作品评价激励和传播推广体系

改革文艺评奖制度，提高权威性和公信度，推动多出精品、多出人才、多出效益。加强和改进文艺评论工作，实施艺术评价体系构建计划，开展积极健康的文艺批评。加大文艺作品宣传推广力度，办好中国艺术节、国家艺术院团演出季等品牌文艺活动。加大公益性演出补贴力度，持续开展"三下乡""高雅艺术进校园"等公益性演出活动。鼓励艺术院团和机构开展多种形式的艺术普及教育活动。加强文艺理论建设，推出一批高质量的文艺理论研究成果。

（二）加快构建现代公共文化服务体系

以人民群众基本文化需求为导向，以改革创新为动力，以基层为重点，以基本公共文化服务标准化均等化为突破口，统筹发展，共建共享，构建体现时代发展趋势、适应社会主义初级阶段基本国情和市场经济要求、符合文化发展规律、具有中国特色的现代公共文化服务体系。

1. 推进基本公共文化服务标准化、均等化

建立国家指导标准与地方实施标准相衔接的标准体系，明确政府保障底线。促进城乡基本公共服务均等化，统筹城乡文化设施建设布局和资源配置，推进基层综合性文化服务中心建设，推广公共图书馆总分馆制，积极发展流动服务，建立公共文化服务城乡联动机制，实现城乡公共文化服务一体化运行。加大对革命老区、民族地区、边疆地区、贫困地

区公共文化建设扶持力度，推动老少边穷地区公共文化建设实现跨越式发展。保障老年人、未成年人、残疾人、农民工、农村留守妇女儿童、生活困难群众等特殊群体的基本文化权益。

2. 丰富公共文化产品和服务供给

积极创建群众文化活动品牌，为基层群众参与文化建设创造便利条件。提高公共文化机构服务效能，逐步扩大公共文化设施免费开放范围，建立群众文化需求反馈机制，推动公共文化机构互联互通，共建共享。加快公共文化服务机构的数字化建设，构建标准统一、覆盖城乡、互联互通、便捷高效的公共数字文化服务网络，提升公共文化服务机构数字资源供给能力。鼓励和扶持社会力量参与公共文化服务，建立健全政府向社会力量购买公共文化服务机制。大力推进文化志愿服务，构建参与广泛、内容丰富、形式多样、机制健全的文化志愿服务体系。

3. 创新公共文化管理体制和运行机制

完善党委领导、政府管理、部门协同、权责明确、统筹推进的公共文化服务体系建设协调机制，实现共建共享，综合利用。深化公益性文化单位内部机制改革，建立事业单位法人治理结构，推动公共图书馆、博物馆、文化馆等组建理事会。充分发挥城乡基层群众性自治组织的作用，调动多方面力量共同参与基层文化的管理和服务，形成多元联动格局。健全完善公共文化服务评价工作机制，建立政府、公共文化机构绩效考评制度，完善服务质量监测体系，研究制定公众满意度指标，建立群众评价和反馈机制。

（三）推动文化产业成为国民经济支柱性产业

坚持市场运作、政府引导，以培育市场主体、扩大文化消费、推进融合发展和特色发展为重点，推动文化产品供给侧结构性改革，增强文化产业创新创意能力，优化文化产业结构布局，全面提升文化产业发展的质量效益，推动文化产业成为国民经济支柱性产业。

1. 推动文化产业结构优化升级

大力发展创意文化产业，加快发展动漫、游戏、创意设计、数字内容等新型文化业态，改造提升演艺、娱乐、文化旅游、工艺美术等传统文化产业，推进文化产业与相关产业融合发展，推动商业模式创新和品牌培育。加强文化产业园区基地的规划建设和管理，提升园区基地发展的质量效益。推动动漫产业转型提质，实施国家数字内容动漫游戏重点项目。推进重点文化产业展会向市场化、国际化、专业化方向转型升级。

2．推动区域文化产业协调发展

实施差异化的区域文化产业发展战略，引导各地根据资源禀赋和功能定位，走特色化、差异化发展之路。结合"一带一路"建设、京津冀协同发展、"长江经济带"建设、新型城镇化建设等国家战略的实施，将文化产业发展纳入区域、城乡发展总体框架。推动国家文化产业创新实验区、文化金融合作试验区、特色文化产业示范区建设，推动各项文化产业政策先行先试，为全国文化产业发展探索路径、作出示范。

3．努力扩大文化消费

从供需两端发力，着力扩大有效供给，改善消费条件，推动建立扩大和引导文化消费的长效机制。探索扩大文化消费的新途径，鼓励有条件的地区开展扩大文化消费试点工作。加强全民文化艺术教育，提高人文素养，提升文化消费水平。鼓励实施文化消费补贴制度，培育文化消费需求，扩大文化消费规模。通过调整文化产品的供需结构，促进由投资驱动转为消费驱动，增强文化产业发展的内生动力。

4．构建各类企业平等竞争、共同发展的产业格局

深化国有文化企业改革，健全法人治理结构，建立健全有文化特色的现代企业制度，提高企业活力和市场竞争力。为民营文化企业发展提供公开透明、平等准入、公平竞争的发展环境。推动文化企业跨地区、跨行业、跨所有制兼并重组，提高文化产业规模化、集约化、专业化水平。加大对小微文化企业的扶持力度，扶持文化产业领域创业创意，培育一批高成长性的文化企业。

（四）建立健全现代文化市场体系

坚持一手抓加强执法与监管，一手抓促进发展与繁荣，完善现代文化市场基本管理制

度。建立健全以内容监管为重点，以信用监管为核心，覆盖文化市场事前事中事后的全过程、全领域监管体系。激发市场主体活力和内生动力，推动文化市场调整结构、转型升级，培育积极正面、公平竞争、优胜劣汰的市场环境，建立健全统一开放、竞争有序、诚信守法、监管有力的现代文化市场体系。

1. 完善文化市场行业管理

调整完善文化市场准入退出机制，加强和改进文化市场外资准入管理，进一步发挥市场在文化资源配置中的积极作用，增强文化市场发展的内生动力。加强文化内容建设，鼓励多种经营和业态融合，促进区域协作和市场一体化建设，推动互联网上网服务、文化娱乐、演出等行业调整结构、转型升级。搭建公共服务平台，加强行业标准和规范建设，推动文化市场生产技术创新和运行模式创新，为行业发展提供良好环境。

2. 推进文化市场信用体系建设

建立健全文化市场信用信息系统，实现部门之间、行业之间、区域之间信息交互共享，建立覆盖文化市场事前事中事后全过程、全领域的信用监管体系。加强信用信息应用，构建守信激励、失信惩戒机制。加强行业信用评级制度建设，培育和扶持文化市场信用服务机构。加强行业自律，发挥行业协会在文化市场诚信建设中的作用。

3. 加强文化市场监管能力建设

深化文化市场综合执法改革，推进文化领域跨部门、跨行业综合执法。加强文化市场执法机构和队伍建设，适应工商企业注册先照后证管理的新形势，加强事中事后监管，提高文化执法工作的法制化科学化规范化水平。建设全国文化市场技术监管与服务平台，支撑文化市场宏观决策、市场准入、综合执法、动态监管、公共服务等核心应用，提高信息化水平，为构建现代文化市场体系提供保障。

（五）加强历史文化遗产保护与传承

围绕国家经济社会发展大局，全面加强文化遗产保护利用，推动中华优秀传统文化创造性转化和创新性发展，使中华民族最基本的文化基因与当代文化相适应、与现代社会相协调。

1. 全面提升文物保护水平

坚持"保护为主、抢救第一、合理利用、加强管理"的工作方针，坚持文物保护利用、传承发展相统筹，坚持抢救性保护与预防性保护相兼顾，坚持数量增长与质量提升相促进，坚持分类管理、精准管理相结合，全面深化文物系统改革，全面推进文物法治建设，全面提升文物保护质量。建立国家文物督察制度，设立国家文物执法督察总队，提升文物执法能力。建立国家文物资源总目及档案，定期发布国家文物资源管理和利用情况。开展文物保护科技基础研究、专用装备研发、成果推广，构建文物保护科技成果推广示范体系。

2. 全面促进文博领域公共文化服务标准化、均等化

深化博物馆免费开放政策，出台国有新建、改扩建以及未纳入博物馆免费开放范围的相关政策，提出扶持、规范民办博物馆发展政策。推动文物系统外的行政、企事业单位、军队管理使用的文保单位向公众开放。充分发挥文物、博物馆单位主体作用，推出具有鲜明教育作用、彰显社会主义核心价值观的优秀主题展览展示。建立博物馆馆藏资源共享机制，提高馆藏文物利用率，支持各地区、各级博物馆扩大展览交流合作，举办各种联展、借展、巡展。建立中华优秀传统文化与社会主义核心价值观陈列展览体系，打造全国博物馆青少年教育和社会教育平台。

3. 完善非物质文化遗产传承体系

坚持"保护为主、抢救第一、合理利用、传承发展"的工作方针，遵循非物质文化遗产传承发展规律，以科学保护为重点，巩固抢救保护成果，提高保护传承水平。构建完备的、有中国特色的非物质文化遗产保护制度，完善非物质文化遗产保护的法规体系。完善四级名录体系，加强对各级名录项目科学、有效的保护，建立非物质文化遗产名录动态管理机制。加强传承人保护，继续推进国家级非遗项目代表性传承人抢救性记录工作。开展非遗传承人群研修研习培训，推进国家非遗保护利用设施建设，加强非物质文化遗产整体性保护，推进非遗数字化保护和传播，将非遗纳入现代教育体系，推动社会力量参与非遗保护。

4. 推动非物质文化遗产走进现代生活

进一步加强非遗生产性保护，振兴传统工艺，让非遗走进现代生活。支持地方依托非物质文化遗产相对集中的街区，建立非遗展示展销基地。

（六）推动文化与科技深度融合

围绕实施创新驱动发展战略，引导和支持创新要素向文化领域集聚，进一步构建完善以企业为主体、市场为导向、产学研结合的文化技术创新体系建设，促进科学技术在文化领域的应用与创新，推动文化与科技融合向纵深发展。

1. 塑造文化资源新优势

支持数字文化资源开发相关技术和装备的研发，构建文化资源相关技术支撑平台和基础研发平台。支持图书馆、博物馆、美术馆等馆藏资源和民族民间文化资源的数据化与素材化技术研发。推动文化资源与信息产业有效对接，实现文化价值与产业应用的有效结合。

2. 推动文化业态新发展

运用数字技术、网络技术、智能技术、材料技术等，加快文化产业重要装备、材料、工艺、系统、平台的开发和利用，助推传统文化企业转型升级。推动新兴科技在文化领域的创新试点，推动互联网商业模式向文化产业领域拓展。

3. 拓展文化服务新空间

结合智慧城市、智慧社区、宽带中国等国家重大战略举措，建立起技术先进、覆盖广泛、方便快捷的数字化公共文化服务网络与载体，研究制定一批公共文化领域的标准规范和服务模式。

4. 培育文化艺术新形态

鼓励文化艺术创作手段创新，加快文化艺术创作方式的协同化、数字化步伐，鼓励新科技在演艺行业中的创新应用，支持数字艺术生产工具和系统的研发，催生与培育文化艺术新形态。

（七）大力推动对外和对港澳台地区文化工作

从国家对外战略大局出发，坚持政府统筹、社会参与、官民并举、市场运作，积极吸收借鉴国外优秀文化成果，不断拓宽文化交流和文化贸易渠道，努力传播当代中国价值观念，展示中华文化独特魅力，提高国际话语权，全面提升国家文化软实力。

1. 积极扩大对外文化交流

大力推动中外文化交流与合作向机制化方向发展，深化中外思想文化交流，提高对外文化交流水平，完善人文交流机制，创新人文交流方式。加强与"一带一路"沿线国家的文化交流与合作，促进民心相通。重视智库学者对话和青年汉学家培养，讲好中国故事、传播好中国声音，增强中华文化的国际认同度。积极参与国际文化规则制定，提升国际文化话语权，加强"欢乐春节""中国文化年"等对外文化交流品牌建设，加大对外文化援助力度。

2. 全面推进海外中国文化中心建设与发展

发挥中国文化中心的海外自主文化阵地的优势，根据国家总体外交战略部署和实际工作需要，不断推进布局科学、功能完善、规模适宜的文化中心建设与发展，使海外中国文化中心全球布局达 50 个。

3. 着力促进港澳台地区的中华文化传承

以传承和弘扬中华优秀传统文化为重心，积极搭建形式多样的文化交流平台，提升对港澳台地区文化交流水平，着力打造对港澳台地区的文化交流品牌，推动对港澳台文化交流与合作深入、持久、有效开展。

4. 大力促进对外文化贸易发展

构建国际贸易合作体系，建立健全双边、多边政府间文化贸易对话机制，引导行业间、企业间合作与交流。积极参与国际文化贸易规则制定，促进文化贸易发展方式、经营模式与国际接轨。依托国家对外文化贸易基地，鼓励国有大中型企业、民间资本等社会力量广泛参与，拓展海内外文化市场。

（八）加强文化人才队伍建设

实施"人才兴文"战略，遵循文化人才成长规律，加快推进文化人才工作体制机制改革和政策创新，为文化改革发展提供有力智力保障和人才支撑。

1. 健全人才工作体制机制，全力打造文化人才成长优良环境

创新人才培养开发、评价发现、选拔任用、流动配置、激励保障机制，消除体制障碍，完善人才政策体制机制，构建文化人才工作新格局。

2. 积极实施各类文化人才工程

继续实施"三区"人才支持计划文化工作者专项。开展"千人计划"文化艺术人才项目。依托国家艺术基金，加大对优秀艺术人才的支持力度。积极推进文化部优秀青年文化人才支持计划、文化部海外高层次文化人才引进计划、创业创意人才扶持计划、全国基层文化队伍示范性培训工程、非物质文化遗产传承人扶持计划、文博人才"金鼎工程"等人才工程项目。

3. 提升文化人才培养工作水平

完善全国文化干部培训基地体系，做好全国文化干部培训师资库和教材建设。探索艺术人才培养新模式，深入研究文化部与有关部门共建高等艺术院校的新思路，加强艺术教育与文化事业发展需求的结合。

五、重大工程和重大项目

（一）国家基本公共文化服务标准化均等化项目

根据《国家基本公共文化服务指导标准》，推动落实基本公共文化设施有效覆盖。加大财政投入力度，在乡镇（街道）和村（社区）整合建设综合性文化服务中心，普遍建立村级综合性文化服务中心。重点对革命老区、民族地区、边疆地区和贫困地区公共文化服务体系建设给予支持，推进基本公共文化服务均等化。

（二）公共文化设施建设工程

合理规划建设改造各级各类公共文化设施，推进国家美术馆、中国工艺美术馆、"平安故宫"、国家图书馆国家文献战略储备库等重大文化设施建设，规划实施地方公共文化设施建设工程、国有文艺院团排练场所建设工程等一批覆盖地方的全国性文化设施建设工程。

（三）公共数字文化服务项目

统筹实施全国文化信息资源共享工程、数字图书馆推广工程、电子阅览室为主要内容的公共数字文化项目，加快推进数字文化馆、数字图书馆建设，构建标准统一、互联互通的公共数字文化服务网络，提高公共数字文化服务能力。

（四）优秀文艺作品创作生产工程

统筹实施舞台艺术精品创作工程、戏曲振兴工程、剧本扶持工程、民族音乐舞蹈杂技扶持工程、国家美术发展和收藏工程等，发挥国家艺术基金作用，创作生产更多优秀作品。

（五）对外和对港澳台地区文化交流贸易创新发展工程

建立健全文化交流与合作机制，开展中外思想文化交流与传播，建设对外文化交流品牌，加强对港澳台地区的中华文化传承，建设海外中国文化中心，推动对外文化贸易跨越发展。

（六）中华优秀传统文化传承体系建设工程

加强文物和非物质文化遗产保护传承利用。实施国家记忆工程、重点文物抢救保护工程、大遗址保护和国家考古公园建设工程，国有可移动文物保护修复工程，全面推进传统村落整体保护利用项目。实施海上丝绸之路水下文化遗产抢救保护工程、博物馆建设工程和"一带一路"文物对外交流工程。实施传统工艺振兴计划，开展非物质文化遗产传承人群研修研习培训，建设非物质文化遗产保护利用设施，加强珍贵典籍文献保护，实施中华古籍保护计划和民国时期文献保护计划，推进传统文化资源数字化。

（七）现代文化市场体系建设工程

统筹实施网络文化市场建设工程、文化市场信用体系建设工程、文化市场综合执法能力提升工程，建设并推广全国文化市场技术监管与服务平台。

（八）文化产业提升工程

加强示范引导和政策扶持，以创新创意和科技进步为动力，扶持文化创意产业发展，实施一批特色文化产业项目，支持建设一批特色文化产业示范区，实施文化产业数字振兴计划和文化金融创新工程，培育新型业态，优化结构布局，推进融合发展和特色发展，加强文化产业品牌保护建设，全面提升文化产业发展的质量效益。

（九）促进城乡居民文化消费工程

总结评估试点情况，研究提出扩大文化消费的政策措施，培育文化消费需求，扩大文化消费规模，引导文化企业扩大文化产品和服务的有效供给，逐步建立和完善促进文化消费的长效机制。

（十）文化科技创新体系建设工程

组织文化科技创新重大专项，发布一批文化领域重要技术标准，统筹建设若干重点实验室、工程技术研究中心、文化科技融合示范基地等科技创新载体，提升舞台演艺、动漫、游戏等领域的技术装备水平，加强成果转化应用，提高文化大数据应用水平，全面提升文化领域自主创新能力。

六、"十三五"时期文化发展的政策措施建议

（一）加大政府投入力度

加大财政投入力度，建立同国力相匹配、同人民群众文化需求相适应的政府投入保障

机制，进一步加大财政投入力度。拓宽资金来源渠道，建立政府主导、社会参与的多元文化投入机制。优化完善转移支付体制，优先支持特殊地区和基层农村文化发展。改进投入方式，建立健全绩效管理制度，提高资金使用效率。

（二）完善文化经济政策

推动社会力量参与文化事业，落实企业、机构和个人捐赠、兴办公益性文化事业的税收优惠政策。把文化科技研发纳入国家科技创新体系，运用产业政策鼓励文化集成应用高新技术。出台推动非物质文化遗产生产性保护税收扶持政策。落实完善文化体制改革配套政策。完善文化产业政策体系。加大财政、税收、金融、用地等方面对文化产业的政策扶持力度，推动已有政策落地，研究出台推进文化产业发展的财政政策、税收政策、金融政策、土地政策和人才培养政策。出台推动扩大文化消费的相关政策。

（三）深化文化体制改革

完善文化管理体制和运行机制，建立健全党委领导、政府管理、行业自律、社会监督、企事业单位依法高效运营的文化管理体制和富有活力的文化产品生产经营机制。加快转变文化行政部门职能，强化政策引导、平台搭建、公共服务、环境营造，不断提高宏观管理能力，推动政企分开、政事分开、管办分离。深化行政审批制度改革，放宽市场准入，激发社会活力。积极培育行业协会、中介组织等社会力量。

（四）加快文化法治建设

推进文化法治建设，完善文化法律体系。加快制定十八届四中全会已经明确的公共文化服务保障法和文化产业促进法。推进公共图书馆法、古籍保护条例等立法项目。修订《文物保护法》及文化市场法律法规和部门规章。建立重大决策合法性审查工作制度。

（五）加强知识产权保护

强化文化领域知识产权意识，建立知识产权保护机制，提升文化领域知识产权运用效益，提升文化领域知识产权水平，发挥知识产权对文化事业、文化产业发展的创新驱动作用，营造良好发展环境，保护推动文化创新，激发文化创造活力。积极构建知识产权信息公共服务平台，提升文化部门知识产权事务管理能力和运用水平。

国家新闻出版广电总局

"十三五"时期新闻出版业发展研究报告

本文着眼于新闻出版业"十三五"时期的可持续发展,深入分析新闻出版业发展现状以及面临的问题挑战和新的机遇,进一步明确新闻出版业"十三五"时期的发展目标、战略任务和工作重点以及保障措施,切实适应中央对新闻出版工作的新要求和人民群众对精神文化需求的发展趋势,提出"十三五"时期发展新闻出版事业和新闻出版产业、全面提高国家文化软实力、全面推进新闻出版强国建设的政策建议。

一、"十二五"时期新闻出版业发展现状

新闻出版事业作为中国特色社会主义事业总体布局的重要组成部分,是党的意识形态的重要阵地,是积累和传承民族文化的重要载体,在巩固舆论阵地、传承中华文明、培育民族精神、提高公民素质、推动社会全面进步等方面具有基础性、战略性作用。新闻出版产业作为我国国民经济的重要组成部分,是发展文化产业的主力军,已经成为经济发展新的增长点和经济结构调整的着力点,在"全面建成小康社会、全面深化改革、全面推进依法治国、全面从严治党"战略布局中凸显出越来越重要的地位和作用。

(一)主要成就

"十二五"时期,党的十七届六中全会、十八大和十八届三中、四中全会相继召开,做出建设社会主义文化强国、推动文化产业成为国民经济支柱性产业的重大战略部署。新闻

出版业根据上述要求，始终围绕中心，服务大局，认真贯彻落实《文化产业振兴规划》《国家"十二五"时期文化改革发展规划纲要》，推动《新闻出版业"十二五"时期发展规划》全面实施，取得了重大进展，突出体现在以下五个方面。

1. 服务大局能力显著增强

坚守意识形态阵地，把握正确舆论导向，坚持用中国特色社会主义凝聚思想共识，巩固马克思主义在意识形态领域的指导地位、巩固全党全国各族人民团结奋斗的共同思想基础。持续深入推进社会主义核心价值观建设，唱响主旋律，传播正能量，为党和国家工作大局营造良好舆论氛围。不断深化中国特色社会主义和中国梦学习宣传教育，积极推进学习贯彻习近平同志系列重要讲话精神、培育和践行社会主义核心价值观、庆祝新中国成立60周年等主题出版和主题宣传活动，先后推出数百种主题出版重点选题。着力提高内容生产质量，稳步实施精品出版战略，为人民群众提供又多又好的优秀出版物。

2. 产业规模迅速壮大

传统出版业规模大幅增长，新兴出版业态异军突起。与2010年相比，2015年全国出版、印刷和发行服务实现营业收入21 449.4亿元，增长73.3%；出版图书总印数81.1亿册（张），增长13.1%；人均图书拥有数量5.91册（张），增长10.9%；出版报纸440.0亿份，下降2.7%；出版期刊30.1亿册，下降6.4%；数字出版实现营业收入4 400.0亿元，增长318.3%；38家国家级新闻出版产业基地（园区）集聚效益显著。目前，我国日报发行量、图书出版品种和总印数世界第一，电子出版物总量、印刷业整体规模世界第二，成为名副其实的出版大国。

3. 体制改革成效显著

在文化领域率先推进行政管理体制政企、政事、政资、管办"四分开"，实现印刷复制单位、发行单位、经营性图书音像电子出版社、非时政类报刊社转企改制"四到位"，推动公益性出版单位编辑宣传和生产经营"两分离"，成功组建130多家新闻出版企业集团。中国出版集团、中国教育出版传媒集团、凤凰出版传媒集团、中南出版传媒集团四家出版集团进入全球出版企业50强。通过改革，确立了管理主体、市场主体、服务主体等三大主体；促进了政府职能转变、体制机制转变、发展方式转变等三大转变；形成了扶持精品生产的引导机制、支持改革发展的政策机制、加快技术创新的推进机制、参与国际竞争的激励机制等四大机制。

4. 公共服务体系初步建立

以政府为主导、以公共财政为支撑、以公益性单位为骨干、以新闻出版公共服务重大工程项目为载体，初步建立了基本覆盖城乡的新闻出版公共服务体系。截至2015年年底，国家出版基金已资助2 000多个国家级出版项目；全国已建成城乡阅报栏（屏）超过10万个；建成农家书屋60万家，覆盖了全国具备基本条件的行政村。全民阅读工程深入推动，全国城乡有8亿人次参加各类全民阅读活动。国民图书阅读率从2010年的77.1%提高到2014年78.6%。少数民族新闻出版"东风工程"逐步覆盖到全国五个少数民族自治区、四省藏区和新疆生产建设兵团。大力实施文化环保工程，着力开展"扫黄打非"斗争，2011—2015年全国共收缴各类非法出版物1.1亿件，查处各类案件4万余起，人民群众文化权益得到有效保护。

5. "走出去"迈出坚实步伐

深入实施经典中国国际出版工程、丝路书香工程、中国图书对外推广计划、中国出版物国际营销渠道拓展工程、重点新闻出版企业海外发展扶持计划等"走出去"重点工程，打开了190多个国家和地区出版物市场，版权输出和引进品种比例从2010年的1∶2.9提高到2014年的1∶1.6，各类出版物实际出口总金额从2010年的3 758万美元增长到2015年的1亿多美元。数字出版产品出口增长强劲，2015年，包括期刊数据库海外付费下载、电子出版物海外销售、网络游戏出口在内的各类数字产品出口规模超过50亿美元。新闻出版企业已在境外投资或设立分支机构超过400家。重要国际书展中国主宾国活动、北京国际图书博览会已成为国际出版业知名品牌。海峡两岸暨香港、澳门出版合作交流活跃，实现对台湾地区版权输出顺差新突破。

（二）存在问题

"十二五"时期新闻出版业在取得成就的同时，也存在一些重大问题。

1. 出版产品内容质量有待提高，公共服务体系建设有待加强

新闻出版有效供给不足，有数量缺质量、有"高原"缺"高峰"，与人民群众日益增长的精神文化需求依然存在较大差距。新闻出版公共服务体系建设长效机制尚未形成，还不能适应新形势新任务要求。

2. 转型升级有待提升，融合发展有待加速

传统出版产业经历高速增长阶段后出现增长速度趋缓的局面，新兴出版产业发展迅猛，但所占比重仍然不高，加快实现传统出版与新兴出版的融合发展已成为当务之急。

3. 体制机制改革有待深化，现代市场体系有待健全

束缚新闻出版业发展的体制机制性障碍依然存在，市场主体不成熟、现代企业制度不完善、现代市场体系不健全等问题依然突出。

4. 行政管理手段有待创新，法律法规体系有待完善

以依法管理为主，综合运用法律、经济、行政、科技等进行管理的手段还不够，现行法规的制修订落后于新闻出版业的实践，特别是有关数字出版等新领域的立法工作相对滞后。

5. "走出去""提质增效"方式有待进一步创新，国际传播能力建设亟待加强

在国际市场上，我国出版传媒企业的整体实力和竞争力与世界一流传媒企业还存在差距，出版产品的传播力和影响力还未充分显现，这与我国文化资源大国形象和经济发展大国地位不相适应。

二、"十三五"时期新闻出版业面临形势

"十三五"时期是初步形成传统出版和新兴出版融合发展的现代出版格局的重要五年，

也是从新闻出版大国向新闻出版强国迈进的关键五年。随着社会主义市场经济深入发展、对外开放不断扩大和高新技术迅猛发展，新闻出版赖以生存和发展的经济基础、体制环境和社会条件发生了深刻变化，迫切需要积极应对新的挑战。新闻出版作为意识形态斗争的前沿阵地，面对"西强我弱"的国际舆论格局，世界范围不同价值观念和制度模式激烈较量，敌对势力对我思想文化渗透不断加剧和我国社会思想意识日趋多元多样多变的复杂局面，维护意识形态安全和文化安全的任务仍然十分艰巨。作为文化传承和文化积累的重要载体，贯彻落实习近平总书记关于推动中华优秀传统文化创造性转化和创新性发展的基本方针，推出更多继承传统优秀文化又弘扬时代精神、立足本国又面向世界的当代中国文化创新成果，迫切需要新闻出版生产更多优秀产品，铸就中华民族文化高峰，推动中华文化繁荣兴盛。作为文化产业的重要组成部分，面对党和国家提出的建设社会主义文化强国的宏伟目标、推动文化产业成为国民经济支柱性产业的战略任务，特别是面对我国经济发展新常态下速度变化、结构优化、动力转换的新趋势新特点，迫切需要新闻出版做出新贡献，提供新支撑。

新的形势带来挑战的同时，也蕴涵着巨大的发展机遇。总体来看，新闻出版业基本趋势依然整体向好，处于大有可为的重大发展机遇期。一是全面建成小康社会的战略部署，更加凸显出新闻出版的地位和作用。党的十八大以来，以习近平同志为总书记的党中央高度重视文化建设，做出了许多具有深远影响的重大部署。提升国家文化软实力已经成为全面建成小康社会、实现中华民族伟大复兴的重要战略目标，新闻出版作为文化建设的重要组成部分，在全面建成小康社会进程中发挥着越来越重要的作用。二是全面深化改革各项工作的扎实推进，为新闻出版业发展提供更加强大的内在动力。党中央紧紧围绕弘扬社会主义核心价值观、建设社会主义文化强国，对深化文化体制改革做出的战略部署，新闻出版体制改革的持续推进，必将进一步解放和发展新闻出版生产力，带来事业大繁荣、产业大发展和整个行业传播力、竞争力的大跨越。三是经济社会的发展进步，为新闻出版业提供了更加广阔的市场空间。我国经济社会发展、综合国力增强的大环境为开创新闻出版工作新局面提供了良好基础。经济发展新常态下经济结构的调整、发展方式的转变，为新闻出版业带来更多的发展机会。特别是我国人均国内生产总值已达到 7 924 美元，文化消费存在巨大总量性缺口，正处在文化消费的启动、边际递增、爆发式提升、进入平稳增长四个历程的启动阶段，为新闻出版业创造出更大的市场空间。四是高新技术特别是信息技术的迅猛发展，为新闻出版产业创新业态、实现战略转型创造更加有利的发展条件。新技术的广泛应用和新媒体的快速发展，改变了一直以来内容生产者和消费者的角色定位，不仅推动作为文化产业重要内容源头的传统出版日益成为文化大繁荣大发展的孵化器、助推器，也为传统出版实现转型升级和融合发展带来难得的历史机遇。五是中国不断提高的国际地位以及不断扩大的中华文化影响力，为推动我国新闻出版业"走出去"取得实质性突破提供更加良好的时机。改革开放以来，随着我国国际地位显著提高，中华文化在世界范围内的影响力越来越大，国际社会了解中国信息、阅读中国故事、学习中国文化的期待越来越热切，为新闻出版业在全球范围内拓展传播空间，讲好中国故事，传播好中国声音，阐释好中国特色创造出新的契机。

三、"十三五"时期新闻出版业发展目标、战略任务和重点工程

（一）发展目标

紧紧围绕"四个全面"的战略布局，坚持社会主义先进文化前进方向，坚持以人民为中心的工作导向，坚持把社会效益放在首位，努力实现两个效益的有机统一，深化改革开放，推进融合发展，提升传播能力，加大惠民服务，强化行业管理。到 2020 年，要使新闻出版思想舆论主阵地更加巩固，新闻出版的创造活力更加旺盛，满足人民精神文化生活需求的新闻出版产品更加丰富，新闻出版促进国家经济社会发展的作用更加凸显，弘扬中华文化的实效更加显著，传统出版与新兴出版相互融合的现代出版格局初步形成，新闻出版强国建设取得重大成效。

到"十三五"期末，一是在社会贡献方面，国民综合阅读率与人均图书拥有数量稳步增长，出版物实物出口规模与版权输出数量进一步扩大，作品登记的数量大幅度增加。二是在产业规模方面，全行业营业收入与增加值保持中高速增长。三是在结构优化方面，科技投入逐年增加，新兴出版收入在全行业收入中所占比重显著提高。四是在创新管理方面，法规建设不断完善，评价体系日益健全，法治化水平显著提高，依法行政的思路手段更加明确。

（二）战略任务

1. 提高舆论引导能力，壮大主流思想舆论阵地

始终牢牢把握社会主义先进文化的前进方向，高举中国特色社会主义伟大旗帜，把社会主义核心价值观贯穿到新闻出版工作的各个方面，确保在指导思想、方针政策和重大原则问题上与党中央始终保持高度一致。组织开展好中国特色社会主义理论体系和"中国梦"宣传教育、社会主义核心价值观、习近平总书记系列重要讲话精神等各类重大主题出版、

主题宣传工作，积极运用网络等新兴传播渠道，善用新媒体，占领新阵地，牢牢把握话语权、主动权，提高传播力、引导力。

2. 加强创作引导，提高内容生产能力

深入贯彻落实习近平总书记文艺工作座谈会上的重要讲话精神，推出更多思想精深、艺术精湛、制作精良的精品力作。自觉担当举精神旗帜、建精神家园的重大使命，抓好新闻出版产品的创作和生产。坚持用精品力作繁荣文化市场，着力推进实施一批对文化传承具有深远意义、反映时代精神、体现国家水平的重大出版工程，推出一批服务大局、凝聚人心、弘扬时代精神、促进民族团结的重大出版项目、精品力作和通俗理论读物，鼓励策划和出版更多反映人民主体地位和现实生活、群众喜闻乐见的优秀精神文化产品，充分满足人民精神文化生活的新需求。

3. 以高度的文化自觉和文化自信做好新闻出版"走出去"工作

以坚持国家站位和树立全球视野为方向，加强顶层设计和战略布局，实施差异化战略。将周边国家和"一带一路"沿线国家结合起来，加快推动中国新闻出版"走出去"国际布局。以展示和塑造国家形象为核心，加强内容生产和国际推广。加大介绍中国发展变化、反映当代中国精神风貌、传播优秀中华文化的精品出版物的翻译出版和国际推广，促进中国出版物国际营销渠道建设与拓展，实现新闻出版业海外投资额明显增长，培育一批有国际影响力的知名品牌，打造6～7家实力雄厚、有国际竞争力的龙头企业。以增强"走出去"的针对性和实效性为要务，创新"走出去"方式方法。全面提升服务质量和规模，力争将北京国际图书博览会打造成国际最具影响力的书展。进一步提升中华图书特殊贡献奖的国际影响力，加强与海外汉学家、翻译家、出版家、作家的合作，提高内容生产和国际推广质量。精心组织，办好重要国际书展中国主宾国活动。以深耕基础为重点，推动港澳台工作迈上新台阶。努力构建"横向到边、纵向到底、全方位立体化"的工作格局，建立健全基础工作网络，扩大对台出版交流。

4. 推动传统出版和新兴出版深度融合，建设网络出版传播新生态

立足传统出版，发挥内容优势，运用先进技术，走向网络空间，在内容、平台、渠道、经营、管理等方面深度融合发展。通过继续推进转型升级，加强内容建设，提升内容品质，

加强关键技术研发，丰富表现形式，拓宽传播渠道，提高服务意识，以内容优势赢得发展优势。充分发挥资本、金融、技术等在融合发展中的作用，着力打造一批形态多样、手段先进、具有竞争力的新型出版主流媒体，建设拥有强大实力和传播力、公信力、影响力的新型出版媒体集团。

5. 做优做大做强新闻出版产业，推动出版大国向出版强国迈进

提高质量和效益，推进结构战略性调整，优化产业布局。以提高内容创新和生产能力为重点，巩固提升图书、报纸、期刊等传统出版产业；以业态创新和内容资源建设为重点，加速发展新兴出版产业；以绿色印刷、数字印刷为重点，大力发展印刷复制产业；以电子商务和流通网络建设为重点，积极发展新闻出版流通和物流产业。组织一批对新闻出版产业发展和结构调整全局带动性强的重大工程，对推进新闻出版产业发展效果显著的重大项目，实现新闻出版产业规模化、集约化、专业化。

6. 深化新闻出版体制改革，健全确保把社会效益放在首位，实现社会效益和经济效益相统一的体制机制

完善新闻出版宏观管理，坚持新闻出版主管主办制度，完善新闻出版单位出资人制度。深化公益性新闻出版单位改革，增强自身活力。推动已转制的国有新闻出版企业建立具有文化特色的现代企业制度。推动出版企业兼并重组，培育一批主业突出、产业链完整、核心竞争力强的骨干出版传媒集团。创新网络出版管理机制，实现网络出版许可与传统出版许可管理制度相衔接，加快"线下"管理向"线上"管理延伸的步伐。完善出版专业技术人员职业资格制度，实现对新闻出版工作者管理的全覆盖。

7. 推进新闻出版公共服务体系标准化、均等化

深入开展全民阅读活动，努力建设书香社会。以政府为主导，组织好各类优秀出版物推荐活动，广泛开展主题读书活动，保障重点群体基本阅读需求，推进"书香之家""书香之乡（镇、区）"推介工作。改进农家书屋出版物的管理与使用工作，推动有条件的地方建立多种形式的数字农家书屋。进一步加快城乡阅报栏（屏）工程建设，继续推进新闻出版"东风工程"，适度扩大实施范围，增强对民族地区新闻出版基础设施和文化民生项目的扶持力度。健全新闻出版公共服务工作机制，引入竞争机制，推动新闻出版公共服务提供

方式社会化。

8. 加快构建现代新闻出版市场体系

加强出版产品市场建设和出版要素市场建设。利用债券、基金等多层次资本市场，促进出版资源与金融资本、社会资本有效对接，解决出版企业"融资难"问题。支持出版产业与体育、旅游、制造等相关产业融合发展，提升品牌价值，增加附加值和文化含量。建立健全市场准入和退出机制，完善事中事后监管措施，进一步规范市场主体行为。建立健全质量检验及认证体系，完善相关登记备案和年度核验制度。深入开展"扫黄打非"，严厉打击各类非法出版物，严厉打击网上淫秽色情信息，严厉打击新闻敲诈、假新闻和假媒体、假记者站、假记者，切实整治出版物市场，不断优化出版市场秩序。

9. 加强版权管理，大力发展版权产业

加强版权保护体系建设。增强依法维权的意识，营造保护版权的氛围，严厉打击侵权盗版行为。推进软件正版化长效机制建设。加强版权公共服务体系建设。完善著作权登记制度，扩大登记数量和覆盖面。推进全国版权示范城市、示范单位、示范园区（基地）建设。打造新型版权交易产业链，推进版权资产管理体系建设。健全版权工作社会参与体系，完善版权涉外应对体系。

（三）重点工程

根据新闻出版业"十三五"时期的发展目标和战略任务，将重点建设以下五项工程。

1. 全民阅读工程

提高国民阅读水平是提高全民素质的根本途径，党的十八大提出要大力"开展全民阅读活动"。2015 年的政府工作报告提出"倡导全民阅读，建设书香社会"。"十三五"时期，新闻出版业将以全民阅读工程为重点，建立健全现代新闻出版公共服务体系。工程包括提高优质阅读内容生产供给的水平和规模，加大全民阅读基础设施建设力度，加快城乡阅报栏（屏）建设，发挥农家书屋农村阅读活动和阅读服务重要平台的作用，进一步完善城乡出版物发行网点体系建设，继续实施新闻出版东风工程，不断满足少数民族群众的阅读需

求，全面开展全民阅读活动，努力将全民阅读上升为国家战略等。

2. 国家数字出版传播工程

以数字出版为代表的新兴出版产业已经成为新闻出版业的发展方向。按照中央《关于推动传统媒体和新兴媒体融合发展的指导意见》要求，"十三五"时期，以建设国家数字出版传播工程作为工作重点，实现传统出版和新兴出版优势互补、互促共生，推进产业结构调整，进行转型升级，实现融合发展。工程包括研制数字出版相关标准，研发产业发展共性关键技术，建设国家级面向行业提供技术支持服务、标准管理、数据服务的机构，建设国家知识资源服务中心，推动建设数字出版传播平台集群、标准管理平台、新闻出版业大数据平台、国家知识资源数据库库群，拓展新闻出版业营销渠道，创新市场服务模式，加强人才队伍建设等。

3. 国家版权产业发展推进工程

版权既是推进科技创新的重要战略资源，也是推进文化创新的核心要素。按照党的十八大和十八届三中全会、四中全会关于"加强知识产权运用和保护"、完善激励创新的产权制度、知识产权保护制度和促进科技成果转化的体制机制的知识产权工作指导方针，"十三五"时期，继续把促进版权产业发展作为工作重点，加快实施国家版权产业发展推进工程。工程包括推进建立版权社会服务平台、版权在线交易服务平台，完善国家版权监管平台，建立全国性、区域性版权贸易中心、基地，建立国家版权产业发展专项基金等。

4. 网络内容监测与管理系统建设工程

党的十八大要求"加强网络社会管理，推进网络依法规范有序运行。开展'扫黄打非'，抵制低俗现象"。党的十八届三中全会提出"形成正面引导和依法管理相结合的网络舆论工作格局"。"扫黄打非"是意识形态领域里尖锐、复杂、长期的思想文化斗争，事关国家政权，事关党和国家的前途、命运。"十三五"时期，以实施网络内容监测与管理系统建设工程为重点，确保国家网络文化安全。工程包括建设动态网络出版监测预警平台，非法出版物网上鉴定平台、非法出版物查询和公共举报平台、非法有害网络出版物及信息样本库、非法出版物印制物流销售企业"黑名单"系统，构建多语种网络非法和违禁出版物特征数据库，建设覆盖全媒体、全终端、全流程的网络监管和公共服务系统。

5. 新闻出版国际传播能力建设工程

按照党的十八届三中全会提出的"扩大对外文化交流，加强国际传播能力和对外话语体系建设，推动中华文化走向世界"的要求，"十三五"时期，将紧密围绕国家对外战略，以加强新闻出版国际传播能力建设为重点，加大向周边国家和"一带一路"沿线国家新闻出版"走出去"力度，完善和优化国际传播能力建设布局，加快实施走出去"本土化"战略，加强出版物国际营销渠道建设，搭建中国出版物全球展示交流平台，深化人文交流与合作，增强国家文化软实力。具体包括丝路书香工程、经典中国国际出版工程、版权普遍奖励计划、中国图书对外推广计划、中外图书互译计划、中国出版物国际营销渠道拓展工程、重点新闻出版企业海外发展扶持计划、边疆地区新闻出版走出去扶持计划、海峡两岸出版工程、国家学术期刊影响力提升工程等重点工程项目。

四、保障措施

（一）加强党的领导，为新闻出版业发展提供组织保障

从全局出发，充分认识新闻出版业的战略性地位，切实加强党对新闻出版工作的领导，坚定不移地贯彻党的路线方针政策，强化政治意识、大局意识、责任意识和阵地意识，牢牢把握正确的舆论导向，确保新闻出版工作沿着正确的方向不断前进。

（二）加强科技支撑，为新闻出版业发展提供技术保障

推动科技创新和科技成果转化，研发一批拥有自主知识产权，具有战略性、引导性和带动性的前沿技术，掌握一批具有支撑作用、保障作用的基础技术，提升新闻出版数字化转型升级技术装备水平。充分发挥政府的政策引导作用，大力加强对数字复合出版技术等各类基础性科技支撑工程以及各类重要标准的研发和应用。以《国际标准关联标识符（IS-LI）》国际标准注册中心落户我国为契机，推动建立全新的信息内容资源标识管理体系，开展国际范围内的标准应用推广工作，抢占国际文化产业竞争的制高点，推动传统出版和新兴出版融合发展。

（三）加强支持引导，为新闻出版业发展提供政策保障

争取有关方面制定出版物消费支持政策、传统出版与新兴出版融合发展扶持政策。争取国家财政设立全民阅读基金、版权产业发展基金等新的行业发展专项资金，加大对国家出版基金、民族文字出版专项资金、"走出去"专项资金、学术期刊扶持发展专项基金等的支持力度。争取延续并扩大国家对新闻出版业的税收优惠、贸易促进等政策，抓好政策落实。积极争取中央和地方政府对新闻出版领域重大项目的资金支持，加大新闻出版重点项目的实施力度，引导和带动新闻出版业发展。

（四）加强依法行政，为新闻出版业发展提供法治保障

健全保障新闻出版业发展的法制体系，推动新闻出版和版权法规、规章的制定和修订，完善出版单位法人制度、主管主办制度、新媒体出版管理等法律制度。建立完善新闻出版企业准入、评估、考核、奖惩、退出等机制和资产、经营、收益分配等监管制度，改进事业单位管理办法和业绩评价、考核办法，规范企事业单位的行为，加强行风建设。

（五）加强队伍建设，为新闻出版业发展提供人才保障

确立人才优先发展战略，大力培养新闻出版各类领军人物，统筹抓好领导人才、经营管理人才、专业技术人才特别是复合型人才与行业紧缺和急需人才队伍建设，造就一批名作者、名编辑、名记者、行业技术专家和出版家、企业家。继续深入开展新闻出版名家工程、领军人才工程、专门人才培养与开发计划。以职业准入和岗位准入为抓手，不断提高基层人才队伍素质。完善新闻出版专业技术人员职业资格制度，建立多种形式的人才培训机制。把非公有文化机构的人才队伍纳入行业人才建设体系。创新人才激励机制，健全人才选拔机制，完善人才流动机制，形成有利于各类人才脱颖而出的体制环境。

五、政策建议

（一）制定出版物消费支持政策，促进基本公共文化服务标准化、均等化

出版物阅读特别是书报刊阅读，是广大人民群众获取科学文化知识、满足精神文化生

活需要的重要途径。然而，目前仍有部分特殊群体及低收入家庭受经济条件制约，缺乏书报刊购买能力，再加上公共图书馆等公共文化服务基础设施布点有限，可借阅品种和数量也存在不足，使得一定数量人群特别是青少年阅读书报刊这一个性化较强的精神文化生活需求尚未得到充分满足。建议国家有关部门采取相应的消费支持政策，如通过发放书刊消费券、开展"书香·童年"基础阅读活动等形式，对城乡特殊群体（如低收入家庭）购买图书等出版物的支出给予补贴或资助，使其基本文化权益获得更为切实、充分的保障，促进全民阅读活动走向深入，让广大人民群众享有更为丰富的阅读体验和精神文化生活。

（二）制定传统出版与新兴出版融合发展扶持政策，增强企业竞争能力

由于融合发展起步阶段所需前期投资较大，盈利模式的探索与稳定时期较长，且受行业整体经济实力与技术投入实力局限，要想实现中央指导意见提出的要求，在经济方面尚需国家给予切实有效的支持。建议国家有关部门对于由国有新闻出版单位单独或与其他单位共同出资设立的开展新兴出版传媒业务的子公司，在税收等方面参照执行中共中央办公厅、国务院办公厅及其他有关部门文件中给予已完成转企改制的出版单位的优惠政策。对于国有新闻出版单位收购、并购或投资已有一定市场规模的新兴出版传媒公司应给予一定的政策资金支持。

（三）加强相关法律法规修制工作，为推进全民阅读和版权管理提供法律保障

建议国家有关部门加快推进《全民阅读促进条例》立法，将全民阅读上升为国家战略。推动《著作权法》第三次修订，加快修订出台《网络出版服务管理规定》和《出版物市场管理规定》。推动配套法规、规章的相应修订。研究制定加强网络版权行政保护的指导意见，研究完善关于办理网络版权案件的相关规则，进一步完善规范网络版权秩序的体制机制，使之适应新形势下网络版权执法监管工作的新要求。

（四）延续国家"十二五"时期对新闻出版业的扶持政策，推进行业健康发展

"十二五"时期，国家通过实施财政、税收、金融、贸易、社保等优惠政策，激发了行业发展的动力和活力，有力地引导保障了新闻出版改革发展。对行之有效的财政补贴、税费征收、金融支持等政策，建议国家"十三五"期间予以延续，进一步加大支持力度，完善政策体系，规范政策实施，加强监督管理，提高政策效果。对新闻出版改革发展继续实

施增值税、所得税等税收减免政策；进一步扩大国家出版基金、民族文字出版基金等专项资金规模；加大对农家书屋工程、全民阅读工程、新闻出版"东风工程"工程等重点工程的资金保障力度；充分发挥中央文化产业发展专项资金引导作用，加大对新闻出版产业项目支持力度；完善金融支持政策。

国家新闻出版广电总局

"十三五"时期广播影视发展研究报告

为深入贯彻落实党的十八大和十八届三中、四中全会精神，贯彻落实习近平总书记系列重要讲话精神，根据中央财经领导小组办公室要求，我们在系统总结我国"十二五"时期广播影视发展成绩、存在的不足，分析研究"十三五"时期广播影视发展形势的基础上，提出了未来五年我国广播影视发展的思路、对策建议和重大工程，着力推动我国广播影视繁荣发展，为贯彻落实党中央提出的"四个全面"战略部署做出更大贡献。

一、我国广播影视发展现状

"十二五"以来，广播影视系统认真贯彻落实党和国家决策部署，深化改革，创新发展，取得显著成就。

（一）主要成就

一是坚持新闻立台，舆论引导能力不断增强，新媒体宣传作用更加突出。各级电台电视台不断创新新闻宣传和节目形态，构建突发事件报道快速反应机制，充分利用新兴媒体，将舆论阵地向网络空间不断延伸，广电媒体公信力、引导力、传播力不断增强。

二是广播影视改革继续深化，加快推进机构整合、业务融合和职能转变，积极简政放权，成效明显。省级新闻出版、广播影视部门机构和职责整合进展迅速，截至 2014 年年底，全国已有 27 个省（自治区、直辖市）实现省级两局合并。影视企业利用资本市场做强做大步伐加快，市场主体兼并重组活跃。行业协会对改革的推动作用更加突出。

三是广播影视内容创作生产持续繁荣，精品力作不断涌现。2014 年，全国电视剧产量达 429 部共 15 983 集，集数较 2010 年增长 8.84%；全国故事影片产量 618 部，较 2010 年增长 17.49%。优秀节目和原创节目大幅增加，"中国梦"主题广播电视节目创作取得显著成效。网络视听节目日益丰富，重点视听网站推出一批广受欢迎的原创品牌节目栏目。

四是惠民工程扎实推进，广播影视公共服务体系建设取得重大进展。截至 2014 年年底，村村通工程已完成"十二五"81 万个（总目标为 82 万个）"盲村"建设任务；直播卫星公共服务加快整省推进。农村电影放映工程加快升级，西新工程第四期建设基本完成、第五期建设积极推进，少数民族语言节目制作译制和覆盖能力明显提高，应急广播体系建设全面展开，对农内容服务进一步丰富。

五是广电主流媒体进一步壮大，融合发展加快推进。中央三台和省级台整合内部资源，优化频率频道结构，采编播能力显著增强，覆盖水平不断提高。各级广电媒体在内容、渠道、平台、运营、管理等方面全面融合发展，向全媒体机构转型步伐加快，广电媒体的新媒体业务进入强化创新、深度渗透、规范发展和影响力全面提升的新阶段。

六是广播影视产业快速发展，产业实力明显提升。截至 2014 年年底，全国广播电视行业总收入达 4 056 亿元，较 2010 年增长 69%，广告收入、有线网络收入均有大幅提升。电视剧、动画片、纪录片产业繁荣发展。全国电影票房连续十余年以 30% 左右的速度高速增长。视听新媒体产业发展迅速，2014 年，全国在线视频市场规模近 240 亿元，比上年增长 76.4%。

七是科技创新步伐加快，广播影视数字化水平大幅提升。各级广播电视台基本实现数字化，省级以上广播电视台实现网络化制作播出。广播电视重点领域自主创新取得新突破。下一代广播电视网（NGB）技术标准体系初步建立。研发了具有自主知识产权的数字音频广播、中间件、视频点播等多项关键技术。应急广播关键技术取得重大进展。有线、无线、卫星融合网试点正式启动。电影数字化放映全面覆盖，自主知识产权的"中国巨幕"发展迅速。

八是国际传播能力建设深入推进，走出去力度进一步加大。中央三台国际传播布局不断完善，传播能力不断加强，地方广电机构对周边国家和地区的覆盖进一步扩大，民营企业成为广播影视走出去的重要力量，广播影视对外交流与合作不断增强，"丝绸之路影视桥工程""中非影视合作工程"取得重要进展，影视文化产品和服务出口规模持续增长。

九是行业管理与法制建设不断加强，党风廉政建设与人才培养扎实推进。广播电视节目综合评价体系逐步完善，荧屏声频银幕得到净化。规范性文件合法性审查制度积极建立，广播影视立法、普法工作不断推进。党风廉政主体责任和监督责任深入落实。高层次人才培养进一步加强，人才工作机制进一步完善，人才教育培训和管理服务取得新进展。

十是安全播出保障能力全面提升，监测监管体系进一步完善。广播影视安全播出管理制度体系不断健全，制定发布了广播中心、电视中心、卫星、无线、有线、微波等 10 个专业的安全播出实施细则，出台了多个有关信息安全等级保护的标准文件，技术系统可靠性和信息化水平明显提升，全国广播电视信息安全管理体系初步形成。包括新媒体内容监管在内的统一的监测监管体系正在建设和完善。

（二）存在的不足

在充分肯定成绩的同时，我们应清醒地认识到我国广播影视发展仍存在一些突出问题和薄弱环节：

一是广播影视节目内容创新能力不足。人民物质生活水平的不断提高使人民群众对广播影视节目的质量、品位和风格提出了新要求。当前广播影视创作还存在有数量缺质量、有"高原"缺"高峰"等问题，难以满足人民群众日益增长的精神文化需求。

二是广播影视公共服务水平还有待提升。当前我国农村广播影视公共服务总体水平仍然较低，还存在城乡区域发展不平衡、数字化覆盖水平不高、农村公共服务长效机制不健全等问题，应急广播和预警能力也不能适应实际需求。

三是传统广播电视与新兴媒体融合发展水平较低。随着网络数字技术的快速发展，传统广电媒体虽在积极推进与新媒体的发展，但台网在业务开发、经营管理、体制机制等方面的创新力度不够，融合发展质量和水平普遍不高。

四是广播影视科技创新能力有待提高。我国广播影视的数字化和网络化水平还不高，全国有线电视网络还没有实现互联互通，电影行业高技术水平仍然偏低，广播影视科技自主研发能力和标准制定还需进一步加强。

五是广播影视国际传播能力和传播效果有待提高。广播影视作为国家文化软实力的重要组成部分，其国际传播能力和水平与我国日益提高的国际地位还不相称，传播效果有待进一步提升。影视文化产品和服务的国际竞争力不足，国际营销手段和渠道较为单一，影视文化贸易人才稀缺。

六是广播影视安全保障能力仍需进一步提高。安全播出、指挥调度、监测监管等工作的管理能力、标准体系、技术手段和工作平台还有待进一步加强。

七是广播影视产业支撑还不强。我国经济发展进入新常态使广播影视产业发展面临新挑战，广播影视产业整体实力不强，内容产业竞争力仍显不足，新兴产业市场亟待进一步引导和培育，现代市场体系还不健全。

八是广播影视依法行政、依法管理还不能很好适应新形势新要求。随着依法治国全面推进，广播影视法治建设有待加强，管理体制机制和管理手段还不能很好地适应实际工作需要，行业管理水平还需进一步提高。

二、"十三五"时期广播影视发展面临的新形势

综合考虑经济、社会方面的因素、环境和条件，"十三五"时期我国广播影视发展面临的形势主要有以下几个特点：

（一）"四个全面"重大战略部署对深化广播影视改革发展提出了更高要求

党的十八大以来，以习近平为总书记的党中央，从坚持和发展中国特色社会主义全局出发，做出了"四个全面"战略部署，也为未来广播影视改革发展指明了方向。未来五年，广播影视必须坚持围绕中心、服务大局，始终坚持正确的舆论导向，唱响主旋律，传播正能量，着力为贯彻落实"四个全面"战略部署营造良好舆论氛围，提供强有力的智力支持和文化支撑。

（二）人民群众的新需求对深化广播影视改革发展提出了更高要求

随着我国经济社会发展水平的提高，人民群众物质生活日益富足，对更高层次的精神文化需求日益迫切。近年来，我国城乡居民的消费水平持续提升，人民群众对广播影视的消费需求正从"有没有"向"好不好"转变。未来五年，广播影视要努力提供数量更多、质量更高的节目，努力提供更加快捷、更加便利、参与性和互动性更强的服务，更好地满足人民群众多层次、多方面、多样性的精神文化需求。

（三）经济新常态对深化广播影视改革发展提出了更高要求

经济新常态不仅对经济建设提出了新要求，也赋予了广播影视改革发展的新使命。当前，第三产业发展迅速，2014年超越第二产业成为国民经济的主导产业。文化消费作为第三产业的重要部分，成为居民消费结构升级的重要方向，未来五年仍具有较大增长空间，特别是对版权产业、终端制造业和相关行业发展，以及促进就业具有巨大辐射带动作用。研究显示，目前1亿元电影票房能带动10亿元总产值，能创造大量就业岗位。适应经济新

常态的新要求，必须大力发展广播影视产业，更好地满足人民群众精神文化需求，推动文化产业成为国民经济支柱性产业。

（四）以互联网为代表的科技创新对深化广播影视改革发展提出了更高要求

信息传播技术已进入发展应用的裂变期，更新换代周期不断缩短，三网融合日益深化，互联网对广播影视发展的影响深度广度空前增大，对广播影视运用现代信息技术加快发展提出了新要求。数字化、网络化、融合化、智能化成为全球广播影视发展的主题。未来五年，广播影视要从战略高度充分认识科技创新的重要地位和作用，主动适应当代科技发展新趋势，加快高新技术的研发应用，着力提高我国广播影视发展的科技含量和技术装备水平，着力完善以企业为主体、市场为导向、产学研相结合的广播影视技术创新体系。

（五）参与国际竞争、维护国家文化安全对深化广播影视改革发展提出了更高要求

当今时代，世界范围文化交流、交融、交锋之势前所未有，不同意识形态、价值观和制度模式的较量依然激烈，特别是文化与价值观的较量正日益成为大国博弈的关键因素。目前在国际舆论格局中，"西强我弱"的局势没有改变，广播影视作为舆论引导的重要阵地面临着严峻考验。未来五年，广播影视要着力推进国际传播能力建设，创新对外宣传方式，加强话语体系建设，着力打造融通中外的新概念新范畴新表述，讲好中国故事，传播好中国声音，增强在国际上的话语权。

三、"十三五"时期广播影视发展的总体要求与发展目标

（一）总体要求

高举中国特色社会主义伟大旗帜，以邓小平理论、"三个代表"重要思想、科学发展观为指导，深入贯彻落实党的十八大和十八届三中、四中全会精神，深入学习贯彻习近平总书记系列重要讲话精神，坚持社会主义先进文化前进方向，坚持中国特色社会主义文化发展道路，坚持以人民为中心的工作导向，坚持把社会效益放在首位，牢固树立创新、协调、绿色、开放、共享的发展理念，紧紧围绕巩固马克思主义在意识形态领域的指导地位、巩固全党全国人民团结奋斗的共同思想基础，切实加强统筹协调、资源整合，深入推进改革创新、融合发展，着力推动转型升级、提质增效，全面提高广播影视舆论引导、精品创作、

公共服务、安全保障、国内国际传播和依法行政、依法治理等各方面的能力，不断壮大主流思想舆论、繁荣事业产业、保障人民文化权益、维护国家文化安全，充分发挥广播影视作为意识形态主渠道、主阵地、主力军的作用，为实现两个"一百年"奋斗目标和中华民族伟大复兴中国梦提供有力舆论支持、强大精神动力和良好文化条件。

（二）发展目标

到 2020 年的发展目标是：

——广播影视舆论引导能力和传播力、影响力大幅提升。传统媒体与新兴媒体融合发展取得突破性进展，形成一批新型主流媒体，打造几家具有传播力、公信力、影响力的新型媒体集团，建成技术先进、形态多样、传输快捷、覆盖广泛的现代传媒体系，努力达到世界一流水平。

——实现公共文化服务全面升级。广播影视重点惠民工程扎实推进，基础设施、内容供给、技术支撑、网络覆盖和保障机制更加完善，公共文化服务均等化、标准化水平显著提高。到 2020 年，地面无线广播电视基本实现数字化；有线广播电视网络基本实现数字化双向化智能化，全国有线电视网络基本实现互联互通；直播卫星公共服务基本覆盖有线电视网络未通达的农村地区；全国广播电视节目综合人口覆盖率分别达到 99％以上，基本实现数字广播电视户户通；为全民免费提供突发事件应急广播服务；确保在更高层次上提供"一村一月一场"电影的公益服务。

——广播影视对经济的拉动作用显著增强。广播影视数字化、交互化、智能化全面推进。到 2020 年，全国省级以上广播电视台基本建立全媒体制播云平台和全台网，实现广播电视全媒体网络化综合制播，地市级以上基本实现高清化，县级全部实现数字化网络化，3D 电视得到进一步推广，力争开播 1 个 4K 电视频道，产业体系进一步完善，产业整体实力、综合效益和市场竞争力大幅提升，辐射带动电子信息等相关产业开拓发展新空间、开辟消费新领域。到 2020 年，全国电影票房突破 600 亿元，国产影片市场份额达到 50％以上。

——广播影视保障国家文化安全的能力显著提高。广播电视安全播出体系和媒体监管体系日益健全，安全播出水平和监管水平大幅提升。

——在推动文化走出去、服务国家外交战略大局、树立国家良好形象方面发挥独特作用。广播影视走出去重点工程和项目扎实推进，国际传播体系和国际传播能力建设取得重要进展，扩大我国影视文化产品和服务在国际市场的竞争力和市场份额。

四、对策建议

（一）大力弘扬社会主义核心价值观，努力繁荣广播影视创作

深入贯彻落实习近平总书记系列重要讲话精神，紧紧围绕实现中华民族伟大复兴中国梦宏伟目标，坚持以人民为中心的创作导向，在发挥市场机制作用的基础上，进一步强化政府的主导作用，加大扶持力度，从题材选择、剧本创作、拍摄制作、发行播映等环节采取有力措施，把社会主义核心价值观融入影视剧、纪录片、动画片、微电影、网络剧等作品创作生产的各个方面，大力创造生产反映中国梦主题，体现社会主义核心价值观的优秀影视作品，着力推出更多思想精深、艺术精湛、制作精良的好作品，弘扬主旋律，传播正能量。建立健全坚持把社会效益放在首位、实现社会效益与经济效益相统一的体制机制，防止"唯票房、唯收视率、唯点击量"的现象。

（二）大力推进广播影视公共服务标准化、均等化，全面提升公共服务水平

广播影视公共服务建设继续以农村和基层为重点，深入实施重点惠民工程，着力推动广播电视公共服务由村村通向户户通、优质通发展，由提供一般广播电视公共服务向提供广播电视、电子政务、应急广播、文化信息资源共享、远程教育等多样化的公共服务发展，全面提升广播影视公共服务的质量、效益和水平。统筹利用有线、无线、卫星三种方式，实现数字广播电视户户通。完善农村广播电视维修服务网点建设。加强基层广播电视发射台基础设施改造升级，加快实现中央广播电视节目地面无线数字化覆盖，推动省以下地面广播电视节目数字化覆盖。加强基层广播电视播出机构服务能力建设，加大广播电视对农、少儿等公益类频道频率的扶持力度。增强少数民族语言节目制作、译制和传播能力。积极探索政府主导、社会参与的公共服务长效机制。继续实施"农村数字电影放映工程"，着力推动流动放映向固定放映、室外放映向室内放映转变。继续实施"县级城市数字影院建设工程"，同时扩大到有条件的乡镇，选择基础好、发展快的城镇开展影院建设试点，切实解决县乡居民看电影难问题。进一步做好中小学爱国主义影片放映，切实解决进城务工人员看电影难问题。发挥广播电视在应对突发公共事件的独特作用，加快实施国家和地方"应急广播工程"，加强与国家信息发布源头部门合作，基本形成中央、省、市、县四级统一协调、分级运行的应急广播系统；统筹规划和建设各地村村响系统，实现与应急广播体系有效衔接。推进飞机、列车、轮船、高速公路等的应

急广播系统建设。

（三）大力推动广播电视传统媒体与新媒体融合发展

加强传播技术应用开发，以新技术新应用引领和推动广电媒体融合发展。探索广电媒体内部组织结构的重构再造，逐步建立顺畅高效、适应市场竞争和一体化发展的内部运行机制。在新兴媒体传播领域探索多媒体发展，构建具有多样传播形态、多元传播渠道、多种平台终端的立体传播体系。优化采编流程、加强内容建设，发挥专业采编优势和信息资源优势，发挥引导舆论主体作用，满足多终端传播和多种体验需求。搭建涵盖采集、制作、加工、共享等环节的节目创作技术化、制作流程一体化、资源共享便捷化的内容制作平台。构建支撑全业务集成、全方位运营、全媒体服务的集成播控平台。

探索以资本为纽带的媒体融合发展路径。加大新兴媒体内容生产、研发、资本运作和经营管理等各类人才培养引进力度，探索建立媒体融合发展条件下的人才工作新机制。加大力度扶持电台电视台融合发展，防止空心化，做好试点推广工作，努力开创融合发展新局面。

（四）大力推进广播影视全面数字化、交互化、智能化

进一步推动广播电视全媒体网络化制播技术、全台网技术与云计算、大数据、社交媒体、宽带互联网等新一代信息技术的融合创新，面向广播电视全媒体业务，优化、创新全媒体采编播存用制播流程，加快构建全媒体制播云平台。积极推进全媒体内容制作和媒资存储一体化，以及端到端、全流程 IP 网络化，着力打造智能异构、开放透明、绿色安全的广播电视全台网。全面面向全媒体业务的多屏联动和协同，加快推动广播电视全媒体制播云与全媒体服务云的聚合协同、联动创新，建立智能感知、智能协同、智能接口的台网联动技术机制。构建有线无线卫星智能协同覆盖的广播电视网，融合创新广电网络终端技术。加强广播电视全媒体节目内容版权保护和利用，探索版权资产的经营开发，研究建立内容版权交易云平台，促进节目交换，提升节目价值。进一步加强高新技术格式电影的技术研发、标准制定与推广应用，提升电影生产制作、加工存储、发行放映与市场监管等诸多系统和环节的科技水平，推进电影全业务、全流程信息化管理，形成互联互通、可管可控、信息安全、资源共享的现代化数字电影发行放映体系和适应产业化发展的数字电影信息化服务体系。

（五）大力提升广播影视国际传播能力，增强我对国际舆论的影响力和引导力，树立中国良好形象

围绕国家总体外交战略布局，加强广播影视国际传播内容建设、话语体系建设，同时大力推进我广播影视产业海外整体拓展，抓住国际上特别是广大发展中国家广播影视数字化升级改造契机，以深化产业和技术合作促进内容传播和出口，增强我国际舆论主导权和话语权。加强广播影视对外交流与合作，积极参与多双边人文交流合作和专业国际组织工作。

（六）大力加强文化信息安全建设

坚持安全就是生命，进一步重视和加强广播影视安全保障工作，全面提高广播电视覆盖能力、水平和广播影视安全保障水平。紧紧围绕把党和国家的声音传入千家万户、把中国声音传向世界各地，进一步加强广播影视安全播出工作，重点加强技术装备、基础设施和网络化、智能化建设，完善指挥调度、预警、应急处置的机构、机制和制度，落实队伍和经费保障。利用大数据、云计算等先进技术，加快完善广播电视监管平台特别是新媒体监管平台。

（七）全面深化广播影视改革，加快产业发展，大力加强广播影视依法管理

进一步完善管理体制机制，强化制度创新与法制建设，加快推动政府职能转变，更好地发挥政策调节、市场监管、社会管理和公共服务职能。进一步深化电台、电视台等公益性事业单位改革，积极稳妥推进制播分离改革，培育发展节目制作经营主体。防止制播分离后广播电视播出机构和频道频率空心化。进一步深化广播影视产业改革，加快推动电影、电视剧、动画片、纪录片等内容产业发展。大力发展广播电视网络产业，大力发展视听新媒体内容和服务产业。加快国有广播影视企业改革发展，着力打造一批有实力有竞争力的传媒集团。积极支持中国有线电视网络公司发展。在充分发挥国有广播影视企业主导作用的同时，鼓励非公有制广播影视企业发展，支持各种广播影视小微企业发展。允许非公有制广播影视企业以控股形式参与广播影视制作机构改制经营。进一步加强影视基地的建设和管理。进一步完善市场体系，完善市场准入和退出机制，鼓励各类市场主体公平竞争、优胜劣汰。积极发挥行业协会和中介组织的作用。

坚持以管理保导向保安全、促改革促发展，紧紧围绕国家治理能力现代化，全面强化广播影视各方面的依法管理。切实加强法制建设，着力推动广播影视重点立法项目，完善依法行政工作机制，不断提高依法行政、依法管理水平。进一步深化行政审批改革，完善管理体制，理顺管理关系，落实管理职责。充分考虑媒体融合发展趋势，重点加强广播电视节目、影视剧、广告、网络视听节目等的管理，改进宏观调控，强化准入，建立退出机制，全面规范广播影视播出秩序。切实加强广播影视和视听新媒体从业人员管理，严格编辑、记者、播音员、主持人资质以及岗位管理，进一步做好体制外人员的管理服务工作。坚决抵制违法犯罪和丑闻劣迹者在广播影视节目中发声出镜。

五、"十三五"时期广播影视发展的重大工程

（一）实施"中国梦"影视精品创作生产工程

这是打造广播影视内容精品的重要抓手。在面向群众、面向市场基础上，创新重点题材创作生产扶持方式，发挥政府主导作用，从立项、资金、人才、宣传等方面提供支持，提高剧本策划能力、审美艺术品位、技术制作水平、艺术感染力和品牌竞争力，推出一批以"中国梦"为主题的三性统一的优秀广播影视作品。

（二）实施广播影视公共服务建设工程

这既是满足广播影视事业发展的基础工程，也是满足人民群众日益增长的文化需求的重要民生工程。进一步实施广播影视惠民项目，包括"中央广播电视节目无线数字化覆盖""广播电视户户通""广播电视无线发射台基础设施建设""应急广播建设"和"县级广播电视播出机构制播能力建设"等，着力推动广播影视公共服务标准化、均等化，形成惠及广大人民群众的公共服务长效机制，广播影视公共服务的能力和水平整体提升。国家基本公共文化服务指导标准得到落实。

（三）实施广播电视传统媒体与新媒体融合发展工程

这是推进传统媒体与新媒体融合发展的重要内容。以中央主要广电媒体为龙头，以先进技术为支撑，以内容建设为根本，推动电台电视台与网络、手机等新兴媒体在内容、渠道、平台，以及业务开发、经营管理、体制机制等方面深度融合，打造一批形态多样、手

段先进、具有竞争力的新型广电主流媒体，切实提高新闻舆论传播力、引导力、影响力、公信力。

（四）实施广播影视数字化提升工程

这是提升广播影视科技装备水平，提高广播影视服务能力的重要工程。深入落实国家三网融合战略，不断强化信息文化安全。统筹利用各类传输网络，实现有线、无线、卫星、互联网的智能协同覆盖、融合播控、智能分发。电影网络化信息化体系建设步伐加快，形成新型高效的技术保障、服务和管理体系。包括建设"广播电视绿色宽带网络""卫星地球站扩容改造""提升直播卫星公共服务平台数字化支撑能力"和"影院网络化信息化体系建设"等。

（五）实施广播影视国际传播能力建设工程

这是提高我国广播影视国际影响力、竞争力和话语权的重要工程。围绕中央"一带一路"重大战略构想和我对非外交、外宣、外援的战略布局，充分发挥广播影视的桥梁纽带作用，形成与我国对外发展战略相适应的广播影视交流合作格局。着力打造一批具有国际知名度、影响力和市场占有率的影视文化产品和品牌，培育一批具有国际竞争力的市场主体。

（六）实施广播电视监测监管体系建设工程

这是促进广播电视和视听新媒体健康有序发展的重要工程。综合考虑我国广播电视发展实际，建立中央和地方分工明确、智能协同的广播电视监测监管机制，形成技术监测、新媒体监管、内容监管、安全播出、信息安全五位一体，传统媒体与新兴媒体统筹兼顾，内容、机构、运营、效果统一协调的全国广播电视监测监管体系。尤其是在网络传播环境对于国家文化安全的重要性更加突出的新形势下，重点加强网络视听节目监管能力建设。

国家体育总局

"十 三 五" 时 期 体 育 发 展 研 究

体育运动在中国是一项神圣的事业。体育关乎国民体质、健康水平、精神风貌和文明程度，是生命之脉、家国之基，是激发创造、塑造未来的重要力量。本研究以"十二五"时期体育发展状况、"十三五"时期发展环境和需求变动分析为基础，从我国经济社会总体发展的背景下，论证未来五年我国体育事业发展的指导思想、目标、任务和政策措施。

一、"十二五"时期我国体育事业发展情况

（一）"十二五"时期取得的主要成绩

"十二五"时期，随着我国经济社会的不断发展和党中央、国务院对体育事业的高度重视，在全国体育系统的不懈努力下，我国体育事业取得了长足的进步和发展。体育系统认真贯彻实施《体育事业发展"十二五"规划》，按照党的十八大和十八届三中、四中全会的要求，全面深化各领域改革。行政审批制度改革不断推进，取消了商业性和群众性赛事审批。体育社会组织管理改革进一步深化，全国性单项体育协会改革试点积极稳妥推进。实行大型体育场馆运营管理改革，场馆公共服务和运营管理工作规范化水平不断提升。实施大型综合性运动会和中华全国体育总会的改革。依法治体能力水平建设全面推进，体育政策法规体系进一步完善，中央全面深化改革领导小组审议通过《中国足球改革发展总体方案》，国务院出台了《关于加快发展体育产业促进体育消费的若干意见》。

全民健身公共服务体系不断完善。城乡居民体育健身意识进一步增强，身体素质明显

提高，全民健身活动更加丰富。全民健身设施、全民健身组织等方面的数量与质量显著提高，全民健身服务业发展壮大，完成了第四次全国国民体质监测和全民健身活动状况调查。截至 2014 年年底，人均体育场地面积达到 1.46 平方米，经常参加体育锻炼的人数达到 3.64 亿。

竞技体育综合实力不断提高。事关竞技体育长远发展、健康发展的基础性工作不断加强，运动员文化教育和运动员保障工作显著提高，竞技体育后备人才培养机制不断创新，竞技体育国际竞争力不断提高。伦敦夏季奥运会，获得 38 枚金牌、27 枚银牌、23 枚铜牌共 88 枚奖牌，取得中国体育代表团海外参赛的最好成绩。索契冬奥会，获得 3 枚金牌、4 枚银牌、2 枚铜牌，实现了冬奥会基础大项金牌零的突破。截至 2014 年年底，"十二五"时期我国运动员共获世界冠军 467 个，创、超世界纪录 45 次。

体育产业迅速发展。体育产业发展环境进一步优化，体育产业制度化、标准化建设明显提高，理论研究、产业统计和人才培养等基础性工作不断加强，体育彩票销售规模稳步扩大，完成了第六次全国体育场地普查工作。认真贯彻落实《国务院关于加快发展体育产业 促进体育消费的若干意见》。2013 年全国体育及相关产业总产出 1.1 万亿元，实现增加值 3 563 亿元，增加值占 GDP 比重增加到 0.63%。

体育人才队伍建设的力度不断加大，体育文化、体育科技、体育教育、体育宣传等事业取得长足发展，体育对外交往不断扩大和深化，积极申办 2022 年冬季奥运会。

（二）"十二五"时期体育事业发展中的薄弱环节和主要问题

当前，人民群众日益高涨的体育需求与体育供给总体不足仍然是我国体育发展中存在的主要矛盾，一些长期制约体育事业发展的薄弱环节和突出问题也还没有得到根本性改变，我国体育正在进入一个解决"发展的问题"和"发展起来的问题"同步推进的阶段。

过去五年，我国体育发展的薄弱环节突出表现在三个方面：一是体育与经济社会协调发展的机制不健全。体育与教育、科技、文化、卫生等部门的沟通和协同发力的平台和渠道不足，跨界整合和协同推动发展的力度不大。二是竞技体育组织结构改革滞后，长期形成了多块牌子、一套人马的组织结构，桎梏了职业化、市场化程度高的某些职业体育项目的发展，导致项目结构失衡。三是体育组织发展缓慢。体育体制改革相对滞后，政府主导体育社会组织发展的局面一直没有改变，社会力量和民间资本参与不足，限制了体育社会组织的活力。体育组织纵向不触底、横向无联结，特别是系统外的各类体育社会组织和市场组织数量少、质量低、功能弱的现象突出。

当前我国体育实践中也存在着一些制约发展的突出问题，群众体育主要表现为群众身边的体育健身设施不足，公共体育设施对群众开放的长效机制不健全，基层群众体育组织发展不顺畅，群众体育活动多样化和经常性不足，群众体育工作各部门协同的"大格局"推进仍有难度等。竞技体育主要表现为举国体制与市场机制未能有机结合，社会力量和民间资本参与不足，阻碍了市场前景好、职业化程度高的项目的发展，导致项目结构失衡，优秀后备人才不足，基础大项和集体球类项目竞技水平低位徘徊，职业体育项目和冰雪项目突破乏力等。体育产业主要表现为体育产业总量小与结构不健全并存，体育经营单位整体实力不强，多部门协同推进体育产业发展的机制不健全等。

二、"十三五"时期体育发展环境与时代责任

（一）"十三五"时期体育面临的发展环境

党的十八大以来，以习近平为总书记的党中央，以全面深化改革推动各项工作，注重从思想上、制度上谋划涉及改革发展稳定、内政外交国防、治党治国治军的战略性、全局性、长远性问题，各方面工作取得新成效，党和国家事业发展打开新局面。已经呈现的良好发展势头在"十三五"时期将得到有效延续，对新时期体育发展将提供更加有利的外部环境和更加坚实的战略支撑。

"十三五"是全面建成小康社会、全面深化改革、全面依法治国、全面从严治党的关键时期，是工业化、信息化、城镇化、市场化、国际化交织并进，经济建设、政治建设、文化建设、社会建设以及生态文明建设全面推进的关键时期。在社会领域，收入水平提高伴生的贫富差距拉大，老龄化加速和未富先老显现，社会发展产生的权利诉求增多，利益格局变化中的民生短板凸显，发展的区域差距和群体差距加大，社会管理的难度更大，社会发展的任务更为迫切。

从国际上看，进入 21 世纪以来，欧美发达国家纷纷从国家竞争战略来统筹和谋划本国体育发展。预计"十三五"时期，世界主要体育发达国家之间围绕包括大众体育、竞技体育、体育产业在内的综合实力的竞争将更加激烈。

"十三五"时期国际体坛的走势给我国体育发展带来的挑战可能主要集中在三个方面：一是国际奥委会提出的"奥林匹克议程2020"，从奥运会的申办、组织、管理到运动员保护、奥林匹克运动推广、市场开发、国际奥委会组织结构等方面都进行了系统的改革设计。尽管这些改革措施不会马上对北京申办 2022 年冬季奥运会产生影响，但是申办成功后的筹备和举办过程，必将受改革议程的影响。二是奥运会排在第二集团前列的国家，如俄罗斯、日本、德国、英国、法国等，竞技水平上升很快，特别是已经获得 2020 年奥运会承办权的

日本，近年来大赛成绩提升迅猛，且崛起的项目与我国优势项目重叠，很有可能对中国军团在 2016 年巴西奥运会，尤其是 2020 年东京奥运会的表现构成威胁。"十三五"时期如何在竞技体育结构调整阶段，处理好改革、发展、稳定的关系，难度不小。三是以美国四大职业体育联盟和欧洲五大职业足球联赛为代表的全球高端职业体育机构争抢中国新兴体育市场会愈演愈烈，对我国职业化运动项目的生存与发展形成挤压。同时，国外高端主题运动休闲度假胜地，主要是高尔夫球、滑雪、大帆船、马术、赛车、潜水、海钓等，开拓中国市场的力度将不断加大，国内高端体育消费外流的现象会进一步加剧。

（二）"十三五"时期体育肩负的时代责任

"十三五"面临的外部环境，要求这一时期的体育工作必须更加主动地融入经济社会大局，从"全面小康的指标必然包含全民健康和体育发展方面，体育是中华民族伟大复兴的标志性事业"以及实现"两个一百年"的宏伟目标来认识新时期体育工作所肩负的时代责任，充分发挥体育在促进经济社会全面发展中的五个重要作用。

一是充分发挥体育在推进国家治理体系和治理能力现代化进程中的重要作用。"十三五"时期的体育工作必须紧紧围绕国家的中心任务，充分发挥体育在维护国民健康、增强国民体质、磨炼意志锐气、学习社会规则、激活社会参与等方面的独特作用，为实现国家治理现代化奠基、助力。

二是充分发挥体育在推动经济转型升级中的独特作用。体育工作必须坚定地把一切非基本公共体育服务推向市场，大力发展职业体育和大众健身休闲产业，引导并激活国民健康投资和健身消费，推动体育产业相关产业互动和融合发展，努力将体育产业打造成为现代服务业中的支撑产业。

三是充分发挥体育在促进社会建设、社会和谐中的突出作用。"十三五"时期的体育工作必须实施社会本位的发展战略，充分利用体育独有的手段和功能，创新社会建设与管理的平台和手段，增进民族团结和社会和谐。

四是充分发挥体育在展示国家文化软实力中的示范作用。"十三五"时期，随着中国整体实力的进一步提升，中国体育需要进一步扩大国际影响，加强国际交流。不仅要在奥运会、亚运会和世界重大赛事中全力展示自己的实力和风采，而且要在体育外交、人文交流和孔子学院建设过程中，大力弘扬中华武术，充分发挥体育在促进世界和平、增进中国人民与世界人民友谊方面的独特作用，为中国和平崛起代言，为构建和谐世界服务。

五是充分发挥体育在为中华民族伟大复兴提供鲜活精神动力方面的引领作用。长期以来，中华体育健儿创造的"为国争光、无私奉献、科学求实、遵纪守法、团结协作、顽强拼搏"的中华体育精神，丰富了社会主义精神文明建设的内容，创造了宝贵的社会精神财富，激发了全国人民积极投身社会主义现代化建设的热情。新时期体育工作要更加励精图治、顽强拼搏，创造更多能代表时代风貌、感动中国的人和事，为中华民族的伟大复兴提供更加鲜活的精神动力。

三、"十三五"时期体育发展指导思想、工作目标、重点任务和政策措施

（一）指导思想

以邓小平理论、"三个代表"重要思想、科学发展观为指导，深入贯彻落实习近平总书记对体育工作的系列重要讲话批示精神，按照"四个全面"总布局的要求，紧紧围绕经济新常态下国家、社会和公民对体育工作的新需求，转变体育发展方式，加快发展体育产业，激活大众体育消费，提升"三大球"和职业体育发展水平，进一步提高我国体育的综合实力和国际影响力，不断满足人民群众不断增长的体育文化需求，为全面建成小康社会做出积极贡献。

（二）工作目标

建立与经济社会协调发展的体育管理体制和运行机制。转变政府职能，深化行政管理体制改革，加强服务型政府建设，加快推进政社分开、政企分开、管办分离，充分发挥社会和市场在体育发展中的重要作用，建立政府主导、社会协同、市场参与的新型运行机制。

健全全民健身公共服务体系。以全民健身上升为国家战略为契机，规范和提升全民健身公共服务的内容体系，基本建成覆盖全社会的群众体育组织网络，创新组织管理方式和激励机制，到 2020 年实现经常参加锻炼的人数达到 4.3 亿，人均体育场地面积达到 1.8 平方米。

不断提高竞技体育的综合实力和国际竞争力。既继续坚持和完善竞技体育举国体制，又充分发挥市场机制的作用。优势项目保持优势，潜优势项目奋力实现突破，落后项目和"三大球"扭转徘徊不前的局面。吸引社会组织和市场力量的参与，完善与革新后备人才培养体系。逐步提高职业体育的成熟度和规范化水平。如果 2022 年冬季奥运会申办能够成功，将会带动我国 3 亿人参与冬季体育运动之中，对冬季体育运动的产业、消费和知识普及产生巨大推动。要紧紧抓住这一契机，积极推动我国冬季运动的整体技术取得重大突破。

体育产业成为新兴服务业中的支柱性行业。全面贯彻落实《国务院关于加快发展体育

产业促进体育消费的若干意见》，破解制约发展的体制机制障碍，推动体育产业与相关产业融合发展，力争到 2020 年体育产业总规模达到 2.5 万亿元。

全面加强体育文化建设。树立"大体育文化观"，将社会主义文化建设更好地融入体育工作的实践之中，充分发挥体育在社会主义文化强国建设中的独特作用，结合全民健身、体育赛事、体育产业等活动，充分挖掘体育丰富的文化内涵。

继续做好体育科技、体育教育、体育法制、人才培养、行业作风、体育外事、体育宣传等工作。

（三）重点任务

1. 转变体育发展方式，建立符合现代体育发展规律的管理体制和运行机制

在分类改革试点的基础上，全面推开全国性单项体育协会改革。加快发展各类群众性体育社会组织，合理划分政府与社会组织的职能，将适合由社会组织提供的公共服务和解决事项交其承担。加强政府购买体育公共服务，研究政府向体育社会组织购买公共服务的范围、项目、标准、方式、程序以及扶持经费的申请、分配、使用方式。逐步建立起政府监管有力、市场配置资源合理、社会体育组织蓬勃发展的现代体育制度和高效科学的体育管理运行机制。

2. 从国家战略的高度推动群众体育全面快速发展

全民健身上升为国家战略，要求"十三五"群众体育必须从国家战略的高度来全面统筹，整合推进各项工作。

重点任务是大力推动公共体育服务体系建设，创新服务平台，丰富供给渠道，努力提高公共体育产品的供给能力，做到公共体育服务乡镇常住人口全覆盖。着眼于人民群众健身需求的新变化，认真研究、找准引导社会力量提供公共服务、满足群众多元需求的切入点，不断创新公共体育服务的模式，丰富服务品种。

3. 进一步完善举国体制，充分发挥市场机制和社会力量作用，推动竞技体育在更高水平上全面协调发展

充分发挥竞技体育对群众体育、体育产业的激发和引领作用。深入研究我国竞技体育

发展的阶段性特征，推动竞技体育管理体制和机制改革，理顺体育行政部门、项目协会和市场主体的职能和责任，建立政府支持、协会主导、市场自主的新型管理体制。在扎实推进竞技体育结构调整的基础上，进一步提高我国竞技体育的综合实力，确保"十三五"时期两届夏季奥运会和一届冬季奥运会总体成绩稳中有升。

加快发展职业体育，不失时机地选择具备条件的运动项目走职业发展道路。要做好顶层设计，精心打造职业联赛的品牌价值，实现联赛版权和知识产权的盈利功能，实行公司化运营，理顺各方关系，构建球队、球员、裁判、工作人员利益共同体，形成既体现国家利益，又体现联赛利益的合理的职业体育管理机制，从而打造出有中国特色的职业体育联盟。个人单项职业化项目要狠抓经纪团队建设，提高经纪团队的专业水平和国际化运作能力。团队职业化项目要狠抓俱乐部和联赛的规范化建设，合理利用资本市场，鼓励多元资本投入，发展壮大俱乐部，确定俱乐部在职业体育发展中的主体地位。

4. 加快发展体育产业，促进体育消费

全面贯彻落实《国务院关于加快发展体育产业促进体育消费的若干意见》，在扩大产业规模、调整产业结构、提升产业效益、夯实产业发展基础、优化产业发展环境等方面攻坚克难，奋力突破。建立多层次体育产业投融资平台，吸引更大规模的社会资本进军体育产业。建设一批体育产业主题园区和示范基地，培育和打造一批有国际竞争力的品牌企业和骨干企业。搭建体育资源交易平台，促进体育服务贸易，加强体育产业统计和标准化建设。

5. 全力以赴做好2022年冬奥会承办工作

要组织好"助力申奥，燃情冰雪，同心共筑中国梦"的群众冰雪活动。要借鉴承办2008年北京奥运会的成功经验，通过承办冬奥会促进我国经济社会发展和城市建设。编制并组织实施冰雪运动中长期发展规划、冰雪运动备战2022年冬季奥运会的专项计划和冰雪运动各类专业人才培养的专项规划，为成功举办2022年冬季奥运会做好组织、人才和运动成绩准备。

6. 促进体育文化大发展大繁荣

弘扬以爱国主义为核心的中华体育精神，积极倡导奥林匹克精神，加强体育行业作风建设。启动体育文化建设工程，推动丰富多彩、各具魅力的运动项目文化建设。加强和改

进体育文化传播和推广工作，鼓励打造体育文化精品工程和体育文化品牌活动。

四、政策措施

第一，积极、稳妥地推进体育社会组织改革试点。以"统筹考虑、试点先行、分类推进、分步实施"的改革思路，推进非运动项目类协会和部分非奥运项目协会的脱钩改革试点；选择几个具有一定市场化和社会化运作经验和条件的协会，推进单项体育协会综合体制改革试点；选择若干非奥运项目协会，推进社会化改革试点；选择一些奥运项目协会，进行群众体育功能优化改革试点。根据改革试点积累的经验，按照不同类型和方式，逐步全面推开全国性单项体育协会改革，并对事业单位进行必要的调整和整合。部署各省（自治区、直辖市）体育局深入研究、积极谋划当地体育社会组织的改革。

第二，研究制定《体育工作综合评价管理办法》，从群众体育、竞技体育、体育产业、体育投入产出效益等方面综合测评体育工作业绩，扭转金牌至上的政绩观，推动体育发展方式转变。调整和完善公共体育服务体系，在内容上将市场不愿办、社会无能力办的奥运项目纳入公共体育服务体系，在投入导向上从单纯重视场地设施建设向场地、组织、活动、人员并重转变，实施公共体育服务体系建设成效评价制度。

第三，制定并组织实施《全民健身计划（2016—2020年）》和《"十三五"公共体育设施专项建设规划》，在全国50%的县（市、区）、街道（乡镇）两级建设一批达到建设标准以上、方便群众体育锻炼的体育健身设施，推动城市社区15分钟健身圈建设和农民体育健身工程全覆盖。制定并组织实施《青少年体育振兴规划》，与教育部合作推动"三大球"和冰雪运动进校园。全国建成青少年体育俱乐部12 000个，其中国家级青少年体育俱乐部6 000个，国家示范性青少年俱乐部600个，在有条件的省（自治区、直辖市）建立30个国家级青少年足球训练基地并推广到篮球、排球及冰雪项目。

第四，组织实施《2011—2020年奥运争光计划纲要》，制定并实施《中国足球中长期发展规划》和《中国冰雪运动中长期发展规划》。加快发展职业体育，落实《中国足球改革发展总体方案》，探索政府与市场相结合的竞技体育发展道路。

第五，与财政、税收、规划、金融、国土等部门合作，贯彻落实《国务院关于加快发展体育产业促进体育消费的若干意见》，建立健全多部门合作的体育产业发展工作协调机制。选择具备条件的城市作为国家体育产业改革发展试验区，探索以中心城市为枢纽和节点的区域体育产业发展振兴之路。分业态建设一批国家体育产业示范基地和项目。

第六，全面推进以法治体工作。坚持依法开展体育工作，依法履行政府职能，运用法治思维依法推进改革和决策。完成《体育法》修订工作，全面清理现行的体育法规政策，加强体育标准化建设，建立健全体育行业标准体系，坚持严格规范公正文明执法，加强体育法治队伍建设。

第七，实施人才兴体战略。实施更加开放的人才引进政策，吸引各类精英人才投身体育，实施国际体育组织人才培养工程、体育社会组织管理人才培养工程和体育志愿者培养工程，全面提升体育从业者素质。

第八，建立体育系统反腐倡廉长效机制和日常巡视制度，彻底扭转行业不正之风。

ZHONGYANG "SHISANWU"

GUIHUA 《JIANYI》 ZHONGDA
ZHUANTI YANJIU

专题二十七　社会心理和舆论引导

中共中央政法委员会

"十三五"时期社会心理和舆论引导
研究报告

在当前我国转型加剧的时期，社会心理问题已经成为一个重要的时代课题。按照中央财办要求，我们抽调精干力量并聘请有关专家组成专门课题组，对社会心理和舆论引导问题开展研究。赴江苏、河南、山西三省调研，访谈社会各阶层人士 102 位，并委托奇虎科技公司开展网络调查，收回 217 356 份网络问卷。现将有关研究情况报告如下。

一、当前及今后一个时期我国社会心理主要特征

社会心理，既是观察、记录、理解社会变迁的重要窗口，也是判断社会发展状况的重要依据，更是推动社会转型和经济发展的重要资源。当前我国正处于急剧社会转型时期，经济体制深刻变革、社会结构深刻变动、利益格局深刻调整、思想观念深刻变化，社会心理正在经历分化嬗变、组合重塑的演进过程，呈现出由这个时期特定社会状况和环境条件所形成的一些鲜明特征。

（一）当前我国社会心理正处于多元、多变、复杂的活跃期

多元，体现在社会转型过程中，不同的社会阶层与利益群体产生不同的价值观念，人们思想活动的独立性、选择性和差异性明显增强，由此必然引起不同社会阶层或群体的社会心理出现分化多元的状态。对于同样的社会现象，由于年龄、阶层、地域、知识背景、利益诉求等的不同，人们往往形成差异很大的观点看法，出现双重、多重甚至截然不同的

社会心态。多变，体现在我国社会心理仍处于不断调整、适应、分化的动态过程之中，正在从农业社会心理向工业化、信息化社会心理转变，从农民心理向市民心理转变，从计划经济心理向市场经济心理转变，从封闭心理向开放心理转变。正如中国的现代化是一个长期的过程一样，社会心理的转变也是一个长期的过程。复杂，体现在积极因素与消极因素并存，理性与非理性并存，安全焦虑与风险漠视并存，特殊信任度高与普遍信任危机并存，交织着各种复杂的思想和情绪，体现出心理的矛盾性和冲突性。特别是社会心理与利益诉求、民生表达、个人发展等现实问题更深刻地联系在一起，与突发事件、社会热点等具体现象更直接地联系在一起，社会矛盾的"触点"增多、"燃点"降低。

（二）社会心态失衡问题凸显，负面社会情绪呈蔓延之势

这是当前我国社会转型时期面临的一个突出问题。我国社会的深刻转型与历史上发生的社会转型一样，它不可避免伴随着社会失范现象，进而对当代中国人心理形成影响和冲击，引发人们的失衡、焦虑、逆反、弱势等负面心态。这也是转型社会的一个普遍心理症状。在经济转轨、社会转型过程中，由于国民收入分配格局不尽合理，一部分人在社会地位、社会资源等方面与富裕阶层之间的差距不断拉大，尽管自身境况也有较大改善，但从横向比较来看，仍然产生较强的"相对剥夺感"。面对日趋激烈的竞争压力，人们出于对生计和前途的担忧，在收入、就业、住房、婚姻、教育、养老等方面表现出较强的焦虑和恐慌感，有的人甚至产生极端心理。尽管每个阶层都有向上流动的愿望，但受阶层相对固化的影响，近年来却出现比较普遍的底层认同现象，一些按照经济收入和社会地位应该归属于更高阶层的人，也竞相给自己贴上"弱势群体"的标签。这种反应，与其说是弱势群体在扩大，不如说是"弱势心态"正在蔓延。研究表明，失衡、焦虑、逆反、弱势等负面情绪具有较强的感染性，极易在具有相同感受的人中间产生共鸣，形成"群体性怨恨心态"。

（三）随着互联网等新兴媒体的迅速发展，社会情绪交叉感染和放大效应愈加明显

当前，我国进入移动互联网时代，网民规模达 6.49 亿人，其中手机网民规模达 5.57 亿人。随着微博、微信等交互性传播方式的运用，互联网的"碎片化"特征更加明显，传统媒介下"我说你听"的单向度的主客体分化的舆论场，变成了"众声喧哗"的多向度的客体主体化的舆论场，现实生活中的法律、道德约束由于"马甲"的掩护而失去应有效力，非理性的社会心态很容易通过网络空间以夸张的方式宣泄出来。同时，网络上大量存在的偏激言论、恶意信息和谣言，经过网民模仿、他人暗示和群体交叉感染等大众连锁心理反

应，影响能量呈几何级数递增。加强网络文化建设和管理，营造风清气正的网络舆论环境十分必要。

（四）我国社会心理进入总体向好的转折期，为我们因势利导进行调整提供了机遇

党的十八大后，中国社会心态进入了一个相对高的期待期。过去，公众更多的是一种观望，而现在更多的是一种期待。网络调查显示，81％的人表示现在比过去感觉更幸福，77％的被调查者对于国家未来的发展充满信心和比较有信心（见图1）。现实访谈中，无论是生活艰难的低保群体、收入微薄的农民工、即将毕业的大学生，还是相对稳定的公务员和知识分子，以及收入较高的金融从业者和私营企业主，普遍对于国家和社会持乐观态度，认为"生活在中国挺好的""只要在党的领导下，中国一定会发展得更好"。经过30多年改革开放的洗礼，我国公众的心理正在朝着更加积极的方向发展，人们的价值观念变得越来越开放和多元，行为方式变得越来越主动和积极，处理问题也越来越理智和成熟。这种总体向好的趋势，来源于群众对实现中国梦的热切期盼，来源于群众对党和国家的信任，来源于对中国特色社会主义制度、道路、理论的认同，来源于对中国传统思想观念的回归。我们应当充分把握我国社会心态总体向好转折的时机，因势利导，顺势而为，趋利避害，努力培育自尊自信、理性平和、积极向上的社会心态，凝聚起实现中华民族伟大复兴中国梦的强大正能量。

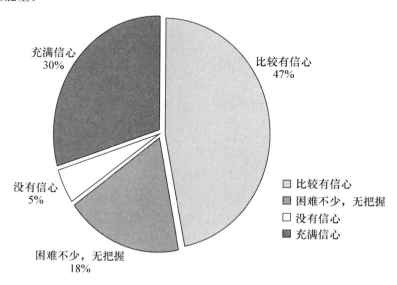

图1 对国家未来3～5年发展信心

二、社会各阶层心理预期

随着改革开放的深入和社会转型的加快，我国社会阶层呈现不断分化的趋势。关于中国社会阶层的划分，目前学术界还没有定论，实践中也没有统一标准。专家学者从不同的角度，提出了不同的划分标准。中国社科院陆学艺教授以组织资源、经济资源和文化资源的占有状况为标准，划分为国家与社会管理者、经理人员、私营企业主、专业技术人员、办事人员、个体工商户、商业服务人员、产业工人、农业劳动者和城乡无业、失业和半失业人员阶层等 10 个阶层。清华大学李强教授根据改革开放以来人们利益获得和利益受损的状况，划分为特殊获益者、普通获益者、利益相对受损和社会底层等 4 个利益群体。中国人民大学李路路教授提出了"阶层关系双重再生模式"，划分为党政机关、企事业单位负责人和中高层管理人员，专业技术人员，党政机关、企事业单位的一般管理人员和办事人员，体力劳动者，自雇佣者等 5 个阶层。此外，李培林、朱光远、仇立平等教授也提出了各自的划分标准。专家学者的划分标准都有相应的理论支撑，见解各有独到之处，但都难以涵盖所有的社会阶层。我们综合专家学者的划分标准，结合工作实践，将当前社会阶层划分为以中小企业主为代表的新兴中产阶级、以农民工为代表的低收入阶层、知识分子、农业劳动者、机关事业单位人员、退休人员等 6 个主要阶层和群体。

（一）社会各阶层的不同心理预期

1. 以中小企业主为代表的新兴中产阶级

中产阶级是社会的稳定器、平衡轮和缓冲剂，属于"橄榄型"社会结构中的主体部分。改革开放后，白领、"海归"[1]、"海待"[2]、中小企业主和中外资企业管理者等中产阶层不断成长兴起，成为影响中国发展的重要力量。作为新兴中产阶级，他们对党和国家政策表现出强烈的兴趣，具有强烈的社会责任感和忧患意识，积极参政议政，往往通过网络主动发表意见建议。他们对自身的发展充满信心，相信凭借"勤劳的双手、思考的大脑和爱的心灵"，完全有可能实现人生价值和目标。他们支持渐进式社会改革，渴望社会秩序稳定，是改革开放的主力军和"铁杆"支持者。通过网络问卷调查和现实访谈，我们感到，

---

[1]　"海归"指的是海外留学回国创业的人员。
[2]　"海待"指的是海外留学归来，却找不到工作的待业者。

受经济下行压力的影响，中小企业主对税收负担重、社保费率高、利润薄、资金链条容易断裂等因素感触颇深，最盼望吃到国家政策的"定心丸"，使企业发展具有更加"踏实"的前景。

2．以农民工为代表的低收入阶层

这一阶层主要包括"农民工""漂族""蚁族"[1]以及失业者、低保群体、下岗工人等群体。目前，我国有 2.74 亿农民工，他们靠自己的勤劳、朴实和艰辛努力赢得了社会的信任和尊重，同时也面临着稳定就业、社会保障以及市民化等现实问题。通过网络问卷调查和现实访谈，我们感到，农民工的心理预期很实际，他们期望有自己的事业、稳定的工作、自己的房子、更高的收入和幸福的生活，希望享受充分的社会保障和闲暇娱乐，渴望被公平对待为城市居民。"漂族"认为大城市拥有更多的就业机会，更能发挥个人才能，更有机会获得高收入，他们最大的心理预期是实现自我价值，生存、发展和融合是其追求的目标。"蚁族"相对年轻，对生活的期待高于周围人，希望通过自己的努力开创美好未来，其心理预期集中在自我提升、生活富裕、价值实现。虽然"蚁族"在现实居住空间中趋于分散，但在虚拟空间中却呈现出集聚的态势。作为大中城市的外来户，"农民工""漂族""蚁族"等三个群体，具有较为相近的心理预期，即提高自身的生存发展条件并顺利融入城市生活，期盼社会能够提供实现心理预期的机会。

失业者、低保群体和下岗工人都属于困难群体。通过网络问卷调查和现实访谈，我们感到，这些群体生活满意度较低，生活压力较大，时常感觉孤独无助，底层意识较强。他们的心理预期，主要是增加收入、更好地维持生计，尤其希望政府改善他们的医疗、住房条件，提供较为完善的社会保障。许多低保人员和下岗工人表现出较强的自立自强意识，希望在政府和社会的帮助下，通过自己的努力，改变靠人接济的尴尬局面，"尽快从被帮助的人变成帮助别人的人"。

3．知识分子

中国知识分子承袭了传统儒学中积极入世、刚劲有为的人生哲学思想，有着较高的精神需求，自我实现的愿望非常强烈。他们不甘平庸，满怀抱负，精心设计自我发展的轨迹，

---

[1]　"漂族"指离乡背井的人群。"蚁族"指的是低收入聚居群体。

渴望人尽其才、有所作为，希望自我价值得到社会承认。尽管相比之下，今天的青年知识分子在物质利益面前表现出更现实的态度，但是自我实现的精神满足仍居优先地位。通过网络问卷调查和现实访谈，我们感到，知识分子最盼望的是国家为其提供更多的机遇和更广阔的空间，给担子、给责任、给方向，从而在国家政治、经济、文化生活中获得更大的话语权，赢得更高的社会尊重和认同。

4. 农业劳动者

对处于社会转型时期的农民来说，较高的城市门槛，尚不健全的教育、医疗、就业等社会保障，使其在城市生活面前望而却步。记忆中温情脉脉的乡村已经被工业化、城镇化的发展改变了面貌，特别是很多失地农民由于土地被征用、房屋被拆迁而成为边缘化的群体。他们缺少心理坐标，曾经的乡土情结被打破，对未来感到忧虑，身份的焦虑感凸显。通过网络问卷调查和现实访谈，我们感到，农民最盼望的是国家不断健全完善农村社会保障体系，逐步缩小城乡差距，使他们享受到与城市居民同等的基本公共服务，解除他们在医疗、养老、教育等方面的后顾之忧。

5. 机关事业单位人员

公务员是各级行政事务的直接组织者和管理者，在改革发展稳定各项工作中发挥着十分重要的作用。他们社会地位较高、关心国家大事，具有强烈的社会责任感和主人翁意识。通过网络问卷调查和现实访谈，我们感到，机关事业单位工作人员最大的心理预期，就是随着国家的繁荣富强，自身能有更大的发展空间和上升渠道，实现建功立业、报效国家的人生理想。同时，面对纷繁复杂的社会环境和有增无减的工作压力，他们也存在一定程度的疲劳感、倦怠感，渴望更合理的工资待遇、更完善的激励机制、更宽容的社会环境。

6. 以退休人员为代表的老年人阶层

通过网络问卷调查和现实访谈，我们感到，老年群体对未来的心理预期很明确，就是健康的身体、各种形式的社会支持和陪伴，确保他们安享晚年。大部分退休人员进入了人生的晚年阶段，身体素质逐步老化，劳动和自理能力下降，希望国家完善养老保障体系，建立社会性养老服务机构，在街道（社区）设置专门人员管理老年人的生老病死，使他们"老有所养"。老年人普遍对我国医疗费用过高的问题感到担忧，一位老人戏言："你说人命贱吧，一到医院就贵得不行。"他们希望国家改进医疗保险政策，扩大药物报销范围，提高药物报销标准，确保"病有所医"。

（二）社会各阶层的共同心理预期

总体来看，虽然社会各阶层的心理预期各不相同，但也具有许多共同的期盼和愿望。从网络问卷和现实访谈的情况看，群众对未来3～5年的心理预期，主要集中在以下几个方面（见图2）。

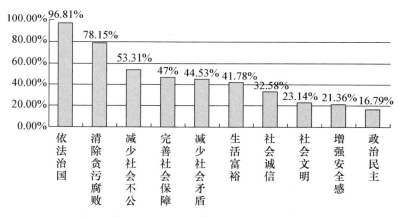

图2　未来3～5年人们最希望国家发生的变化

一是依法治国。网络问卷中，96.81%的被调查者将依法治国作为最希望国家未来发生的重大变化之一。人们普遍感到，法治是社会稳定的"压舱石"，也是人民维护合法权益的"重武器"。在我们这样一个地域辽阔、民族众多、国情复杂的大国，要保证国家统一、法制统一、政令统一、市场统一，必须秉持法律这一准绳，用好法治这个手段。人们盼望形成完备的法律规范体系、高效的法治实施体系、严密的法律监督体系、有力的法治保障体系，为党和国家事业发展、为社会长治久安、为实现公平正义提供根本性、全局性、长期性的制度保障，促进国家治理体系和治理能力现代化。

二是惩处腐败。网络问卷中，78.15%的被调查者将惩处腐败作为最希望国家未来发生的重大变化之一。党的十八大以来，以习近平同志为总书记的党中央，从党和国家生死存亡的高度，把反腐败斗争摆在更加突出位置，坚持"老虎""苍蝇"一起打，赢得了人民群众的一致拥护和赞誉。人们普遍认为，中央是腐败分子的克星，应当继续坚持猛药去疴、除恶务尽，始终保持惩治腐败的高压态势，不断取得党风廉政建设和反腐斗争新成效，赢得这场输不起的较量。

三是公平正义。网络问卷中，48.5%的被调查者认为自己的收入待遇低于自己付出的努力，53.31%的被调查者将公平正义作为最希望国家未来发生的重大变化之一。当前，人们对种种社会不公平现象深恶痛绝，普遍感到单纯物质财富的增加未必能够使人感到幸福，公平感的获得、权益受到尊重，在很多时候比财富更重要。面对现实矛盾，只有建立以权利公平、机会公平、规则公平为主要内容的社会公平保障体系，努力在全社会实现公平正义，老百姓才能过得更舒心、更愉快、更幸福。

综上所述，**实现"成就动机"是当前社会各阶层最大的心理预期，也是其他社会预期的基础和源头**。研究表明，当人们生活贫困时，幸福感随着经济发展而迅速上升，但当超过人均 GDP 3 000 美元的"拐点"后，幸福感与收入的相关度降低，不会随着经济的发展而得到提升。只有满足了对"尊重"和"自我实现"的心理需求，人们才会真正感受到幸福。**当前，我国社会心理预期总的趋势是从追求生存等物质层面向追求发展等精神层面转化**，人们追求更多的发展机会、更多的工作岗位、更完善的社会保障、更公平的社会环境、更和谐的生态环境、更合理的分配制度、更清正廉洁的政府。实现这些更高层次的心理预期，一定要破除"经济发展必然带来幸福感提升"的片面认识，按照全面协调可持续的要求，全面落实经济建设、政治建设、文化建设、社会建设、生态文明建设五位一体总体布局，促进经济发展稳一点、社会发展快一点、民生改善好一点、人民幸福多一点。

（三）心理引导需要着重关注新生代农民工、扩招代大学生

一是新生代农民工。在 2.74 亿农民工中，新生代农民工约占 47%。新生代农民工是我国社会发生大转型的过程中所出现的重要群体，他们相对于第一代农民工群体而言，教育水平较高、社会阅历少、乡土认同弱，然而他们却不能在城市真正"扎根"，常常游弋于乡村与城市之间，出现了较为明显的"身份认同"困境。他们处于城乡二元结构的夹缝中，是"回不去，留不下"的一代、"诉求抗争力强的一代"，心理预期偏高，呈现由"生存心态"向"发展心态"的转变，社会不公平感强烈，孤独、焦虑感特征突出。

二是扩招代大学生。扩招代大学生（20 世纪 90 年代末入学）作为教育制度改革中的过渡群体，生长在互联网时代，思想活跃，个性鲜明，集体意识缺乏，物质追求强烈，抗挫折能力较弱，有时对未来感到迷茫，属于"优点突出，缺点也突出"的一代。据统计，全国高校大规模扩招始于 1999 年，比 1998 年增加了 48%；"十二五"期间，每年高校毕业生 700 多万人，大学生就业日趋艰难。

三、政策建议

社会心理是社会转型的反映，同时也是推动社会转型的力量。人心齐，泰山移。全面建成小康社会、全面深化改革、全面依法治国、全面从严治党，迫切需要全社会达成共识、凝聚力量，筑牢强大的民心和民意基础。要紧紧围绕推进"四个全面"战略布局，牢牢把握我国当前社会心理特征，坚持问题导向，着眼于培养理性平和健康向上的社会心态，加强源头防范，完善制度机制，创新方法手段，加强队伍力量，提升新时期社会心理和舆论引导能力，最大限度消除负面情绪、最大限度凝聚社会共识、最大限度释放正能量，为全面建成小康社会和实现中华民族伟大复兴的中国梦奠定坚实的社会基础和群众基础。

（一）用中国梦和社会主义核心价值体系凝聚社会共识

实现中华民族伟大复兴的中国梦，是现阶段全国人民的共同追求，要充分发挥中国梦吸引人心、振奋人心的作用，引导人们把个人目标和中国梦有机结合起来，为共同的目标而积极奋斗。社会价值观是社会心态的核心部分，影响着社会认知和社会情绪，进而影响社会行为。"富强、民主、文明、和谐，自由、平等、公正、法治，爱国、敬业、诚信、友善"24个字的社会主义核心价值观，是我国各个阶层、各个利益群体最大的精神公约，得到了各个阶层的认同。这种"社会共同意识"能够形成健康积极的社会心态，吸引、振奋社会成员，为人们的行动指引共同的方向。要加强社会主义核心价值体系建设，发挥其对高尚社会心态的激励功能，激发人们的创造活力和创新精神，促进高尚社会心态不断发展壮大；发挥其对健康社会心态的引领功能，引导人们用正确的价值观塑造人生观、匡正幸福观、提升荣辱观，努力培育健康阳光的心态、乐观豁达的心绪、宽容平和的心境；发挥其对消极社会心态的调适功能，引导人们用和谐的精神温润心灵、优化心态，用健康的文化生活调节情感、陶冶情操，实现人的心理和谐；发挥其对对抗性社会心态的矫正功能，引导人们用正确的价值观驱散偏激情绪、战胜非理性冲动，理性平和地表达情感、诉求和愿望，使崇尚和谐、维护和谐内化为自身的思维方式和行为习惯。

（二）围绕经济发展新常态引导理性的社会预期

我国经济增长速度正从高速增长转向中高速增长，经济结构正从增量扩能为主转向调整存量、做优增量并举的深度调整。这在客观上有利于缓和高速增长累积的矛盾和问题，但也会带来地方政府性债务、影子银行、房地产等领域所蕴藏风险的显现，可能会造成一些人对当前经济发展形势产生疑惑和误解，缺乏信心，形成错误的社会预期，产生不良的社会心态。要引导群众适应经济发展新常态，认清我国处于经济增速换挡期的客观形势，了解和尊重经济社会发展规律，历史地看待当前遇到的困难和问题，形成正确理性的社会预期。建立完善非理性预期和行为的规范引导机制，及时消除非理性预期和行为对经济发展的影响。不断增强宏观调控政策的科学性、预见性和主动性，准确解读我国经济发展速度变化和结构调整趋势，让人们在转变中看到希望，让市场在转型中激发信心，从而形成社会预期与经济发展的良性循环。

（三）建立健全以民意为导向的工作机制

得民心者得天下，人民拥护和支持是党执政的最牢固基础。我们党正是靠着赢得民心才走到今天，也必须继续依靠民心才能走向未来。要在各级领导干部中建立健全以民意为导向的工作机制和以民意为重要内容的考核评价机制，引导各级领导干部把工作重心真正转移到坚持科学发展、促进民生改善、保障公平正义上来，切实解决人民群众关心的实际问题，让人民群众有更多获得感，不断巩固我们党的民心基础。要把社会心理引导能力作为执政能力的重要内容来抓，加强对各级领导干部的培训，加大实践锻炼力度，确保各级领导干部能够准确把握社会心理、善于引导社会心理、合理利用社会心理，使民心民意成为重要的执政资源和领导资源。

（四）建立健全社会心理预警机制

建立健全科学合理的社会心态测评指标体系，建立完善社会心理检测和危机预警系统，在大量测评数据的基础上准确分析社会心理的变化方向和有关社会心理问题的严重程度，科学运用社会心理行为分析模型，预测社会问题和社会风险的发生，为科学、及时、准确引导社会心理和舆论提供依据。

（五）建立健全重大决策社会心理评估引导机制

我们所做的任何改革、决策，最终都是为了人民，推进改革、实施决策，最终也要依靠人民，要以群众利益为出发点，把民心民意作为推进改革、制定政策所要考量的重要标准，在出台关系群众切身利益的重大改革、决策时，要通过各种渠道广泛开展民意调查，准确把握群众期待，了解群众心理感受，预测决策可能对社会心理带来的影响，开展社会心理评估和引导，把民心民意作为出台政策措施的重要依据，真正使民心民意成为推进改革、实施决策的重要推动力量。

（六）构建社会心理和舆论引导工作格局

在党委和政府的领导下，构建由宣传、教育、政法、民政、卫生、网信等有关部门各负其责、整体联动、齐抓共管的社会心理和舆论引导工作格局。制定和落实社会心理引导地方、部门责任制，坚持"谁决策、谁引导"原则，由制定政策的地方、部门负责对出台的政策进行解读，消除公众的不解或误解，引导社会情绪。建立分析研判和定期会商机制，加强对社会心理的研究，准确把握社会各阶层的心理特点和需求，分析影响当前社会心理的主要问题，研究提出具体引导措施。建立公共突发事件和灾难心理干预机制，制定完善应急预案，在公共突发事件或重大灾难发生后及时开展对有关人群的心理干预和心理救援。健全个人心理医疗服务体系，通过政府购买服务等方式引入社会力量，规范发展个人心理服务专业机构，开展个人心理咨询、疏导、调节、治理等服务。

（七）建立顺畅的社会沟通机制

理解和信任来自于沟通和交流。要在社会各层面、各领域建立顺畅的沟通渠道，为不同社会阶层和群体提供平等沟通的机会，特别是政府要通过各种渠道与群众开展平等的交流和沟通，在对话中协调立场，在互动中达成共识，在交流中化解矛盾。要充分发挥社会主义协商民主优势，坚持有事多商量，遇事多商量，做事多商量，拓宽群众参政议政渠道，完善公共政策公开听证、专家咨询论证等制度，通过民主恳谈会、民主议事会等形式，广泛听取群众意见建议，努力达成共识，找到利益平衡点。畅通群众利益诉求表达渠道，尽可能地倾听社会各方面的声音，随时掌握了解民意需求和社会心态状况，及时就地解决群众遇到的问题。

（八）完善信息公开机制

公开是社会心理最好的镇静剂。群体性的心理恐慌和忧虑，往往来源于公众对可能影响自己生活的突发事件的未知。实践证明，因信息不透明而引发的谣言、传言常常会加剧公众的恐惧心理，其最终对社会秩序产生的冲击和危害往往大于突发事件本身。要完善信

息公开机制，落实政府信息公开条例，制定相关工作预案。当突发公共事件发生时，权威
部门要及时、准确、专业、细致地发布有关信息，给人们一个明确的预期，消除社会恐惧
心理，稳定社会情绪。

（九）加强对互联网等新兴媒体的舆论引导

从某种程度上讲，掌握了网上心理、舆论的主导权，就掌握了社会心理和舆论的主导
权。要进一步加强对网上心理、舆论的研判、分析和引导，抢占网上舆论阵地，牢牢把握
正确方向，弘扬主旋律，传播正能量，有效引导社会舆论。善于运用网络传播规律，改进
创新网上宣传方式，及时回答网民关心的热点难点问题，掌握网上舆论战场的主动权。加
强对微博、微信等新型社交网络和即时通信工具的有效监管，落实信息网络网址等实名登
记制度，落实网络运营、服务主体法律责任，规范网络信息发布流程，探索对信息发布者
建立诚信评级机制。加强舆情预警处置机制建设，密切关注网上舆情，掌握舆情产生和发
展变化规律，对热点事件进行舆论监测，及时发现网上各种苗头性、倾向性问题，切实有
效提升社会舆论引导能力。

中共中央网络安全和信息化领导小组办公室

"十三五"时期社会心理和舆论引导研究

"十三五"时期，是全面建成小康社会最后冲刺的五年，也是全面深化改革要取得决定性成果的五年。经济社会的深刻变革必将引起社会心理和舆论的调整变化，而社会心理和舆论也反作用于经济社会发展进程。开展"十三五"时期社会心理和舆论引导研究，了解把握当前和今后一段时期我国社会心理情况，提出有效引导社会预期、形成社会共识、共同建设小康社会的政策措施，对顺利推进各项改革、实现发展目标具有积极意义。

一、当前和今后一段时期我国社会心理主要特征

党的十八大以来，党中央执政理念和治国方略深受民众欢迎，社会心理主流积极向好。"十三五"时期，随着各项改革政策措施继续推行、经济社会向前发展，人们的精神风貌将继续保持乐观向上、健康从容的态势，人心普遍思富、思安、思稳、思和，对改革的承受能力也进一步增强，并乐于参与到改革发展的浪潮中去。但同时，在经济体制深刻变革、社会结构深刻变动、利益格局深刻调整、思想观念深刻变化的大背景下，我国社会心理中仍然存在焦虑、浮躁、悲观等多种消极情绪。

（一）对党和政府信任感不断提升，对未来发展更有信心，社会心态更加从容安定

1. 不断提升对党和政府的信任感，相信反腐斗争走向制度化常态化，实现政治清明

党的十八大以来，以习近平同志为总书记的新一届中央领导集体推动全面深化改革，

并逐项落实。社会各界高度评价改革举措"直接针对全面转型期的深层矛盾和既得利益群体，敢啃硬骨头，敢于涉险滩，敢于向积存多年的痼疾开刀"。在此背景下，经济形势稳中向好，社会事业蓬勃发展，正能量愈发强大。美国皮尤研究中心 2014 年公布一项包括 21 个国家的面向未来"老龄化"态度的调查报告显示，有 79％的中国人表示对未来有自信，信心指数全球最高。该调查还显示，92％的中国民众认为习近平主席能够带领国家走向强盛。中央坚定反腐，强调反腐"无禁区"，"打老虎"与"拍苍蝇"同时发力、全国摸底"裸官"、中纪委派出多个巡视组、完善干部人事制度等，让民众进一步增强对党和政府的信任，对干部清正、政府清廉、政治清明的信心。据中央网信办互联网新闻研究中心监测，湖南衡阳贿选案曝光后，网上舆论一片哗然。但随着案件处置结果逐步披露，90％以上网民对中央敢于揭丑予以肯定，认为此案彰显党和政府捍卫民主法治的决心。

2. 接受并认可经济进入"新常态"，对经济健康发展更有信心

党的十八大以来，我国经济发展进入新阶段，习近平总书记提出"适应新常态，保持战略上的平常心"，李克强总理释放不要"强刺激"要"强改革"的信号。面对下行压力，民众感受到中央的"胸有成竹"。"十三五"时期是我国经济不断提质增效、升级转型、走创新发展之路的重要时期。社会各界普遍认识到我国经济转型升级势在必行，认可当前中央经济政策和发展目标，认为"新常态"是我国经济发展必由之路，对经济增长保持中低速度的心理承受能力增强，对经济长远健康发展更有信心。2015 年 1 月，人民网全国"两会"调查上线，就公众关注的 16 个热点问题展开网上调查。在"如何看待新常态下的 GDP 增速放缓"的调查中，79.81％的网民表示乐观。其中 57.82％的网民态度为"谨慎乐观"，认为"这是经济转型必须付出的代价，挑战与机遇并存"；21.99％的网民态度"乐观"，认为"预示中国经济进入更高发展阶段，质量更好、结构更优"。

3. 越来越认同并自觉遵守法律法规和社会秩序

党的十八届三中全会通过《中共中央关于全面深化改革若干重大问题的决定》，并成立由习近平总书记任组长的全面深化改革领导小组。十八届四中全会提出全面推进依法治国的方略。"十三五"时期，各项社会制度改革和法治中国建设将进一步提速。随着党的纪律检查制度、户籍制度、公务用车、国企管理、高考制度、事业单位人事管理、环境保护等多领域改革"全面开花""突破前行"，越来越多的民众更加相信法律法规和社会秩序，对各种违法违规现象和形形色色"潜规则"的质疑、抵触、否定越来越多，整体社会心理更

加客观、理性、安定。

4. 更加坚定积极地追求"中国梦"、个人梦

"十三五"时期，随着"四个全面"协调推进，中华民族伟大复兴的"中国梦"将进一步实现。随着各种改革发展障碍被清除，特别是中央和地方鼓励创业并不断出台支持举措，社会潜能和人民首创精神将更加迸发。民众追求个人梦，并把个人梦与国家梦结合起来的心理更加坚定积极，对国家相关领域的发展得失更能保持平常心，对个人努力奋斗的成败也更加平和从容。2014 年 3 月，全球最大广告传播集团之一英国 WWP 集团发布调查报告称，"中国梦"的吸引力未来可超越"美国梦"。受访中国人中有超过三分之一的人认为，美国是当今世界的"理想国度"，但这种看法仅限于当前，有 42% 的中国民众认为，再过10 年，中国将成"理想国度"。

（二）社会各界普遍存在不同程度的不安全感和相对剥夺感，个别社会群体出现一定自卑和悲观心理

1. 存在一定焦虑感和不安全感，对一些社会热点事件持负面评价

"十三五"时期，虽将稳步提高社会保障统筹层次和水平，建立健全更加公平、更可持续的社会保障制度，但经济社会文化发生的巨大变化，旧的心理认知和平衡被打破，而新的认知和平衡短期内尚不能完全建立，使得相当一部分民众存在着焦虑和不安全心理。中国人民大学中国调查与数据中心、首都经济贸易大学统计学院和中央财经大学统计学院联合发起的民意调查显示，仅 8.1% 的受访民众认为当前安全感较强。社会心理的转变进程较慢，往往滞后于社会经济的转型，导致对社会认知的某些混乱，进而诱发了一系列背离社会发展的反常心理，主要表现为社会认知的负面化，对某些社会热点事件的负面判断高于正面判断。调研组对新浪微博 2014 年 7 月至 12 月间的 234 779 条对照组数据进行筛查后发现，对社会心态的现状表达负面情绪的话题是正面情绪的 1.5 倍。

2. 不公正感和相对剥夺感较强，希望采取激烈手段改善现状

"十三五"时期，各项改革举措深入推进，直接影响社会各阶层的利益，加之存在一些法律和制度漏洞，部分社会群体认为自身权益受到损害。对公权力监督的不到位，收入差

距的悬殊，一些中央政策没得到较好执行，致使一些民众特别是年轻人存在较强的不公正感和相对剥夺感。调研组对新浪微博2014年7月至12月间的上千个讨论议题进行统计后发现，推动"社会公平"的要求最高，达到20.70％，其次是"环境保护"（13.07％）和"医患关系"（11.95％）。当前，民众对追求社会公正平等的意识大大增强，一旦通过个人努力无法解决，往往产生倾向要求党和政府或其他组织采取过激手段对相关责任方施加影响的心理。

3. 弱势心态有所蔓延，期盼党和政府有更多作为

随着社会发展，人们的生活标准不断提高，生活期望值也越来越高，现有的住房、教育、医疗、养老体系难以有效保障各个社会阶层。部分群体在转型中失去了曾经拥有的地位，一些群体虽获得一定利益，但远远比不上所参照的对象。法律制度的不健全、市场经济的优胜劣汰、改革红利的分配不公，造成社会各阶层普遍存在相对弱势感，甚至被认为属于既得利益集团成员，尤其是拥有高学历、高收入、高职位的"三高"人群，也纷纷自我定位为弱势群体。《人民论坛》杂志曾做过一次调查，认为自己是弱势群体的党政干部受访者达45.1％，公司白领受访者达57.8％，知识分子受访者达55.4％。弱势心态在各个群体蔓延，进而导致部分民众处于不幸福和消极悲观的情绪中。民众普遍认为，当前自己的切身利益与党和政府的执政能力存在直接关系，期盼通过顶层制度设计维护自身权益，提升幸福感和满足感。

（三）道德评价泛滥、围观旁观和仇视逆反是消极社会心理在舆论中的主要表现

1. 道德评价泛滥

看待社会中的问题和事情，不分事由、不查事实、不辨事理，片面地将道德评判绝对化、极端化，道德导向成为解决所有社会问题的根本，甚至出现了"道德掩盖事实""道德绑架常识""道德挟持司法""以道德审判代替法律"等现象。部分民众缺乏客观理性思维和中允评价的能力，在不问青红皂白甚至在臆断事实的基础上，以浮躁的心态做出不恰当的道德评价。同时，由于广大民众以自己的立足点进行道德审判，致使各种评价出现矛盾、冲突，莫衷一是。

2. 围观与看客心理

随着现代化、城镇化进程的不断加快，大量流动性人员没有完全融入新的社会，处于

"无根"状态。另外，社交方式更加"间接化"，如用电子邮件、手机短信、微信等互致问候，人际关系趋于冷漠化。随着社会冷漠心理延伸，部分民众在舆论中以置身事外、事不关己高高挂起的心态冷眼旁观。面对善行义举，无动于衷；遇到恶人恶行，麻木不仁。调研显示，大多数围观者指向的是自己在现实生活中的遭遇，以围观和看客的方式表达不满情绪、重建心态平衡。中国青年报社会调查中心对 1 758 人进行的一项在线调查显示，84.7％的受访者确认现在"网络围观"现象很普遍。

3. 仇视和逆反心理

由于社会不公平感、社会阶层差距，极少数民众出现否定性的仇视和逆反心理，容易丧失冷静头脑，呈现敌对情绪。如对政府政策、官方言论、主流观点、社会精英、富裕群体等一律持怀疑态度，怀排斥心理，宁信其错，不信其对，宁信其坏，不信其好；一些明显违背社会公序良俗的人和事，不仅未遭唾弃，反而受到追捧。少数底层民众对政府和富裕群体信任感低，对与之相关的社会事件积极反证，甚至提出相反看法，表现出怀疑一切、否定一切、反对一切的特点。2015 年 2 月，调研组委托复旦大学国际公共关系研究中心做的一项调查显示，社会对"官员"这一群体的基本态度与评价以负面为主。

二、不同社会阶层心理预期及其影响因素

（一）不同社会阶层的心理预期

三大社会阶层人口占比及代表性人群详见表1。

表 1

三大社会阶层人口占比及代表性人群

社会群体	代表性人群
体制外精英 （人口的 3％～5％）	● 民营实体经济领袖 ● 互联网等新兴产业领军者 ● 各种新兴行业、职业的领袖（金融、规划、建筑、高端服务业）
中产阶级 （人口的 25％～30％，并逐渐增加）	● 各种新兴行业、职业的主要参与者 ● 高等教育和高端劳动力市场的主体参与者
底层民众 （人口 60％以上，并逐渐减少）	● 边缘和弱势群体 ● 较低的教育和职业地位 ● 非正式就业者、低保障退休者、无业者

其一，社会地位较高的体制外精英具有期盼在改革中获得更大发展的积极心理，也有希望社会稳定、拥有一定政治话语权的心理冲动。该阶层主要包括经济领域的体制外精英，如民营经济中的成功者，他们大多经历过物质匮乏与丰富的对比，对大的结构性命运下个体差异有深刻体验，普遍能以理性价值观批判非理性和低效率，对社会改良报以激情，兼具经济上的成就感和政治上的无力感。希望"十三五"期间党和政府对极左群体倡导的"回头路"和民粹主义保持持续警惕，并采取有效举措缓解社会仇富心理，确保其人身财产安全和政治地位；希望社会发展能尊崇理性和效率，提升创新能力；希望政府能赋予他们更多的公共责任和道义，如企业社会责任、慈善事业和社区组织等，维持其自我控制感和自我效能感。

其二，社会地位居中的中产阶级要求社会更公正、平等，政治更民主、清明，有更多机会参与社会治理。该阶层主要包括接受过高等教育且从事特定专门职业的就业人群，如高校教师、律师、媒体人等。他们普遍强调个体价值反对集体价值至上，较官方文化更支持活跃的亚文化，但精神世界偏世俗化和物质化，享乐主义等心理较盛行。希望通过努力上升到精英阶层，但又害怕因激烈竞争等滑入社会底层，希望"十三五"规划的实施能降低生活成本，保持该群体整体社会地位；希望"十三五"期间社会能更公正、平等，政治更民主、清明，公民可以更多参与多元治理。

其三，社会地位处于下层的底层民众存在一定心理落差，希望坚决打击贪腐现象、缩小收入差距。该阶层主要包括收入分配处于低位的人群，他们普遍对抽象的国家保持忠诚和政治期待，能通过较长期的社会心理适应，增强个人主体意识补偿社会地位的实际下降；但对不当政府行为持较剧烈的反应，甚至采用不合作姿态，以对抗性情绪和破坏社会秩序的方式寻求话语空间。他们对社会福利体系的重构具有很强的政治期待，希望"十三五"规划的实施能提高其在社会结构中的层次，重回"人民当家做主"状态；希望"十三五"期间党和政府能进一步打击贪腐现象，遏制炫富行为，减轻该群体的相对剥夺感；希望能以尽量少的个体牺牲，如家庭分离等成本，缓解生存压力，获得较体面的生活。

（二）社会心理的主要影响因素

1. 社会结构变迁与阶层流动成为不同群体心理割裂的隐患

"十三五"期间，我国国内外发展环境更加错综复杂，面临诸多矛盾叠加、风险隐患增多的严峻挑战。伴随社会结构的变迁，社会阶层产生分化与重组，导致不同群体心理的变化与失衡，导致不同阶层之间形成"我们-他们"界限，这种界限的形成会进一步促进阶层冲突与对立。社会心理的失衡，阶层心理的分化，会从心理层面反馈到社会层面，成为诱发群体性事件的基本因素，为群体性事件的产生与持续发展提供直接动力。群体性事件与社会信任的缺失形成相互作用、相互影响的恶性循环，进一步加深社会阶层间的心理割裂。

2. 经济发展方式和社会建设进程影响着社会心理的稳定和改善

经济关系直接决定着人们的思想倾向和心理态势，社会心理的变迁深深植根于中国传统社会向现代社会经济体制的转型过程中。当前我国经济发展虽已取得巨大成就，但这种增长方式主要以消耗资源为基础，以牺牲环境为代价，造成了经济结构失衡，生态环境破坏，部分社会群体生活水准下降。"十三五"时期，我国经济发展进入"新常态"，能否真正摆脱唯 GDP 论，走技术创新和环境保护的道路，直接影响着社会心理的变化。与社会主义市场经济体制相适应的法律制度体系和社会建设能否取得长足进步，则影响着社会心理的稳定和改善。相信随着市场环境得到持续改善，经济秩序更加规范，收入分配更加合理，社会保障更加健全，社会心理会更加安定，民众幸福感也会更强。

3. 政治清明和民主制度健全引领社会心理发展方向

政治生活是整个社会生活的重要组成部分，在很多情况下，左右着经济社会的进一步发展，主导着社会心理的演变。"十三五"期间，法治中国建设全面推进，社会主义民主政治深入发展，直接推动社会风气的继续向好，也引领社会心理继续向健康积极方向发展。首先，国家法律进一步健全。长期以来，有法不依现象时有发生，执法不严问题难以杜绝，对社会心理产生了负面影响。其次，政治生态更加清明。一段时期，腐败蔓延态势没有得到遏制，严重破坏党群关系、干群关系，严重破坏社会信任。最后，民主制度不断完善。"十三五"期间，政治民主将更加健全，各群体都有更多参与政治生活的机会，行使当家做主的权利，对权力进行有效制约，提高决策透明度，使社会心态更加平和稳定。

4. 社会主义核心价值观的普遍认可增加社会心理的"暖"度

社会全面转型不可避免地引起文化形态和模式大变革，文化价值理念冲突的激化对社会心理的影响格外深刻。由于我国现代化进程受外来因素影响，导致国人的思想观念和行为模式在不同程度上表现出"两脚踏东西文化"的特征，传统伦理道德与"舶来文化价值"在互动中相互碰撞，民众在日常生活中经常面临选择的两难困境，不同程度表现出"双重人格"的特点。"十三五"期间，社会主义核心价值观更多走进民众内心，并转化为自觉行动，消除"内""外"

冲突，将缓解由于价值取向混乱和心理失衡而产生的冲突、茫然，增加社会心理的"暖"度。

三、互联网发展对社会心理的影响及给舆论引导工作带来的挑战

（一）互联网发展及网络舆论对社会心理的影响

1. 互联网快速发展，推动网络舆论崛起

截至 2015 年年底，我国网民规模达 6.88 亿人，互联网普及率为 50.3%。网络技术的发展，尤其是移动互联网的发展与普及，所带来的舆论传播革命对于传统舆论构成了强大冲击，网络舆论已经成为影响我国舆论格局乃至政府决策的重要力量。网络的特点决定了网络时代的舆论高度开放，具有更强的感染力。任何不利于政府的负面信息以及社会领域的热点难点问题都可能成为舆论焦点。

2. 网络舆论解构着传统社会心理，形成负面偏好

网络时代的舆论生成模式表现为借助新闻网站、论坛、微博等平台，以及即时通信工具等沟通手段进行热点社会问题聚焦和意见交流，从而引发社会广泛关注形成舆论现象。新的舆论生成模式赋予网络舆论比传统舆论更大的影响力，甚至在一定程度上产生了对于传统社会心理的解构。通过网络，意见相同者快速聚拢，质疑、反思和批判性的舆论最能激起共鸣。在这种作用之下，社会心理容易形成一种聚焦社会矛盾和问题的负面偏好。

3. 网络舆论与传统舆论场分离对立，不利于构建社会共识

网络舆论的出现使我国形成了一种多元舆论格局，两个舆论场传播基调和诉求表达分离甚至对立，不仅可能挑战党管媒体的原则底线，而且激化社会阶层分裂对峙，影响政府公信力，不利于建构社会共识，长此以往将不断消解中国特色社会主义的凝聚力向心力。

4. 少数民众产生媒体依赖心理

网络舆论的突飞猛进，使其作用往往超出边界。舆论的非理性容易导致监督行为失当，

出现舆论监督左右事件进程、影响司法公正等情况。同时，媒体权力及影响被赋予了更多光环，特别是弱势群体把更多希望寄予网络，以致少数民众产生媒体依赖心理、有问题第一反应是找媒体，"上访不如上网"，不寻求正常的解决渠道。

（二）网上舆论引导工作现状及存在的问题

1. 网上舆论引导工作取得的进展

第一，舆论引导特别是网上舆论引导越来越受到重视。2013 年 8 月 19 日，习近平总书记在全国宣传思想工作会议上发表重要讲话，强调要把网上舆论工作作为宣传思想工作的重中之重来抓。2014 年 2 月 27 日，习近平总书记在中央网络安全和信息化领导小组第一次会议上指出，做好网上舆论工作是一项长期任务，要创新改进网上宣传，运用网络传播规律，弘扬主旋律，激发正能量，大力培育和践行社会主义核心价值观，把握好网上舆论引导的时、度、效，使网络空间清朗起来。管好用好互联网，是新形势下掌控舆论阵地的关键。

第二，网上舆论引导逐步走上法制轨道。依法规范网络舆论是国际通行做法。近年来，有关部门先后制定发布了一系列与网络舆论相关的法律法规和管理制度，主要包括《全国人大常委会关于维护互联网安全的决定》《全国人大常委会关于加强网络信息保护的决定》《互联网信息服务管理办法》《互联网新闻信息服务管理规定》以及《即时通信工具公众信息服务发展管理暂行规定》《互联网用户账户名称管理规定》等，充分保障言论自由，同时规定，公民在行使自由和权利时，不得损害国家、社会、集体的利益和其他公民的合法自由和权利，有效规范了信息传播秩序。

第三，信息公开、官民互动成为常态。从中央国家机关到地方政府、从社会团体到群众组织，纷纷建立新闻发言人制度，发挥着引导舆论、改善形象的特殊功效。很多政府部门通过制定危机应对预案、推行"电视问政"、开通"市长热线"、开设官方网站、推广政务微博政务微信等方式，及时发布权威信息，加强与民众的平等沟通，抓住舆论主导权和话语权，赢得广泛好评。

第四，网络舆论环境治理协调机制初步建成。中央网信办与各地各部门广泛建立起沟通渠道和协调机制，与工信、公安、安全、总参等涉网部门保持热线联系，在重大舆情应对处置中得到各方面有力支持。针对境外敌对势力借我政治、经济、社会、生态等领域敏感问题开展攻势，混淆是非、误导舆论，特别是散布政治谣言的情况，不断加强舆情预警、短信拦截、境外封堵等工作，积极开展网上政治谣言专项治理工作，有力维护我意识形态安全和信息安全。

第五，网军队伍逐步壮大。利用绿色通道、置顶推荐等进行快速引导，运用大数据进行精准引导，定点定向引导。目前，从中央国家机关、科研院校、各地网信办以及军队有关部门中选拔出政治、经济、外交、法律、民族宗教等 13 个领域专家约 1 000 人，推荐为特约评论员，在中央网信办指导下参与各相关领域舆论引导工作。基础网评员发挥数量优势，关注正能量，传播正能量，在整个舆论场上对冲网民的宣泄情绪。骨干网评员在互动传播环节对普通网民开展解疑释惑作用，消除网民的疑虑心理。

2. 网上舆论引导工作存在的主要问题

首先，信息公开不及时，与外界沟通不足。政府信息公开工作的落实情况不够理想，尤其是面对危机事件，一些部门"拖"字当先，不予理会，反而招致更多流言；一些部门说了，但没说明白，或言语失当，造成以讹传讹，甚至形成"次生舆情灾难"。一旦某种观点成为主流，在"沉默的螺旋"效应下，再想改变舆论风向就会更为困难。

其次，舆论引导方式有时过于简单僵化。一些部门仍习惯通过行政命令和行政手段应对网络舆论，以"维稳"为由封锁信息，造成第一时间权威信息缺失，谣言和小道消息乘虚而入。即使开展舆论引导，也停留在满足于对公众进行生硬的灌输式传播，停留于简单重复和官腔官调，极易引起受众的"审美疲劳"和逆反心理。

最后，舆情研判机制不健全，应对措施不足。很多部门由于未建立健全预警、研判机制，延误了最佳处置时机，使一些本不应该成为热点的信息不断扩散、蔓延并发生连锁反应，最终酿成舆论危机。

（三）互联网发展给舆论引导带来的挑战

1. 挑战舆论引导方的应对能力

互联网使舆情事件从披露到形成舆论大潮所需的时间越来越短，有时仅需短短几个小时，甚至几十分钟。某些热点、敏感问题经过互联网快速传播，往往使局部问题放大为全局问题，一般问题演变为社会政治问题。"十三五"时期社会问题可能较为集中，如对网上重要舆情关注不够、研判不准，互联网就极易成为负面舆情的传播场，成为社会矛盾的催化剂和倍增器。特别是移动互联网时代，亲历者借助移动端对事件进行实时多角度现场直播，使舆论引爆的时间更短、强度更大。

2. 挑战舆论引导的有效性和可控性

互联网舆论传播中存在裂变和聚变效应。一个新闻事件或话题在传播过程中常被不断地分解传播，衍生出大量公共话题，形成舆论。另外，互联网也将一些弱小的声音汇聚成舆论大潮，形成强大的舆论场域，使事件发生质变，产生聚变效应。"十三五"时期，社交媒体将在舆情事件传播中发挥至关重要的主导作用，而媒介融合形成的多平台发布，不同媒体间的互动加快，社会舆论的形成与传播更为复杂，每一个人、每一条信息都可能成为引发舆论大潮的诱因。

3. 挑战意识形态安全和社会稳定的控制力

"十三五"时期是我国大变革、大发展、利益格局深刻调整的时期，网上各种声音杂交，不同思潮互相激荡，也使得网上舆论引导和信息安全问题日益突出。西方敌对势力继续将互联网作为对我进行意识形态渗透的重要渠道，境内少数别有用心者遥相呼应，借助微博、微信、论坛、新闻跟帖等方式，兜售错误思想观点，传播腐朽文化，对社会心理产生不可低估的消极影响。近年来，各类群体事件的发生都离不开此类网络动员。来自"草根"的微力量和微资源在网络动员中往往可以充分运用自媒体，凝聚成现实社会的强大力量。加之少数与政府立场相左甚至对立的"公知"在网上扮演意见领袖角色，对社会稳定形成一定压力。

四、相关对策建议

（一）深入推进各项改革，满足群众心理期待

1. 全面推进经济社会各领域改革

消减社会转型期民众心理的焦虑感和不安全感，关键是促进经济增长，保障人民生活，优化社会分配。"十三五"时期，正处于增长速度换挡期、结构调整阵痛期、前期刺激政策消化期"三期叠加"的特殊阶段，面临的社会心理和舆论形势比较复杂，唯有继续全面深化各项改革措施，着力在推动科学发展、转变发展方式、破解深层次矛盾上取得实质性进展，以实实在在的改革发展成果持续推动社会心态和整体舆论形势的不断向好，才能真正

从经济基础、社会基础层面统一思想、凝聚共识。同时，要把完善社会制度和社会规则、推进信任体系建设放到更加突出的位置。调研发现，当前我国社会心理中的不少消极因素都与社会规则、社会信任缺失有关。建议综合运用法律、行政、经济、公众教育等多种手段，严厉打击各种"潜规则"，使各社会阶层增强对法律和制度的信任。

2. 加大政府职能转变和信息公开力度

"十三五"时期，各级政府要进一步转变职能，精简对市场不必要的干预事项，把精力更多放在维护市场秩序和公共服务的公平公正上。另外，各级政府要率先示范，加大信息公开力度，使权力在阳光下运行，更好地接受社会监督，不断提升政府公信力。要逐步完善体现权利公平、机会公平、规则公平的社会公平保障体系，保证人民平等参与、平等发展。

3. 加快推进主流媒体的改革转型

"十三五"时期，要加快推进中央和地方传统媒体的改革转型，进一步强化服务意识，创新工作思路，更加贴近群众，贴近生活，充分考虑引导对象的群体性、多样性、复杂性，提高引导的层次性、针对性，精准把握用户心理和需求。中央主流媒体虽在改革转型中取得了一些可喜成绩，仍需进一步提升运用新媒体引导社会舆论的能力，巩固扩大在新时期社会舆论引导和社会心态影响上的主导地位。加大对地方主流媒体改革转型的支持力度，明确相关扶持政策，使地方主流媒体在本地舆论场占据主导，发挥第一阵地作用。

4. 探索建立社会心理服务调适体系

"十三五"期间，建议在全社会探索建立一整套相对完善的心理服务调试系统，强化心理救助工作，加强心理健康教育和自我保健意识。建立健全心理干预机构，加快建立和完善从心理健康教育机构到医院、专业精神卫生机构等心理危机干预通道，经常性地开展心理指导和咨询活动。进一步完善与心理调适相适应的制度建设，加大各类社会心理调适中心建设，加强心理调适队伍建设，把心理调适与新时期宣传工作、思想政治工作有机结合起来，充分发挥心理调适工作的独特作用。

（二）建立健全舆论引导统筹协调机制，提升舆论引导能力

1. 统一协调指挥全国舆论引导工作

"十三五"期间，要基本建立大舆论格局，逐步实现全国舆论引导一盘棋，由相关部门统筹协调，鼓励多方参与，打造立体引导源，明确各部门以及中央和地方之间的职责分工，力求步调一致。特别是关于网上舆论引导工作，必须始终坚持全党动手的原则，建立网信部门与各实际工作部门协调有序、联动配合的网上舆论引导工作机制，把引导网上舆论和解决网下问题有机结合起来，更加注重源头问题、网下问题的解决，形成良性互动。中央和各省（自治区、直辖市）都要建立网络应急事件协调机制，完善应急管理体系，提高应急处置能力。

2. 党政部门主动发声引导舆论

面对突发事件，应第一时间主动发声，公布真实情况，展现更多细节，把由于信息不透明而产生的谣言扼杀在摇篮中。针对网络舆论的特点，在遵循柔性管理、第一时间、主流引导和疏堵结合原则的前提下，进一步转变思维方式，运用多元的新技术手段提高公民信息素养，更加科学有效地做好网络舆论的引导。在"十三五"期间，应通过建立网络发言人制度、构建突发事件舆情应对机制、搭建主流网站平台、搭建网络问政平台、健全网络舆论管理的法律法规、提升网民媒介素养、加强网络舆情队伍的培养等方式，对网络舆论进行有效引导和监督，从而建立健康有序的网络传播环境。

3. 提升基层政府舆论应对能力

在舆论引导工作中，基层政府事实上处于"极端重要"的位置。但基层政府对舆论引导工作的认知程度、实施能力与中央的顶层设计存在较大落差，且东、中、西部地区基层政府舆论引导能力不均衡，引导效果多依赖领导态度，尚未形成制度保障。"十三五"期间，要着力提高基层政府舆论引导工作的科学化、制度化建设。构建中央对基层政府舆论引导工作的垂直化、实时化学习交流机制。

（三）进一步改善网络舆论环境，使网络空间更加清朗

1. 坚持传播正能量，弘扬社会主义核心价值观

实施重大题材正面传播的常态化策略。做好对党和国家领导人活动的新闻推送。采取多种形式，推送党和国家领导人活动以及介绍领导人生活、感悟等相关新闻、图片、视频，全方位展示领导人所思、所想、所行，展现党和国家领导人全心全意为人民服务的形象。同时，大力推送境内外网民对党和国家领导人的正面评论文章。加大对党中央、国务院重大决策的解读。积极主动组织开展多场网上访谈，引导民众正确把握政策精神、增强改革发展信心。鼓励网站采用创新形式来报道时政新闻，鼓励新闻网站更加注重专题策划，采用创新形式来报道重大的时政要闻。加快完善网络媒体内部的新闻考核机制，在"量"和"质"之间保持平衡。同时，倡导在新闻网站内部逐步建立严格的"防火墙"制度，避免采编部门和经营部门的边界混合。

2. 不断深化网络环境治理，坚决开展网上舆论斗争

加强日常监管和专项治理相结合，整治突出问题和夯实管理基础相结合，治理网上乱象和切断网下利益链条相结合。严厉打击有偿删帖、违规索取"宣传费""赞助费""合作费"等非法网络公关行为。坚决封堵境外有害信息，严防境外敌对势力利用我网络渠道蛊惑人心，在严密封堵的同时，要揭露其真实面目。深挖和打击与境外反动网站勾连的境内人员，对境外非政府组织网上活动加强排查，切断谣言源头。充分利用"中间效应"，即尽力争取不归属于任何一极的中间大多数，努力争取中间派，让客观冷静的声音充斥互联网。在争夺网络人心的工作中，尽量避免采用泛政治化的策略。加强对微信、微博、（微）视频、APP（应用程序）等移动互联网应用的监看排查，对互联网新技术、新应用加强发现和研究，不给有害信息传播提供平台。

3. 继续推进网络空间法治化进程，切实提高依法治网能力

"十三五"时期，加快完成网络空间法治化建设的顶层设计，加快推进网络信息服务、网络安全和网络社会管理等重点领域的立法，尽快制定电子商务、网络空间未成年人保

护等法律法规。加强网络舆论把关，规范网民言论自律，严厉打击网络犯罪，推进网民身份认证制度，鼓励实名登录。切实加强网络行政执法，形成职责明确、相互配合的执法体系。加大执法力度，做到有法必依、执法必严、违法必究，绝不允许网络空间有"法外之地"。

公安部

"十三五"时期社会心理和舆论引导研究

社会心理是社会成员对现实社会结构和社会运行状况即时性反应所呈现出的具有普遍性、代表性的心理特征和心理倾向，是人们在日常生活和相互交往中自发形成的社会意识。社会心理是社会行为的内在动力，是社会稳定的"晴雨表"和"风向标"。一定时期、一个民族的社会心理总体状况和发展走向，对于一个国家的发展进步、和谐稳定具有至关重要的作用。

我们党和国家历来高度重视加强社会心理建设。改革开放以来，社会心理建设已被纳入国家发展规划。国家《"十二五"规划纲要》提出"弘扬科学精神，加强人文关怀，注重心理辅导，培育奋发进取、理性平和、开放包容的社会心态"。党的十八大报告中提出"培育自尊自信、理性平和、积极向上的社会心态"。"十三五"时期，是实现我国现代化建设第一个百年目标并为实现第二个百年目标打下坚实基础的关键时期，加强社会心理建设，强化舆论引导工作，推动建立"自尊自信、理性平和、诚信友善、宁心静气、积极向上"的社会心态，对于协同推进"四个全面"战略布局，推进国家治理体系和治理能力现代化，全面建成小康社会和实现中华民族伟大复兴的中国梦具有重大现实意义和深远历史意义。

一、当前我国社会心理主要特征

经过改革开放 30 多年来的不懈奋斗，我国经济持续发展、民主不断健全、文化日益繁荣、社会保持稳定，广大人民群众普遍受益于改革开放、得益于经济社会发展，人心思进、人心思富、人心思稳。党的十八大以来，在以习近平同志为总书记的党中央坚强领导下，我国经济社会发展稳中有进、稳中向好，全面深化改革实现良好开局，全面推进依法治国开启新征程，全面从严治党取得新进展，全面建成小康社会迈出坚实步伐，"四个全面"的战略布局极大地提振了党心民心，实现中华民族伟大复兴的中国梦极大地凝聚了全国上下的精气神。总的来看，当前和今后一个时期，社会主流心态仍将保持积极向上、理性健康的发展趋势，日益呈现出奋发进取、理智成熟、开放多元的显著特点。同时，也要看到，当前，我国经济社会发展进入新阶段，各项改革进入攻坚期和深水区，经济转轨、社会转型、利益格局调整使社会心态始终处于不断适应、变化的动态过程中，特别是利益分配不均、诉求渠道不畅、社会管理缺失等前进道路上的困难和问题不可避免地作用和影响社会心理，我国社会心理建设正处于"社会心理的波动期""社会心理的调整期""社会心理的重构期"。我们要全面、系统、准确把握当前我国社会心理总体状况和发展趋势，一方面，要强化固化积极健康向上的社会心理，充分发挥其在推动发展、凝聚民心、维护稳定方面的作用；另一方面，要高度重视消极负面社会心理的影响，从实现国家长治久安、维护社会和谐稳定的战略全局高度，重点关注失衡怨恨、焦虑浮躁、不信任感等消极负面心态，有针对性地加以引导、重构，化消极因素为积极因素，最大限度地形成社会心理正能量。

（一）失衡怨恨心理滋生

当前，人们对社会发展的期望不断提高，不仅要求人身财产安全得到有效保障，对精神文化追求和社会生产生活等方面也抱有较高期待，而这种较高的心理期待很容易与社会现实产生落差，造成部分社会成员在物质财富普遍增长情况下仍然对自己的收入、社会待遇感到不公平、不合理、不满意，进而导致失衡心理和弱势心态滋生。尤其是低收入群体、边缘化群体由于没有能够充分享受到改革发展成果，导致很多人产生强烈的相对剥夺感、不公平感、边缘感和挫折感，容易引发对社会不满和悲观绝望、群体性怨恨、极端非理性等心态，引发仇富、仇官、仇警情绪，加上部分群体面对挫折失败缺乏足够的思想定力、应对能力、承受耐力，一旦自身利益诉求表达、维护自身合法利益上的期望不能得到满足，极易通过非理性、极端化、情绪化、畸形化的言行宣泄释放，最终演变为盲目谩骂、"网络暴民"、个人极端案事件、"无利益冲突"群体性事件等暴戾恣睢现象。近年来发生的贵州瓮安、厦门陈水总公交车纵火案等重大恶性个人极端暴力案件，多是因为这些消极负面情绪得不到有效缓解释放而造成的。

（二）焦虑浮躁心态普遍

改革开放 30 多年来，我国经济社会快速发展，工业化、信息化、城镇化、农业现代化的任务几乎同时提上日程，经济转轨、社会转型过程的变化速度之快、影响程度之深、覆盖范围之广、利益调整之复杂都是前所未有的，这种快速的社会转型又必然对民众心理产生全方位、高强度的冲击，加上住房、医疗、就业、教育、养老等方面的现实压力，部分群众在一定程度上难以适应曾经、正在和将要发生的改变，不可避免地产生焦虑、紧张、不安的心理。特别是当前我国各种社会风险增多，频发的重大安全生产事故、重大刑事犯罪案件、重大自然灾害等和食品药品安全、环境安全、征地拆迁等民生问题，从客观上加重了人们的不安、忧虑甚至恐惧情绪，降低了安全感、幸福感。在经济发展过程中，市场经济负面效应，加上媒体的过度娱乐化、功利化、快餐化导向，削弱了部分群众主动进取、积极拼搏、敬业奉献精神，以及钻研本职工作的恒心和定力，不愿意通过安守本分、勤劳努力、艰辛付出获取成功，总幻想"一夜成名""一夜暴富"，导致"拜金主义""享乐主义""个人主义"等消极懈怠心理和空虚迷茫、急功近利、投机取巧等浮躁心态不断蔓延，致使整个社会创造能力、创新能力弱化，行业品牌意识、精品意识缺乏，个人专业精神、职业精神不足。特别是在城镇化过程中，社会上存在的城镇无业青年、失地农民、下岗工人等，整天无所事事、游手好闲，一些人整天打麻将、赌博、酗酒等，已成为影响社会稳定的一大隐患。

（三）社会不信任感蔓延

伴随着市场化、城镇化进程，人们在法治意识、规则意识逐步提升的同时，也带来了一些社会信任问题。2013 年，中国社科院社会心理研究中心开展的"中国八大城市居民社会信任状况调查"显示，近年来社会总体信任水平呈回升态势，但仍处于"一般"信任水平（60.9 分），属于低度信任状态。在部门和行业信任中，中央政府信任度高于地方政府，商业行业信任度最低，传统媒体信任度较高，网站较低。对地方政府社会信任的困境来自于地方政府的非理性投资，热衷于经济投资尤其是"土地经济"的投资，而民生等相关社会投资则明显缺乏动力，导致民众对政府民生政策的预期长期无法兑现，必然影响到民众的政治信任；同时，由于部分官员的腐败行为，经济和人事领域的暗箱操作、权钱交易，使得官民之间的信任趋于瓦解，出现"再怎么解释也不信"的状况。商业行业的不信任来自于商业领域的各种欺诈行为，从"毒奶粉""瘦肉精"等食品安全问题到"毒胶囊"等药品安全事故，其背后是制度机制的欠缺和监管乏力，使得财富转移、垄断市场、偷税漏税、招摇撞骗等成本较低。人际普遍信任缺失的根源在于流动性、开放性强的陌生社会背景下，当货币化的经济利益和自私自利的心理需求占据主导地位，远远高于最基本的道德底线时，陌生人之间的信任基础也就不复存在了。在这样的背景下，部分群众受认知能力、思维定式局限，用怀疑一切的目光去看待社会问题，吃饭不相信食品的安全性，看病不相信医生的职业道德，打官司不相信司法公正等，政府出台的利民惠民政策也常被异化为"摆设"，充斥着自私自利、麻木冷漠、坑蒙拐骗、以怨报德等触及道德底线的不良心态。加上媒体传播失当、舆论引导欠妥，对好人好事褒奖宣传不到位，助人为乐反遭讹诈、见义勇为反被诬陷、捐献善款却被贪吞以及英雄穷途末路、无依无靠等"好人没好报"现象却屡屡见诸报端，助长"冷漠围观"的消极心态，离散团结互助的向心力，稀释崇德向善的社会氛围。南京彭宇案、佛山小悦悦事件都折射出这种"冷漠围观"消极心态。

二、"十三五"时期影响我国负面社会心理的主要因素

"十三五"时期，是我国全面建成小康社会的决定性阶段和全面深化改革的关键时期，随着"四个全面"战略布局的协调推进，我国社会心理发展将保持平稳向好的势头，不同社会阶层都会有较高的心理预期，这有助于降低社会转型成本，有助于促进社会和谐稳定。但是，必须看到，"十三五"时期影响社会心理健康发展的不稳定不确定因素也不少，特别是在世界多极化、经济全球化、文化多样化、社会信息化深入发展的时代背景下，社会心理的复杂性、敏感性、传导性、扩散性特征更加突出，一旦经济社会发展与社会各阶层心理预期存在较大差距，就很有可能导致整个社会心态发生嬗变，遇到一个"燃点"，很容易诱发重大社会冲突甚至政治风险，进而影响改革开放进程和社会稳定大局。

（一）经济发展新常态带来新的考验

当前，我国经济发展进入新常态，经济运行中有不少不确定因素。随着经济增长动力转换，产业结构优化升级，深化改革步伐加快，在从根本上缓解经济高速增长过程中累积的突出矛盾的同时，也难以避免会引发一些新的矛盾和问题，并以不同形式影响社会心态、触发心理波动。随着经济增速换挡，一些隐性矛盾可能会"水落石出"，一些政策性、地域性、行业性问题可能会凸显出来，特别是地方政府性债务、影子银行、房地产等领域潜在风险增大，传销、非法集资、金融诈骗等涉众型经济犯罪多发易发，产能过剩行业劳资矛

盾、债务纠纷等问题明显增多，如果排查化解不及时，极易产生社会压力感和不安全感，进而引发社会焦虑和不满情绪，甚至上升为大规模群体性事件和重大治安问题。特别是随着产业结构调整加快，产业升级将造成部分劳动密集型企业关停倒闭，下岗失业人群尤其是农民工失业人口将会急剧增多，与每年 700 万左右的大学毕业生等新增就业人口叠加，处理不当将导致社会心态严重波动，影响社会稳定。随着利益格局调整，一般性问题与深层次矛盾、改革发展中出现的新问题与历史遗留的老问题交织并存，社会矛盾的复杂性、敏感性、关联性进一步增强，一地问题容易引发多地问题，一个利益群体诉求容易引发其他利益群体攀比，不公平感、剥夺感增加，一旦应对不当，可能会出现更为复杂的局面。随着社会转型加快，贫富差距、贪污腐败、就业困难、竞争加剧等因素促使社会心态更加复杂，一些人不满情绪潜滋暗长，社会戾气积聚弥散，动辄采取极端手段报复社会，给公共安全带来很大威胁。

（二）城镇化新进程带来新的变量

当前，我国社会一定意义上可以分为两个维度、四个世界："城市-农村"和"中小城市-超大城市"。从"城市-农村"维度来看，城乡贫富差距长期存在，留守农民、新生代农民工问题值得关注。随着城市化进程的加快，农民精英大量外流，乡村逐渐呈现出空心化、贫困化、荒漠化的趋势，留守农民极易进一步强化底层认同，加上围绕农村征地拆迁补偿、失地农民安置、环境污染、经济纠纷以及农民与村镇干部之间的矛盾冲突等问题，如果应对处理不当，很容易引发规模性群体事件。由于城镇公共服务资源不足，导致一些农民工难以落户城镇，难以享受城镇福利待遇，处在回不了乡、融不进城的尴尬境地。农民工特别是新生代农民工容易产生弱势心理和失落情绪，不公平感和被剥夺感加剧，很容易产生严重的社会认知偏差，引发消极负面情绪，甚至诱发违法犯罪等各种反社会行为。到 2020 年还将有 1 亿人口落户城镇，社会关系结构将发生根本性转变，而随着社会转型速度和利益调整力度的加大，城乡差距有可能进一步拉大。从"中小城市-超大城市"维度来看，随着城镇化的不断推进，社会精英、农民工群体等流动人口主要涌向大型城市，进一步拉大了大城市和中小城市的差距。当前，我国超大城市的分层结构较为合理，中上层比例显著提高，但是阶层固化、贫富差距、阶层矛盾等问题突出，也容易引发公众强烈的不公平感、相对剥夺感。中小城市目前是典型的倒"丁"字形社会结构，底层贫困人口较多，经济水平、政府执政水平、社会保障水平偏低，更易引发个人极端暴力事件和群体性事件，给公众心理造成恐慌，严重影响人民群众安全感。

（三）信息化新特征带来新的难题

当前，我国已成为世界第一互联网大国。互联网的发展，极大地拓展了社会互动的界限，拓宽了舆论和利益表达渠道，重构了价值观念和生活方式，但同时也带来许多网络乱象，给国家安全、社会治理、舆论引导带来诸多挑战。显性舆论传播功利化、表象化倾向严重，一些以网络媒体为主要代表的现代商业传播媒介，为追求"眼球效应"，在采编新闻报道时缺乏客观，在涉官、涉法、涉警等新闻报道中经常出现惊悚化篡改、选择性和情绪化报道等。同时，新闻舆论在网络传播过程中，舆论主体或传播者出于商业等目的，经常人为干预传播效果，包括网站编辑故意置顶惊悚评论、删除特定新闻跟帖等，网络上的舆论反映难以客观。在网络舆论的反作用下，现实社会中报纸、广播等报道的客观、真实性也难以保证，社会舆论表象化倾向严重。隐性舆论场圈子化、对立化特征明显，微博粉丝群体、微信好友群体以及脸谱、QQ群网络社交圈等隐性舆论场圈子化倾向特征明显，如娱乐明星和意见领袖的微博粉丝圈，球迷、车友、业主、出租车司机和维权人员等各自聚集的网络社群，舆论取向则趋于同质化，有时会偏激化。由于关注点和价值取向不同，不同社交圈的舆论取向也不同。目前，我国已进入网民自媒体时代，网民自媒体对特定对象、群体的影响更加直接，与专业媒体点对多的粗放传播方式相比，网民自媒体舆论在选择和传播过程中多针对特定粉丝、好友，舆论传播更有针对性、互动性，对特定对象、群体的舆论影响远大于传统媒体，这极大强化了网络聚焦放大、诱发传导功能，极易使网络舆论偏离理性轨道，引发重大舆论危机。在这种舆论态势下，一些看似很小的案件、事件经过网络的推波助澜，就会迅速扩散蔓延、相互"传染"，产生意想不到的"雪崩效应"，导致小事引发大事、一点引发多点、多点连成一片，严重影响社会稳定。

三、"十三五"时期加强舆论引导、建设健康社会心理的对策建议

"十三五"时期，是实现全面建成小康社会目标的关键期，也是建设积极向上社会心态的关键期。要紧紧围绕完善和发展中国特色社会主义制度、推进国家治理体系和治理能力现代化总目标，准确把握社会心态发展规律，坚持问题导向，强化战略布局，创新方法手段，注重实际效果，以推动建立与经济社会发展和全面建成小康社会相适应、与构建社会主义核心价值观相吻合的社会心理建设为着眼点，以安全感、信任感、认同感、获得感、幸福感为指标体系，大力加强正面舆论宣传引导，努力消除负面社会心理带来的不良影响，着力构建自尊自信、理性平和、诚信友善、宁心静气、积极向上的社会心态。

（一）大力加强中国特色社会主义信仰培育

当前，社会价值观多元多变，各种社会思潮形形色色，对我国主流意识形态构成冲击。面对意识形态领域前所未有的挑战，舆论宣传工作要强化战略布局，注重顶层设计，突出时代特色，坚持接地气、务实效，增强凝聚力、感染力，不断巩固和壮大社会主流思想舆论，凝聚全社会各层面的正能量，把全国各族人民团结和凝聚在中国特色社会主义伟大旗帜之下，在全党、全社会形成统一指导思想、共同理想信念、强大精神力量、基本道德规范。一要切实坚定社会主义道路、理论、制度"三个自信"。坚持弘扬主旋律、传播正能量，准确把握充分反映中国特色、民族特性、时代特征的价值体系，找准中央关注、社会关心和群众期待的结合点，主动策划一批高质量、叫得响的正面宣传主题，着力塑造一大批可亲、可近、可敬的先进人物和先进典型，深入持久地用社会主义核心价值体系引领社会思潮、统领多元价值、凝聚社会共识，最大限度增进广大人民群众对中国特色社会主义事业认同感、自豪感，进一步坚定对中国特色社会主义的道路自信、理论自信、制度自信。二要加快凝聚"四个全面"战略布局共识。"四个全面"战略布局，是我们党治国理政方略与时俱进的新创造、马克思主义与中国实践相结合的新飞跃。要坚持团结稳定鼓劲、正面宣传为主，进一步巩固壮大主流思想舆论、凝聚"四个全面"战略布局共识，使人们充分认识到，"四个全面"战略布局是从我国发展现实需要和人民群众的热切期待中得出来的，是为推动解决我们面临的突出矛盾和问题提出来的，立足治国理政全局、抓住改革发展稳定关键、统领中国发展总纲，是坚持和发展中国特色社会主义道路、理论、制度的战略抓手。三要着力培育时代民族精神。讲好中国故事、做好中国表达，进一步突出中华文化作为中华民族区别于其他民族独特精神标识的心理内核作用，大力宣传中华民族精神及其在当代的创造性转化、创新性发展，增强中华民族心理认同，提升民族自信心、自豪感。

（二）大力加强敬业实干精神的宣传引导

当前，要充分发挥主流媒体的主渠道作用，积极引导自媒体，广泛动员社会各行各业力量，大力营造崇尚实干、劳动致富、爱岗敬业、积极向上的浓厚社会氛围，清除社会功利心理、投机心理和浮躁心态，在全社会形成一种正气、静气、定力。一要突出弘扬敬业精神的导向。更加注重对民众专心、专注、耐心、勤劳的工匠精神的宣传培育，在全社会唱响勤奋敬业、吃苦耐劳、精益求精、一丝不苟、任劳任怨等民族精神品质，进一步强化民众职业精神、专业精神和创新精神，增强民众自省意识、责任意识和担当意识，让人们认识到通过辛劳付出、脚踏实地才能够实现富裕幸福，实现个人梦想、出彩人生。二要搭建宣传劳动创造的平台。更加注重对社会主义建设者的宣传，改变媒体过度娱乐化、功利化、快餐化倾向，把宣传资源、宣传方式、宣传手段向崇尚实干建设者、勤劳朴实劳动者身上倾斜，综合运用报纸、广播、电视、网络等传播手段搭建多层次、多行业、多角度、成系统的宣传平台，进一步扩大"鲁班奖""詹天佑奖"等奖项的社会公信力和影响力，着力打造宣传普通劳动者的"星光大道"、评选劳动创造的"吉尼斯纪录"，形成一批有传播力、影响力的节目、栏目、品牌，树立一批又一批各个行业、各个领域的标兵人物，在社会上形成"行行出状元"的浓厚氛围。三要发挥道德价值导引的作用。更加注重公民精神素养的提升，依托机关、学校、企业、社区等开展形式多样的、有针对性的精神文明创建活动，建设社会主义精神家园，引导人民群众从自身做起，追求健康精神生活情趣和爱好，让游手好闲、急功近利、投机取巧、幻想"一夜成名""一夜暴富"的人没有任何市场，让干一行爱一行专一行、依靠辛勤劳动、诚实劳动、创造性劳动获取回报的人受到广泛尊重。

（三）大力加强网络舆论引导能力建设

占领网络舆论阵地，不仅是我们掌握舆论引导主动权的需要，更是保障我国政治安全的需要，必须综合运用法律、技术手段管网治网，有效维护网络空间与信息领域的风清气正。一要强化网络媒体正面导向作用。要建立健全舆论引导责任制度，形成由网信、宣传等部门主导，各职能部门配合的公开舆论引导工作机制。要建立健全网站主体责任制度，充分发挥重点新闻网站和知名商业网站的积极作用。要高度重视网络内容建设，着力提升网上正面宣传水平，真正发挥主流媒体社会舆论"稳定器"与社会心态"压舱石"的作用。二要强化自媒体社会责任。要强化微博、微信等自媒体社会责任，全面落实微博、微信实名制管理，扎实推进对 QQ 群等网络社区创建人、管理员的实名制工作，推动网络社区的自治管理，不断提升网络舆情发布者的社会责任感和主人翁意识。三要强化负面舆情管控。要依法惩处传播有害信息行为，进一步加强对传播宗教极端思想、网络淫秽色情和低俗信息等违法违规行为的整治。

（四）大力加强负面社会心理监测和疏解

当前我国的不良社会心态是各种社会矛盾相互交织发酵的结果，产生的触点多，蔓延的燃点低，要促进社会心态良性健康发展，必须加强社会心态监测，建立群体性负面情绪疏解机制。一要建立完善社会心态监测预警机制。要建立和完善社会心理监测和预警系统，结合社会心理指标情况，综合运用大数据、云计算等科技手段，加强对重大灾情、重大疫情、重大险情、突发大规模群体性事件和新型社会风险的预判和监控，逐步完善对群众安全感、满意度、信心指数、价值观波动规律的科学观察和测量，真正做到早发现、早研判、早评估、早引导，有效防止不良社会心理的进一步聚集和扩散。二要建立完善负面社会心理疏导机制。要创新化解社会矛盾和疏导社会不良情绪的体制与机制，全方位拓展社情民意的诉求表达路径，发挥不良情绪"减压阀"和"出气口"的作用。针对当前社会中的焦虑、怨恨等不良情绪，要畅通社会心理疏导渠道，建立积极的焦虑化解机制，加强对新生代农民工、失地农民、非正常上访等易引发群体事件的特定人群进行心理疏导和行为矫正，提升其抗压能力和耐挫能力，引导其由非理性地宣泄走向理性客观地思考。三要健全完善突发事件处置机制。要加强网络舆情传播规律特点研究，提高舆情应对水平，对各类敏感事件、热点问题要及时发声、澄清事实，占领时间的制高点、时机的制高点、公信力的制高点，切实赢得老百姓的信任。

（五）大力加强社会心理和舆论引导法治能力建设

在开放透明的社会环境下，加强社会心理建设和舆论引导工作，必须坚持法治思维，充分运用法治方式，力求做到科学立法、严格执法、公正司法、全民守法，增强全社会厉行法治的积极性和主动性。一要完善法律体系、保障社会公正。要深入推进科学立法、民主立法，加强重点领域立法。要健全依法决策制度，建立重大决策合法性审查机制和责任追究机制。要全面落实行政执法责任制，完善执法监督机制，强化对权力的监督和制约。要深化司法体制改革，完善确保依法独立公正行使侦查权、审判权和检察权的制度，确保执法司法公正不断向纵深推进。二要加强传播立法、规范舆论引导。要加强互联网、新媒体领域立法，完善网络新闻、网络出版、网络视听节目、网络文化等方面的法律法规，从立法上健全有效打击网络犯罪的长效机制，着力提升依法管网的能力和水平。要加强对媒体特别是社交网络和即时通信工具等的引导和管理，推动文明办网、文明上网，规范网上信息传播秩序，培育文明理性的网络环境。要进一步教育引导媒体从业人员加强职业道德建设和社会责任感，真实准确传播新闻信息，自觉抵制错误观点，坚决杜绝虚假新闻。三要强化法治教育、培育法律信仰。要加强法制宣传、法治教育，推进法治社会建设，在全社会各阶层树立对法律的信仰，并加强协商沟通，寻求最大的社会共识，合力推进我国法治进程。要提升各级领导干部和全体公职人员运用法治思维和法治方式推进工作能力，带头懂法守法用法。要不断强化网民的法律意识，全面落实手机和网络实名制，明确网民的法律责任，规范网络行为。

中国社会科学院

"十三五"时期社会心理和舆论引导研究

社会心理是社会发展的重要影响源和动力源。关注"十三五"时期对社会心理和社会舆论的引导，在完善法治建设和社会建设的同时，适时启动"心理建设"非常必要。

在实现中华民族伟大复兴的目标下，引导全民形成社会共识，凝聚民心，从命运共同体意识、文化共同体意识上升为社会发展共同体意识，形成和谐共处、奋发进取的积极社会心态，才能使全国民众满怀信心、充满活力地建设小康社会，实现"十三五"期间社会经济协调发展的总目标。

社会心态是社会心理学中宏观的分析对象。它反映的是弥散在整个社会的社会共识、心境和情绪状态，它来自社会成员个人的知觉、感受、价值观念、情绪体验，经过与大多数其他实际的和想象的社会成员相应的心理活动汇集融合后，重新形成个人社会心理活动的底色或背景，因此社会心态是社会心理的宏观存在方式。

社会心态各成分的结构-功能关系如图1所示。

首先，价值观、基本生活信念和预期来自人们对生活意义的认识，反映的是人们认为值得的，因而想得到的，祈望未来能够实现的观念，它积淀在深层的心理结构中，因而较为稳定，作为人们的行为引导，左右着人们社会需求满足的感受。

其次，需求满足的状况以及价值观作为评价标准，会表现在外显的社会情绪上。例如，人们拥有社会公平的信念，如果公平的需求没有得到满足，那么，在情绪上就会出现不满、不平、焦虑甚至愤怒，急切渴望恢复公平。如果缺少协商途径、没有表达和求得共鸣的正当渠道，情绪和观点表达受限时，很容易出现怨恨、嘲讽、逆反、宣泄、非理性行为和极端不合作的行动。

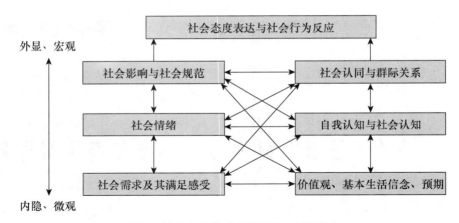

图1　社会心态各成分的结构-功能关系

再次，透过对社会其他成员的态度、情绪状态的感知、比较、自我归类、社会认同等心理过程，人们将自身与他人、群体以及社会关联起来，不断强化、修正自己的感受，调整自己的价值观。形成群体或类别成员感之后，也会连带形成群际关系，包括相互冲突的社会关系。

最后，所有的行为都会反向影响认知、情绪、需求及其满足以及价值观和基本生活信念。这种影响，可能是由于行为的强化，可能是由于行为启发了个体的行为与态度统一性和完整性而进行的反向连接。

社会心态正是这样一个有着内部结构的心理力量或心理资源，其特点是弥散性、变动性和互动性，是一个国家软实力的核心内容之一。个人与他人、个人与群体、群体与群体、个人与社会都将因社会心态广泛深度联结，但这些也是舆论引导的用武之地。

一、"十三五"时期我国社会心理主要特征

（一）社会心理需求状况

1. 新常态下的社会需求与满足之间出现矛盾

随着我国经济的发展，多数民众的温饱需求已经基本得到满足，但是居民生活满意度却在经历了一个时期持续的上涨后不再增长或出现了下降的趋势。我们新近完成的几个大规模抽样调查显示，从2012年开始居民生活满意度出现了小幅下降。国外研究也发现人们的幸福感和生活满意度并不随着社会经济发展持续上升。生活满意度的不增长或下降与人

们需求水平及层次的提高、需求内容的增多之间存在紧密关联。在我国经济社会发展进入"新常态"后，要长期面对民众需求不断提高、不断丰富，而社会发展与之差距拉大而形成的矛盾局面。

2. 民众需求层次多、标准高、问题多

首先，"十三五"期间要面对民众基本生理需求标准提高的问题。洁净的空气、无污染的水、改善的住房条件、高水平的医疗条件、宜居的自然环境、通畅的交通等成为迫切的需求。同时，民众对安全的食品、安全的交通、安全的生产环境、有效的灾害防范等也有更高的要求。从近年来的调查看，安全成为民众最迫切的需求。我们于 2006 年、2008 年和 2013 年三次全国范围的调查显示，民众在人身、财产和医疗安全方面的安全感有所提升，但在食品、隐私和交通安全感却出现了下降，特别是食品安全感处在了较低水平。

其次，在社会性需求上也有新的特点。伴随人口结构变化、职业和地域流动性增大以及相应社会观念的变化，家庭养老育幼的负担和难度增大，生育意愿减弱，家庭的稳定性降低。同时，在生人社会和职场压力下，原本由家庭化解冲突、提供支持的功能被转移到社会和政府身上。从熟人社会向生人社会转变过程中，原有的社会资本、社会资源的作用降低，人们的归属需求、社会支持需求得不到满足，同学会、老乡会、战友会、校友会等随即成为替代品。相形之下，生人社会必需的契约诚信精神在市场经济建设中还没有形成。我们连续三年在多个城市进行的社会信任调查发现，居民的社会信任几乎跌破底线，直到2012 年后呈小幅提升的态势。人们痛恨走后门、拉关系，渴求社会公平，同时，又极度依赖关系网，花很大代价来维系人情往来。

最后，随着民主法治建设不断深入、信息化步伐不断加快，民众的社会参与需求也同步增强，民众的民主意识、权利意识、政治参与意识不断提升。社会心理学家发现，当人们认为自己对社会"如何改变""是否改变"无法介入，那么社会和国家就不是"我的"，而是"他们的""你们的"社会和国家。这不仅可能导致社会疏离感，社会成员对所在社会漠不关心，还可能使社会、政府、国家成为宣泄负面情绪、责任推诿，甚至是攻击的对象。在近年的多次调查中，都可以看到民众的社会参与愿望与实际行动的巨大差距，或表现为"参与无门""不会参与""参与无效感"，或表现为空谈国家治理，对身边公共事务却漠然视之。因参与而体验到的效能感、成就感、集体自尊和认同感也就相应淡薄。

转型中的社会越来越分化和多元，不同群体的需求表现出很大的差别。不仅贫富、城乡、官民、劳资、不同民族、不同信仰之间存在需求冲突，而且价值观、年龄、消费方式

也出现明显差异而生成新的社会类别。例如，"有车族""房奴""红二代""北漂""啃老族""白领""蚁族""80后""粉丝""屌丝""手机控""独生子女""外地人"等。越来越多的社会类别增大了社会复杂度。特别是城市房价的飙升，使有房户和无房户形成生活境况的巨大差异，年轻一代甚至他们的父母都卷入以房为导向的生活中。

（二）社会价值观基本状况

1. 个人和人际层面的价值观在发生着变化

随着现代化进程，个人的价值观念发生了一些较为明显的变化，近年的调查发现：（1）强调占有物质的物质主义价值观趋于增强。（2）青年人传统的性观念和传宗接代观念淡化。（3）家庭中传统的亲情为核心的价值变得更加多元，表现为突出的利益权衡特点。（4）民众的权利观念增强，权力监督的意识和公共参与意愿增强，不满于权力等级区分造成权力距离拉大，认同缩小权力距离的观念，呼吁约束公共权力。（5）现实社会中人与人的关系越来越隔膜，因此，比以往更迫切地需要仁爱友善的人际关系。（6）人们的公平正义观表现出自我中心和自我服务的特点，即认同公平正义的价值观，也认为社会是比较公平正义的，相信整个世道是合理，但他人的遭遇是理所当然，唯独自己的遭遇是不合理和不公正的。（7）虽然受环境条件限制，多数人仍认为自己的命运可以改变。（8）市场化进程中人们对于契约观念的认同程度在逐渐提高。

2. 社会道德观念和法制意识有待提升

经历了"文化大革命"对传统文化的解构、改革开放以来外来文化和价值观念的冲击、市场经济转型和互联网时代带来的多元文化的影响，中国人的道德观念已经发生了重构，传统的道德观念影响越来越弱，难以形成强有力的主流道德观。西方道德心理学家认为道德包含五个基本方面：关爱、公平、忠诚、尊重权威、节制和纯洁，而相反的方面，伤害、欺骗、背叛、颠覆和堕落，就是不道德。中国传统道德规范强调仁、义、礼、智、信五常，提倡良善、刚正、恭敬、是非和守信。这些都是各民族、各阶层、各类别人群应该持守的道德基准和底线，而人们从现实生活中不断发生的恶性社会事件中看到的却是道德底线的一次次失守，中国人道德滑坡几乎成为世人普遍接受的观点。尽管人们在谴责道德缺失，呼唤道德的回归，但是这种诉求是对他人的要求，而不是自己的身体力行。因此，提高参与的效能感、改变人微言轻的无助感，提升"从我做起"的自主性，形成正向传递、良性循环就极为珍贵和重要。

社会法制体系的建立虽然成效显著，但是，作为法治社会最核心的公民法律意识和法制观念却远没有形成，在社会缺乏公德意识的情境下，公民的法律行为养成困难。公民意识的提升、公民社会的建设仍然任重道远。

3. 社会价值观更加多元，缺乏共享的价值观

社会价值观是隐含在社会结构和制度中的，具有社会控制和社会规范的功能。近年来的研究发现，尽管人们大都同意中国社会更鼓励集体主义，但集体主义价值观在不断弱化。2013 年调查显示，集体主义在所列的 19 种"好社会"的价值观中位列末位。同时，令人欣喜的是，新的生态价值观在逐渐形成，越来越多的人认识到了环境对于人类社会的影响和制约，人们开始摒弃"人类中心"的价值观，这将有利于形成命运共同体意识。调查还显示，对于"好社会"价值观念的评价中，从民众对于社会主义核心价值观的选择排序看，更多人选择了社会层面和国家层面的价值，如平等、公正、民主、富强、文明、和谐等，个人层面价值排在后面，如诚信、爱国等。在国家层面，最受重视的价值是民主，在社会层面，最受重视的价值是平等，在个人层面，最受重视的价值是诚信。

社会价值观变化的突出表现是价值观念更加多元，对同一件事能听到不同的声音，并得到不同理论和社会思潮的支持。这在一定意义上源于不同社会阶层、不同文化背景、不同生活环境下人们的不同利益、不同需求、不同的知识体系、不同信息接触和周围社会环境的影响，这是正常的，也是社会转型中过去单一价值体系解体后一个必然的结果。但这种多元价值观背后也存在一个突出的问题，就是缺乏共享价值观念。没有全社会共享的核心价值体系，社会的互信无法实现，社会的共识无法达成，社会的合作无法进行。

（三）社会情绪基本状况

1. 社会情绪总体上是积极的

社会情绪的基调是正向的。2013 年调查结果显示，居民日常生活中普遍的情感体验是积极情感，体验到愤怒、担忧、悲哀和厌恶的消极情感相对较少。典型积极情绪者的比例占被调查者的 13.5%，典型消极情绪者占 8.7%。年龄越大典型积极情绪者比例越高："50后"及年龄更长者典型积极情绪所占的比例最多；"60后"在两种典型情绪人群中比例相当；"70后"典型消极情绪比例最高；"80后"极端消极情绪略低于前三组，但典型积极情

绪所占比例也较低；"90后"两种典型情绪体验比例都最少。

2. 负向情绪的引爆点降低，爆发激烈，指向性明确

社会转型中社会矛盾和冲突不断凸显，社会情绪是这些矛盾和冲突的核心。一方面，社会矛盾的表现是爆发激烈的社会情绪；另一方面，社会情绪又成为这些矛盾、冲突的动力成分。在影响比较大的社会事件中都有激烈的情绪反应，如"什邡事件""启东事件"中民众的愤怒，"7·23"动车事故引发的悲愤，湖南"永州事件"初期民众的同情和愤怒，反日示威的仇恨，"湖州织里事件"中的敌意，食品安全问题的焦虑等。大量负向情绪的累积成为一种社会情绪气氛，在不发生任何事件时已经处于较高水平，一旦出现诱发因素，情绪强度迅速攀升，成为助推社会事件爆发的情绪能量，使得事件升级，增加爆发的激烈程度，导致事件失控。

（四）社会关系和社会矛盾的社会心态特点

1. 社会不信任的扩大化和固化，成为群际冲突和社会矛盾的温床

我们连续三年的调查结果显示，社会一般信任下降，只有不到一半的人认为社会上大多数人可以信任。群体间的不信任加深和固化。表现为官民、警民、医患、民商等社会关系之间的不信任，也表现在不同阶层群体之间的不信任。社会不信任导致社会群体之间的负面刻板印象加深，污名化泛滥（如无商不奸、无官不贪、无人不骗、无人不私），冲突增加，社会冲突又进一步强化了社会的不信任，做好人难，做好事反被误解诬陷，社会信任陷入恶性循环的困境中。

2. 阶层意识成为影响社会稳定的因素

近年来，我们的调查发现，民众存在比较普遍的底层认同、弱势群体认同，对社会进行两极化分层的现象。一些按照经济收入和社会地位应该归属于更高阶层的人认为自己属于底层。自认为底层的民众感到更不安全、更不公平，社会信任程度更低，感到获得的社会支持也更低。较高比例的底层认同和弱势群体认同成为一个社会隐患。

社会阶层认同直接影响社会情绪反应。一些社会事件引发了异常的社会情绪反应，出现了本该同情的事，却有很多人表现出欣喜；本该人所鄙夷的事情，却有人在赞美和钦佩；

本该谴责却反应冷漠。如在一起患者家属刺死医生的事件发生后，网站该新闻读后读者情绪调查中65.3%的人回答高兴，表达同情、难过、愤怒的人数合计仅占25.2%。连续杀人罪犯周克华被击毙后一些人流露出对他"劫富"的赞赏和对"侠客"的敬意。这种反向社会情绪源于社会普遍存在的底层怨恨。

3. 社会群体更加分化，群体行动、群体冲突增加

改革开放以来，广受关注的问题是社会结构的分化，而共同的底层认同使得网络或民间总是出现一边倒的声音或行为。对他人进行极化分层，非贫即富，非下即上，非左即右。上下无贯通，中间少过渡。近年来，很多社会冲突是因为不同群体间利益、观念、身份差异或对立引起的，如湖州织里镇发生的抗税事件中当地人和外地人的冲突，富士康一线工人与保安人员的冲突，民族地区发生的不同民族的暴力冲突，以及所谓"左派""右派"之间的思想冲突等。随着社会的进一步分化，不同利益、身份、价值观念的群体间的摩擦、冲突也会相应增加。

（五）对社会状况的感受与预期

1. 对未来生活和社会发展持积极预期

我们的调查发现，生活满意度与家庭生活满意度和个人状况满意度相关最高，也与工作、社会保障、环境和就医满意度具有极其显著的相关关系，此外，社会公平、社会信任和社会支持也与生活满意度存在极其显著相关。自我阶层定位越高生活满意度越低；对过去改变的评价越高生活满意度越高；对未来预期越高生活满意度也越高。将近2成居民认为未来5年生活会有较大上升，大约一半居民认为略有上升。

2. 感受到社会的分化，存在冲突的潜在风险

尽管人们对社会贫富分化、官民关系多有不满，但调查结果显示，二者并未达到极为严重冲突的境地。调查发现，人们对老板与员工、本地人与外地人、不同民族群体之间、不同宗教信仰群体之间感受到的冲突整体上不太严重，比较严重的是"穷人与富人""官员与百姓"之间的冲突。

我国正经历着快速的城镇化过程，大量的农村人口将进入城市生活和工作，这需要农

村居民对于城市的认同和城市居民对农村居民的宽容和接纳。农村居民不再满足于候鸟迁徙式的生存状态，他们希望成为真正的城市人。我们对杭州农民工的调查发现，六成农民工倾向于"新杭州人"认同，四成农民工为"新杭州人"身份感到自豪。在全国范围的调查显示，绝大多数城市户口的调查对象（92.3％）对外来务工人员在城里工作持宽容态度。目前城乡之间的偏见歧视对城市化进程的影响还不大。但并不意味着外来人和本地人之间可以顺利融合、和谐相处，随着进入人口的增加，利益分配、生活方式等方面的矛盾会不断出现。

二、"十三五"时期社会心态调节和舆论引导的建议

在改革开放 30 多年的进程中，我国在不同的时期重点推行经济建设、法制建设和社会建设。在"十三五"期间，社会结构调整、不同群体和阶层的社会冲突和社会矛盾进入了一个常态化阶段，应明确地把社会心理建设、社会心态培育纳入治国方略中，为实现中华民族复兴的伟大目标调动社会心理资源。

（一）从满足民众需求入手，激活全民奔小康的心理动力，引导民众修身齐家，守法有德，有序参与经济、社会、文化、政治和心理建设

1. 以"让我们生活得更美好"为理念，激活民众追求幸福的心理动力

调查数据支持这样的判断：当前和未来一段时期，中国人最大的共识是"生活得更美好"。它能够最大限度地弥合各阶层、各类别之间的冲突。民众的多种需求可以概括为：一要保障生活安全；二要社会平等相处；三要体现自我价值；四要未来充满希望。

改革开放初期的 15 年间，中国有市场经济起飞阶段全民动员的经验，说明社会发展的内部动力在于脱贫致富、建设小康社会的强大需求。应将内部动机充分调动起来，形成中华文明下的"中国精神气质"，以此作为实现中国梦的社会心理动力源。

2. 从"修身、齐家"着手，培育健康公民人格，重塑社会道德，树立个人法制观念，培养规范意识和守法行为，鼓励公民参与社会建设和社会治理

社会发展最根本的因素是人，目的也是为了人。要把民众的基本生活需求、社会需求作为社会发展的坚实基础，只有这样社会才有活力、有创造力。

中国人生活的基本单位是家庭，家和万事兴。围绕"让我们生活得更美好"的主题，利用多种媒体和小环境舆论，强化家庭美德、家庭幸福的价值。为了家，人们自然努力工作；为了家，人们需要和谐环境；为了家，人们要守法守则；为了家，人们要保护环境。为家，也要处理个人-家庭-社会-国家之间的关系，树立正确的公私观。要以契约观念、法制观念、伦理观念，处理好群己关系和群际关系，即从"家庭"认同延伸到"家园"认同（社区、社团、城镇、都市、国家），从家庭亲密延伸到社会凝聚。

在新的历史时期，中国传统美德的发扬光大将有助于重塑中国的社会道德。中国传统道德包含了大量社会规范和社会正义、良善的思想，"仁""义""礼""智""信"等一些传统的道德核心思想依然深入人心，也依然具有现实意义。可以说，"人心归仁"是社会心态的基础。在今后的教育、文化建设和社会治理中要认真学习和吸收传统文化那些有生命力的东西，在吸收先进现代道德观念的基础上，形成新的社会主义道德体系。

重塑社会道德首先就是要完善公民人格，通过家庭教育、学校教育和社会教育使得青少年能够养成良好的个人习惯和健康人格。推动全社会的私德培育和公德养成，从家庭关系、代际关系等入手培育每个公民具有健康的人际关系，形成勤勉、自制的社会风气，激励每个公民养成自我修养、自我道德完善的"修身"习惯，促进健康的个人发展观。以私德完善来促进社会公德的提高。要重视家庭道德培育，发挥健康家庭关系对社会良性运行的促进作用，形成新型良好的现代伦理和代际关系，促进平等、互相尊重的社会关系的形成。把职业道德水准的提升、职业素养养成作为提高社会公德的突破口，对于党员、干部、公职人员要有更高的道德要求，对于教师、医生等专业人员一些特定职业要有严格的职业道德规范。

个人法制观念的建立也是公民人格培育的重要内容。公民意识只有在公共生活中才能养成，全社会特别是大众传媒的任务，是要让每一个公民通过公共参与深刻理解公民的权利、责任和义务。全社会形成对于遵守道德和法律行为的褒扬氛围，鼓励公民的公共参与行为，为公民参与提供有效保障，使他们体会到作为公民的自尊和自豪感，体会到公共参与过程中实现个人价值的效能感。

（二）引导社会共享价值观念建设，多途径营造共同感，形成社会共识，增强社会凝聚力

以平等、民主、诚信为社会价值观建设定位。教育、主流媒体以及政府管理部门要大力倡导优良的个人价值观，形成全社会社会倡导包容、多元的社会价值观。在法律和制度层面制定严格的职业规范和法律，逐步强化个人职业道德和规范，推动全社会形成优良的职业价值观，进而为形成良好的社会秩序奠定基础。从世界观、社会观和个人观三

个层面逐步建立中国文化价值体系和基本信念，使个人可以形成包括科学、合理的宇宙观、社会与个人关系等的世界观；形成包含组织制度、社会规范、人际规范、社会奖惩、社会公正等的社会观；形成包括人与环境、社会关系、行为准则、发展目标等的个人观等，使得个体成员逐步成为合格的社会成员，使得社会逐渐形成共享价值观，提高社会凝聚力。

在"十三五"期间，可以通过以下几个方面营造共同感，提高社会凝聚力。

1. 文化共同感

社会共识有助于共同感的形成，反之亦然。文化的自豪感、独特感、成就感，会形成群体的文化尊严和共同的情感体验。一方面，同文同种，同甘苦共命运，最容易形成内群体的凝聚力和向心力；另一方面，最容易启动对外群体的文化形成辨识和区隔。

对待少数民族，既尊重文化差异，各美其美，美人之美；又特别强调56个民族的共同点，美美与共，不固化差异。批判绝对的平等观，以人类先进文化引领各民族文化的发展。特别需要通过媒体和教育培养多元观念，从而接受多元现实。

对待各种阶层和类别群体（贫富、城乡、雇主与员工、上下级、性别及年龄群、教育程度、生活方式群组、民族、宗教等），要减少先赋性差异，尊重选择性和独特性要求。强化各民族、各宗教向善、求和的相同性，共享追求美好生活的价值观和东方文化。重新类别化、交叉类别化、去类别化都是可适时采用的群际关系改善的方式。

2. 命运共同感

要使民众认识到风险社会下无论是自然环境风险，还是社会风险，社会中的每个人都处在一个命运共同体中。因此，人们必须团结一致，共同面对。以合作的力量感、共鸣的一体感共克时艰。

3. 发展共同感

要共享改革发展的成果，共担发展的风险和代价。在这一点上，没有人可以独享好处，也没有人命中就是替罪羔羊。通过公正分配资源，缩小贫富差距，缩小权力距离、缩小社会距离来重拾信心，聚沙成塔，集腋成裘，同甘共苦，共建家园。

（三）以中国梦作为全民共同的未来预期，调动文化心理资源，适度预期，形成生生不息的发展源泉

如何预期，悲观还是乐观，过度还是不足，都会对当下的行为有很大的影响。借鉴中国传统思想中的中庸理念和辩证思维方式，将可以形成不疾不徐、从长计议、留有余地、实事求是的预期，避免好高骛远、简单攀比、好大喜功的幻想与空想。

预期是中国文化心理的特征之一。中国文化的时间取向是承前启后、继往开来，纵向传承。因此，对比今昔的思维方式，可以让人满足，也让人期待。中国人勤俭持家，"为孩子"是最大的生活动力和行为理由。预期孩子会比自己生活得更好，是最朴素的愿望和最大的生活动力。中国梦，一定要定位于中国人家庭的梦，随后逐渐从身边开始，培育超越家庭的梦想，而不要直接定位于民族的梦、国家的梦，要大而化小，小大关联。

要适度预期。预期过高，承受力小，不满情绪强。预期过低，得过且过，缺乏动力。适度预期的形成需要横向比较，也要纵向比较，要让数字说话，让体验说话，让和普通人说话。要让民众了解，社会发展一定有局限，有困难，有阶段，不可能一步到位，需要摸索、借鉴、配合、妥协、协商、忍耐、等待。这样的预期才有助于形成理性平和、积极向上的社会心态。

给弱势群体未来。对新生代农民工、低学历者、残疾人、重大病患者及家庭、老年人、民营小微企业、老少边穷地区民众以具体的发展图景，让所有人不因弱势而失去尊严和信心。

为美好未来奋斗。少壮不努力，老大徒伤悲。临渊羡鱼，不如退而结网。实现中国梦，实现个人梦、家庭梦，都必须从每一件工作做起，要敬业守则，克勤克俭，吃苦耐劳，不靠运气。

（四）通过新媒体引导社会心态，注重研究社会心态

目前，媒体使用偏好主要有传统媒体与新媒体两大类型，这看似不过是使用者个人的自由选择，却最真实地反映出某种信息消费方式以及社会互动方式的差别。从互联网使用者的使用目的看，沟通、表达、检索、理财、休闲，满足了人不同的情绪、社会、经济方面的需求。它基于获取信息的需求，形成加工信息和发布信息的需求。这种高一级的需求偏好群体更能接受间接的、陌生的、公众社会的信息，更能信任制度和专家，也更懂得使用共享的信息，成为信息消费群、信息依赖群和信息加工群。他们从内容和发布对象上选择性地整理信息、评价信息、传播信息。他们把市场信息化，社交信息化，娱乐信息化，在一定的条件下，更容易形成多元、包容的心态，更具有自由意志，也更容易受到感染和动员；更容易透过信息网络得到信息而被连接为网状结构，也更容易各行其是。简言之，更容易凝聚，也更容易四散。引导社会心态要从新媒体使用群着手，摸索新媒体引导规律。

要重视社会心态的研究和监测，对于不同群体和阶层的社会心态研究进行跟踪和实时的监测，了解社会心态变化特点、规律和内部机制，在制定社会政策、公共管理和教育中能够纳入社会心态的视角。

ZHONGYANG
"SHISANWU"
GUIHUA 《JIANYI》 ZHONGDA
ZHUANTI YANJIU

专题二十八　党领导经济社会发展
　　　　　能力和水平

中共中央组织部

"十三五"时期全面提高党领导经济社会发展能力和水平调研报告

按照"十三五"规划《建议》重大课题的有关要求，中央组织部专门组织课题组，于2015年1月下旬开始，分赴北京、浙江、福建、广东、广西、四川、陕西等省（自治区、直辖市）和部分中央国家机关进行调研。课题组认真梳理现有理论成果，深入进行调查研究，充分吸纳各方面意见，经过综合分析、深入研讨、反复修改，形成此研究报告。

一、"十三五"时期党领导经济社会发展面临的新形势、新任务、新挑战

"十三五"时期是我国全面建成小康社会、实现我们党确定的"两个一百年"奋斗目标的第一个百年奋斗目标的决胜阶段，是全面深化改革的攻坚期、跨越中等收入陷阱的关键期和成为世界第一大经济体的冲刺期。在经济发展进入新常态的历史条件下，需要我们党以更加坚定的改革决心，更加务实的发展举措，更加高超的领导能力，团结带领全国各族人民进行具有许多新的历史特点的伟大斗争，紧紧围绕"五位一体"总体布局和"四个全面"战略布局，推动经济社会科学发展，为实现"两个一百年"奋斗目标和中华民族伟大复兴中国梦夯实基础。

（一）"十三五"时期，我国经济发展进入从高速增长转向中高速增长的新常态，需要全党更好地认识新常态、适应新常态、引领新常态

新常态下，我国经济发展表现出速度变化、结构优化、动力转换三大特点，经济发展

方式加快转变，新的增长动力正在孕育形成，长期向好基本面没有改变。经济增长的空间格局比较大，"一带一路"发展战略的实施，京津冀一体化、长江经济带等区域发展战略的实施，有利于国内市场资源的优化配置和产业升级。强大的需求潜力仍是经济增长的源泉，传统的消费和升级的消费都有潜力可挖。同时，我国经济发展也面临诸多矛盾叠加、风险隐患增多的严峻挑战，发展不平衡、不协调、不可持续问题仍然突出，调结构、转方式任务艰巨，经济下行压力明显，保持较高增长速度难度不小，面临的不确定性因素比较多。随着互联网经济迅速发展，新的网络金融衍生品出现并带来难以预估的风险，宏观调控难度将进一步增大；劳动力市场比较竞争优势减弱，去产能、去库存、去杠杆、降成本、补短板还需要下很大气力；农业可持续发展形势严峻，加快推进农业现代化任务艰巨；随着经济全球化深入发展，生产要素的流动超越国界，资源按照市场经济规则在世界范围内快速流动和配置，如何规避全球经济风险面临巨大挑战。未来五年我国发展仍处于大有可为的重要战略机遇期，面对经济社会发展新趋势、新机遇和新矛盾、新挑战，必须树立创新、协调、绿色、开放、共享的发展理念，坚持不懈推动科学发展，把握和遵循社会主义市场经济规律，以提高发展质量和效益为中心，加快形成引领经济发展新常态的体制机制和发展方式，着力推进供给侧结构性改革；保持战略定力，坚持稳中求进，保持经济运行在合理区间，着力实现有质量、有效益、没水分、可持续的增长，着力在转变经济发展方式、优化经济结构、改善生态环境、提高发展质量和效益中实现经济增长，促进经济平稳健康发展与社会和谐稳定。

（二）"十三五"时期，全面深化改革进入攻坚期和深水区，难啃的硬骨头多，需要凝聚改革共识，坚定改革决心，增强改革动力

全面深化改革扎实推进，取得阶段性成果，但还面临一些深层次的问题。一些干部改革意识有所消退，原因就在于改到深处、改到自己身上来了。因此，要进一步解放思想，冲破思想观念束缚，突破利益固化藩篱，释放改革红利，惠及全体人民。要立足中国现阶段国情，既做好顶层设计，完善体制机制、确保全面深化改革正确方向和改革蓝图顺利实现，又摸着石头过河，试点先行、稳步推进。要统筹实体经济和虚拟经济，进一步完善现代市场体系，使市场在资源配置中起决定性作用和更好发挥政府作用。提高国有经济竞争力，支持非公经济健康发展。破除一切不利于科学发展的体制机制障碍，完成党的十八届三中全会提出的改革目标任务，形成系统完备、科学规范、运行高效的制度体系，使各方面制度更加成熟定型，确保到2020年在重要领域和关键环节改革上取得决定性成果。

（三）"十三五"时期，全面推进依法治国进入关键期，需要大力弘扬法治精神，培育法治观念，推进法治国家、法治政府、法治社会一体化建设

全面依法治国是推进国家治理迈向现代化的关键举措，是国家治理领域一场广泛而深刻的革命，也是一项长期的艰巨任务。现阶段虽然中国特色社会主义法律体系已经形成，但是法律适用冲突，针对性、可操作性不强问题比较突出；立法部门化倾向、争权诿责现象，有法不依、执法不严、违法不究现象在一些地方比较严重；一些领域执法司法不规范、不严格、不透明、不文明现象仍然存在，群众对执法司法不公和司法腐败问题意见大。目前，法治工作队伍人才缺乏，特别是在一些基层党政机关，尤其缺乏懂法的专业人才。未来五年，全面依法治国重点要提高党依法执政能力水平，实现党的领导与依法治国有机统一。要正确处理政府与市场关系，深入推进依法行政，加快建设法治政府。加强对司法领域的监督，完善司法管理体制和司法权力运行机制，让人民群众充分感受公平正义。大力弘扬社会主义法治精神，建设社会主义法治文化，加强全民法治教育，让全体人民自觉遵法守法。加强法治工作队伍建设，培养法律专业人才。进一步创新社会治理体制机制，加快建设法治经济和法治社会，改进治理方式，化解社会矛盾，健全公共安全体系，尤其是在推进基层治理法治化方面下更大力气。

（四）"十三五"时期，全面建成小康社会进入收官阶段，需要更好地统筹协调经济社会各方面发展，更加注重社会建设，更加关注民生，促进公平正义，实现共同富裕

未来五年，我国社会主要矛盾没有改变，二元结构长期存在，但社会利益格局深刻变动，社会结构呈多元发展趋势；社会组织快速发展，社会阶层进一步分化，社会成员对公平正义的诉求和渠道增多；人口流动性持续增加，劳动年龄人口总量下降，人口老龄化加快。同时，农村贫困人口脱贫任务十分艰巨，城乡间和人群间收入差距有扩大趋向；消费结构不断升级，基尼系数离合理的空间还有很大差距。社会保障需求更高，基本公共服务供给不足，教育、医疗、就业、基础设施建设等，还不能满足人民需要。社会各方面人才跨行业跨地域流动加快，亟须破除体制机制障碍，打破人才上升壁垒。必须推进社会领域制度创新，进一步优化整合公共服务资源，深化教育、医药卫生、养老等社会领域体制改革，保障和改善基本民生、促进社会公平正义，健全就业创业体制机制，改革收入分配制度，大力实施脱贫攻坚工程，实施精准扶贫、精准脱贫，实现全体人民共同迈入全面小康社会。

（五）"十三五"时期，创新驱动日益成为我国经济发展的主要动力，科技第一生产力作用愈加凸显，需要更加注重科技投入和科技人才队伍建设，促进科技成果转化

当前，我国科技创新已步入以跟踪为主转向跟踪和并跑、领跑并存的新阶段，但是我国经济发展科技含量还是太少，经济总量虽大，但质量不高。一些重大关键核心技术受制于人，关键重要领域缺少话语权，创新创业人才匮乏，体制机制不完善；电子信息、生物技术、新能源、新材料等领域的革命性突破随时可能出现，智慧城市、互联网云技术、大数据技术将得到广泛应用。面对全球新一轮科技革命和产业变革蓄势待发，必须把发展基点放在创新上，走好科技创新这步先手棋，才能占领先机、赢得优势。因此，要结合我国国情，积极顺应当前和未来科技创新浪潮，深入实施创新驱动发展战略，深化科技体制改革，以国家目标和战略需求为导向，瞄准国际科技前沿，布局一批体量更大、学科交叉融合、综合集成的国家实验室，优化人财物配置，形成协同创新新格局。要强化原始创新、集成创新和引进消化吸收再创新，着力培养高科技、创新型人才，着力攻克一批体现国家战略意图的重大核心技术，重视颠覆性技术创新，加速赶超和引领步伐，力争在新一轮全球科技竞争中掌握主动权，推动新技术、新产业、新业态蓬勃发展，加快实现发展动力转换，使我国加快进入创新型国家行列。

（六）"十三五"时期，生态文明建设成为人民群众的迫切期望，需要在全社会进一步树立生态文明理念和共识，坚持经济发展与环境保护相结合，努力建设富饶美丽中国

我国经济快速发展的同时，生态环境付出了较大的代价。当前，资源约束趋紧，生态环境恶化趋势尚未得到根本扭转，环境承载能力已经达到或接近上限，金山银山与绿水青山矛盾突出，生态环境急需修复治理。同时，全球气候变化不确定性风险加剧，主要污染物削减任务艰巨，土壤、水、空气等环境质量问题成为突出矛盾，大城市群问题将集中爆发，新一轮城镇化面临"城市病"挑战。未来五年必须坚持节约资源和保护环境的基本国策，推动绿色低碳循环发展方式，从源头上扭转生态环境恶化趋势，坚定走生产发展、生活富裕、生态良好的文明发展道路。要建立系统完整的生态文明制度体系，健全国土空间开发、资源节约利用、生态环境保护的体制机制。紧扣生态需求，持续发力政策创新，全面节约和高效利用资源，实现稀缺资源的优化配置。落实国家能源战略，注重能源规划统筹，大力发展应用新能源技术，进一步提高海洋经济的质量和效益。按照主体功能区规划实现错位发展，根据东中西不同地域特点和发展要求，实现统筹发展。

（七）"十三五"时期，随着全球化背景下世界经济的深度融合和我国对外开放水平不断提升，各种思想文化交流交融交锋加剧，需要增强文化认同，凝聚推动经济社会发展的强大力量

当前世界范围内各种思想文化冲突更加明显，意识形态领域斗争尖锐复杂，主流价值观遭遇挑战，要切实增强我国文化软实力和国际竞争力，积极应对抵御国际敌对势力形形色色的文化渗透，维护国家文化安全，谨防从思想文化发端的"颜色革命"。目前，我国文化发展质量水平还不高，网络思想文化管理滞后，过度市场化、庸俗化问题不容小觑，人们整体文明素质和社会文明程度还有待于提高。要充分认识意识形态工作的极端重要性，牢牢掌握意识形态工作领导权和主动权，始终巩固马克思主义在意识形态领域的指导地位。坚持不懈地用中国特色社会主义理论体系特别是习近平总书记系列重要讲话精神武装全党、教育人民，大力弘扬民族精神和时代精神，巩固全国各族人民团结奋斗的共同思想基础。进一步培育和践行社会主义核心价值观，引领社会思潮，凝聚社会共识，特别要加强青少年主流价值观和先进文化教育，增强文化认同和文化归属感，让中国梦和社会主义核心价值观更加深入人心，爱国主义、集体主义、社会主义思想广泛弘扬，向上向善、诚信互助的社会风尚更加浓厚。

（八）"十三五"时期，和平发展、合作共赢仍是时代主题和时代潮流，世界经济在深度调整中曲折复苏，世界多极化、经济全球化、文化多样化、社会信息化深入发展，需要积极应对复杂多变国际形势和各种风险挑战，努力抢占国际话语权，引领国际政治经济新秩序，赢得发展时间和空间

当前，世界经济政治格局出现许多新变化新特点，全球治理体系深刻变革，国际力量对比逐步趋向平衡，但国际金融危机深层次影响在相当长时期依然存在，全球经济贸易增长乏力，各种形式的保护主义抬头，地缘政治关系复杂变化，传统安全威胁和非传统安全威胁交织。随着我国经济实力增强、国际地位提升和对外影响加大，面临美国等西方发达国家战略压力和遏制明显增加，我国周边安全形势不容乐观，海洋权益、领土争议等外部环境不稳定、不确定因素增多。全球围绕市场、资源、人才、技术、标准等的竞争和博弈更加复杂激烈，新一轮高标准经贸规则构建、全球治理体系的变化，气候变化以及能源、资源、粮食安全等全球性问题更加突出。全方位对外开放成为发展的必然要求，更趋复杂多变的外部环境，要求我们必须打开国门搞建设，提升世界眼光、战略思维，科学把握国际形势发展变化，更好统筹国内国际两个大局，拓展发展战略空间，始终把国家主权、国

家安全和国家利益放在突出位置，不断提高处理国际事务、处理复杂国际局势的能力，因势利导、有所作为，推动国际经济治理体系改革完善、国际经济秩序更加合理，促进国际经济秩序朝着平等公正、合作共赢的方向发展。

（九）"十三五"时期，全面从严治党需要进一步落实管党治党责任，不断提高党的执政能力和领导水平，不断增强党的先进性和纯洁性，确保党充分发挥总揽全局、协调各方的领导核心作用

党的十八大以来，以习近平同志为总书记的党中央坚持全面从严治党，取得显著成效，赢得了广大人民群众的信任和拥护。但是，党面临的"四大考验""四种危险"是长期的、复杂的、严峻的，管党治党的任务异常艰巨、繁重。部分党员干部理想信念不坚定、宗旨意识淡薄，干部"带病提拔""带病上岗""为官不为"等问题亟须解决；一些地方基层组织软弱涣散问题突出，部分党员干部先锋模范作用有待强化；作风虽然有了好转但"四风"问题还没有从根上解决，仍会反弹；反腐败斗争取得巨大成绩，但形势依然严峻，惩防体系建设任务艰巨。未来五年必须牢牢把握加强党的执政能力建设、先进性和纯洁性建设这条主线，坚持全面从严治党，不断增强党的创造力、凝聚力、战斗力，确保党始终成为中国特色社会主义事业的坚强领导核心。要加强理想信念和党性教育，引导党员干部补足精神之"钙"，坚定政治立场，保持理论清醒，明辨大是大非；加强宗旨意识、公仆意识教育，引导党员干部坚持以人为本、执政为民，始终保持党同人民群众血肉联系，始终与人民心连心、同呼吸、共命运；加强政治纪律和政治规矩教育，引导党员干部不断增强政治意识、大局意识、核心意识、看齐意识；加大从严管理党员干部力度，解决"为官不为"问题，让干部敢于担当，激发干事创业激情活力；巩固和拓展群众路线教育实践活动和"三严三实"专题教育成果，切实抓好"两学一做"学习教育，引导党员干部始终在思想上政治上行动上同以习近平同志为总书记的党中央保持高度一致。

二、党领导经济社会发展的经验、存在问题与不足

（一）党领导经济社会发展的经验

调研中大家一致认为，改革开放以来，我们党团结带领全国人民对中国特色社会主义经济社会发展道路进行了不懈探索，取得了举世瞩目的伟大成就，积累了丰富的经验。主要可以概括为六个方面：

1. 始终坚持以马克思主义中国化的最新成果统领经济社会发展全局，不断推进实践基础上的理论创新

理论是实践的先导，实践是理论的源泉。党的十一届三中全会以后，以邓小平同志为核心的党中央第二代领导集体，重新确立了解放思想、实事求是的马克思主义思想路线，做出把全党工作重心从"以阶级斗争为纲"转移到经济建设上来、实行改革开放的历史性决策，并在现代化建设的伟大实践中形成了邓小平理论，开辟了中国特色社会主义道路。党的十三届四中全会以后，以江泽民同志为核心的党中央第三代领导集体确立了社会主义市场经济体制的改革目标和基本框架，创立了"三个代表"重要思想，推动经济社会建设取得巨大成就。党的十六大以后，以胡锦涛同志为总书记的党中央根据中国经济社会发展实际提出了以人为本、全面协调可持续发展的科学发展观，推动我国综合国力明显增强、人民生活水平极大提高。党的十八大以来，习近平总书记发表了系列重要讲话，确立"四个全面"战略布局，提出实现中华民族伟大复兴的中国梦，引领着中国特色社会主义伟大事业这艘巨轮开辟新的航程。历史和实践证明，只有始终坚持将马克思主义同当代中国实际和时代特征相结合，不断推进理论创新，用发展着的马克思主义指导我国社会主义现代化建设，才能从根本上保证经济社会沿着正确的方向胜利前进。

2. 始终坚持以经济建设为中心，不断解放和发展社会生产力

以经济建设为中心，是我们党经过长期曲折探索所形成的基本共识。社会主义初级阶段的基本国情、社会主要矛盾和最大发展中国家的国际地位"三个没有变"，决定了我们党必须把发展作为第一要务，不断解放和发展社会生产力。改革开放30多年来，我们党正是坚持团结带领全国人民聚精会神搞建设、一心一意谋发展，解决了温饱，实现了总体小康，明显缩小了与发达国家的差距，跨入了中等收入国家行列。党的十八大以来，以习近平同志为总书记的党中央牢牢抓住发展这个第一要务，主动适应、引领经济发展新常态，着力推进有质量、有效益、可持续的发展，在新的历史起点上开创了经济社会发展新局面。实践证明，在整个社会主义初级阶段，以经济建设为中心必须毫不动摇、一以贯之。只有始终坚持发展是硬道理的战略思想，紧紧抓住和用好我国发展的重要战略机遇期，不断解放和发展社会生产力，才能实现全面建成小康社会的宏伟目标，为巩固和发展中国特色社会主义制度奠定最坚实的物质基础。

3. 始终坚持改革开放，不断推动生产关系与生产力、上层建筑与经济基础相适应

改革开放是当代中国最鲜明的特色，是推动经济社会发展的强大动力。党的十一届三中全会以来，我们党着力改革上层建筑中与经济基础不符合、不适应生产力发展要求的成分，不断深化经济体制及其他各方面体制改革，创建了充满生机活力的社会主义市场经济体制。30 多年来，我们党统筹国内国际两个大局，不断扩大对外开放，逐步形成了全方位、多层次、宽领域的开放格局，开放型经济水平不断提升。这场大改革、大开放极大地解放和发展了社会生产力，极大地调动了亿万人民的积极性。党的十八大以来，以习近平同志为总书记的党中央在新的历史起点上，以更大的政治勇气和智慧，冲破思想观念的障碍，突破利益固化的藩篱，做出了全面深化改革的战略抉择，进一步激发了中国经济社会发展的活力源泉。实践证明，我国经济社会发展取得的巨大进步靠改革开放，将来的发展进步仍然要靠改革开放，发展中遇到的问题归根结底要靠全面深化改革开放来解决。

4. 始终坚持以人为本，把实现好、维护好、发展好最广大人民根本利益作为党领导经济社会发展的根本出发点和落脚点

我们党的宗旨决定了以人为本是党推动经济社会发展的根本目的。改革开放以来，我们党始终坚持"三个有利于"标准，把解决民生问题摆在重中之重，不断增进人民福祉；始终坚持走共同富裕道路，使发展成果更多更公平惠及全体人民；始终坚持维护社会公平正义，充分保障人民平等参与、平等发展的权利；始终坚持正确处理改革发展稳定的关系，把改革的力度、发展的速度和社会可承受的程度统一起来，以人为本统筹各方面的利益关系。党的十八大以来，党中央在全党开展以为民务实清廉为主题要内容的群众路线教育实践活动和"三严三实"专题教育，坚决反对和整治"四风"，赢得了人民群众的衷心拥护和支持，使我们党从人民群众中获得了新的不竭力量源泉。实践证明，只有始终坚持以人为本、实践党的宗旨，把人民群众牢牢地团结在党的周围，我们党才能从容应对各种风险挑战，不断从胜利走向胜利。

5. 始终坚持科学执政、民主执政、依法执政，不断完善党领导经济社会发展的方式方法

尊重规律、按客观规律办事是党领导经济社会发展的重要遵循。改革开放以来，我们党逐渐总结归纳出一套领导经济社会发展的方式方法：注重谋划全局，从全局和战略的高

度对经济社会发展的长远目标和阶段性任务进行规划，研究提出重大政策建议并对重大问题做出总体安排；注重提出战略，按照总体目标提出经济发展战略、经济改革战略、对外开放战略、人才战略等；注重制定政策，对关系经济社会发展全局的产业政策、区域发展政策等做出整体部署；注重推动立法，按照依法治国基本方略建立社会主义市场经济法律制度；注重营造良好环境，让一切创造社会财富的源泉充分涌流。这些都是党科学执政、民主执政、依法执政在领导经济社会发展中的具体体现，为推动经济社会健康发展提供了基础保障。党的十八大以来，以习近平同志为总书记的党中央着眼于党和国家的长治久安，做出全面依法治国的决定，坚持依法治国、依法执政、依法行政共同推进，进一步推进了党领导经济社会发展方式的科学化、民主化、法治化。实践证明，只有始终坚持科学执政、民主执政、依法执政，才能保证我们党对经济社会发展的有效领导。

6. 始终坚持以改革创新精神加强党的建设，为党领导经济社会发展提供坚强组织保证

紧紧围绕党的中心任务加强和改进党的建设，是我们党能够始终成为中国特色社会主义事业领导核心的重要保证。改革开放以来，党对如何围绕经济建设这一中心任务加强自身建设进行了深入探索，不断加强思想建设、组织建设、作风建设、反腐倡廉建设和制度建设，不断提高领导经济社会发展的能力水平。党的十八大以来，以习近平同志为总书记的党中央坚持党要管党、从严治党，以"八项规定"为突破口，以作风建设开局起步，严明党的纪律，严格党内生活，从严管理监督干部，以零容忍态度打虎拍蝇，扎实推进全面从严治党各项任务，以党的自我净化、自我完善、自我革新、自我提高不断推动经济社会健康发展。实践证明，只有从严从实把党管好治好，才能为推进中国特色社会主义伟大事业提供坚强组织保证。

（二）党领导经济社会发展存在的问题与不足

调研中，大家也认为，从总体上来看，党的执政能力与领导水平、党的建设状况、党员队伍素质同党领导经济社会发展提出的新任务、新要求是相适应的，但也还存在着一些不协调、不符合的问题。

1. 基于新时期中国经济社会发展实践的理论创新力度不够

许多专家学者认为，目前，既符合经济学一般规律又接地气的中国特色社会主义经济

学理论体系还没真正建立起来。理论的原创力跟不上实践的需要，对经济社会发展中重大理论问题的深入研究仍比较薄弱，对如何进一步发展社会主义基本经济制度等重大理论问题的研究仍处在浅层次上。

2. 部分党员干部对中国经济社会发展的新阶段与新特征仍存在不少模糊乃至错误的认识

比如有些党员干部坚持"发展是第一要务"的政治定力不足。有的将以经济建设为中心与全面从严治党对立起来，更有极少数人甚至将当前经济下行压力加大归咎于反腐败。还有些党员干部对中央精神理解不深、把握不准。一些地方党政主要领导还囿于传统发展观念，主动适应、引领新常态的自觉性和主动性不强。

3. 党领导经济社会发展的体制机制还需进一步理顺、完善、健全

调研中一些专家学者和领导干部反映，当前党领导经济社会发展的体制还与新常态存在着不适应、不匹配的地方。比如，党委与人大、政府等部门职能定位不够清晰。一些地方党委在领导经济建设上习惯于"一竿子插到底"，"统揽"的作用在一定程度上扭曲为"包揽"。又如，中央与地方的财权、事权划分边界还有待进一步厘清，条块矛盾还比较突出，基层的权力与责任不一致、不匹配现象比较普遍。

4. 党领导经济社会发展的方式方法还需进一步改进、创新

一些专家学者和党员干部认为党领导经济社会发展的一些方式方法还比较落后，已不能适应新时期新阶段的要求。比如领导经济社会发展的科学化水平还不高。一些政策和调控手段过于追求"一刀切"，对不同地方发展不平衡的实际考虑不足；一些地方主要领导调整就换思路，让干部群众无所适从；一些领导干部不重视智库建设，武断决策、草率决策的现象还比较普遍。领导经济社会发展的法治思维和法治意识还不够强。一些地方和党员干部仍习惯于采取陈旧的计划手段、强制手段完成任务。领导经济社会发展的民主化水平还不足。一些地方在制定经济社会发展战略规划、做重大决策时听取民意、尊重民意不够；一些地方党务、政务公开不够，内容随意性大，程序缺乏制度保障。不少同志认为信息化条件下打好舆论引导战的水平不高。一些地方和党员干部对市场经济条件下思想多元化的特点和舆论引导的规律研究不深，主动、有效凝聚民心的工作做得还不到位。

5. 党聚才、引才、用才的体制机制还有待进一步完善

大家普遍认为，人才作为科学发展第一资源的作用日益突出，但我国人才队伍建设与经济社会发展新常态提出的新任务、新要求还有较大差距。主要是：党管人才原则与市场配置人才资源还没有有机结合、有效衔接起来；人才培养中企业、高校、科研机构的主体作用还没有充分发挥出来；人才评价标准单一、身份固化、激励机制不健全等问题还没有从根本上突破。经济社会发展急需的各类人才还比较欠缺，中国制造、中国创造还缺乏高技能、高素质人才队伍的有力支撑。

6. 党的建设与党领导经济社会发展提出的新要求还有一定差距

大家一致认为，打铁还须自身硬，提高党领导经济社会发展能力必须坚持党要管党，从严治党。现在党的建设与党领导经济社会发展提出的新要求还存在一些不相适应的地方。比如一些党员干部领导经济社会发展的专业化能力还不强。有的地方党委班子中缺少懂经济、会管理的成员，党委班子抓经济社会发展的整体水平不高；有的领导干部在科学研判形势、准确把握发展规律、创新开展工作等方面的能力素质还不足以胜任引领经济社会发展的新任务。一些基层党组织软弱涣散，少数党员没有很好发挥先锋模范作用，部分党员干部存在不作为、不担当等问题。

三、"十三五"时期全面提高党领导经济社会发展能力和水平的目标、重点任务和主要措施

（一）全面提高党领导经济社会发展能力水平的目标

坚持以马克思列宁主义、毛泽东思想、邓小平理论、"三个代表"重要思想、科学发展观为指导，全面贯彻落实党的十八大和十八届三中、四中、五中全会精神，深入贯彻落实习近平总书记系列重要讲话精神，紧紧围绕"五位一体"总体布局和"四个全面"战略布局，着眼于提高党的执政能力、推进国家治理体系和治理能力现代化，把握方向、谋划全局、提出战略、制定政策、推动立法、营造良好环境，进一步解放思想，改革创新，不断完善党的领导体制和执政方式，深入推进党领导经济社会发展制度化、法治化、专业化，

更好发挥党总揽全局、协调各方的领导核心作用，发挥市场在资源配置中的决定性作用和政府的宏观调控作用，统筹好国际国内两个大局，为全面实现"十三五"规划各项任务提供坚强的政治组织保证。

（二）全面提高党领导经济社会发展能力水平的重点任务

1. 提高党领导深化改革、推动发展、维护稳定能力水平

正确处理改革发展稳定的关系，在顶层设计和战略谋划上进一步把握好改革措施出台的时机和节奏，把改革的力度、发展的速度和社会可承受的程度统一起来。

2. 提高党领导经济社会发展的制度化能力水平

建立定期分析研究经济社会发展形势、研判部署重大战略问题的制度，健全党委专项领导小组机构，使党领导经济社会发展的制度体制更加科学化、程序化、规范化。

3. 提高党领导经济社会发展的法治化能力水平

落实全面依法治国要求，自觉运用法治思维和法治方式领导经济社会发展，依法依规调控和治理经济、推进社会建设。

4. 提高党领导经济社会发展的专业化能力水平

准确把握我国现阶段经济社会运行中的主要矛盾，自觉运用经济规律、自然规律、社会规律解决突出问题，增强工作的预见性、系统性、创造性。

5. 提高党协调社会治理的能力水平

坚持总揽全局、协调各方，统筹推动经济发展、资源节约、环境保护与民生改善，协调部门、地区、阶层、群体、组织之间关系，实现政府治理、社会自我调节、公民自我治理良性互动。

6. 提高党引领舆论的能力水平

坚持党管媒体原则，把握大众心理特点和新媒体传播规律，牢牢掌握舆论主动权，为经济社会发展营造良好的舆论环境。

7. 提高党统筹两个大局的能力水平

统筹国内发展和对外开放，利用好国际国内两个市场、两种资源，在更大范围、更广领域、更高层次上发挥我国比较优势、参与国际合作和竞争，妥善处理国际事务和国际关系，争取良好的国际环境和周边环境。

（三）全面提高党领导经济社会发展能力水平的主要措施

1. 加强理论创新和舆论引导

（1）加强重大理论和现实问题研究，夯实党领导经济社会发展的理论基础。坚持马克思主义基本原理，加强对当代中国在现代化转型过程中面临的重大理论和实践问题的研究，系统总结党的十八大以来的理论成果、制度成果、实践成果。一是加强国家治理理论研究。深化治国理政新理念新思想新战略的研究阐释，历史地、客观地认识和把握国家治理总体状况和发展态势，系统阐释和厘清党的领导与依法治国、国家与社会、政府与市场的关系，从理论上澄清错误认识，建立中国特色社会主义国家治理理论体系。二是加强当代中国经济和社会理论研究。准确把握未来一个时期我国经济社会发展的形势变化和运行规律，加快构建既符合经济学、社会学一般原理又适应新常态阶段性特征和实践需要的中国特色社会主义政治经济学、社会学理论体系。三是加强党的领导和党的建设理论研究。深入研究新形势下如何加强和改善党的领导，探索加强党的建设、全面从严治党的特点和规律，进一步提升党的建设理论水平。

（2）强化理论武装，树立统筹经济社会科学发展的新理念。以中国特色社会主义理论体系特别是习近平总书记系列重要讲话精神武装全党，增强党员领导干部中国特色社会主义道路自信、理论自信、制度自信。建立一支专业能力强的马克思主义理论培训队伍，加强领导干部对唯物辩证法和马克思主义政治经济学的学习培训，不断提高准确研判经济社会发展趋势、制定正确方针政策的能力水平。注意促进党员领导干部转变发展观念和领导观念，破除那些在粗放式发展阶段形成的思维定式，真正树立认识、适应和引领经济发展新常态的意识和思维，以创新、协调、绿色、开放、共享的发展理念更好地推动经济社会科学发展。

（3）强化舆论引导，营造党领导经济社会发展的良好舆论环境。切实加强意识形态工作，旗帜鲜明地宣传坚持以经济建设为中心不动摇、坚持改革开放不动摇，澄清是非、主动引领，牢牢把握舆论主导权。一是加强正面宣传，传播正能量。大力弘扬社会主义核心价值观，高度重视发挥意识形态动员、整合、引领功能，用更符合市场需求、更鲜活更有特色的文化产品教育引导群众。二是管好现代传媒，讲好中国故事。坚持党媒姓党、党管媒体、党管网络，强化全球治理、国家治理中的"互联网思维"，通过制度安排和资源整合，推动传统媒体和新兴媒体深度融合发展，打造一批拥有强大实力和传播力公信力影响力的新型媒体集团。依托高水平的专家队伍，面向社会公众和国际社会宣讲国家重大公共政策，提高政策解读的准确性、影响力和社会效果。三是管好用好社科机构，建设一批特色新型智库。健全各类学会、协会、研究会、民办社科研究机构管理制度，重点加强对哲学社会科学领域工作者的教育管理，培养忠诚于马克思主义的社科研究工作者，引导他们站稳立场、守住底线，不做西方的"应声虫"。

2. 完善党领导经济社会发展工作体制机制

（1）明确规范党委领导经济社会发展的基本职能。进一步规范和细化党领导经济社会发展的职责权限，在决策、施政、考核、追责等方面建立一整套协调完善的制度。一是合理划分各级党委政府在经济社会事务管理上的权限和职责，进一步理清中央、省、市、县各级政府的事权，强化上级党委对下级党委落实决策部署的督促检查职责。二是加强各级党委对城市规划的统筹领导，防止规划的部门化、短期化。三是健全和完善各级党委定期分析和研判经济社会发展形势的制度；规范党委全面深化改革领导小组职能，加强对重大改革方案的定期研究，提高通过体制改革、制度创新驱动经济社会发展的能力水平。

（2）从制度上理顺党政关系以及党与其他社会组织的关系。深化体制机制改革，关键要理顺党与国家政权、其他社会组织关系，科学配置各方的基本职能。一是合理区分党委常委会与政府常务会在经济工作决策上的职责，对涉及国民经济和社会发展规划、重大方针政策、工作总体部署、干部任免以及关系民生的重要问题，由党委常委会集体讨论决定，日常性工作由政府及其部门按照职责权限决策和管理。二是进一步明确人大、政协在党领导经济社会发展中的职责定位，充分发挥工青妇等人民团体桥梁纽带作用。三是适当扩大党政领导成员交叉任职，把经济社会建设方面的重点工作纳入党委班子成员分管范畴。尤其要重视加强人大、政府及其职能部门、政协党组建设，规范决策程序和工作方式，切实发挥其领导核心作用。

（3）完善和落实党委领导经济社会发展的责任制。建立健全地方党委统筹抓好经济、社会、文化、生态等各方面建设的有效管用、简便易行的责任体系。一是合理区分决策集体和决策者个人的责任，加强决策监督，建立领导干部重大决策责任终身追究制，完善问责实施机制，强化责任追究。二是探索实施改革容错机制，营造有利于大胆探索、勇于创新的良好环境。三是健全和落实各级党委从严管党治党责任制，把抓经济社会发展与抓党建工作有机结合起来，确保党的建设与经济社会建设同步发展、相互促进。

3. 完善党领导经济社会发展的方式

（1）提高党领导经济社会发展的科学化水平。坚持从实际出发，注重按照经济规律、社会规律、自然规律办事。坚持规划先行，搞好统筹协调。改进调查研究制度，加大各级党委对本地区经济社会发展态势研判力度。高标准建设中国特色社会主义新型智库，为科学决策提供强有力的智力支持。加强部门、区域、行业和民情信息等数据整合，探索运用互联网思维和大数据手段组织和管理政务信息资源，加强对重点问题的系统化、精准化分析，增强决策的科学性。

（2）完善党领导经济社会发展的民主决策机制。坚持和完善民主集中制，健全地方各级党委全委会、常委会工作机制，强化全委会在经济社会发展方面的决策和监督作用。完善党委内部议事规则和决策程序，健全重大问题民主讨论、重大决策咨询论证、重大事项沟通酝酿等制度。积极推进社会主义协商民主，在有关经济社会建设的重大事项、重大决策研究出台过程中吸收更多的党员、群众、专家等参与，为决策提供更广泛更坚实的民意基础。

（3）强化党领导经济社会发展的法治思维和法治方式。坚持法治思维、增强法治观念，善于通过立法、执法、司法手段领导经济社会发展，提高用法律方式调节经济发展、协调各方利益、化解各类矛盾的能力和水平。一是增强依法决策意识，把合法依规作为党委决策的前提条件，完善决策程序，建立健全党委内部重大决策合法合规性审查审核机制。把公众参与、专家论证、风险评估等确定为党委重大决策的法定程序，依法规范决策行为。二是以党内法规形式明确地方各级党委重大决策上升为地方性法规的条件和方式，增强施政行为延续性和稳定性。三是完善法律执行督查惩处机制，坚决纠正有法不依、执法不严、违法不究现象，坚决纠正乱罚款、乱摊派、乱收费、乱作为等行为。

4. 努力建设善于领导经济社会发展的高素质干部人才队伍

（1）深化干部人事制度改革。坚持好干部标准，进一步开阔视野、拓宽渠道，把大批党和人民需要的好干部选拔出来、使用起来。建立健全促进科学发展导向的干部政绩考核评价体系和奖惩机制，着力解决唯GDP、"形象工程"、"政绩工程"，以及不敢担当、不作为、乱作为等问题，着力把各方面积极性引导到加快转方式调结构、实现科学发展上来。着力健全考核指标体系，提高生态环保、民生就业指标在地方政绩综合考核中的权重。探索差异化考核，根据发展程度、环境资源、地域特点等加快形成有利于促进整体协调、区域错位发展的考核评价体系。注重领导干部"潜绩"考核，适当引入社会评价、第三方评估，对"潜绩"进行正反测评，其结果作为班子调整和干部选用的重要参考。建立完善干部选拔任用责任追究制度，防止干部"带病提拔""带病上岗"。健全激励机制，推进能上能下，保护好、发挥好干部干事创业的积极性、创造性，不断增强干部队伍的生机与活力。

（2）优化各级党政领导班子功能结构。适应经济发展新常态和改革开放新要求，改善各级党政领导班子专业结构和知识结构，培养充实一大批政治强、懂专业、善治理、敢担当、作风正的领导干部。着力培养和充实熟悉现代工业、现代农业、新型城镇化、生态文明建设等方面工作的干部，充实实践经验丰富、勇于改革创新的干部，充实善于做党建工作、意识形态、政法工作、社会管理、群众工作的干部，不断提高各级领导班子领导经济社会发展的专业化能力。建立健全领导班子综合分析研判机制，根据不同地区区域特点，发展定位构建班子结构模型，加强对各级党政领导班子领导本地区经济社会发展整体能力的研判和优化。注重加强"人岗相适"评估，对专业化要求较高的职能部门，在班子配备时设置专业化"硬指标"，确保班子成员中有较大比例的专业、经历、能力对口的干部。

（3）加强干部队伍的专业化建设。完善选人用人机制，大力培养选拔懂经济、懂技术、懂市场、懂管理的专业化干部。要改进干部交流制度，破除体制机制障碍，畅通三支队伍交流渠道，把更多专业人才吸纳到党的执政队伍中来。探索扩大干部聘任制适用范围，加大专业人才聘任力度。继续推进公务员分类改革，提高专业技术类干部待遇。对现任各级领导干部加大经济、科技、社会、国际、战略、心理等方面精准化培训力度，进一步强化实践历练和一线培养，改进和加强境外中短期专业培训。着眼未来，重视年轻干部和后备干部专业化建设，打破干部部门化，完善从企业、高校、科研院所等培养选拔优秀年轻干部机制。

（4）建设规模宏大的高素质人才队伍。坚持党管人才和市场配置人才相统一，加快人才发展体制机制改革和政策创新，破除妨碍优秀人才脱颖而出和合理流动的制度障碍，形成激发人才创新活力、具有国际竞争力的人才制度优势。一是完善以企业为主体、市场为导向、多种形式的产学研合作培养人才机制，创新保障研发人员创新劳动同其利益收入对接匹配的激励机制。二是适应国家治理现代化的需要，加大经济管理、社会建设、文化发展、环境保护、农村治理等急需紧缺人才的培养和引进力度，统筹推进各类人才队伍建设。三是扩大人才政策开放度，打破观念束缚和体制壁垒，广纳天下英才，进一步创新引进海外高层次人才政策，完善外国人永久居留服务管理制度。同时，大力培育有世界眼光、全球思维的高端人才，积极培养和推送优秀人才到国际组织任职。还要创新推进专业人才向中西部、艰苦地区和基层一线流动的政策和制度。

5. 完善党领导下的基层治理机制

（1）以加强薄弱环节为重点建立健全基层治理组织体系。完善社会治理体系和政策法规，建立健全以法治化为导向、以基层党组织为核心、以群众自治组织为主体、以党员群众服务中心为依托、村居民广泛参与的基层多元治理体系，解放和增强社会活力。一是坚持政治引领和服务群众并举，强化基层党组织整体功能，领导和带动各类基层组织协调利益、化解矛盾，注意解决当前一些工青妇等群团组织出现的机关化、行政化、贵族化、娱乐化等苗头性倾向和问题。建立健全村级软弱涣散党组织发现和整顿机制，明确整顿达标标准和销号程序。二是着眼增强街道和乡镇的服务调控功能，加强街道、乡镇党组织和政权建设，按照责权利统一、人财事配套的原则，合理划分区县、街道乡镇、社区村事权财权人权。三是突出抓好党组织带头人队伍建设，健全完善基层干部选任培训、考核评价、监督管理、激励保障、流动上升机制，适当提高村和社区干部工资福利待遇。

（2）加强对新经济组织和新社会组织的政治引导和有效治理。改进企业和社会组织登记制度，深化行政审批制度改革，进一步简政放权、转变职能、强化服务、激发活力。完善社会组织发展政策和立法，加强政治引领、业务指导、管理监督，推进行业自律、依法自治，限期实现行业协会商会与行政机关真正脱钩。创新"两新"组织党建工作，运用信息化手段开展工作，推进党员属地化管理和双重管理。加强对出资人的教育和引导，开展专题培训研讨，建立党员领导干部、"两新"工委委员直接联系出资人制度，探索建立出资人重视党建工作的评价激励机制。

（3）创新适应新形势的群众工作体系和工作方式。研究和把握新形势下群众工作的特点和规律，积极运用互联网和大数据思维，建立民情监测反应机制。采取"扁平化"工作模式，推行群众工作网格化管理，健全落实党员干部直接联系服务群众、领导干部联系点、党代表联系选区、机关党员到社区报到开展志愿服务等制度。总结运用集中办公、为民代办、上门服务、干部下访、科技下乡、电子政务等好经验好做法，分类提供个性化、精细化、网络化的便民服务。善于综合运用政策、法律、经济、行政等手段和说服教育、示范引导、提供服务和协商调解等方法，依法及时合理地处理群众反映的问题。

6. 持续深入推进党的作风建设

（1）健全改进作风常态化机制，巩固和扩大反"四风"成果。巩固拓展群众路线教育实践活动和"三严三实"专题教育成果，扎实开展"两学一做"学习教育，建立健全经常性地教育引导群众常态化地联系服务群众、群众利益反应机制，以及群众参与监督制约、督查落实等机制，推进作风建设长效化。重点要完善作风建设监督检查机制，明确作风建设的主体责任和监督责任，将作风建设情况纳入巡视工作范围；明确违规违纪责任内容和惩戒措施，细化落实专项整治制度，以严格责任、严明纪律、严厉追究整治"庸懒散慢浮拖"问题。

（2）加强日常管理，强化监督力度，防止和纠正干部"为官不为"。推行岗位说明书制度，出台处置办法，对"为官不为"行为进行认定和处理，惩戒干部不作为、慢作为。健全规范的权力运行机制和清晰的责任体系，实施严格、定量、可追溯的业绩台账制度和评价考核机制，公道正派选人用人，鼓励干部有作为。加强对干部的日常监督管理，严肃行政问责和纪律处分，约束干部乱作为。加强教育引导，改革激励保障制度，营造支持干事创业、宽容创新试错的环境，把严格管理与热情关心结合起来，激发干部愿作为、善作为。

（3）建立健全责任追究制度。建立科学的问责程序和制度，进一步明确问责情形、规范问责方式，加大对存在作风问题干部的责任追究力度。通过调离岗位、免职、降职等方式，加大组织处理力度。制定被问责干部工作安排的有关规定，严格被问责干部复出条件、程序和职务安排等，保证问责制度与党纪政纪处分、法律责任追究制度有效衔接。

（4）切实提高执行力。加强对党委决策部署的经常性和专项督查，坚持跟踪、问效、追责，以钉钉子精神打通落实的"最先一公里"和"最后一公里"。将落实中央重大决策部署任务情况纳入巡视工作内容，分类追究主要领导、分管领导、直接领导和领导班子责任。探索建立党代表参与监督决策部署落实的工作机制，广泛组织动员媒体和社会力量进行监督。

7. 加强反腐倡廉建设

（1）坚定不移推进反腐败斗争。始终保持高压态势。坚持有腐必反、有贪必肃，在坚决"打虎"的同时，加大"拍蝇"力度。健全权力运行制约和监督机制，积极探索建立党委及其部门"权力清单""责任清单"制度，明确党委及其部门的权力内容，界定领导集体和领导成员、党委部门之间权力边界，保证党政部门及内设机构权力配置科学合理、运行规范高效，推动形成不敢腐、不能腐、不想腐的良好局面。建立预防腐败信息共享机制、预警机制和廉政指标体系，充分发挥现代科技手段在防治腐败中的重要作用。严格落实"两个责任"，推进纪委转职能、转方式、转作风，探索加强纪委对同级党委特别是常委会成员监督的具体途径和办法。

（2）严明党的政治纪律和政治规矩，加强纪律建设。坚决反对自由主义、分散主义、好人主义、个人主义，坚决维护中央权威，坚决同以习近平同志为总书记的党中央保持高度一致。建立健全执行政治纪律情况定期巡视和专项督查制度、重大事项请示报告制度，强化党员干部的组织纪律性。将领导班子和领导干部遵守政治纪律、组织纪律情况作为年度考核、巡视工作重要内容和选拔任用的重要参考。在全面深化改革中绝不允许抢跑、越线，在贯彻中央既定部署上绝不允许打折扣、搞变通。

（3）严格党内政治生活，营造良好的从政环境和政治生态。创新落实党员领导干部双重组织生活会制度，使批评和自我批评成为自觉，讲真话成为常态。总结近年来严格党内生活的实践经验，更好地营造党内民主平等的同志关系、民主讨论的政治氛围、民主监督的制度环境。坚持正确的用人导向，破除陈规陋俗，重用敢干事、能干事、干成事的干部，坚决杜绝"逆淘汰"，实现"能者上、平者让、庸者下、劣者汰"，充分调动各级干部干事创业的积极性、主动性、创造性。加强对一把手监督管理，及时规范和推广党政正职向上级纪委全会和干部群众述职、述廉、述党建并接受评议的制度，将一把手作为巡视重点对象。

中共中央党校

"十三五"时期全面提高党领导经济社会发展能力和水平研究

"十三五"时期，是我国全面建成小康社会冲刺的五年，既面临新的机遇，也面临新的更加严峻的挑战，需要全面提高党领导经济社会发展的能力和水平。

一、"十三五"时期党领导经济社会发展面临的新形势、新任务和新挑战

（一）新形势

当前国内外形势错综复杂、多重矛盾相互交织、多种风险挑战极为严峻。但我国仍然处于可以大有作为的重要战略机遇期，经济发展进入新常态，意味着重要战略机遇期的内涵和条件发生了重大变化。

1. 全球经济格局深度调整，国际竞争更趋激烈

2008 年国际金融危机以来，世界经济复苏和持续增长仍存在不确定性。一些国家宏观政策调整带来变数，新兴经济体面临新的困难和挑战。美国、欧洲等经济强国一方面相继提出"再工业化""2020 战略"等措施，发展新能源、新材料、新技术等实体经济，抢占国际经济制高点；另一方面，试图重构国际贸易规则，实行新的贸易保护主义等，支撑中国经济高速发展的国际环境发生巨大变化，世界经济和国际贸易增长持续低迷，外部需求不确定性增强。

2. 创新驱动竞争更加激烈，产业转型升级滞后

随着第三次工业革命到来，发达国家纷纷加快发展战略性新兴产业。相比之下，我国科技创新能力不足，科技与产业融合不够，产业竞争力不强，核心技术受制于人。迫切需要抓住新一轮技术革命机遇，为创新驱动型经济创造条件。

3. 要素和产品市场供求关系发生重大变化，传统比较优势渐失

新常态下，我国经济发展内生条件发生新的变化，人口将长期处于低速增长区间，老龄化加快，劳动力要素成本上升，而资本相对过剩。与此同时，我国长期过度依靠投资和外需的经济增长模式，已使得能源、资源、环境的制约越来越明显，潜在经济增长率趋于下降，这些都对经济社会健康发展提出更加紧迫的要求。

4. 社会矛盾突出，转型压力增大

经过 30 多年快速发展，我国社会结构发生重大变化，社会阶层不断分化，收入差距不断扩大，社会矛盾日益凸显，需要高度重视。我国已经进入上中等收入国家行列，正处于跨越"中等收入陷阱"的关键阶段，工业化、信息化、城镇化和农业现代化快速推进，生产生活方式发生重大变化，社会流动性增强，利益诉求多元化，就业形式多样化。因此，必须尽快寻求新的增长动力，加大保障和改善民生力度，把改革与发展红利惠及全体人民。

（二）新任务

1. 确保全面建成小康社会

2020 年全面建成小康社会，在最后 5 年冲刺期仍然面临一些难题，全党全国各族人民必须同心协力、共同克服。

全力解决集中连片贫困地区发展难题，确保同步进入小康社会。到 2014 年年底我国农村绝对贫困人口仍然有 7 000 多万，大部分集中在连片贫困地区，如云贵川山区、陕甘宁老区、武陵山区、南疆四地州和赣南中央苏区等，成为全面建成小康社会的难点。要以这些地区和人群为目标，创新扶贫开发机制，整合农林水、交通、通信等基础设施建设资金，

打破条块分割的资金使用方式，变分散为精准、变局部为整体，在不断增加对贫困地区和贫困群体投入的前提下，更好地发挥人、财、物的集成效应。

全面增强欠发达区域经济实力，打牢小康社会物质基础。总体看，我国区域之间全面小康社会发展水平仍然有较大差距，大部分东部地区已经接近，中西部欠发达仍然有较大差距。要发挥"一带一路"在区域协调发展上的轴心作用，打造"长江经济带"等区域经济增长极，为全面建成小康社会奠定牢固的经济基础。

2. 加快完善中国特色社会主义制度体系

加快完善社会主义市场经济体制。要围绕发挥市场机制决定性作用和更好地发挥政府作用，加快推进党的十八届三中全会提出的关键性制度改革。**一是坚持和完善基本经济制度，实现国有企业分类管理，**统筹推进"破除垄断、资本经营和公司治理"改革，使混合所有制经济成为竞争性国有资本新的实现形式。**二是完善现代市场体系，把金融、科技、人才和资源的行政分割性市场，**整合为畅通高效的一体化市场，让一切生产要素活力竞相迸发，让一切创造社会财富的源泉充分涌流。**三是建立现代财政制度，理顺各级政府的分税关系，**加快改革预算管理制度，完善税收制度，要从理财思想转向用财战略，统筹短期提高资金效率、中期经济结构调整和长期国家治理体系建设，使财政成为国家治理的基础和重要支柱。**四是健全城乡一体化发展的体制机制，统筹谋划农村土地制度、城乡户籍制度改革，**畅通新型城镇化发展的要素流动机制和城乡协调发展通道，使农村和城镇同步进入小康社会。**五是形成开放型经济新体制，统筹"对内市场体系建设和对外市场开放"，**围绕"一带一路"等长远战略布局，形成"引进来和走出去"更加均衡的政策体系，使我国内外经济实力更加平衡。**六是完善与社会主义市场经济体制相适应的政府职能体系，**以建设法治政府和服务型政府为目标，加强中央政府的宏观调控职责和能力，强化地方政府公共服务、市场监管、社会管理、环境保护等职责。

全面加强政治、文化、社会、生态和党建等领域的制度体系建设，使中国特色社会主义制度更加健全、更加完善，提高我国治理体系和治理能力的现代化水平，为完成第二个百年目标奠定基础。**一是加强社会主义民主政治制度建设。**健全党内外民主制度、丰富民主形式，充分扩大公民有序政治参与的途径和领域，发挥人民代表大会制度、协商民主制度、民族区域自治制度和基层民主制度的内在优势，把我国民主政治水平提升到新的高度。**二是深化文化体制改革，建设社会主义文化强国。**完善文化管理体制，理顺政府、市场和社会在文化事业上的权责利边界，调动各方面积极性，形成百花齐放、百花争鸣的繁荣局面。**三是完善与全面建成小康社会相配套的一系列社会制度。**社会事业发展水平和运行效率事关我国全面建成小康社会的质量高低，要把教育、就业、收入分配、医疗、住房和养老等领域改革推向深入，形成覆盖城乡及不同地区所有群体均等化基本公共服务体系，并不断提高可持续的保障水平。要加快改革社会治理方式，形成政府治理和社会自我调节、居民自治良性互动的运行机制。建立预防和化解社会矛盾的新体制，发挥法治、信访和调解各自的优势，促进社会公平正义。要把健全公共安全体系作为重点，保证食品和药品等民生安全，保障网络和信息等国家安全。**四是健全中国特色社会主义法治体系**。全面依法治国是我国新时期的战略部署，要加快完善相关法律制度体系，推进法治中国建设。坚持党的领导、人民当家做主和依法治国有机统一的思想，理顺依法治国、依法执政、依法行政共同推进的法律制度关系，切实提高法治国家、法治政府和法治社会一体建设程度。要以宪法为核心，完善中国特色社会主义法律体系。**五是从根本上解决治理生态环境的体制问题**。实行最严格的源头保护制度、损害赔偿制度、责任追究制度，形成完备的环境治理和生态修复制度。**六是形成全面从严治党的制度体系**。从严治党关系到党的生死存亡，要从依法治国、依规治党和依法执政的一体化设计和运行出发，完善党纪党规，提高党在国家现代化治理体系中的执政能力，完善党的运行机制，使其从规范层面更多转向执行层面，从上级转向基层，全面提高发现问题、解决问题的能力水平。

（三）新挑战

1. 经济持续健康发展的挑战

一是经济发展与资源环境之间的矛盾更加尖锐。30多年高速经济增长既带来了生活水平的快速提高，也造成资源过度消耗和环境深度污染，保护和修复环境的任务繁重；群众对环境的要求不断提升，"邻避效应"对经济发展的牵制越来越大，碳排放等国际环保标准的约束加大。

二是经济转型升级任务更加艰巨。转变经济发展方式受体制机制约束进展缓慢；传统产业受成本上升、产能过剩、汇率变动等影响快速衰落，新技术、新业态、新产品、新模式等新的增长点和增长极的培育还有待时日；房地产、汽车等支柱产业推动经济增长的动力减弱，战略性新兴产业受投入、人才、技术、市场等因素制约成长缓慢，难以发挥经济增长主引擎作用。

三是经济安全和经济风险更加突出。外贸依存度高，能源资源过度对外依赖，部分粮食进口规模较大，信息产业核心部件受外国企业控制，国内经济受世界经济政治震荡的影响日益增强。债务规模持续扩大、资产价格波动、影子银行不透明、资本短期集中外流等都可能在未来诱发金融风险，并进而导致金融危机，中断经济增长。产能过剩、经济结构调整、制造业大量萎缩造成企业经营困难有可能在未来导致较大规模失业进而给社会经济稳定发展造成巨大挑战。

四是宏观调控环境更加复杂。稳定的经济发展离不开科学的宏观调控。发达国家宏观经济政策的不同向压缩了国内宏观调控空间，世界各国宏观经济政策的相互矛盾和竞争削弱了宏观调控的效果，消化前期刺激政策制约了宏观调控的灵活性，僵尸企业和预算软约束降低了宏观调控的有效性，宏观调控的相机抉择更加复杂艰难。

五是市场主体发展动力不足。调研中发现，企业家干事创业的动力有所减弱，部分企业家执迷于原有发展思路，受经济下滑和经济转型影响，资产和利润严重下滑，发展信心受挫；部分企业家受能力和见识所限，想发展不知道怎么发展，想转型不知道如何转型，想创新缺乏创新要素支持。

2. 社会稳定的挑战

发展是目的，稳定是前提，没有稳定的环境，什么都搞不成。从调研看，**社会稳定主要面临两大矛盾的挑战：**一是人民群众日益增长的民生需求和相对落后的社会提供能力之间的矛盾。二是不断推进的社会转型和落后的社会治理能力之间的矛盾。

各种社会矛盾相互转化给社会稳定带来重大挑战。**一是隐性矛盾显性化。**随着经济增速放缓，原来许多被经济高速增长所掩盖的矛盾浮出水面；深化改革意味着利益格局深度调整，各方利益博弈更加激烈。**二是小微矛盾扩大化。**在信息化、互联网、自媒体迅速发展的背景下，个别的小微矛盾冲突甚至是不满情绪，都容易被无限放大、无限传播，甚至酿成群体性事件。**三是外部矛盾内部化。**外部矛盾引发内部反应，外部事件引发内部共振，外部风险向内部传递。

3. 改革攻坚的挑战

改革进入攻坚期，能改的、好改的都已经改过，剩下的都是"难啃的硬骨头"，都是无法绕过去的问题，改革的艰巨性、复杂性不断增强。**一是重要领域改革滞后。**政府行政审批在资源配置中仍发挥过大作用；新型城镇化进程中的土地、户籍、社会保障、投融资制度等改革尚处于起步阶段；国有资产管理制度改革、财税金融体制改革、收入分配体制改革等重要改革与社会预期还有较大差距。**二是凝聚改革共识、形成改革合力的障碍仍然较大。**作为改革组织者、推动者的政府，在深化改革中成为改革对象，简政放权，放弃自身的利益，给自己建"笼子"，这需要更大的决心和勇气。**三是改革执行遭遇梗阻。**调研中我们发现，改革出现上热下冷现象，中央积极推进，有的部门、有的地区等待观望，改革传导不畅，改革执行梗阻。

二、全面提高党领导经济社会发展能力和水平的目标和重点任务

（一）目标

高举中国特色社会主义伟大旗帜不动摇，全面提高党的建设科学化水平，进一步推进党的建设制度改革，使全党信念更加坚定，纪律更加严明，作风更加正派，组织更加有力，队伍更加纯洁。当前，各级党委务必适应经济新常态，深化对发展规律的认识，以高度的责任感和使命感，勇于担当，善于学习，凝心聚力，增强本领，充分发挥总揽全局、协调各方作用，增强战略定力和发展耐力，不断提升战略思维能力、统筹施策能力、抢抓机遇能力、依法执政能力、防控风险能力，确保全面建成小康社会，确保全面深化改革、全面依法治国、全面从严治党取得决定性成效。

（二）重点任务

正确认识新常态，主动适应新常态，积极引领新常态，是当前和今后一个时期党领导经济社会全面发展的重点任务。着眼于国家治理体系和治理能力现代化的要求，着眼于提高领导发展的能力和水平，需要全党追求远大目标矢志不渝，应对复杂局面泰然自若，运筹利益博弈胸有成竹，化解风险挑战胜券在握，不断增强战略定力；以功成不必在我的精神，以马拉松精神、钉钉子精神，一茬接着一茬干，不断培养可持续、韧劲足的发展耐力。

1. 提升战略思维能力

战略思维是一种全局性思维，具备较强的战略思维能力，就能把有限的精力集中到解决主要矛盾上，就能把大多数党员干部的积极性和创造力最大限度地激发出来。当前，全体党员干部亟须统一思想，自觉维护中央权威，谋划工作时从整体和长远着想，不可追求短、平、快；判断是非得失时以全局利益为重，不可盲目而为；在事关大局问题上必须旗帜鲜明，不可随波逐流。

2. 提升统筹施策能力

实现"四个全面"，必须环环相扣、步步为营，必须统筹兼顾、综合施策，绝不能东一榔头西一棒槌，绝不能顾头不顾尾，绝不能一手硬一手软。当前，全党上下需要树立全国"一盘棋"思想，打破"一亩三分地"的界限，破除本位主义、保护主义、山头主义，坚持上下互动、条块联动，齐心合力、齐抓共管，促进改革、发展、稳定的有机统一。

3. 提升抢抓机遇的能力

识别和把握时机是一种智慧。我国经济社会发展进入新常态，未来十年或更长一段时间内，将面临战略性新兴产业加快发展、服务业跨越性发展、城镇化建设、技术变革、新兴市场业态发展等难得机遇，如果能选择性地将契合地方土壤和条件的机遇融入可操作的措施当中，将可以形成新的发展机遇。

4. 提升依法执政能力

习近平总书记反复强调，各级领导干部应该成为遵法守法学法用法的模范。各级领导干部要善于用法治眼光审视问题，谋划工作，把法治建设成效作为衡量各级领导班子和领导干部工作实绩的重要考核内容，把能不能守法、能不能依法办事作为考察干部的重要内容。要从行政规范和日常管理入手培育领导干部的法治素养，坚持不懈强化监督管理。要按照法律规则协调利益关系、解决冲突纠纷，遵循法治规律行使权力、治理国家与社会，全面提高党员干部法治思维和依法办事能力，真正实现一方和谐平安。

5. 提升防控风险能力

新常态下，许多风险因素和与之可能产生的后果已经不是简单的线性关系，它们相互影响、密切关联，特别是随着经济增速放缓，任何社会风险都可以演变为政治风险，影响社会稳定。在党的自身建设上，还存在着"四大危险"，干部不作为、基层组织软弱涣散、干部队伍士气低迷等问题都有可能直接导致不可预测的风险。当前，全党上下要坚持确保可控、力争速控、杜绝失控的原则，早发现、早研判、早预防，借助党和国家各种有效载体，建立一整套防范风险、排查风险、化解风险的长效机制，形成全覆盖、全方位、全天候防控风险的"链式"责任体系和强大合力，真正实现经济社会安全发展。

三、全面提高党领导经济社会发展能力和水平的主要措施

1. 坚持依规治党与依法治国有机衔接和协调，为党领导经济社会发展营造良好的政治生态

一是严格党内政治生活，树立党员干部规矩意识，营造党内健康的政治生态。用好党内政治生活的"四大法宝"，在条件成熟的情况下，修改并出台党内政治生活若干准则。探索建立党内说真话的体制机制，继续改变党内政治生活庸俗化问题，不断推进党内民主健康发展。当前及今后一段时间，要牢牢抓住党员必须承担的基本义务这个管党治党重点，下大力气规范并整治党内政治生活、县处级以上领导干部双重民主生活会、党员党费缴纳、流动党员管理等短板，在党员管理上把好入口、畅通出口，使党员规模达到自然的优质平衡，把面上的"覆盖率"变成实质性的"覆盖率"，真正提高党的"代表力"。

二是提高党内制度规划和设计效能。当前，要进一步强化党中央在顶层设计中的作用。坚持党的领导，首先是要坚持党中央的集中统一领导。调研中，有党员干部指出：习总书记兼任几个领导小组组长，这几个领导小组关系到国家命运的重大决策权，这个时期用这种超常规的办法有利于解决各种难题，有利于解决各种制度摩擦带来的损失，保障顶层设计的科学性和权威性。还有的党员干部提出：党内制度设计要整合各种网络资源，着眼于信息化技术的充分运用，大力推进党建工作数字化，提高党的建设制度改革的效率。

三是继续深入推进反腐败工作。降低腐败存量，控制腐败增量，营造健康的政治生态最终必将有利于经济社会全面发展。在调研中，许多党员干部表示："打铁还需自身硬"，净化权力运行环境和党的肌体，党才能赢得人民群众的信赖。反腐败工作要立足标本兼治，在制度体系建设上下功夫，把各种先进制度、机制的作用发挥出来，要进一步完善个人财产申报与公开制度建设，形成制度反腐的动力机制；在预防腐败的文化建设和教育监督机制上下功夫，使治标与治本、预防和惩治腐败体制机制高效运行；要在党员领导干部的党性修养和世界观、人生观、价值观改造上下功夫，使忠诚、干净、担当成为党员领导干部的共同行动。当前，要继续"打虎拍蝇"，注重解决干部不作为、乱作为，继续解决靠山吃山吃拿卡要等群众深恶痛绝、反映强烈的问题。

四是建立和完善党内关怀机制，体现党组织的"温度"。调研中，一些党员干部认为，要建立党的各级组织负责人定期与党员谈心制度，对普通党员进行情绪疏导；坚持党组织

对党员干部退休前的谈心谈话制度；坚持上级党组织负责人对下级领导班子换届前、后的谈心谈话制度；坚持党内结对帮扶制度；党内要建立容错避误、提醒避误机制，正确对待犯错误的党员，等等。

五是大力推进党的建设制度改革，实现依规治党与依法治国的有机衔接与协调。今后五年是全面推进党的制度建设改革的关键时期，也是全面推进依法治国的关键时期，只有实现依法治国与依规治党有机衔接和协调，才能为全体党员干部树立法治思维、增强规矩思维，并最终为形成干部清正、政府清廉、政治清明的廉洁政治目标打下良好的基础。

2. 坚持党的群众路线，创新群众工作方式方法，主动维护社会稳定，为经济社会全面发展提供和谐有序的社会环境

一是努力做好一些关键群体如青少年、妇女、流动人口、知识分子的工作，当前尤其要做好新形势下青年人与知识分子的工作。党在历史上创造了一系列群众工作好经验，其中一条就是牢牢抓住青少年、妇女、流动人口、知识分子这几个关键性群体。当今世界，青年人掌握着信息权，是社会运动的积极参与者，谁掌握了青年，谁就掌握了未来；谁失去了青年，谁就失去了未来。知识分子是精神产品的生产者，是社会运动的积极参与者与发起者。因此，党要通过创新青少年工作方式、方法，创新知识分子工作方式方法，从传播社会主义核心价值观入手，把全社会的力量凝聚起来，主动参与到经济社会全面发展中去。

二是培育社会组织，进一步提升社会自治能力。由于社会自治力量不足，反过来又加大了政府的权责，所以在基层出现了干部"五加二、白加黑"的状态。要积极有序地培养社会组织，推广在社会组织中建立党组织的做法，鼓励社会力量参与社工和义工的培养，逐步探索政工、社工、义工合理科学的配备比例，形成政工引导社工、社工引导义工、义工辅导群众家庭的既分工又合作的社会工作局面。

三是实施主流媒体与互联网相互融入的战略，大力培养"专栏作家"队伍，积极引导网络及社会舆论，塑造全社会的"正能量"。积极培养一大批在在社交媒体、网络、群众中有威信、懂国情、有口碑的"专栏作家"，鼓励他们在社会舆论场上发声，积极引导社会舆论。

四是加大党员干部与群众结对帮扶的力度，在广大偏远农村和一些城镇社区推行"第一书记""干部双报到"等制度，帮助低收入人群脱贫致富，积极推进精准扶贫战略。

五是建立与中国特色社会主义相适应的社区教育模式。社区教育是生命教育，也是生

活教育。当前，在城镇化建设进程中，积极探索建立具有中国特色的社区教育模式，积极发挥家庭、学校、社会教育合力，加大公民诚信教育、法治教育、礼仪教育力度，强化公民责任与义务意识。在农村，要强化对农民的教育。在调研中，许多基层一线的干部认为，改革开放 30 多年最大的教训就是忽视了对农民的教育。今后，应该结合乡情、乡风创造性地开展乡村社区教育，培养农民的礼仪、感恩等意识，最终实现乡风乡貌的改变。

3. 按照好干部"五项标准"，继续推进选人用人制度改革，着力解决能上能下问题，提高干部干事创业的积极性、主动性，既着眼于长远又着眼于当前，实心实政，为党领导经济社会发展提供"决定性力量"

一是建立科学的干部考评制度和指标体系。一些党员干部提出，应该建立党领导经济社会发展能力和水平的考评指标体系，一旦"按照科学的考评体系去做，水平低的干部也可以做得很好；考评体系不科学，水平高的也会变得很差"。

二是着力解决干部能上能下的问题，提高干部干事创业的积极性、主动性，切实提高干部工作活力。党的十八届三中全会提出，要发挥党组织领导和把关作用，强化党委（组）、分管领导和组织部门在干部选拔任用中的权重和干部考察识别的责任，当前需要结合常态化的干部档案审查、组织部门的动态管理与监督、干部绩效考评结果运用、群众评议、干部推荐等方面的信息反馈，科学运用多种手段，建立干部适应经济社会发展的动态调整、"能上能下"机制。在加大党委（组）、分管领导和组织部门在干部选拔任用权重的同时，要防止重新回到干部任用论资排辈的状态。

三是提升干部适应"新业态"的能力和水平。当前，干部培训要增加金融服务、网商、电商、新能源等新业态等方面的内容，增强党员干部适应新业态、引领新业态、创造新业态的能力。一些县委书记也反映，在广大农村地区相当缺乏懂金融的干部，农村金融服务的普及率还相当低。

四是用惩戒和激励两手，下大力气改变当前干部"乱作为""不作为"问题。当前，一方面要用党规国法为党员干部"乱作为"划边界，加大党规国法的针对性学习和宣传力度；另一方面还要为解决党员干部"不作为"提供激励手段。干部"不作为"的原因是多方面的，由于党的领导方式和工作方式发生了新变化，一些党员干部过去习惯于靠关系、熟人、金钱、吃喝等方式开展工作，现在还不习惯于依靠法律、规则、信念等方式开展工作，处于无所适从状态；一些党员干部在"新常态"下能力与水平还跟不上，处于无所作为状态；在从严治党大背景下，由于一定程度上缺乏对干部担当的保护机制，一些党员干部担心做得多错得多，不做不错，处于无所事事状态；还有极少数干部"看破红尘""无欲则刚"，处于"无所谓"状态。解决这些问题，需要"抓两头、带中间"，对症下药：对无所适从的干部重视工作方式方法的调整，对无所作为的干部加强能力培训，对无所事事的干部要为他们创造干事创业的环境，对无所谓的干部则采取教育与惩戒相结合的办法。

4. 实现党委政府决策科学化，坚持规划先行、规划统一，防止错误决策，为党领导经济社会发展提供科学的决策环境

一是大力推进党内民主决策，强化全委会决策和监督作用，提高决策科学化水平。建立健全党内民主协商制度、机制。严格执行民主集中制，规范党委（党组）决策机制，防范"一个人说了算"或"大家说了都不算"的两个极端，形成党内多方听取意见、集思广益的决策氛围，防止一些涉及发展大计、民生事务的决策出现方向性和颠覆性错误。

二是积极推进包括政党协商、人大协商、政府协商、政协协商、人民团体协商和基层协商在内的社会主义协商民主广泛多层制度化发展。协商民主是我国社会主义民主政治的特有形式和独特优势，是党的群众路线在政治领域的重要体现。在党的领导下，以经济社会发展重大问题和涉及群众切身利益的实际问题为内容，在全社会开展广泛协商，坚持一切事情与人民商量，坚持协商于决策之前、决策实施之中。当前，要构建程序合理、环节完整的协商民主体系，拓宽国家政权机关、政协组织、党派团体、基层组织、社会组织的协商渠道。发挥统一战线在协商民主中的重要作用。发挥人民政协作为协商民主重要渠道作用。畅通基层民主渠道，健全基层选举、议事、述职、问责等机制。

三是大力推进中国特色新型智库建设，建立健全决策咨询制度。统筹推进党政部门、党校行政学院、社科院、高校、军队、科研院所、企业和社会智库协调发展，形成定位明晰、特色鲜明、规模适度、布局合理的中国特色新型智库体系，重点建设一批具有较大影响力和国际知名度的高端智库，造就一支坚持正确政治方向、德才兼备、富于创新精神的公共政策研究和决策咨询队伍，建立一套治理完善、充满活力、监管有力的智库管理体制和运行机制，充分发挥中国特色新型智库咨询建言、理论创新、舆论引导、社会服务、公共外交等重要功能。

四是建立并完善人民群众监督制度。建立党代表、人大代表、政协委员对决策科学化、决策执行情况、决策实施后社会反馈等方面的决策审查制度；建立新闻和舆论监督制度；实施人民群众有序、合法举报制度，等等。

**五是从一些领域入手，逐步推行党的政策由"一刀切"走向"差异化"，充分尊重并体

现地方和基层的特点和自主性。在调研中，广大党员干部普遍认为：符合实际情况的政策才是科学的决策。中国这么大，要充分尊重地方特色，调动地方的积极性、主动性。各地的情况千差万别，"一刀切"的政策操作简单，便于考评与管理，但实际治理效果并一定理想。"一刀切"实现了表面上的"平等"而容易导致实际上的不平等，使地方丧失自主性，从而出现执行中"偷工减料"或"变通"的现象，最终使党的政策丧失公信力。

5. 高度重视基层，创新基层社会治理，牢牢把好党在基层的"最后一公里"，充分发挥基层党组织的领导核心和政治核心作用，为党领导经济社会全面发展提供强大的基层基础保障

一是人、财、物等资源要向基层倾斜，实现人权、财权、事权相匹配，尽可能实现基层干部的权责对称。调研中，许多干部都表示，各级党委政府要重视基层、重视基层干部，理顺体制机制，形成基层事权、财权与责任的相对平衡。一些基层干部提到财权事权不配套，事权人权不配套，有些事该管的管不了，不好管的都推给下面。有的建议，继续扩大省管县试点，加快改革条块分割体制，探索上级政府在城镇社区权责准入制度。要让基层拥有一定的公共资源，建立透明使用公共资源的权力清单制度，充分发挥基层政权组织在社会治理中的重要作用。

二是适应基层网格化社会治理基本格局，构建区域化党建大格局。有县委书记指出，社会治理与基层党建不能脱节，不能搞成两张皮，必须有机衔接。基层党建在社会治理中要有新的发展。改变"上面千条线，下面一根针"的状况，形成"上面千条线，下面一张网"的区域化党建新格局。

三是以服务型党组织建设为基本目标，继续整顿软弱涣散基层党组织。当前，要将整顿的重点放在边远山区、城中村、村改居等基层党组织。在边远山区，要培养好基层党组织带头人，在跨乡、县、市、省的交界区域推行党组织联席会议制度，统筹党建资源，维护社会稳定；针对那些集体资产较好、矛盾较为突出的基层组织，要引进权力清单制度，设计在便民服务和集体决策等领域的权力运行流程并广而告之，把授权和限权结合起来，把民主和法治结合起来，让"小微"权力在阳光下透明运行，防止小官巨贪。

四是加大基层党员干部培训、轮训力度。高度重视县（区）级党校的作用，积极推进乡、村（社区）干部、普通党员和入党积极分子进县（区）党校轮训培训工作。

五是重视解决企业党建面临的新问题。探索和加强境外企业、混合所有制企业的党建工作，总结并出台在混合所有制企业党建工作办法、国有企业海外公司党建工作办法等，切实发挥企业党组织在不同经营、生产环境中的政治核心和政治引领作用。同时，抓紧解

决境外口袋党员的组织管理和组织生活规范化的问题。

6. 坚持党管人才，建立集聚人才体制机制，择天下英才而用之，真正把"人才是第一生产力"的作用发挥出来，为党领导经济社会发展提供持久动力与持续活力

一是培养一批在国际组织中具有话语权的优秀人才。当前，尽管中国已是世界第二大经济体，但是囿于各种条件，还缺乏在国际组织中的话语权，我们的国际地位还没有相应地体现出来。其中，善于驾驭国际经济政治游戏规则的人才相当缺乏。为此，必须以国家力量为后盾，力促一批优秀人才在国际组织中崭露头角，讲好中国故事，为中国的利益发声。

二是建立健全人才向基层流动、向艰苦地区和岗位流动、在一线干事创业的激励机制。有的县委书记表示，应该统筹协调，制定对边疆、少数民族地区、基层社区、农村等公务员大幅度增加薪酬的办法，实行特殊的人才政策，鼓励人才向这些地方流动，提高基层干部队伍素质，保持队伍的稳定性。

三是重视人才服务，强化分类指导。对不同类型的人才提不同的要求，制定具体的培养措施和评价体系。

四是把党培养人才和社会培养人才有机结合起来，实现人才在党内、党外合理有序流动。人才在党内外合理有序流动是党的肌体永远保持活力的根本保证。要建立人才在党内外合理流动的体制机制，把党培养人才与社会培养人才有机结合起来。从社会中吸引"高精尖缺"人才，特殊专业人才进入党内；提高从优秀村干部中遴选乡镇公务员的比例，等等。

后记

　　本书在《中共中央关于制定国民经济和社会发展第十三个五年规划的建议》制定之前开展的若干重大课题研究成果的基础上汇编而成，是《中央"十二五"规划〈建议〉重大专题研究》丛书的延续。鉴于涉密方面要求，部分研究成果未收录在册，出版前，请有关部门对承担的课题又进行了审核，有关数据做了尽可能的补充和修订，以方便各级党政机关、企业事业单位和有关院校、专家学者研究与参考。

　　本书汇编工作是在中央财经领导小组办公室领导下进行的。刘鹤同志主持了书稿的审定工作，杨伟民同志牵头领导汇编工作，吕传俊、王志军、李航、朱红光同志负责全书的具体汇编。参与研究的有关部门和机构的同志，为本书出版做了大量工作。中国市场出版社的领导和编辑同志为本书出版付出了辛勤劳动，在此一并致谢。

　　由于研究成果丰硕、资料浩瀚，全书共分为四册编印。汇编过程中难免出现疏漏，敬请读者批评指正。

编　者
2016 年 5 月